主编简介

付宏伟

现任职于陕西交通控股集团有限公司，从事公路建设管理和投资项目管理工作，参与编写专业著作《高速公路标准化施工技术指南》（标准化管理制度和施工招标文件两册），参与起草陕西省地方标准《振动压实试验法沥青混合料设计与施工技术规范》（DB61/T 1034—2016），公开发表本专业论文5篇，获得发明专利1项、实用新型专利1项。

高联斌

山西黎霍高速公路有限公司党委书记、董事长，专业方向为公路工程与管理。主要从事高速公路隧道、桥梁、路基、路面施工及高速公路运营管理等工作。出版著作1部，公开发表学术论文3篇，获得发明及实用新型专利4项，编写山西省省级工法1项。

周 婕

南充市公路管理局直属分局工程科科长，南充市交通运输应急领域专家，高级工程师，专业方向为道路与桥梁。主要从事高速公路、国省干线道路桥梁新建工程及灾毁处治工程、养护工程的施工管理。参编著作1部，公开发表本专业核心论文5篇，获得发明专利1项。

杨慧军

陕西锦通公路勘察设计有限公司高级工程师，专业方向为道路与桥梁。主要从事高速公路与城市道路路线总体、路基及路面、桥梁勘察设计和咨询审查等工作。作为项目负责人主持了山西省首个高速公路改扩建工程（G22）黎城至长治段勘察设计；在复杂山区高速公路总体设计、路线选线、枢纽立交布局等方面业绩突出。出版专业著作1部，公开发表本专业核心论文2篇，获得实用新型专利2项，获得国家级、省部级及厅级优秀勘察设计和咨询成果奖多项。

GONGLU XIANGMU JIANSHE GUANLI

公路项目建设管理

付宏伟 高联斌 周 婕 杨慧军 主编

华中科技大学出版社
http://press.hust.edu.cn
中国·武汉

内 容 提 要

本书以建设单位视角切入，对公路项目全生命周期管理经验进行了系统梳理与总结。全书共分 6 章，涵盖绪论、建设前期管理、项目执行管理、运营阶段管理、公路项目工地与施工标准化以及公路项目精细化施工与建设管理等内容，旨在为相关专业学生和从业人员提供有益参考。

图书在版编目(CIP)数据

公路项目建设管理 / 付宏伟等主编；浦丽等副主编. -- 武汉：华中科技大学出版社，2025. 5. -- ISBN 978-7-5772
-1867-0

Ⅰ. U415.1

中国国家版本馆 CIP 数据核字第 20251TN377 号

公路项目建设管理   付宏伟　高联斌　周　婕　杨慧军　主　编
Gonglu Xiangmu Jianshe Guanli   浦丽　等　副主编

策划编辑：周永华
责任编辑：周永华
封面设计：杨小勤
责任监印：朱　玢
出版发行：华中科技大学出版社(中国·武汉)　　电话：(027)81321913
　　　　　武汉市东湖新技术开发区华工科技园　　邮编：430223
录　　排：华中科技大学惠友文印中心
印　　刷：武汉科源印刷设计有限公司
开　　本：889mm×1194mm　1/16
印　　张：17.75　插页：1
字　　数：476 千字
版　　次：2025 年 5 月第 1 版第 1 次印刷
定　　价：98.00 元

编 委 会

前　　言

在人类文明发展历程中,公路作为贯穿城乡、促进区域间交流与经济融合的重要基础设施,一直以来都发挥着极其重要的作用,确保其建设与管理顺利进行非常重要。随着全球一体化进程的加速和城市化步伐的推进,公路项目不仅承载着交通运输的基本功能,更成为推动社会进步、提升民众生活质量的关键因素。

作为公路工程项目的业主,建设单位扮演着十分重要的角色,责任重大。它们不仅是项目的发起者和决策者,更是整个公路项目建设生命周期中的核心协调者和监督者。从项目的初步规划到最终的运营维护,业主方需要全程参与,确保每一个环节都顺利推进。它们需要具备前瞻性的战略眼光,以科学的态度和方法进行项目的规划与设计;它们需要拥有强大的组织协调能力,将设计、施工、监理等多方力量紧密地凝聚在一起,形成合力;它们还需要具备严格的监督能力,确保施工质量和安全,保障项目的顺利实施。可以说,业主方的管理水平直接影响着公路项目的质量和效益,甚至关系到社会的和谐稳定与民众的切身利益。

本书内容共分 6 章,包括绪论、建设前期管理、项目执行管理、运营阶段管理、公路项目工地与施工标准化、公路项目精细化施工与建设管理等内容,从业主(建设单位)的角度出发,梳理和总结了公路项目从规划、设计、施工到运营维护的全过程管理经验,以期为相关专业的学生及相关领域的从业人员提供参考。

本书在编写过程中参考了大量国内外文献资料,在此向这些文献资料的作者表示衷心感谢。由于本书作者水平有限及相关技术的快速更新,书中难免有疏漏和不足之处,恳请广大读者批评指正。

目　　录

第 1 章　绪论

1.1 公路工程概述

公路工程涉及公路构造物的勘察、测量、设计、施工、养护、管理等工作。公路工程构造物包括路基、路面、桥梁、涵洞、隧道、排水系统、安全防护设施、绿化和交通监控设施,以及施工、养护和监控使用的房屋、车间与其他服务性设施等。

公路的新建或改建任务是根据公路网规划确定的。一个国家的公路建设,应该结合铁路、水路、航空等运输形式,综合考虑它在联运中的作用和地位,按经济、人民生活等需要,结合地理环境条件,制定按等级划分的公路网规划。在我国,公路一般分为国道、省道、县道、乡道 4 个等级。此外,重大厂矿企业和林业部门内部,必要时也有各自的道路规划。每个国家的公路等级划分界限和方法及其相应标准不尽相同,中国的国道规划由国家制定,省级及以下的公路规划由各级地方政府制定。

1.1.1 公路工程的规划

公路网规划的制定是一项繁杂的工作。各地情况的变化,如矿产资源的开发、经济的发展、城乡人民生活的改善、旅游事业的兴起、运输方式的改变、资金的增加等,都可能使规划随之变化。因此,在制定规划时,应先充分掌握各方面的信息,进行有充分预见性的可行性研究,避免盲目规划带来不良后果,再有计划、按步骤地分期实施。

1.1.2 公路工程的勘察设计

确定拟建线路时,应根据线路所经控制点进行勘察和测量,选出距离最短、工作量最小、工程开展难度低、造价低廉、后遗病害最少、养护费用最低、使用效益最大的线路。如果有几种选线方案,则应进行比选,以便从中选定最优方案。

1. 勘察设计的原则

各项新建或改建工程的设计,应本着就地取材、因材施用、利废增益的原则,重视长远效益。一旦确定公路等级,则几何线形标准也随之确定。例如,丘陵区和山岭区的纵坡度是很难改变的,在前期勘察、设计阶段应该全面考量各项因素,使方案趋于最优。又如,路基、路面工程造价往往在总造价中占比较大,在实际实施时可以分期修建,逐渐过渡到高等级路基、路面。

2. 选择经济合理的方案

新建或改建工程的设计都必须充分考虑前期工程能为后期利用,而不致废弃,造成浪费。此外,路面等级越低,造价越低,但公路养护和更新费用就越高,行车消耗费用就越大。因此,确定路面等级时不能孤立地考虑造价,而是要立足长远,对造价、养护更新费用及行车消耗费用这三者进行经济损益分析,选择经济合理的方案。

3. 利用新技术

现代的勘察设计工作已可以利用卫星地图或航测地图,并用计算机分析和绘图,用地震法探测地层地质,用 γ 射线量测密度、含水量,用激光测距等,这些新技术和新设备缩短了勘察设计作业时间,提高了作业效率和精度,降低了成本。

1.1.3　公路工程的施工

优质工程不仅要有良好的设计,而且要有高水平的施工质量。在施工中,材料、机具、操作是保证工程质量的主要环节。一切施工都必须严格遵守规范要求。

(1)材料方面的工作包括检查材料品种、规格、数量,设置堆放场所,供应和保管材料等。

(2)机具方面的工作包括按品种、型号、数量要求配备机具及维护修理。

(3)操作应精心进行,每道工序完毕,须经检查合格后方可进行下一道工序。全部工序施工完毕,须经检查验收后方可交付使用。

1.1.4　公路工程的养护

公路工程的一些项目在使用中,会随着时间的推移产生不可避免的损耗,如路面在行车荷载作用下出现车辙,产生轻微变形、磨损,必须及时养护、整修,才能维持正常使用效能,延长使用寿命。国家及行业等针对公路工程各类项目都制定了相应的养护规范。忽视养护,公路损坏严重时再进行补救,造成的损失往往更大。

在公路建设期间,建设单位应当执行自检、专检以及联检等质量检查制度,并将此制度贯穿公路养护管理全过程。首先,实行责任制。为保证公路养护管理质量,应制定清晰明了的岗位责任,提高公路养护质量,在养护管理出现问题的时候,必须追踪到具体的责任人。其次,充分发挥工地试验室的作用。在公路养护管理的过程中,做到质量控制有数据可查询,并沿用科学理论来引导施工管理。最后,实行质量保证机制。在整个公路养护施工期间,施工企业应当做好质量管理工作,全面提高养护工程项目责任人的责任意识,切实保障公路工程养护质量。

1.2　工程项目建设管理概述

1.2.1　项目

1. 项目的概念

项目来源于人类有组织的活动的分化。随着人类社会的发展,有组织的活动逐步分化为两个类型:一类是连续不断、周而复始的活动,人们称之为"作业"或"运作",如生产产品的活动;另一类是临时性、一次性的活动,人们称之为"项目",如开挖一条河道、进行一项技术改造等。

从广义上讲,项目是在一定技术、经济、环境条件的约束下,在一定的时间内,为满足一系列特定的目标,将需完成的有限任务集合起来,是多项相关工作的总称。

项目可以按照不同的原则来进行分类,按照层次分为宏观项目、中观项目和微观项目;按照行业领域分为建筑项目、制造项目、水利项目、金融项目等。

各种不同的项目的内容是千差万别的,但各种不同的项目也有共同的特点,这些特点可以概括如下。

(1)项目由多个部分组成,跨越多个组织,因此需要多方合作才能完成。

(2)在技术上,项目涉及多个专业,因此需要多个技术专业合作才能完成。

（3）为了追求一种新产物才组织项目。

（4）对可利用资源要预先进行明确的预算。

（5）可利用资源一经确定,不再轻易接受其他资源。

（6）有严格的时间界限,一般公之于众。

（7）项目的构成人员来自不同专业的不同职能组织,项目结束后,原则上仍回原职能组织中。

（8）项目的产物保全或扩展通常由项目参与者以外的人员来进行。

2. 项目的组成要素

项目由以下 5 个要素组成。

（1）项目的（界定）范围。

（2）项目的组织结构。

（3）项目的质量。

（4）项目的费用。

（5）项目的进度。

项目组成五要素中,项目的（界定）范围和组织结构是最基本的,而项目的质量、费用和进度是可以变动的,是依附于项目的（界定）范围和组织结构的。

3. 工程项目的概念

工程项目通常指的是为了达成特定的目的而进行的一次性投资建设活动,包括建筑及安装工程。这些项目旨在创造独特的产品、服务或成果,具有明确的起点和终点。工程项目属于投资项目中最重要的一类,是一种既有投资行为又有建设行为的项目决策与实施活动。

一般来讲,投资与建设是分不开的,投资是建设的起点,没有投资就不可能进行建设,而没有建设行为,投资的目的也无法实现。所以,建设过程实质上是投资的决策和实施过程,是投资目的的实现过程,也是把投入的货币转换为实物资产的经济活动过程。

从管理角度看,工程项目是指在一个总体设计及其概算范围内,由一个或者几个互相联系的单项工程组成,在建设中实行统一核算、统一管理的投资建设工程。

4. 工程项目的特点

（1）建设目标的明确性。任何工程项目都有明确的建设目标,包括宏观目标和微观目标。

（2）建设目标的约束性。工程项目实现其建设目标,要受到多方面条件的制约,主要包括以下方面:①时间约束,即工程要有合理的工期;②资源约束,即工程要在一定的人、财、物条件下来完成建设任务;③质量约束,即工程要达到既定目标对质量的要求;④投资约束,即工程要在核定的资金数量下达到目标;⑤空间约束,即工程要在一定的施工空间范围内通过科学合理的方法组织完成。

（3）具有一次性和不可逆性。工程项目建成后不可移动。设计的单一性、施工的单件性,使得它不同于批量生产的一般商品,一旦建成,要想改变非常困难。

（4）影响的长期性。工程项目一般建设期长,投资回收期长,寿命周期长,质量水平影响面大,作用时间长。

（5）投资风险大。由于工程项目建设是一次性的,建设过程中不确定因素很多,因此投资风险很大。

（6）管理的复杂性。工程项目的内部结构存在许多接合部,它们是项目管理的薄弱环节,参加建设的各单位之间的沟通、协调量大,是工程事故和质量问题的诱因之一。

1.2.2　项目管理

1. 项目管理的概念

项目管理就是以项目为对象的系统管理方法,是通过一个临时性的专门的柔性组织,对项目进行高效率的计划、组织、指导和控制,以实现项目全过程的动态管理和项目目标的综合协调与优化。

所谓实现项目全过程的动态管理,是指在项目的生命周期内,不断进行资源的配置和协调,不断作出科学决策,从而使项目执行的全过程处于最佳的运行状态,产生最佳的效果。

所谓项目目标的综合协调与优化,是指项目管理应综合协调好时间、费用及功能等约束性目标,在相对较短的时间内成功地实现特定的成果目标。项目管理的日常活动通常是围绕项目计划、项目组织、质量管理、费用控制、进度控制这 5 个基本任务来展开的。

项目管理是以项目经理负责制为基础的目标管理。一般来讲,项目管理是按任务(垂直结构)而不是按职能(平行结构)组织起来的。项目管理基本分为以下 3 个维度。

(1)时间维度,即把整个项目的生命周期划分为若干阶段,从而进行阶段管理。

(2)知识维度,即针对项目生命周期的各个不同阶段,研究和采用不同的管理技术及方法。

(3)保障维度,即对项目所需的人、财、物、技术、信息等进行后勤保障管理。

2. 项目管理的四大要素

明确项目管理的要素是理解项目管理的关键,也是做好项目管理的基础。

(1)资源。资源是一切具有现实和潜在价值的东西,包括自然资源和人造资源、内部资源和外部资源、有形资源和无形资源。如人力、材料、机械、资金、信息、科学技术、市场等。项目管理本身作为管理的方法和手段,也是一种资源。

(2)需求和目标。需求通常分为基本需求和期望需求。基本需求涉及项目实施的范围、质量要求,利润或成本目标、时间目标,以及必须满足的法规要求等。在一定范围内,质量、成本、进度三者是互相制约的,当进度要求不变时,质量要求越高,则成本越高;当成本不变时,质量要求越高,则进度越慢;当质量标准不变时,进度的过快或过慢都会导致成本的增加。期望需求常常对开辟市场、争取支持、减少阻力产生影响。管理的目标是谋求快、好、省的有机统一,好中求快,好中求省。如果把"多"或"大",即项目实施的范围或规模一起考虑在内,可以以利润代替成本作为目标。管理是寻求使利润最大的项目实施范围或规模,从而确定其相应的成本。

(3)项目组织。组织就是把多个人联系起来,做一个人无法做的事情,是管理的一项功能。项目组织是不断更替和变化的。组织的一个基本原则是因事设人,根据项目的任务设置机构,设岗用人,事毕境迁,及时调整,甚至撤销。项目要有机动灵活的组织形式和用人机制,可将这种特性称为"柔性"。不可来了走不得,定了变不得,不用去不得,用得进不得;或者,因人设岗,且占岗不干事,避免组织变成一个迟钝、僵化、无生命力的机体。项目组织的柔性还反映在各个项目利益相关者之间是有联系的、松散的,是通过合同、协议、法规、项目本身以及其他各种社会关系结合起来的。项目组织不像其他组织那样有明晰的组织边界,项目利益相关者及个别成员在某些事务中属于某一组织,在另外的事务中可能又属于其他组织。此外,项目中各利益相关者的组织形式也是多种多样的。

(4)项目环境。要使项目取得成功,除了需要对项目本身、项目组织及其内部环境有充分的了解,还需要对项目所处的外部环境有正确的认识。项目环境一般包括政策环境、经济环境、文化和意识环境、人文环境、规章和标准环境等。

3. 项目管理的特点

与传统的部门管理相比,项目管理最大的特点是注重综合性管理,且有严格的时间期限。项目管理必须通过不完全确定的过程,在确定的期限内生产不完全确定的产品,日程安排和进度控制常对项目管理产生很大的压力。具体表现为以下几个方面。

(1)项目管理的对象是项目或被当作项目来处理的作业。项目管理是针对项目的特点而形成的一种管理方式,因而其适用对象是项目,特别是大型的、比较复杂的项目;鉴于项目管理的科学性和高效性,有时人们会把重复性的作业或作业中的某些过程分离出来,加上起点和终点,作为项目来管理,以便在其中应用项目管理的方法。

(2)项目管理的全过程都贯穿着系统工程的思想。项目,特别是大型项目,是一个技术复杂、时限严格、目标明确、意识超前的完整系统,项目管理应遵循整体—分解—综合的流程,将系统分解为若干责任单元,由各单元的责任者分别按要求完成各自的任务,最后综合成最终成果。

(3)项目管理的组织具有特殊性。具体表现为4个方面:①有了"项目组织"的概念。项目管理的突出特点是将项目作为一个组织单元,围绕项目来组织资源。②项目管理的组织是临时性的。由于项目是一次性的,而项目的组织是为项目的建设服务的,项目终结,其组织的使命也就完成了。③项目管理的组织是柔性的。所谓柔性的即是可变的,项目的组织打破了传统的固定建制的组织形式,可以根据项目生命周期各个阶段的具体需要适时地调整组织的配置,以保障组织的高效、经济运行。④项目管理的组织强调其协调控制职能。项目管理是一个综合管理过程,其组织结构的设计必须充分考虑利于组织各部分的协调与控制,以保证项目总体目标的实现。因此,目前项目管理的组织结构多为矩阵式结构,而非直线式职能结构。

(4)项目管理的体制是一种基于团队管理的个人负责制。为满足项目系统管理的要求,需要集中权力以控制工作正常进行,因而项目经理是一个关键角色。

(5)项目管理的方式是目标管理。由于项目涉及的专业领域往往十分宽广,而项目管理者无法成为所有专业领域的专家,虽然其对某些专业有所了解,但不可能像专门研究者那样深入。现代的项目管理者只能以综合协调者的身份,向被授权的专家讲明其应承担的工作职责,协调确定时间、经费、工作标准的限定条件,并明确目标。具体工作则由被授权者独立处理。同时,项目管理者需要经常反馈信息、检查督促并在遇到困难需要协调时及时给予各方面的支持。可见,项目管理只要求在约束条件下实现项目的目标,其实现的方法具有灵活性。

(6)项目管理的要点之一是创造和保持使项目顺利进行的环境,使置身于其中的人们能一起达成预定的目标。项目管理是一个协调过程,而不是技术过程,处理各种冲突和意外事件是项目管理的主要工作。

(7)项目管理的方法、工具和手段具有先进性、开放性。项目管理采用科学先进的管理理论和方法。

4. 工程项目管理的概念

工程项目管理就是在一定的约束条件下,对项目的所有活动实施的决策与计划、组织与指挥、控制与协调、教育与激励等一系列工作的总称。与其他管理相比,工程项目管理更强调程序性、全面性和科学性。要运用系统的观点、理论和方法进行工程项目管理。

5. 工程项目管理的具体职能

工程项目管理的具体职能包括决策与计划、组织与指挥、控制与协调、教育与激励。

(1)决策与计划。决策是计划的重要依据之一,是决策者对与工程项目有关的重大问题所作出的选择和决定。计划是根据决策情况,制定科学的奋斗目标,以指导项目的各项施工生产经营活动。计划要明确规定需要达到的目标,以及达成目标所需采取的措施和方法,实施的地点、时间和负责人,需要消耗的原材料,会带来的效果等。如果一个工程项目没有正确的决策和科学的计划,就不可能实现其目标。

(2)组织与指挥。组织就是根据计划合理安排人力、物力和财力,把工程项目的各个方面、各个阶段,按计划的要求严密地组织起来,使计划规定的措施、方法落实到每个部门、每个环节乃至每一个成员。指挥就是为达到计划目标而实行有效领导,使工程项目的各个职能部门和各个基层单位都能朝着一个目标协调地、有秩序地运行。

(3)控制与协调。控制就是通过信息反馈系统,对工期目标、质量目标、成本目标及其他目标和实际完成情况及时进行对比,发现问题立即采取措施加以解决。协调就是及时协调各个过程、各个环节和各个职能部门之间的矛盾,做到人尽其才、物尽其用,以期达到工程项目的目标。

(4)教育与激励。进行有效的教育,并坚持精神鼓励和物质鼓励相结合的原则,调动广大职工的积极性、创造性,使组织成员共同为实现项目的总目标而努力。

以上各种具体职能是一个紧密联系的有机整体,共同围绕工程项目这个中心发挥各自的独立作用。通过决策与计划,明确奋斗目标;通过组织与指挥,实现项目的有效运转;通过控制与协调,建立正常的秩序,及时处理不协调的因素;通过教育与激励,调动职工积极性,从而保证工程项目既定目标顺利实现。

6. 建设项目管理的概念

建设项目管理即建设单位的项目管理,是指项目业主或法人及其所委托的代表,对项目所实施的全过程、全方位管理。在项目建设管理中,业主或法人应始终处于中心地位,虽然其指挥、管理和控制有所侧重且形式多样,但是总体上是全过程、全方位的。

首先,建设项目的许多工作不是被委托单位或承包单位能单独完成的,需要合同各方密切配合和齐心协力。

其次,虽然项目业主已将有关业务委托或承包出去并以合同形式予以约定,并不意味着业主的管理和监督职能消减或丧失。合同不是万能的,它不可能将所有问题都包括进去,也不可能预料未来的各种事件。对合同也需进行管理,对某些游离于合同边缘的问题,则要根据实际情况、行业惯例灵活加以处置。

再次,项目的可行性研究以及评估审查报告是否客观得当,相关参考资料和咨询建议有无差错和漏洞,有关资料的来源和研究手段是否可靠等,项目业主在可能的条件下也应注意审查,最终还须由业主决策。

最后,业主及时、有效协调有关各方的关系,密切各个工作环节的关系以及自始至终对委托承包方的配合和支持,是项目成功的重要保证,也是建设项目管理不可或缺的重要方面。项目周期是由若干个阶段有序组成的,每一个阶段都有其具体目标和要求,并且都是为总目标服务的,只有站在业主或法人的角度,才可能统筹全局、前后照应,并在必要时由业主牵头解决各种多边问题和交叉业务。

7. 建设项目管理的目标和职能

建设项目管理目标包括总体目标、阶段目标和分项目标,它们组成一个目标体系。建设项目管理的总体目标是在有限资源和特定环境条件下,按既定的(质量、进度和投资规模等)要求圆满地完成项目建设任务,为项目投产使用、资金回收以及创造较好的财务效益、经济效益、社会效益打下坚实的基础。项目周期各阶段的功能指向和任务要求则为项目的阶段目标。进一步分解总体目标或者阶段目标,就得到不同层次的分项目标,它们有可能是项目管理目标体系中的重要组成部分,如建设项目质量、进度和投资成本目标等。

建设项目管理的主要职能是决策、计划、组织、控制和协调等。决策职能主要体现在投资前期。计划职能是把整个项目的全过程(包括项目中的各种目标、要求以及有关活动等)纳入计划轨道,要求按计划行事,按计划开展有关工作,对照计划总结工作成效。组织职能主要体现在建立以项目经理为中心的管理体系,定岗定责,并赋予相应的责任和权利,以实行有效的运作和管理。控制职能主要是对照计划目标,检查并督促纠正实际工作和活动中的偏差,以确保项目目标的实现和投资建设任务的圆满完成。协调职能主要在于处理好各个有关层次、环节、方面的关系,化解诸多业务交叉、接合部的矛盾和障碍,将阻力转化为动力,全面推动项目工作向着既定目标前进。

1.3 公路建设程序

根据交通运输部有关规定,公路建设需经过拟建、准备、施工和工程验收 4 个阶段。

1.3.1 拟建阶段

在拟建阶段,公路项目主管机关根据公路网长远规划或者经济、社会发展的需要,提出修建公路的要求、大体设想,组织人员开展工程可行性研究,通过现场调查和必要的勘探,对拟建项目所涉及的经济、社会、环境、技术等方面的重大原则问题进行全面研究论证,编制工程可行性研究报告。

报告内容应包括:建设必要性及依据;技术标准与路线走向(含主要控制点);投资估算与资金筹措方案;环境影响评价、用地预审等专项分析;经济与社会效益预测。

相关报告的审批权限如下:国家级项目(如国家高速公路、跨省干线)由交通运输部或国家发展改革委审批;地方项目(省道及以下)由省级发展改革委或交通运输主管部门审批;特别重大项目需报国务院批准。

1.3.2 准备阶段

从计划任务书被批准之日起到施工开始这段时间,均为准备阶段。在准备阶段需要做好的工作有:现场勘测,编制初步设计文件和概算,按照项目分类和投资隶属关系报请主管机关审批;编制施工图和施工预算;列入年度基本建设计划;进行施工前的人力和物资准备;编制实施性施工组织设计及开工报告,报上级主管部门核准备案。

准备阶段的关键性环节是编制公路工程设计文件。设计文件是安排建设项目、控制投资、编制招标文件、组织施工和竣工验收的重要依据。设计文件必须由具有相应资质的单位编制。

公路工程设计一般包括初步设计和施工图设计两个阶段,简单的小型项目可只采用施工图设计,复杂的大型项目可增加技术设计。

设计工作必须贯彻因地制宜、就地取材的原则;结合我国经济、技术条件,吸收国内外先进经验,积极采用新技术、新材料、新设备、新工艺;节约用地,重视环境保护,注意与农田水利及其他建设工程的协调和综合利用,使设计的工程建设项目取得经济、社会和环境等领域的综合效益。

设计文件必须包括:总说明书、路线、路基、路面、桥梁、涵洞、隧道、路线交叉、沿线设施及其他工程的设计方案,环境保护方案,筑路材料,施工方案,设计概算和施工图预算等。

设计文件一经批准后不得任意修改,如确需修改,且属一般性修改,经原设计单位同意和该项目工程技术负责人审定后可以修改。如有原则性变动或总概算有增加时,必须报经原设计文件批准机关批准后方可修改。

1.3.3　施工阶段

施工阶段即公路建设工程的实施阶段,是从理论到实施的转化过程、从计划到现实的转化过程,是公路建设程序中的关键环节。

施工阶段又分为施工准备和施工作业两个环节。

(1) 施工准备。施工准备期间要做好以下 4 个方面的工作:①组织人员核对设计文件,进行补充调查和施工测量,编制实施性施工组织设计;②安排好施工所需的劳动力、材料、机械、工具、工棚和生活供应等;③就有关问题与有关部门联系,签订协议,如征地拆迁,电力、水源供应等;④大中型项目在开工前应向上级主管部门提出开工报告。

(2) 施工作业。施工作业期间要做好以下 8 个方面的工作:①推行全面质量管理,严格按照工程设计标准施工;②严格遵守技术操作规程;③建立健全工程质量监理机构,配备充足的监理人员和检测设备;④加强经济核算,严格财务管理,合理使用资金;⑤严格控制材料用量,降低消耗;⑥合理使用劳动力,提高出勤率和劳动生产率;⑦安全生产,严格遵守安全操作规程,加强劳动保护;⑧加强施工机械设备管理,提高设备利用率。

1.3.4　工程验收阶段

工程验收是公路建设的最后一道程序,是对工程设计和施工进行评价的过程。未经验收或验收不合格的工程,不得交付使用。

工程验收分为交工验收和竣工验收两个阶段。小型项目或改建的简易工程项目,经主持竣工验收的单位批准,可合并为一次竣工验收。

(1) 交工验收,也称"初验",由主管部门或投资建设单位主持,接管养护单位、设计单位、施工单位、当地建设银行、质量监督站等单位的代表和监理工程师参加,对路基、路面、桥梁、涵洞、隧道、防护工程、沿线设施以及施工资料和财务进行详细检测或检查,并按照有关规定对工程质量作出评价。不合格的工程不予验收,合格的提出初验报告,按投资隶属关系报请上级主管部门组织竣工验收。

(2) 竣工验收,由上级主管部门或设计文件批准单位主持,主管部门、建设单位、建设银行的代表,设计、施工、养护单位的代表,初验领导小组、监理工程师、质量监督站及地方有关部门的代表,国防公路应邀请军队代表参加,组成竣工验收委员会或竣工验收领导小组,采取全面检查和重点检测与复量相结合的方法对公路工程进行验收。验收组织须对工程进行评分和质量评定,确定质量等级,对验收合格的,提交竣工验收鉴定书,报上级主管部门。

除上述验收工作外,我国从 1990 年开始对大中型及重点公路建设项目实行后评价制度,即在公路通车以后,经过 2~3 年的实际运营考核,按系统工程的思想方法,对建设项目从立项决策、设计方案、工程施工直至通车运营的全过程各阶段工作的成功与失误,全面对照、总结,并对各阶段工作成果变化的内在联系与促成因果进行追踪。后评价工作为不断提高决策、设计、施工管理水平,合理利用建设资金,提高建设资金的投资效益,全面改进建设管理,制定相关政策等提供科学依据。后评价工作由负责该项目的省、自治区、直辖市交通运输管理部门组织设计单位、施工单位和有关部门参加。评价的主要方法是对比和追踪。后评价工作完成后应提交后评价报告,邀请有关方面专家提出审查意见,修改后报交通运输部,作为公路建设项目管理的最终成果。

1.4　公路项目的业主管理

1.4.1　业主在项目管理中的作用

中华人民共和国成立初期实行计划经济体制,建设项目的任务靠行政手段分配,投资靠国家拨款。作为建设项目组织者的业主单位,只负责实施过程中的组织协调工作,没有经营的职能,盈利上缴政府,亏损由国家弥补。随着国家经济体制改革的深化,实行社会主义市场经济,建设项目的管理也纳入了市场经济的轨道,改革了建设项目的投资体制。目前,绝大多数建设项目需要由业主采取多种形式、多种渠道筹措建设资金,并对建设资金的偿还和投资效益直接负责,这就要求业主按经济规律组织公路项目的建设。但在一段时间内,对社会效益较大的公路建设项目,由于国家投资所占比例较大,建设单位大多由国家行政主管部门任命负责人,用行政手段组织管理班子,业主在对建设项目实施管理的过程中,按市场经济规律办事、自主经营的意识还比较淡薄,大多沿用行政管理的方法组织公路项目的建设,缺少紧迫感和风险意识。为了规范化业主的公路建设项目管理行为,适应市场经济发展的需求,有必要对项目法人责任制进行较为深入的探讨。

我国宪法规定"国家实行社会主义市场经济""国家加强经济立法,完善宏观调控"。我国的公路建设市场全面推行项目法人责任制、招标投标制、工程监理制和合同管理制等制度,按照社会主义市场经济原则和现代企业制度进行工程管理。作为投资主体的建设项目业主,既是资金的持有人,又是建设项目的所有者,按照项目法人责任制的原则,不仅要对项目建设的过程负责,还要对项目建设的成败和项目运行的好坏负责;既要负责筹措项目的建设资金,还要对建设过程、生产经营及还款付息,直至发挥投资效益承担责任。好的开始是成功的一半,项目建设的成败在很大程度上影响着工程投入运营后效益的高低。

建设项目采用招标方式选择承包单位,用经济合同约束双方的实施行为,聘用可靠的监理工程师负责合同履行过程中的监督、管理、协调工作,这些都是建设过程中的有效保证措施。在这些制度中,业主都是直接的参与者,是建设项目的"龙头"。尽管业主不是工程项目的直接实施者,但其行为在项目建设中有着举足轻重的作用。应当强调,在计划经济体制下,建设单位是以行政手段分配建设任务,其与实施者之间仅产生行政管理关系,不会发生经济利益的冲突。而在市场经济体制下,业主与各项建设任务的实施者建立的是平等的合同关系,这是一种社会主义商品经济关系,因此,业主必须正确地运用商品经济的价值规律和竞争规律来保证公路建设项目最终目标的实现。

1.4.2　业主在项目管理中的职能

在建设项目的实施阶段,参与建设的各方都要对项目的实施进行管理。但各承包单位仅负责对与业主所签订合同中所约定的本方任务的履行过程实施管理。业主则要与咨询单位、监理单位、勘察设计单位、施工单位、物资供应单位签订相应的经济合同,因此,要负责对从可行性研究开始,直到工程竣工验收完毕交付运行的全过程进行管理,是整个建设项目管理的核心。鉴于业主处于建设项目实施阶段项目管理的核心地位,必须运用系统工程的观念、理论和方法进行管理。建设项目管理的主要内容包括:进度控制、质量控制、投资控制、合同管理、信息管理和组织协调等。

为了保证管理目标的实现,业主应积极履行如下项目管理职能。

(1)决策职能。项目建设是一个系统工程,每一建设阶段的启动都离不开科学的决策。

(2)计划职能。围绕项目的全过程、总目标,将实施过程的全部活动纳入计划轨道,用动态的计划系统协调与控制整个项目,保证建设活动协调有序地实现预期目标。只有执行计划职能,才能预见和控制各项工作。

(3)组织职能。业主的组织职能既包括在内部建立项目管理组织机构,又包括在外部选择可靠的承包单位,实施建设项目不同阶段、不同内容的建设任务。

(4)协调职能。由于建设项目实施的各阶段在相关的层次、相关的部门之间存在大量的接合部,构成了复杂的关系,应通过协调职能进行沟通,排除不必要的干扰,确保项目正常运行。

(5)控制职能。建设项目主要目标的实现需要以控制职能为保证手段,应不断地通过决策、计划、协调、信息反馈等手段,采用科学的管理方法确保目标的实现。目标有总体目标,也有阶段目标和分项目标,各目标组成目标体系,因此,对目标的控制也必须是系统的、连续的。建设项目管理的主要任务就是对投资、进度和质量进行控制。

1.4.3　业主加强项目建设管理的措施

近年来,城市化进程持续加快,促进了我国道路交通业的快速发展,相比以往,公路工程项目的跨度更大、范围更广,庞大的工程量也为项目建设管理工作带来了全新挑战。这就要求业主单位加大管理力度,进一步探究项目建设管理工作理论与方法,推动我国道路交通业的可持续发展。

1. 优化项目建设管理组织

公路工程项目管理工作涉及的内容较多,包括前期的招投标管理、方案图纸设计,中期的施工技术选择,材料设备采购,工期、进度管理,后期的竣工验收和项目质量检测等。为此,业主单位需要严格组织相关管理人员,进一步完善项目管理组织机构,使其成为一个具有现代化管理思维的组织部门。具体而言,就是要结合实际情况构建不同的职能部门,如设计、采购、管理、检查、监督和质检等,并按照各个部门的职责进行明确分工,做好管理责任的有效界定,确保所有人员均能够按照岗位职责执行管理任务。同时,需要注意各个组织与部门间的交流联系,发挥部门间协调配合、相互制约的作用,使各部门可以独立完成其在项目建设管理中所承担的任务,确保公路工程建设工作进展顺利。

2. 合理运用 BIM 技术

业主单位通过合理运用 BIM(building information model,建筑信息模型)技术,可以优化项目建设管理流程,降低项目管理成本费用,进而提升项目整体建设质量。

(1)设计阶段。业主单位要构建 BIM 数据共享平台,让每一位设计人员在同一模型内互不影响地完成自己所要设计的内容,并且利用这一系统可实现对整体设计模型的可行性检验,分析不同设计之间是否存有冲突、矛盾等,提升项目设计方案的科学性、有效性。

(2)招标阶段。鉴于公路工程项目内容复杂、计算量庞大,在实际工程量计算中应做好审查工作,以保证计算结果的精准性。如采用传统的计算方式,计算过程中要消耗大量资源,计算得出的结果容易出现误差等,可以有效利用 BIM 模型技术,借助其高效的数据整合、精准的数据分析等功能,根据指标制定出精准的工程量清单,避免计量过程中出现数据误差等。

(3)施工阶段。运用这一技术可以帮助管理人员直观清楚地发现项目管理中所存在的问题,及时采取有效措施加以解决,并且可以对实际施工建设中所用材料、设备等的情况加以分析,大幅提升项目建设效率和质量。在竣工结算阶段,也可以对工程造价情况进行统计,以便于业主有效控制工程造价,审查项目进度和施工质量。

3. 提高业主管理人员的素养

管理人员综合素养直接影响公路工程项目建设管理工作质量,为确保管理工作有效落实、顺利开展,就要对相关管理人员进行全面培训教育和监督管理。

(1)提高现场用人准入标准。针对业主单位的管理人员,在招聘过程中,人力资源部门需要对应聘人员的理论知识、专业技能、安全意识和职业道德等方面进行严格审核,确保其所具备的业务能力等综合素养可以满足项目建设管理工作要求。

(2)加强管理人员培训教育。业主需要加强对管理人员综合素养的培训教育,如开展人文地理、施工技术操作流程、现场安全防护措施、资源合理分配利用等方面的培训,提升管理人员的业务能力,确保其能够熟练掌握施工现场情况,解决项目建设管理工作中的问题。同时,管理人员要自主学习,或是利用互联网平台的教育资源,或是积极参与专家讲座,或是申请外派学习等,促进自身业务能力全面提升。

(3)建立早中晚会制度。业主单位应当要求各个承包单位按照早中晚会制度开展施工讨论会议,记录当天工作进展、技术使用情况等,以便于根据实际施工情况调整项目整体进度,并要增强施工人员的安全责任意识。开展施工安全讲座、组织施工安全演练等一系列活动,使施工人员遇到突发事件时能及时采取补救措施,将影响范围降至最低。同时,需要贯彻落实绩效考核制、奖惩机制、岗位责任制等,有效约束施工人员行为,促进项目建设管理质量提升。

第 2 章　建设前期管理

2.1 公路建设规划与项目可行性研究

公路建设规划是一项系统工程,而公路网规划是其中的基础和关键环节。公路网作为交通基础设施的骨架系统,其规划的科学性和合理性直接决定了后续建设项目的可行性和效益。只有在完善的公路网规划基础上,才能准确把握建设项目的必要性、建设时序和投资规模。同时,公路网规划也为单项建设项目提供了宏观层面的指导,能帮助确定具体项目在整个公路网中的功能定位、技术标准和建设要求。因此,在研究公路建设规划时,需要首先明确公路网规划的概念、原则和方法,这不仅有助于理解整个规划体系的层次关系,也能为具体建设项目的规划设计提供理论依据和实践指导。

2.1.1 公路网规划的概念和原则

1. 公路网规划的概念

规划是人们为指导未来的奋斗目标和方向而制定的长期或中、近期行动计划。规划不仅要定目标,还要设计实现目标的策略或行动过程。公路网规划就是制定合理的区域公路网格局。制定公路网规划是公路建设中的重要前期工作,目的在于通过系统分析公路现状,科学预测交通需求,合理进行路线布局,恰当安排建设时序,避免公路建设决策、建设布局的随意性、盲目性及重复性,使公路建设适应社会经济发展的需要,同时使管理工作趋于程序化、规范化和科学化。

交通运输部门对公路网的初步设想是:根据社会经济发展对公路的要求,从"八五"开始,用几个五年计划的时间,在发展以综合运输为主轴的交通业的总方针指导下,按照"统筹规划、条块结合、分层负责、联合建网"的建设原则,建设以国道干线公路系统为主的全国公路主骨架,并分层次地发展与国道干线相连接的省、市干线公路和县乡公路;同时,建设大中城市出入口公路及城市绕行线,以及其他公路配套设施,形成主次结合、设施齐全、机动灵活、方便快捷的全国公路系统。

区域公路网规划是基于一定的社会经济环境而设计出的公路网络具体发展方案,包括公路网合理发展规模、公路网布局,以及公路网中改建和新建线路的规模、走向、技术等级与分期建设安排等。公路网布局是公路网规划的一部分,它是在公路网发展规模确定后,根据社会生产力发展特点,对公路网的线路结构层次及走向作出安排,并通过对线路层次划分确定建设投资重点,以期提升公路网的整体社会效益。公路网规划不是单纯地解决公路系统本身发展的问题,由于公路网设施的固定性及其提供的交通的便利性,将会对区域社会、经济、文化等产生持久、深刻的影响,可以借助公路网规划调整和优化区域生产力布局、土地利用形态、社会经济和环境发展等。公路运输作为国民经济的重要基础性产业,作为综合运输体系的一种主要运输方式,进行公路网布局是区域经济、社会发展中面临的关键且紧迫的问题。

公路网布局是一项综合性的系统工作,既要从宏观上把握公路网规划的总体思想及建设规模,又要从微观出发,根据路段上的交通量对公路网规划的具体方案进行设计与优化。所以,公路网布局无论是偏重宏观还是偏重微观都是不科学的。另外,由于公路网规划的影响因素是多方面的,公路网的建设也受到诸多因素的制约。公路网的布局有必要关注节点和路段的重要程度,以利于区域公路网规划的具体安排和实施。

公路网规划的任务是:通过深入细致的调查研究,系统地分析和评价现有公路交通状况,根据区域社会经济发展与公路交通客货流分布特点,科学预测交通量发展趋势,提出公路发展的总目标和总布局,对高速公路路线走向、重要控制点提出多种布局方案,通过比较,优中选优。在优化布局的基础上,再根据规划期内建设资金、路网交通量分布及线路地位、功能等条件合理确定各线路、路段的建设时序。针对高速公路规划实施过程中面临的资金、技术等重要问题,需要在前期的可行性研究工作中进行详细的研究和论证,同时对公路网规划的实施提出基本对策与措施。最后通过全面分析公路网规划实施可能产生的各种影响(正面或负面),对公路网规划方案作出技术、经济、社会影响等方面的综合评价。

2. 公路网规划的原则

(1)先行于社会经济发展原则。公路是重要的基础设施,在规划公路网时要全面了解和预测区域的土地利用、社会经济发展、城市布局规划等。只有超前规划和建设,做好战略性的长远规划,才能提高交通建设的连续性和系统性,即需要按照社会经济发展的总目标要求,提出公路网规划先行于社会经济发展的战略思想,并由此确定公路网的总体布局。

(2)系统协调与长远发展原则。公路网规划是与区域内外的公路运输方式相互联系的有机整体,彼此相互协调,在规划公路网的过程中要高瞻远瞩、合理布局、科学安排,防止建设决策、建设布局的随意性、重复性及盲目性。

(3)工程经济性原则。公路建设占地多、投资大,在制定公路网规划时,应注意在满足发展目标、技术要求的前提下,尽量珍惜土地资源、节约建设费用,使规划方案具有良好的工程经济性。

(4)环境保护原则。在规划过程中要注意施工过程中的环境保护和运营时的汽车废气、噪声污染与路面污水排放等问题。

2.1.2　公路网规划的程序和内容

区域公路网规划是区域交通规划的重要组成部分,其规划程序如图 2.1 所示。

(1)区域国土空间规划和区域综合交通规划是区域公路网规划的依据,这是由公路网的适应性所决定的。土地的开发利用(包括地下资源和旅游资源等的开发)和区域经济的发展产生了对交通的需求,交通设施的发展又反过来刺激和促进土地开发利用和经济发展。公路网是综合运输系统的子系统,其轮廓和组成方案取决于所服务的运输点及分布情况,也受各运输点之间的运输量及其性质的制约。因此,区域公路网规划的目标分析与确定,以及与之直接相关的远景交通量的预测,依赖规划区的国土空间规划和综合交通规划。

(2)远景交通量的预测,包括区域内交通量的产生、分布和分配模型的建立,是区域公路网规划的一项主要内容,也是路网设计与优化的直接依据,它同资料收集与问题诊断同属规划工作的前奏和基础。

(3)公路网方案设计与优化是规划工作中的另一项主要内容,在工作内容和方法上涉及设计、优化和决策等模型的建立与运算过程。公路网规划与设计时以公路网交通量预测为基础,以公路网评价为依据,以交通工程学和最优化技术为手段。公路网方案设计与优化在很大程度上决定规划区远景公路建设的水平和公路运输效果。

(4)公路网评价作为规划工作中的一个环节,起着承上启下的作用。公路网评价作为规划工作的起点,通过对原有公路网的评价和定量分析,可为分析和确定规划目标提供具体依据;作为规划工作的终点,通过对规划方案的评价,可为规划成果(公路网方案与实施计划)的论证、优化和决策提供各个方

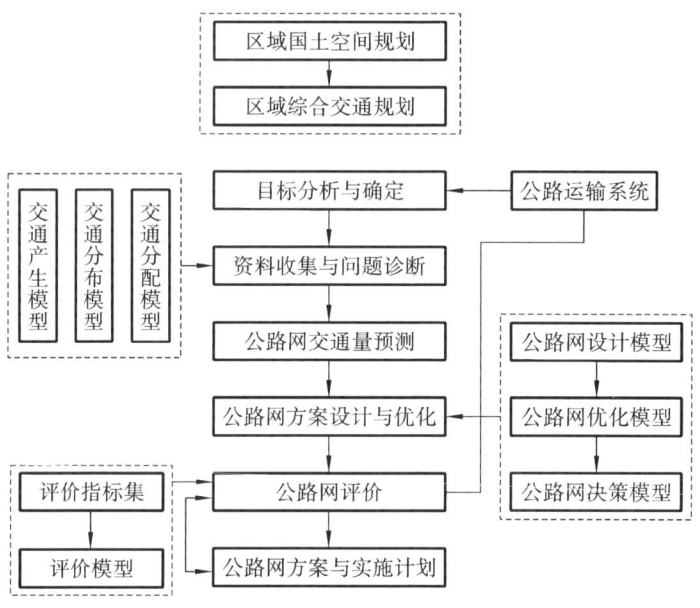

图 2.1　区域公路网规划程序

面的量化指标。

（5）区域公路网规划的基本内容可概括为预测、评价、网化和优选。具体步骤为：①区域技术、经济调查分析；②公路网远景交通量预测；③区域公路网建设（包括新建线路和改建线路）平面布局和等级结构方案设计；④公路网评价系统模型建立和运算；⑤公路网目标优化模型建立与运算；⑥公路网方案决策模型建立与运算；⑦公路网实施计划和投资优化决策模型构建和运用。

2.1.3　可行性研究的概念及特点

1. 可行性研究的概念

可行性研究是目前国内外工程建设中广泛使用的一种技术经济论证方法。建设项目可行性研究是指在项目决策前，通过对与该项目有关的工程、技术、经济等各方面条件和情况进行深入全面的调查、研究、分析、预测，对各种可能的实施方案进行比较论证，并对项目建成后的经济损益进行测算和评价的一种科学分析活动。

公路项目可行性研究是从"需要"和"可能"两个方面出发，运用可行性研究这一科学的、完整的工作方法体系，深入地、具体地研究公路项目建设必要性、技术可行性、经济合理性、实施可能性，由此为项目投资决策推荐可行方案，为设计任务书的编制、审批提供科学的依据。

技术可行性有两层含义：一是研究某项目采用现代技术是否可行，二是研究完成某项目需要采用什么技术，并且各项技术之间的集成配套性如何，技术与其他有关资源、环境的协调性如何。技术可行性与项目所在地区及全国的经济水平和技术水平相联系，包括技术的先进性和可靠性。

经济合理性是可行性研究的核心。研究一个项目是否可行，不仅要研究该项目能否建成、投资多少，还要研究其经济效益。建设项目的经济合理性将通过费用-效益分析（即经济评价）得到的指标作为评价的定量标准。经济评价是实现项目决策科学化、民主化，减少和避免投资决策失误，提高经济效益的重要方法。不能定量分析的效益也应加以研究,以全面衡量项目的经济合理性。项目的经济合理性需要从不同角度加以衡量,如企业角度的"财务评价"和国家角度的"国民经济评价"。当两种评价的结果不一致时,应按国民经济评价的结果考虑项目的取舍。

实施可能性是基于建设项目的主客观条件分析所得出的结论,投资估算和资金来源是其中重要的研究内容,还有一些其他条件,如设计、施工力量,原材料供应,水、电供应条件,土地及交通运输条件等,也都会影响项目实施的可能性。

综上所述,公路项目的可行性研究是一项复杂的系统工程。它不仅按项目进行研究,还从整个国民经济的角度出发,对工程建设规模、发展速度、投资结构、生态环境影响等方面进行通盘考虑,进行技术、经济、社会效果分析与论证。

2. 公路项目可行性研究的特点

公路项目的自身特点决定了其可行性研究的特点。

(1)公路项目可行性研究要立足于全社会的公路交通状况,包括公路运输量、公路交通量和车货流起讫点情况。为此,必须分析地区社会经济的发展现状、资源特征、产业结构,预测其未来的发展速度、发展水平,调查分析其他运输方式的运输能力及其对运输量的分流状况,在此基础上还须特别研究与研究对象平行的整个运输走廊的运输量和交通量以及公路网情况。

(2)对于非经营性公路项目,不会面临盈利问题,因而偏重国民经济评价。目前,只对通过贷款修建并以收费偿还贷款的公路项目进行财务分析和评价,这时需要研究收费方式、收费标准,然后计算过路(桥)费收入,动态计算贷款偿还年限。如果收费公路管理机构为经营性的经济实体,财务分析则不仅需要计算贷款偿还年限,还要计算偿还年限后的收费所得。无论哪一种情况都要考虑收费对交通流分配的影响。

(3)在考虑公路项目投资效益时,必须把着眼点放在满足社会经济发展需要上。公路项目投资产生的效益大部分不是在运输业内部,而是在它的外部,主要反映在它对社会经济的影响上。其效益不像工业项目,可以通过项目实施后的产品销售收入计算,而主要是以项目实施后给国民经济和社会发展带来的费用节约和效益提升来计算。

(4)在费用的计算上,由于公路项目使用时不需要原料,故不产生原材料费。但是公路项目投入营运时不仅需投入价值昂贵的汽车(并不包含在项目建设费用中),还需要消耗大量的燃料(也不计入项目建设成本),而且在基础设施方面需要投入大量资源,如土地、钢材、水泥等。因此,在进行公路项目可行性研究和经济评价时,必须特别注意方案比选,在满足相同要求的各种替代方案中,找出投入最少或代价最小的方案,尽可能减少建设期和营运期的资源消耗。

2.1.4　公路项目可行性研究的任务、阶段划分和工作步骤

1. 公路项目可行性研究的任务

公路项目可行性研究的任务是:在充分的调查研究和必要的勘察工作的基础上,对项目建设的必要性、技术的可行性、经济的合理性、实施的可能性,提出综合性的研究报告。具体任务有 3 个方面。

(1)对新建或改建工程项目从技术、经济两个方面进行全面的、系统的研究分析。

(2)对项目投产后的经济效益进行预测。

(3)对项目是否应该进行提出论证性意见。

可行性研究研究的不仅是可行而且是最优,只有在可行的基础上才能去寻求最优。可行性研究不仅要探讨各种具有实际意义的可能方案,而且要寻求最佳方案推荐给决策者,并提出应考虑的问题。可行性研究工作的目的就是通过对所有与拟建项目的投资效果有关的因素进行综合研究分析,避免或减少项目投资决策的盲目性,提高建设投资的综合效益,有助于在项目建设前期,实现项目选择准确、方案科学、工期合理、投资可控、效益较好等目标。

2. 公路项目可行性研究阶段划分

我国公路项目可行性研究按工作深度分为两个阶段,即预可行性研究阶段和工程可行性研究阶段。前者介于机会研究与初步可行性研究之间。预可行性研究重点研究建设项目的必要性,通过踏勘和调查研究,提出建设项目的规模、技术标准,进行简要的经济效益分析,审批后作为编制项目建议书的依据。工程可行性研究则通过必要的测量(高等级公路必须做)、地质勘探(大桥、隧道及不良地质地段等),在认真调查研究、收集必要资料的基础上,对不同建议方案从经济上、技术上进行综合论证,提出推荐建设方案,审批后作为编制设计任务书的依据。工程可行性研究的投资估算与初步设计概算之差应控制在投资估算的 10% 以内。预可行性研究和工程可行性研究的工作要求与区别见表 2.1。

表 2.1 预可行性研究与工程可行性研究的工作要求与区别

项　　　目		预可行性研究	工程可行性研究
总体要求		(1) 编制项目建议书的依据; (2) 偏重研究建设的必要性; (3) 概略研究,结论是初步的; (4) 工程作业以 1∶50000 比例尺的地图为基础,辅以踏勘、调查; (5) 提出方案设想和投资估算	(1) 编制设计任务书的依据; (2) 全面研究建设的必要性、技术的可行性、经济的合理性、实施的可能性; (3) 要求研究结论建立在充分定性、定量论证的基础之上; (4) 高等级公路工程作业基础为 1∶10000 比例尺地图,根据具体情况可选用其他比例尺的地图,需进行必要的测量和钻探; (5) 提出路线方案,投资估算与初步设计概算的误差控制在投资估算的 10% 以内
提供的主要图表要求		在 1∶50000~1∶200000 比例尺的地图上标出路线方案	高等级公路要求在 1∶10000 比例尺的地图上标出路线方案
资料要求	社会经济调查	资料要求简要、概略,内容及范围参见《公路建设项目可行性研究报告编制办法》,未来年份的社会经济资料可以既有经济计划和规划为基础	资料要求全面、系统,内容及范围参见《公路建设项目可行性研究报告编制办法》,对未来年份要求进行社会经济发展预测
	交通情况调查	范围:五种运输方式(铁路、公路、水运、航空和管道); 内容:参见《公路建设项目可行性研究报告编制办法》,不要求进行 OD 调查	范围:五种运输方式(铁路、公路、水运、航空和管道); 内容:参见《公路建设项目可行性研究报告编制办法》,高等级公路要求进行 OD 调查
	路况运输调查	路网及相关公路概况,公路运输效率指标	路网概况,其他交通线路及相关公路路况,全社会公路运输效率指标

项　　目	预可行性研究	工程可行性研究
交通量预测	以基年交通量和交通量增长率为基础,采用定基与定标相结合的预测技术	对高等级公路和特大桥要求进行交通量生成、分布和路网分配等分析与预测,进行收费情况下的交通量预测
经济评价	(1) 按经济评价办法提出初步经济评价; (2) 效益计算中的某些参数不要求动态处理; (3) 效益费用调整可直接参考《建设项目经济评价方法与参数(第三版)》; (4) 不要求进行敏感性分析; (5) 收费公路要求粗略进行财务分析	(1) 按经济评价办法提出完整的经济评价; (2) 效益计算中的某些参数要求动态处理; (3) 效益费用调整须根据项目具体研究; (4) 要求进行敏感性分析; (5) 收费公路要求进行财务分析

注:OD 为 origin destination 的缩写,即起讫点。

3. 公路项目可行性研究的工作步骤

公路项目可行性研究的一般步骤如下。

(1) 接受任务与签订合同。公路项目的可行性研究,可以由项目主管部门直接向工程设计单位下达任务,也可以由项目业主自行委托有资质的工程设计单位承担。项目业主和受委托单位签订的合同中一般应包括以下主要内容:进行该项目可行性研究的依据、研究的范围和内容、研究工作的质量和进度、研究费用及其支付方法、合同双方的责任和义务、协作方式和关于违约处理的方法等。

(2) 组织准备与计划安排。受委托单位接受任务后,应根据工作内容组织项目小组、确定项目负责人和专业负责人。承担研究工作的人员,必须具有较丰富的公路勘测、设计、施工等工程实践经验,对宏观经济、公路经济、交通工程等有较深入认识。项目负责人还应具备广博的学识、远大的目光、较高的领导水平和丰富的工作经验。研究组一般包括如下人员:项目负责人、公路经济研究人员、交通工程研究人员、公路路线工程研究人员、桥隧工程研究人员、公路路面工程研究人员、工程地质及水文地质研究人员、工程概预算编制人员等。项目组根据任务要求,制订工作计划和实施进度。在安排实施进度时,要充分考虑各专业的工作特点和任务交叉情况,协调技术专业和经济、交通专业的关系,为各专业的工作预留充分的时间。

(3) 调查研究与资料搜集。在清楚了解公路项目建设意图和要求的基础上,拟定调查研究提纲,组织有关专业人员赴现场进行实地调查和专题抽样调查,包括经济调查、交通量调查、路况调查、地形图或航测定线、线路桥隧踏勘、地质调查、筑路材料调查以及必要的线路桥隧测量和地质勘察钻探等。机动车 OD 调查的布点应在准备工作阶段拟好,在外业阶段先与项目所在地区公路管理部门商定,然后布置各调查点,组织交通、路政、监察、运营等部门协同完成。通过这些调查,广泛搜集项目所在地区的经济、社会、自然资源、环境、交通、运输等方面的资料,并以科学的方法对资料进行整理、分析,为方案设计和技术经济分析提供可靠的依据。

(4) 方案设计与技术经济分析。在搜集、整理了一定的设计基础资料和技术经济基本数据的基础上,开展深入的分析、研究工作,包括公路运输量、交通量预测和评价,工程规模与技术标准研究,线路和桥隧方案研究,筑路材料来源分析,环境保护工作研究,工程分析与估算,投资估算及资金来源研究,经济评价,建设工程安排等。通过研究提出若干种可供选择的建设方案和技术方案,并进行比较和评价,从中选择或推荐最佳方案。

(5)编写报告文本及绘制附表、附图。在对建设方案和技术方案进行技术经济论证和评价后,组织研究人员分别编写详尽的可行性研究报告。在报告中可推荐一个或几个项目建设方案,也可提出项目不可行的意见、结论或项目改进建议。研究报告须按《公路建设项目可行性研究报告编制办法》规定的格式和要求编写。

(6)可行性研究报告上报及评审。按现行规定,国家高速公路、国道干线、跨省重大项目的可行性研究报告报国家发展改革委审批或由国家发展改革委会同交通运输部审批;国家级特别重大项目(如列入国家规划的战略性工程)的可行性研究报告由国务院审批;省道项目的可行性研究报告由省级发展改革部门或交通运输主管部门审批;农村公路项目的可行性研究报告一般由市县级政府审批。

2.2 公路项目设计招标

公路项目的立项报告批准后即进入实施阶段,此阶段的第一项工作就是勘察、设计招标。以招标承包的方式委托勘察、设计任务,是为了打破地区、部门的界限开展设计竞争,使设计技术和成果作为有价值的技术商品进入市场,达到推动拟建项目采用先进技术、降低工程造价、缩短建设周期和提高投资效益的目的。

2.2.1 招标投标的概念和特点

1. 招标投标的概念

招标投标,是在市场经济条件下进行大宗货物的买卖、工程建设项目的发包与承包,以及服务项目的采购与提供时,所采用的一种交易方式。在这种交易方式下,通常由项目的采购方作为招标方,通过发布招标公告或者向一定数量的特定供应单位、承包单位发出招标邀请等方式发出招标采购信息,提出所需采购的项目的性质及数量、质量、技术要求,交货期、交(竣)工期或提供服务的时间,以及对供应单位、承包单位的资格要求等招标采购条件,表明将选择最能够满足采购要求的供应单位、承包单位并与之签订采购合同的意向。由各有意提供招标方所需采购货物、工程或服务项目的供应单位、承包单位作为投标方,向招标方书面提出自己拟提供的货物、工程或服务的报价及其他响应招标要求的条件,参加投标竞争。招标方对各投标单位的报价及其他条件进行审查比较后,从中择优选定中标者,并与其签订采购合同。采用招标投标的交易方式须具备两个基本条件:一是要有能够开展公平竞争的市场经济运行机制;二是必须存在招标采购项目的买方市场,从而使项目的采购者有条件以招标方式从多家竞争者中择优选择中标者。

2. 招标投标的特点

采用招标投标方式进行交易活动将竞争机制引入交易过程,与供求双方"一对一"直接交易等非竞争性的采购方式相比,具有以下优点。

(1)招标方通过综合比较各投标竞争者的报价和其他条件,从中选择报价低、技术力量强、质量保障体系可靠、具有良好信誉的供应单位、承包单位作为中标者,与其签订采购合同,有利于节省和合理使用采购资金,保证采购项目的质量。

（2）招标投标活动要求依照法定程序公开进行,有利于堵住采购活动中行贿、受贿等腐败和不正当竞争行为的"黑洞"。

（3）有利于创造公平竞争的市场环境,促进企业间的公平竞争。采用招标投标的交易方式,对于供应单位、承包单位来说,只能在质量、价格、售后服务等方面展开竞争,以尽可能满足招标方的要求,取得中标机会。

与直接采购方式相比,招标投标采购也有其固有的缺陷,主要表现在招标投标程序复杂、费时、费用较高等方面。因此,一些采购标的物价值较低或采购时间紧迫的采购,不适宜采用招标投标采购方式。

2.2.2　勘察、设计招标概述

1. 招标范围的确定

公路项目的设计一般分初步设计和施工图设计两个阶段进行。对高速公路等有着重大、复杂技术问题的项目,在必要时还需增加技术设计阶段。业主可以针对某一阶段的设计任务或几个阶段的设计任务通过招标方式选择承包单位,签订承包合同后交予其实施。为了保证设计指导思想能顺利贯彻各设计阶段,设计招标较多采用技术设计招标或施工图设计招标,不单独进行初步设计招标,而是由中标的设计单位承担初步设计任务。也有项目的初步设计采用方案竞赛的方式选择优秀设计方案,再委托提供该方案的设计单位做技术设计和施工图设计。

勘察任务可以单独发包给具有相应资质的勘察单位实施,也可以将相关工作内容归入设计招标中。由于勘察工作所取得的技术资料是设计的依据,直接为设计服务,因此目前一般将勘察任务归入设计招标的任务范围内。业主可以将勘察任务和设计任务交给具有勘察能力的设计单位承担,也可以由设计单位总承包,再由其去选择承担勘察任务的分包单位。这种方式比业主分别招标委托勘察和设计任务的方式更为有利。一方面,相较于勘察、设计分别承包,总承包在合同履行过程中较易管理,可以减少业主和监理工程师在合同实施过程中的协调工作;另一方面,可以直接根据设计的要求进行勘察工作,满足设计对勘察精度、内容和进度的需要,必要时还可以进行补充勘察工作。

按照国家颁布的有关建设法规,实行设计招标的工程必须具备以下条件。

（1）要有经过审批机关批准的可行性研究报告或设计任务书,即建设项目已经过立项批准。

（2）已具备开展设计必需的可靠基础资料。

（3）成立专门的招标小组或办公室,并有专人开展工作。

2. 设计招标方式

设计工作有其独有的特点,设计任务是承包者通过自己的智力劳动,将业主对项目的设想转变为可实施的蓝图。设计招标时,业主在招标文件中对投标单位所提出的要求不那么明确、具体,只是简单介绍工程项目的指标要求、投资限额和实施条件等,规定投标单位分别报出工程项目的构思方案和实施计划,业主将通过开标、评标程序对各方案进行比选,最终确定中标单位,并按中标单位的设计方案实施。鉴于设计任务本身的特点,设计招标可采用设计方案竞赛评选的方式选择承包单位。设计招标与其他工作招标的主要区别表现为以下几点。

（1）招标文件中仅提出设计依据、建设项目应达到的技术指标、项目限定的工程范围、路网规划确定的主要控制点、项目所在地的基本资料、要求完成的时间等内容,而无具体的工作量要求。

（2）投标单位的投标报价不是按规定的工程量填报单价后算出总价,而是首先提出设计初步方案,论述该方案的优点和实施计划,在此基础上进一步提出报价。

（3）开标时,不是由业主的招标机构公布各投标书的报价,排定报价高低次序,而是由各投标单位分别介绍自己的初步设计方案的构思和意图,而且不排报价高低次序。

（4）评标、决标时,业主不过分关注报价的高低,更多关注所提供方案的技术先进性、所达到的技术指标、方案的合理性以及对公路项目投资效益的影响。

按照《中华人民共和国招标投标法》(以下简称《招标投标法》),招标可以采用公开招标和邀请招标两种方式。为了提高设计水平,可以采用打破地区和部门界限的公开招标方式选择承包单位。而对于专业性较强的设计任务,限于专业特点和对目前国内外的先进技术等情况的了解,则只能在行业内的设计单位中通过邀请招标的方式选择承包单位。邀请招标应邀请3家以上单位参加投标竞争。只有少数特殊工程或偏僻地区的小型工程,一般设计单位不愿参与竞争时,才可以由项目主管部门或当地政府指定投标单位,以议标的形式选择设计任务承包单位。

3．设计招标投标程序

（1）标准化招标程序。

依据委托设计的公路项目规模的不同,以及招标方式的不同,各公路项目设计招标的程序繁简程度也不尽相同。国家有关建设法规规定了如下标准化公开招标程序:①招标单位编制招标文件;②招标单位发布招标公告或发出投标邀请函;③投标单位购买或领取招标文件;④投标单位报送申请书;⑤招标单位对投标单位进行资格审查;⑥招标单位组织投标单位踏勘工程现场,解答招标文件中的问题;⑦投标单位编制投标书;⑧投标单位按规定时间报送投标书;⑨招标单位当众开标、组织评标、确定中标单位、发出中标通知书;⑩招标单位与中标单位签订合同。采用邀请招标或议标方式时,可根据具体情况对招标程序进行适当变更或斟减。

（2）招标与投标。

从公开招标发布招标公告之日起或邀请招标寄出投标邀请函之日起,到招标文件中规定的投标截止日期,这一时间段既是业主的招标阶段,也是投标单位的投标阶段。招标单位的主要工作包括:发布招标公告(或发出投标邀请函);对投标申请单位进行资格预审;组织投标单位到现场进行勘察;回答投标单位的质疑和接受标书。对于投标单位来说,这一阶段的主要工作包括:办理投标申请;购买招标文件;研究招标文件;对现场进行勘察;提出有关疑问请招标单位解答;确定设计主导思想;进行设计方案的编制;编写投标文件;在投标截止日期前递交标书。

公开招标时,要预先对投标单位进行资格预审,以便淘汰不合格的投标单位。只有通过了资格预审的投标单位,才可以购买招标文件,参与设计投标竞争。如为邀请招标,由于招标单位已对邀请单位的资质条件有所了解,可不进行资格预审,但要在评标时进行资格后审,将其资质、信誉、能力作为评标时考虑的因素。资格预审与资格后审的内容基本相同,主要包括资格审查、能力审查、经验审查。

设计单位应严格按照招标文件的规定编制投标书,并在规定时间内递送。设计投标书的内容一般应包括以下几方面:①方案设计综合说明书;②方案设计内容及图纸;③建设工期;④主要的施工技术要求和施工组织方案;⑤工程投资估算和经济分析;⑥设计进度;⑦设计承包报价。

（3）评标、定标。

开标后就进入评标、定标阶段,从中优选出中标单位后,业主即与其签订合同,因此该阶段也被称为"决标成交阶段"。评标由招标单位邀请有关部门的代表和专家组成评标小组或评标委员会,通过对各标书进行评审写出综合评标报告,并推选出第一、二、三名候选中标单位。业主根据综合评标报告,可分别与候选中标单位进行会谈,就评标时发现的问题探讨改正或补充原投标方案的可行性,或将其他投标单位的某些设计特点融于该设计方案之中的可能性等有关事项,并最终选定中标单位。但为了保护非中标单位的权益,如果使用非中标单位的技术成果,需先征得其同意后实行有偿转让。

评标时需要评审的内容很多,尤其应关注以下几个方面。

①设计方案的优劣评价。

②投入产出和经济效益评价。

③设计进度评价。根据投标书内的方案实施计划,看是否能够满足招标单位的要求。尤其是某些大型复杂的工程项目,业主为了缩短建设周期,往往在初步设计完成后就进行施工招标,要求设计单位在施工阶段陆续提供施工图纸。此时要重点考察投标单位的设计进度是否能够满足公路项目总体进度计划要求,不应妨碍或延误施工进度。

④设计资历和社会信誉。未进行资格预审的邀请招标,在评标时对设计单位的资历和社会信誉也要进行评审,作为对各申请投标单位的比较指标。

根据有关建设管理法规的规定,自发出招标文件到开标不得超过半年,自开标日到确定中标单位一般不超过一个月。确定中标单位后,双方应在一个月内签订承包合同。

2.2.3 设计招标的组织和文件准备

1. 设计招标的组织准备

业主决定进行设计招标后,首先要成立招标组织机构,具体负责办理招标工作的有关事宜。目前我国招标工作机构主要有 3 种形式。

(1)由项目的建设主管部门负责招标的全部工作。组织机构的人员一般从有关部门临时抽调,成立临时工作机构,招标工作完成后相关人员回原单位。这种形式不利于专业化的工程项目管理,也不利于提高招标工作水平。

(2)由行政主管部门设立招投标领导小组或招投标办公室等机构,统一处理招标工作。这种做法在开始推行招标承包制阶段采用较多,能够较快地打开局面。但行政主管部门过多干预建设单位的招标活动,代替招标单位决策,既不符合经济体制改革、实行政企分开、转变政府职能的要求,也与公路建设实行项目法人责任制、遵循经济规律的宗旨相违背。

(3)专业咨询机构或公路建设监理单位受业主委托承办招标的技术性和事务性工作,决策仍由业主作出。这种做法可使业主单位节省大量的工作人员,专业咨询机构或监理单位要在同行竞争中生存和发展,就必须对工作精益求精,不断提高服务质量。这种模式符合讲求实效、节约开支和公路项目管理专业化的要求。从实践经验来看,监理单位从设计招标阶段就参与管理,对于监理合同的履行较为有利。若业主还委托监理单位从事施工阶段的监理工作,由于监理单位对业主的项目建设意图了解得比较深刻,对设计过程中的关键部位或专项问题有充分的认识,有利于在施工过程中采取有效的协调管理措施,保证设计意图的实现,以及减少风险事件的发生。

在招标组织机构内,除了必要的一般工作人员,还应包括法律、技术、经济等领域的专家。

2. 设计招标文件

设计招标文件是对投标单位提出要求的文件,也是设计单位编制标书的依据。

设计招标文件一经发出,招标单位不得擅自修改。如果确需修改,应以补充文件的形式将修改内容通知每一家投标单位,补充文件与招标文件具有同等的法律效力。若擅自修改招标文件导致投标单位产生经济损失,招标单位还应承担赔偿责任。

(1)设计招标文件的主要内容。为了使投标单位能够正确地进行投标,设计招标文件应包括以下几个方面的内容:①投标须知;②经过批准的可行性研究报告或设计任务书及有关行政文件;③项目说明书,包括对工程内容,工程项目的建设投资限额,设计范围和深度,图纸内容、张数和图幅,建设周期和设计进度等的要求;④合同的主要条件;⑤设计资料的供应内容、方式和时间,设计文件的审查方式;⑥进行现场勘察和对招标文件进行说明的时间和地点;⑦投标截止日期。

(2)设计要求文件的编制。在设计招标文件中,最重要的文件是对项目设计提出明确要求的文件,一般称之为"设计要求文件"或"设计大纲"。设计要求文件通常由咨询机构或监理单位综合考虑技术、经济等方面因素后编写,作为设计招标的指导性文件。文件内容大致包括以下几个方面:①设计文件编制的依据;②国家有关行政主管部门对规划方面的要求;③技术经济指标;④路线设计要求(公路等级及主要控制点等);⑤桥梁及结构物结构形式方面的要求;⑥结构设计方面的要求;⑦隧道和交通工程设备设计方面的要求;⑧工程方面的特殊要求。

由咨询机构或监理单位编制的设计要求文件须经过业主批准,如果不满足要求,还需要重新核查设计原则并修改。设计要求文件的内容应尽可能具体和详细,改变以往比较笼统或粗略的做法。两种不同的做法实质上反映了不同的管理方式和管理思想。以往的方式通常是先进行设计,设计完成后做概算,并据其确定工程项目所需投资,事先没有确定投资限额。实行建设项目法人责任制后,在设计之前先通过可行性研究和项目评估确定项目的投资限额,设计工作必须在投资限额的限制下进行。为了既保证满足项目的功能和质量要求,又有效地控制投资,就势必对使用要求、设计标准、某些主要设计参数规定得比较具体和详细。

3. 设计任务书

(1)设计任务书的概念和作用。

设计任务书(即设计计划任务书)是工程建设的大纲,是确定建设项目和建设方案(包括建设依据、规模、布局及主要技术经济要求等)的基本文件和编制设计文件的主要依据,而且是制约建设全过程的指导性文件。

设计任务书的作用是对可行性研究报告所推荐的最佳方案进行更深入细致的研究,进一步分析拟建项目的利弊得失,落实各项建设条件和协作配合条件,审核各项技术经济指标的可靠性,比较、确定建设规模、标准,审查建设资金来源,为项目的最终决策和初步设计提供依据。设计任务书经主管部门正式批准后,建设项目才算正式立项,才能据其进行工程设计和其他准备工作。

(2)编制设计任务书的依据。

按照基本建设程序,一个拟议中的建设项目,按隶属关系由主管部门组织有关单位或委托咨询、设计单位按照批准的项目建议书进行可行性研究或技术经济论证,如果判明其兴建是必要的和可行的,则应编制设计任务书。经审批的工程可行性研究报告是编制建设项目设计任务书的依据。

（3）设计任务书的内容。

①建设依据和建设规模。

②路线走向和主要控制点，独立大桥桥址和主要特点。

③路线、桥梁地理位置，气象、水文地质、地形条件和社会经济发展现状。

④工程技术标准和主要技术指标。

⑤设计阶段及完成设计时间。

⑥环境保护、城市规划、抗震、防洪、防空、文物保护等方面的要求和采取的相应措施。

⑦投资估算和资金筹措，包括主体工程和辅助配套工程所需资金的来源、筹措方式及贷款的偿付方式。

⑧经济效益和社会效益。

⑨建设工期和实施方案。

2.2.4　公路项目设计招标的实施

公路项目设计的招标和投标，必须遵循公平、公正的原则，对部门和地区不进行限制，积极鼓励支持外部门、外省市的设计单位参与省内公路设计投标，并提供方便条件，以利于产生优秀设计方案和交流不同地区的设计思路。

1. 公路项目设计招标的范围

对于公路项目，为了减少投标单位的工作量和费用，宜采取可行性研究方案或设计方案招标，不宜采取初步设计招标。因为设计招标主要是通过方案竞赛择优选定设计单位。选定设计单位以后，委托其承担初步设计和施工图设计任务，并提供连续的设计和后期服务。

2. 公路项目设计招标的程序及方法

（1）公路项目设计招标的必备条件。

招标项目必须具备经过审批的设计任务书或项目建议书；具有开展设计招标必需的可靠的基础资料；成立了设计招标办公室或机构；成立了设计招标专家委员会。

（2）公路项目设计招标方式。可以采取公开招标或邀请招标。

（3）公路项目招标程序。见"2.2.2 勘察、设计招标概述"中的"3.设计招标投标程序"。

（4）公路项目招标文件内容。见"2.2.3 设计招标的组织和文件准备"中的"2.设计招标文件"。

3. 公路项目设计招标的评标、定标

评标是对投标单位的单位名称、地址、负责人姓名、勘察设计证书号码、开户银行账号、单位性质和隶属关系、单位简况、成立时间、技术人员的数量、技术装备及专业情况、近期设计的主要工程情况、优秀设计产品、获奖情况及社会信誉等进行资格审查；对交通量、社会经济预测结果，建设必要性论证，设计方案优劣，施工组织安排，投入产出，经济效益评价，设计周期，设计质量保证措施，工程总造价等进行技术评价。综合两方面结论提交推荐中标单位意见，保障"精心设计，技术上可靠，经济上合理，创精品工程"目标的实现。

2.3　公路项目施工监理招标

2.3.1　施工监理招标概述

施工监理招标是指公路建设单位将拟委托服务工作的内容、范围、要求等有关条件作为标底,公开或非公开地邀请投标单位报出完成服务的技术方案和费用方案,从而择优选定监理单位的过程。在择优选择的过程中,以管理水平、技术水平、社会信誉为主要评价条件。

1. 施工监理招标的政策依据

为了加强对公路建设监理招标投标工作的管理,规范建设单位和监理单位的行为,相关管理部门颁布了一系列法律、法规、部门规章、规范性文件,如《中华人民共和国招标投标法实施条例》(2019年修订)、《公路工程建设项目招标投标管理办法》、《公路工程施工监理规范》(JTG G10—2016)、《标准监理招标文件》(2017年版)、《公路工程标准施工监理招标文件》(2018年版)等。

国家推动建立健全监理市场,打破地方保护、行业保护、部门保护的屏障。在公路项目中,施工监理招标是选择监理单位的主要方式,应在公平、公正、公开的竞争条件下择优选择监理单位。列入国家和地方公路建设计划的公路工程建设项目,均应采取招标的方式选择监理单位。公路项目施工监理招标工作实行统一领导、分级管理。交通运输部是全国公路施工监理招标的主管部门。其中,国道和国家、部重点公路项目的施工监理招标工作由交通运输部和省级交通运输主管部门共同管理;其他公路项目的施工监理招标由省及市、县交通运输主管部门管理;合资、合作、贷款公路项目的施工监理招标工作也按此原则进行管理。

2. 施工监理招标的条件

(1) 初步设计和概算文件已被批准。

(2) 公路项目列入国家或地方公路建设计划,建设资金已落实。

(3) 征地拆迁工作已基本完成或落实,能够保证分年度连续施工。

(4) 监理招标文件已编制完毕,并已按分级管理原则经上级交通运输主管部门核准。

(5) 施工招标工作尚未开始。

最后一条规定了监理招标应先于施工招标,即先选择监理单位,后选择施工单位,甚至可以让监理单位直接参与施工招标工作。这样可以使得监理工程师提前熟悉施工招标文件和施工合同文件,有利于提高监理工作的服务质量;监理工程师参与施工招标工作,有利于选择合适的施工承包单位,同时有利于监理工程师与承包单位之间的工作配合;可以帮助施工投标单位明确将由谁来监理自己的施工活动,了解监理单位的能力、水平和信誉,从而给出合理的投标报价。

3. 招标单位应具备的条件

(1) 具有法人资格。

(2) 具有与招标工作相适应的工程管理、概预算管理、财务管理能力。

(3) 有组织编制招标文件和标底的能力。

(4) 有对投标单位进行资格审查和组织评标的能力。与施工招标一样,建设单位可以自己主持监理招标,也可以委托其他工程咨询或工程监理单位主持,但都应满足以上各条要求。另外,招标单位不得参加由其负责的工程项目的投标。

4. 施工监理招标的方式

施工监理招标工作通常采取 3 种方式进行,即公开招标、邀请招标和议标。

(1)公开招标。招标单位通过广播、电视、报刊等新闻媒介公开发布招标公告,凡符合规定条件的监理单位都可以自愿参加投标。公开招标的优点是招标单位有较大的选择范围,可在众多的投标单位中择优选择。其缺点是招标工作量大、时间长、费用高,投标单位多,难免出现鱼目混珠现象。

(2)邀请招标。由招标单位向预先选择的监理单位发出投标邀请函,邀请他们参加该项目的施工监理投标竞争,一般邀请 3～6 家监理单位投标。邀请招标的优点是被邀请参加投标的竞争者的数量较少,不仅可以有效减少招标工作量,缩短招标时间,节约费用,而且每个投标单位的中标机会相对提高,对招投标双方都有利。

(3)议标。议标是由招标单位直接邀请某一监理单位进行协商,达成协议后将监理任务委托给这家监理单位。如果第一家协商不成,还可邀请另外一家,直到达成协议为止。议标通常用于难度较大、工期紧以及情况特殊的个别公路项目的监理。采用议标方式须经上级交通运输主管部门批准,并将执行结果上报该主管部门。

5. 施工监理招标的程序

施工监理招标工作由招标单位主持,按下列程序进行。

(1)组织编制招标文件,按分级管理原则报上级交通运输主管部门核准。

(2)发布招标公告。

(3)对投标单位进行资格预审,并按分级管理原则将资格预审报告及预审结果报上级交通运输主管部门审批。

(4)向资格预审合格者发出投标邀请函。

(5)出售或发放招标文件。

(6)组织投标单位踏勘现场,解答其提出的问题。

(7)接受投标单位的标书。

(8)审查投标书的符合性。

(9)组织成立评标委员会或评标小组进行评标,确定中标单位。

(10)按照分级管理原则,将评标报告及评标结果报上级交通运输主管部门备案。

(11)项目法人与中标单位签订公路项目施工监理合同。

6. 施工监理招标文件的基本内容

施工监理招标文件应具备的基本内容有投标须知、合同条件、投标书及保证书格式、技术文件、业主为监理单位提供的设施等。招标单位如需对已出售或发放的招标文件进行补充说明、勘误、澄清,或经上级交通运输主管部门批准进行局部修正时,最迟应在投标截止日前 15 天,以书面形式通知所有投标单位进行补充说明、勘误、澄清或局部修正部分与招标文件具有同等的法律效力。招标单位改变已出售或发放的招标文件,但未按上述要求提前通知投标单位时,给投标单位造成的经济损失,应由招标单位予以赔偿。

7. 资格预审

对拟投标的监理单位进行资格预审是公开招标程序中的重要环节。资格预审工作由招标单位主持,由有关专家组成的资格评审委员会具体进行。资格预审工作必须遵循公平、公正、客观、准确的原则。拟参加资格预审的监理单位必须是具体承担监理工作、持有监理资质等级证书、具有工商行政部门核发的营业执照的独立法人实体。

资格预审的内容:拟投标单位及其联合体成员的合法性,即是否具备独立法人地位和专业资质;拟投标单位在公路监理工作中的业绩、信誉;拟投标单位的技术能力,设备及仪器配备情况,财务状况,现正承担的监理工程情况;拟投标单位拟投入本工程的主要人员、主要仪器和设备等。资格评审委员会就以上内容对拟投标单位从事该项目的监理能力进行审查,作出评估。资格预审的结果分为合格与不合格。合格者有资格参加投标,不合格者则无权参加投标。采取邀请招标、议标方式的建设项目,可实行资格后审,其审查内容与资格预审相似。

8. 开标

开标的工作内容主要是向各方公开各份投标书的内容和检查各份投标书的有效性。从发出招标文件到开标的时间,由招标单位根据工程项目的规模和招标内容确定,大中型项目一般不应超过 3 个月。

开标仪式由招标单位组织并主持,同时邀请工程所在地的省(自治区、直辖市)交通运输厅(局)、质量监督等部门参加。需要进行公证的,应有公证机关出席。投标者应出席开标仪式。

开标时,由招标单位及有关各方检查各份投标书的完整性,并宣读各份投标书的主要内容。属于下列情况之一者,应作为废标处理。

(1) 投标单位未经项目法人同意,不参加开标仪式。

(2) 投标书未按要求的方式密封。

(3) 投标书未加盖本单位公章或未经法定代表人(或授权人)签字。

(4) 投标单位未能按要求提交投标担保函或投标保证金。

(5) 投标书字迹潦草、模糊、无法辨认。

(6) 投标书未按规定的格式、内容和要求填写。

(7) 投标单位在一份投标书中对同一个监理项目报有两个或多个报价。

2.3.2 世界银行贷款或外资项目监理单位的选择

国际贷款或中外合资、合作公路建设项目,除执行有关国际组织的规定外,必须符合我国有关法律、法规和政策。国际上使用比较多、影响比较大的文件是《世界银行借款人以及世界银行作为执行机构使用咨询专家指南》。该文件不仅适用于选择监理单位,还适用于专家咨询、人员培训等方面,在将世界银行或其他国际金融组织(如亚洲开发银行)的贷款用于相应方面时都应受此文件的约束。此文件对贷款使用的范围、适用的工作类型、选择的过程和程序,特别是评价的方法都进行了明确的规定和说明,是利用世界银行贷款项目选择咨询公司的重要约束文件,对国内项目选择监理单位也具有重要的参考价值。

现将该文件的主要规定简要介绍如下。

(1) 选择范围。只能在世界银行会员国和瑞士的范围内选择咨询单位。

(2) 选择方式。采用一定范围的竞争选择。由借款国确定 3～6 家咨询公司(即所谓的短名单)作为选择范围,世界银行要求短名单应分布均匀,来自同一国家的公司不得超过 2 家。由短名单中的公司提出咨询建议书,根据咨询建议书进行择优选择。

(3) 选择步骤。①确定任务的职责范围;②准备费用概算;③准备咨询公司的短名单;④决定选择程序:⑤给短名单上的各公司发信,邀请它们提出咨询建议书;⑥评价各公司的咨询建议书,选出一个可与之进行合同谈判的公司;⑦与被选中的公司进行合同谈判。世界银行非常关注选择的公平性,要求必须事先明确选择程序,包括评价方法、准则等,并且要求步骤③和⑥应报世界银行批准备案。

(4)评价方法。一种是仅对咨询公司的技术方面进行评价;另一种是既考虑技术方面,也参考服务费用方面进行综合评价。

2.3.3　施工监理招标的评标办法

评标是选择监理单位的重要环节之一,评标办法的科学性、合理性将直接影响监理单位选择的质量。评标办法受经济体制、经济政策以及公路建设项目特性的影响。本节主要介绍我国公路项目施工监理评标办法和世界银行提倡的评标办法。

1. 国内评标办法

评标就是对所有投标书进行审查评比。评标工作由招标单位主持,组织质量监督部门、项目设计单位、工程咨询机构的技术和经济专家成立评标委员会或评标小组。评标委员会或评标小组将评标报告按项目分级管理原则报上级交通运输主管部门批准后,由招标单位按招标文件规定的时限向中标单位发出中标通知书,并向未中标单位发出落标通知书。

评标工作必须遵循公平、公正、客观、准确的原则。评标人员必须严格遵守保密规定,不得泄露与评标有关的任何情况,不得参加影响投标工作的活动。投标单位不得干扰评标工作。在评标过程中,评标委员会或评标小组有权要求投标单位就投标书的有关内容提供补充说明和有关资料,投标单位应作出书面答复,补充说明和有关资料应作为投标书的组成部分。除非评标委员会或评标小组要求投标单位就投标书的有关内容进行澄清或提供补充资料,投标人不得通过任何形式改变投标书的内容和报价。

招标单位应在开标前根据国家或行业主管部门的有关规定,结合本地区情况和工程项目特点制定评标准则或细则。评标过程中,评标委员会或评标小组应严格执行该准则或细则。由于投标书一般分技术建议书和费用建议书两个部分,评标也相应分为技术评标和财务评标。评标一般采用打分制,实行"百分制"评标标准。一般技术性评标占 80 分,财务性评标占 20 分,即以技术性评标为主。按两项得分之和的高低排列出最终名次。

2. 世界银行提倡的评标办法

当世界银行贷款项目委托咨询公司进行咨询、人员培训和监理服务等工作时,《世界银行借款人以及世界银行作为执行机构使用咨询专家指南》是应遵循的文件。该文件规定了国际上广泛采用的监理评标办法。在国际上,业主在选择监理单位时,有两种基本类型,一种是仅进行技术评价,另一种是既考虑技术方面的评价,也考虑费用方面的评价。

在考虑费用的情况下,技术方案的评价应独立进行,而不受费用建议的影响。因此,应采取包含两个步骤的程序,将监理技术方案和监理费用方案分别提出,或将监理费用方案在监理技术方案之后提出。无论采取哪一种方法,监理技术方案应在审议费用方案之前完成。世界银行强调监理技术方案评价和费用方案评价这两个步骤的完整性和不可分割性,并要求采用适当的程序,将费用方案继续封存在政府的有关部门等,以确保在技术评价完毕之前无法了解有关费用的信息。世界银行要对借款单位提出的监理工程师的选择程序进行审查,在把费用作为考虑因素的情况下,世界银行还将对是否采用了令人满意的两个步骤的评价作出判断。

至于人们所熟知的"双信封制度"是根据只能要求提出费用方案,而不进行比较的原则制定的。采用这一程序只要求提出费用方案而不加以比较,因而并无益处,相反可能有一些弊端,世界银行不推荐这种程序。

2.4 公路项目施工招标

2.4.1 《招标投标法》概述

《招标投标法》于 1999 年 8 月 30 日经第九届全国人民代表大会常务委员会第十一次会议通过,自 2000 年 1 月 1 日起施行,在 2017 年进行了修正,该法案包括总则,招标,投标,开标、评标和中标,法律责任,附则,共六章六十八条。

1.《招标投标法》的立法目的

(1)规范招标投标活动。我国在认真总结推行招标投标制度实践经验,研究借鉴国外招标投标立法案例和通行做法的基础上,制定了《招标投标法》,以法律的形式规范招标投标活动,这是制定《招标投标法》的基本目的。我国自 20 世纪 80 年代初开始,逐步在工程建设等领域推行招标投标制度,并取得了良好成效。

(2)制定《招标投标法》有利于保护国家利益。按照《招标投标法》第三条的规定,全部或者部分使用国有资金投资或者国家融资的项目,以及使用国际组织或者外国政府贷款、援助资金的项目,必须采用招标采购方式。招标投标活动按照公开、公平、公正的原则,在投标竞争者中选择在报价、技术和质量保障等方面最具优势的供应单位、承包单位为中标者,对于节约和合理使用国有建设资金具有重要意义。依法实行招标投标制度,能使采购活动在公开、公平、公正的透明环境中运作,参与者多、竞争性强、规则和程序由法律规定对于有效消除工程发包和采购活动中的幕后交易、"暗箱操作"等行为,从源头上抑制腐败现象有重要意义。

(3)制定《招标投标法》有利于保护社会公共利益。国有资金来自人民群众创造的财富。通过制定《招标投标法》,保障国有资金和其他公共资金的合理、有效和节约使用,杜绝腐败,防止国有资产流失,这既是对国家利益的保护,也是对社会公共利益的保护。按照《招标投标法》第三条的规定,大型基础设施、公用事业等关系社会公共利益、公众安全的项目必须进行招标。这有利于充分运用招标投标制度的竞争作用,确保这类与社会公共利益直接相关的建设项目的质量,更体现了保护社会公共利益的立法目的。

(4)保护招标投标活动当事人的合法权益。招标投标活动的当事人,主要是指招标人、投标人和招标代理机构。任何参与招标投标活动的单位和个人的合法权益都得到法律公平的保护。例如,依法进行的招标投标活动不受地区或者部门的限制,任何单位和个人不得以任何方式非法干涉招标投标活动;招标人可以自主决定委托具有法定资格的招标代理机构办理招标事宜,具备自行招标能力的招标人也可以自行办理招标事宜,任何单位和个人不得以任何方式强制招标人委托招标代理机构办理招标事宜,不得以任何方式为招标人指定招标代理机构;招标人有权依法自行组织开标、评标和定标,任何单位和个人不得非法干预、影响评标的过程和结果;法人或其他组织有权自主决定是否参加投标竞争,有权与其他法人或其他组织组成联合体共同投标;任何单位和个人不得以任何方式限制或者排斥本地区、本系统以外的法人或者其他组织参加投标;投标人和其他利害关系人认为招标投标活动不符合法律规定的,有权向招标人提出异议或者向有关行政部门投诉;等等。

2.《招标投标法》的适用范围和调整对象

《招标投标法》第二条对适用范围和调整对象作了规定。

适用范围,也称法律的效力范围,包括:法律的时间效力,即法律从什么时候开始产生效力,到什么时候失去效力;法律的空间效力范围,即法律适用的地域范围;法律对人的效力,即对什么人适用。《招标投标法》第二条规定其适用的地域范围(或称空间效力范围)是中华人民共和国境内。确定法律空间效力范围的普遍原则为制定它的机关所管辖的全部领域。凡在我国境内依法应进行招标采购的项目必须依照该法规定进行招投标。

《招标投标法》以招标投标活动中的关系为调整对象。凡在我国境内进行的招标投标活动,无论是属于《招标投标法》第三条规定的法定强制招标项目,还是属于由当事人自愿采用招标投标方式进行采购的项目,其招标投标活动均适用本法。

3. 法定强制招标的项目

(1)依据《招标投标法》第三条的规定,并非所有的工程建设项目都必须进行招标。只有属于下列情形之一,并属于国务院有关部门依照《招标投标法》的规定所制定的具体范围和规模标准的建设项目,才必须进行招标:①大型基础设施、公用事业等关系社会公共利益、公众安全的项目。所谓基础设施,是指为社会和各行业发展提供基础性服务的铁路、公路、港口、机场、通信等设施。这类基础设施和公用事业项目,不论其建设资金来源如何,都必须依照《招标投标法》的规定进行招标。②全部或者部分使用国有资金投资或者国家融资的项目。包括使用各级政府财政拨款建设的项目,使用纳入财政管理的各种政府性基金(如公路建设基金等)建设的项目,使用各级政府所在部门的预算外资金建设的项目,使用国家政策性银行贷款建设的项目,以及利用国家通过发行国债等方式取得的资金建设的项目等。③使用国际组织或者外国政府贷款、援助资金的项目。

(2)依照其他法律或者国务院的规定必须进行招标的项目。《招标投标法》规定以外的属于政府采购范围内的其他大额采购项目也应纳入强制招标的范围,对此《中华人民共和国政府采购法》等法律、法规中作出了规定。

2.4.2　招标

1. 招标人

根据《招标投标法》第八条的规定,招标人是依照《招标投标法》规定提出招标项目、进行招标的法人或者其他组织。

首先,招标人是提出招标项目、进行招标的人。所谓招标项目,即采用招标方式进行采购的工程、货物或服务项目。工程建设项目招标发包的招标人,通常为该项建设工程的投资人,即项目业主;国家投资的工程建设项目,招标人通常为依法设立的项目法人(经营性项目)或者项目的建设单位(非经营性项目);货物招标采购的招标人,通常为货物的买主;服务项目招标采购的招标人,通常为该服务项目的需求方。

其次,法人或其他组织可以作为招标人,自然人不能成为招标人。《中华人民共和国民法典》(以下简称《民法典》)规定,法人是具有民事权利能力和民事行为能力,依法独立享有民事权利和承担民事义务的组织。法人应当具备下列条件:①依法成立;②有必要的财产或者经费;③有自己的名称、组织机构和住所;④能够独立承担民事责任。

按照《民法典》的规定,法人包括营利法人、非营利法人和特别法人。其中,营利法人涵盖有限责任公司、股份有限公司和其他企业法人等以取得利润并分配给股东等出资人为目的成立的法人。依据《民法典》相关规定,各种所有制形式的有限责任公司和股份有限公司,国有独资公司,公司以外的其他类型的国有企业和集体所有制企业,以及依法取得法人资格的中外合作经营企业、外资企业等营利法人,均可作为招标人参与招标投标活动;依法取得法人资格的非营利法人(包括事业单位、社会团体等)和有独立经费的机关法人(如各级国家机关),同样能够作为招标人参加招标投标活动。《招标投标法》第八条所称的其他组织是指除法人以外的其他实体,包括合伙企业、个人独资企业和外国企业,以及企业的分支机构等。这些企业和机构也可以作为招标人参加招标投标活动。鉴于采用招标采购的项目通常标的大,耗资多,影响范围广,招标人责任较大,为了切实保障招标投标各方的权益,《招标投标法》未赋予自然人成为招标人的权利,但这并不意味着个人投资的项目不能采用招标的方式进行采购。个人投资的项目,可以成立项目公司作为招标人。

从实践来看,我国自20世纪80年代初期开始推行招标投标制度以来,招标主体主要是工程建设项目的建设单位(项目法人)、企业以及实行政府采购制度的国家机关。这一条规定基本涵盖了我国目前实践中出现的招标主体的范围。

从国外的情况看,法律规定必须进行招标的项目主要是政府采购项目,所规定的招标主体通常为国家机关、地方当局和公营企业;此外,还包括从事水、能源、交通运输和电信等事业的由国家授予专营权的企业,以及受政府资助的不具有工商业性质的其他法人。

2. 招标项目的审批

《招标投标法》第九条第一款规定,招标项目按照国家有关规定需要履行项目审批手续的,应当先履行审批手续,取得批准。根据这一规定,国家法律、行政法规或国务院规定需要对项目进行立项审批的(如国家重点项目和地方重点项目),必须在招标前履行审批手续。

一般来说,国家重点建设项目(如纳入国家发展规划的跨省重大基础设施、战略性产业项目等)由省级发展改革部门或国务院行业主管部门提出申请,经国家发展改革委审核论证后报国务院审批,审批前需完成可行性研究报告、用地预审、环境影响评价等专项审批手续;特许经营项目[含PPP(public-private-partnership,公共私营合作制)项目]由项目所在地的省级发展改革部门会同行业主管部门编制实施方案(含可行性论证);一般项目由国家发展改革委核准;重大项目(采用中央财政资金或涉及国家战略的)由国家发展改革委初审后报国务院审批;省级重点项目由省级发展改革部门审批,报省政府备案;市县级项目由同级政府或其授权部门审批。

拟招标的项目应当合法,这是开展招标工作的前提。依据国家有关规定应批准而未经批准的项目或违反审批权限批准的项目,均不得进行招标。在项目审批前擅自开始招标工作,因项目未被批准而造成损失的,招标人应当自行承担法律责任。对于国家未规定必须进行审批的项目,招标人可以自行决定招标时间。

3. 招标项目的资金保障

《招标投标法》第九条第二款规定,招标人应当有开展招标项目的相应资金或者资金来源已经落实,并应当在招标文件中如实载明。

招标项目所需资金的落实,不仅关系到招标项目的实施,而且对投标人关系重大。投标人为获得招标项目,通常进行了大量的准备工作,在资金上也有较大的投入,如果中标后没有资金保证,势必造成不能开工,或开工后中途停工,或者中标后作为货主的招标人无钱买货等,损害投标人的利益。如果是大型基础设施、公用事业等工程,还会给公共利益造成损害。因此,必须强调招标人在招标时应有与项目相适应的资金。从目前的实践看,公路招标项目的资金来源一般包括国家和地方政府的财政拨款、企业的自有资金、包括银行贷款在内的各种方式的融资,以及外国政府和有关国际组织的贷款。根据本条的规定,招标人在招标时必须确实拥有相应的资金或者有能证明其资金来源已经落实的合法性文件,并应当将资金数额和资金来源在招标文件中如实载明。

近年来,在公路建设市场,一些招标单位利用投标人急于中标施工项目的心理,迫使投标人垫资施工,这不仅损害了投标人的利益,而且难以保证施工的顺利进行及按期完工。《招标投标法》的这一规定对招标人的资金保障问题作了专门规定,有助于维护建设市场的正常秩序,切实保护招投标各方的合法权益。

4. 招标方式

按照不同的标准,招标活动可以划分为多种形式,例如:按性质划分,可分为公开招标和邀请招标;按竞争范围划分,可分为国际竞争性招标和国内竞争性招标;按工程建设项目价格确定方式划分,可分为固定总价项目招标、成本加酬金项目招标和单价不变项目招标等;按是否是招标人自行办理分,又可分为招标人自行办理招标和招标代理机构代理招标。

无论哪一种招标方式,都具有招标的基本特性,即公开性、竞争性和公平性。

5. 对投标人资格的审查

招标人对投标人的资格审查通常涉及如下内容。

(1) 投标人投标合法性审查。主要包括:投标人是否是正式注册的法人或其他组织;是否具有独立签约的能力;是否处于正常经营状态;是否处于被责令停业状态,有无财产被接管、冻结等情况;是否有相互串通投标等行为;是否正处于被暂停参加投标的处罚期限内;等等。经过审查,确认投标人有不合法情形的,应将其排除。

(2) 对投标人能力的审查。主要包括:了解投标人的概况,即投标人的名称、住所、电话,经营等级和资本,近几年的财务状况,已承担的工程任务,目前可投入招标项目的资源等;审查投标人的经验与信誉,看其是否有圆满完成与招标项目在类型、规模、结构、复杂程度和所采用的技术以及施工方法等方面相类似项目的经验,或者具有提供同类优质货物、服务的经验,是否受到以前项目业主的好评,在招标前一定时期的业绩,以往的履约情况等;审查投标人的财务能力,主要审查其是否具备完成项目所需的充足的流动资金,以及有信誉的银行提供的担保文件,审查其资产负债情况;审查投标人的人员配备情况,主要是对投标人承担招标项目的主要人员的学历、管理经验进行审查,看其是否足够的具有相应资质的人员参与项目的实施;审查完成项目所需设备的配备情况及技术能力,看其是否具有实施招标项目的相应设备、机械,设备、机械是否处于良好的工作状态,是否有技术支持能力;等等。

国家对投标人的资格条件有规定的,招标人应以相关规定为标准审查投标人的投标资格。国家规定有强制性标准的,投标人必须符合相关标准。

2.4.3 开标、评标和中标

1. 开标

（1）开标的时间和地点。《招标投标法》第三十四条规定，开标应当在招标文件确定的提交投标文件截止时间的同一时间公开进行；开标地点应当为招标文件中预先确定的地点。这一规定的意义在于：①规定的开标时间，应当在提供给每一个投标人的招标文件中事先确定，目的在于使每一个投标人都能事先知道开标的准确时间，以便届时参加，确保开标过程公开、透明；②将开标时间规定为提交投标文件截止时间的同一时间，是为了防止招标人或者投标人利用提交投标文件的截止时间与开标时间的间隔进行暗箱操作。

（2）开标应当遵守的法定程序。①由投标人或者其推选的代表检查投标文件的密封情况，也可以由招标人委托的公证机构检查并公证。投标人数较少时，可由投标人自行检查；投标人数较多时，可以由投标人推选的代表进行检查。招标人也可以根据情况委托公证机构进行检查并公证。是否需要委托公证机构到场检查并公证，由招标人根据具体情况决定。招标人、其推选的代表或者公证机构检查发现密封被破坏的投标文件，应作为废标处理。②经确认无误的投标文件，由工作人员当众拆封。③宣读投标人的名称、投标价格和投标文件的其他主要内容。④招标人在招标文件要求提交投标文件的截止时间前收到的所有投标文件，开标时都应当众予以拆封，不能遗漏，否则构成对投标人的不公正对待。

2. 评标

所谓评标，是指按照规定的评标标准和方法，对各投标人的投标文件进行评价、比较和分析，从中选出最佳投标人的过程。评标的公平、公正，决定着整个招标投标活动的公平和公正；评标的质量对从众多投标竞争者中选出最能满足招标项目各项要求的中标者有重要影响。评标工作必须按照《招标投标法》《评标委员会和评标方法暂行规定》《公路工程建设项目评标工作细则》等的要求执行。

（1）组建评标委员会。在开展公路项目招标投标工作前，需要聘请行业专家组织建立评标委员会，确保在进行标书审核评定时能够形成更加真实、可靠的意见。结合公路项目的特征，在评标专家的聘请中，经济专业、技术专业、管理专业的专家在评标委员会专家中的占比应达到2/3，不同行业内的人员选定应当按照随机抽样的方式来进行。招标单位应当派出主管人员作为代表参与评标工作，这对于明确评定要求、标准细则等能够提供充分的参考，一般人数不超过评标委员会总人数的1/3。在招投标工作开始前，需要通过推荐的方式选出评标委员会的组长或负责人，主持评标工作的有序开展。公路工程建设项目的招标文件在编写完成后，应当交由上级部门进行审查备案，并将招标文件发售给相关企业，为其预留充分的准备时间。投标方应当严格按照招标文件的要求编写标书。

（2）制定评标细则。评标细则的制定对最终的评标结果会产生重要影响，在明确评标细则的过程中，要充分考虑招标方的基本建设要求及意见，理顺评标的流程、方法，确保在实际评审的过程中能够得到更加公正、客观的结果。公路工程项目的评标包含初审和终审两个环节。初审是对所有参与投标的标书的统一审核，对一些明显不符合投标要求的标书应作废标处理。在终审环节，要求评标委员会严格参照评标的标准和要求执行，特别是在评分时要保证客观性，尽可能减少由于人为因素产生的误差和影响。在评标结果公示前，任何人不得透露评标信息，防止对最终的评审结果产生影响。

（3）项目评标、唱标。在评标的初审完成后，评标委员会应当按照各企业的实际得分从高到低排序，确定前3名为中标候选人，招标方应当对评审结果进行公示，接受社会的广泛监督。招标方在最终决议后确定公路项目的实际中标者,并与其联系后发出中标通知书,严格参照中标书当中的各项约定确定项目合同条款,充分保障招投标双方的合法权益。

（4）评标方法。在公路项目的开展过程中,影响项目建设质量、效益的因素较多,评标委员会评标时,可以从全局、综合的角度进行分析比较,充分考量企业的资质、信誉、技术和报价等信息,通过总体评价的方式横向对比,并确定最终的中标企业。常见的评标方法有综合评标法和合理低价法。

综合评标法对于一些工程量大、建设工期长的项目具有较强的实用性,能够以更加严谨规范的方式确定企业的综合实力,也能够有效避免参与投标的企业之间的围标和串标。由于公路项目在基础建设质量、进度等方面都有较为严格的要求,评标委员会可以根据标书中不同模块的内容来打分,最终根据各模块的权重进行归一计算,以更好地提升评标结果的可信度与有效性。施工项目越复杂,综合评标法的操作性与实用性越突出。综合评标法可以以量化的方式衡量不同企业的优劣势,更有利于选择整体实力突出的企业参与项目建设。

合理低价法,顾名思义,是指在公路项目的评标过程中,评标委员会需要根据项目的实际基准价来计算得分,并按照由高到低的次序对投标者进行排序。这种评标方式能够在充分满足项目招标需求的基础之上,获得更低的投标价格和更高的效益回报,中标者往往为该项目的最低报价者或最优报价者。值得注意的是,为保证公路项目的建设质量与安全,盲目地压缩和降低报价并不会提升中标概率,反而可能会由于低于项目成本而提前被排除。合理低价法要求在满足公路项目基本建设投资需求的基础之上,合理压低施工单位的利润,以节约项目建设资金。评审专家在计算合理低价法的基准价浮动得分时,按照项目的实际投资作为衡量标准,过高或过低都需要按照百分比扣分。部分公路项目的招投标工作中,会在招标文件中设定项目的造价上限,这是防止哄抬标价、恶意中标的有效方法。合理低价法在一些小型公路项目、非恶劣地质条件工程项目、工艺技术简单的工程项目中有较为广泛的应用。

3. 中标

（1）中标人的确定。

中标人的投标应当符合下列两个条件之一：①能够最大限度满足招标文件中规定的各项综合评价标准；②能够满足招标文件的实质性要求,并且经评审的投标价格最低,但是投标价格低于项目成本的除外。

在确定中标人之前,招标人不得与投标人就投标价格、投标方案等实质性内容进行谈判。

使用国有资金投资或者国家融资的项目,招标人应当确定排名第一的中标候选人为中标人。排名第一的中标候选人放弃中标、因不可抗力提出不能履行合同,或者招标文件规定应当提交履约保证金而在规定的期限内未能提交的,招标人可以确定排名第二的中标候选人为中标人。

排名第二的中标候选人同样因上述原因不能签订合同的,招标人可以确定排名第三的中标候选人为中标人。

招标人可以授权评标委员会直接确定中标人。国家对中标人的确定另有规定的,从其规定。

中标人确定后,招标人应当向中标人发出中标通知书,同时通知未中标人,并与中标人在 30 日内签订合同。

中标通知书对招标人和中标人都具有法律约束力。中标通知书发出后,招标人改变中标结果或中标人放弃中标的,应当承担法律责任。

招标人应当与中标人按照招标文件和中标人的投标文件签订书面合同。招标人与中标人不得再行签订背离合同实质性内容的其他协议。

招标人与中标人签订合同后 5 个工作日内,应当向中标人和未中标的投标人退还投标保证金。

(2)中标通知书。

中标人确定后,招标人应当向中标人发出中标通知书。所谓中标通知书,是指招标人在确定中标人后,向中标人发出的通知其中标的书面凭证。中标通知书的内容应当简明扼要,通常告知招标项目已经由其中标,并明确签订合同的时间、地点。中标通知书发出后产生承诺的法律效力。

这里讲的"法律效力",是指中标通知书对招标人和中标人产生法律约束力。具体体现在:中标通知书发出后,除不可抗力外,招标人改变中标结果,如宣布该标为废标、改由其他投标人中标、随意宣布取消项目招标,应当适用定金罚则,双倍返还中标人提交的投标保证金,给中标人造成的损失超过返还的投标保证金数额的,还应当对超过部分予以赔偿;未收取投标保证金的,对中标人的损失承担赔偿责任。如果是中标人放弃中标项目,如声明或者以自己的行为表明不承担该招标项目,不按照招标文件和投标文件与招标人签订合同,则招标人对其已经提交的投标保证金不予退还,给招标人造成的损失超过投标保证金数额的,还应当对超过部分予以赔偿;未提交投标保证金的,对招标人的损失承担赔偿责任。

中标人确定后,招标人除应当向中标人发出中标通知书外,同时有义务将中标结果通知所有未中标的投标人。招标人进行招标活动,其目的是按照法定的程序选择最适当的中标人并与之签订合同,投标人参加投标是谋求中标。招标投标活动要遵循公开、公平、公正和诚实信用的原则。这些基本原则不仅体现在招标投标的过程中,也体现在招标投标活动的最终结果上。另外,投标人了解中标结果,也是相关部门监督招标投标活动的内容之一。

2.5 业主风险与工程保险

业主的投资动机往往在于获得收益,这就要求业主必须正确认识工程项目中己方的风险,弄清楚风险的存在和种类,分析其对项目的影响,建立风险管理体系,确立管理目标,制定正确的风险应对策略。

2.5.1 业主的风险

通常可以将业主的风险归纳为人为风险、经济风险和自然风险。

1. 人为风险

人为风险是指人的主观因素引发的种种风险。虽然这些风险的表现形式和影响范围各不相同,但都离不开人的影响。人为风险有些起因于工程的主管部门,有些来自工程业主的合作者,还有些来自业主内部人员。归纳起来,人为风险可起因于以下诸方面。

(1)政府或主管部门的政策调整。

一个国家的政府或某一行业的主管部门常常因为全局利益而做出一些带有全局性的决策,如调整经济计划,强行下令某些已开工的项目停工,或颁发新的政策法规等。从全局考虑,这些决策无可非议。许多工程业主常常不得不因此而改变其投资计划或经营决策。由此,不可避免地要遭受重大损失,而这些损失常常无法取得补偿。这类风险有时甚至可能导致工程业主破产倒闭,尤其是私营企业。随着我国建设企业逐步加快海外发展步伐,更加应该在项目前期关注项目所在国家对项目开展可能造成影响的各方面因素。

（2）体制、法规不合理。

有些国家的管理体制落后，颁布的法规不合理，阻碍经济发展，损害工程业主的切身利益。例如，管理权限划分不够合理，许多事情无法办理；权力过度分散，跨地区的项目实施常常会因一些地方不予配合而举步维艰；限制市场竞争，从而提升工程造价，且工程业主难以选择理想的承包商；各类费用负担较重，业主不堪负担；法制不健全，给投机分子提供了种种可乘之机，从而扰乱市场；法规不合理，导致理想目标难以实现。所有这些都将大大降低业主的投资效益，常常使其事倍功半，甚至一事无成。

（3）资金筹措无门。

实施工程的前提条件是资金有保障。大部分企业进行项目建设都离不开融资，得不到金融机构和投资商的支持，工程无法动工，或者中途夭折，业主已投入的资金将无法产生效益，已经购买的地块也会因长期不能开工而被收回。

（4）不可预见事件。

不可预见事件通常指发生在经济领域里，且导致工程实施的经济条件发生变化的，有经验的工程投资商和承包商都无法预料的事件。若发生这类事件，工程成本无疑会加大，甚至远远超出原始投资估算。

不可预见事件的诱因可能是地质勘探取得的资料不准、对自然因素预测错误，还可能是法规或政策变化。若发生了这类事件，工程设计有可能不得不修改或变更，合同条件不得不被修改，承包商自然会提出索赔，因而工程成本必然加大。这种连锁反应自然加大了业主的工程风险。

（5）合同条款不严谨。

通常情况下，工程合同由咨询工程师负责起草，但也有不少工程合同由业主根据政府规定的格式拟订。很多合同条款难免有不严谨之处或漏洞，实施过程中又常常发生超出预见的情况，有经验的承包商会充分利用此情况，以扩大利润。承包商的合法权利之一就是索赔，而索赔在许多情况下是基于合同条款的，业主无法拒绝。实践中常常存在合同条款含混不清或模棱两可，以致引发承包商索赔的情况。

（6）道德风险。

道德风险是指业主或投资商的执行人员背离应有的品行道德，失去应有的事业心和责任感，存在道德败坏、贪污受贿、对工程材料及设备明取暗偷、玩忽职守等行为，致使业主或投资商的财产遭受损失，或工程质量缺乏监督保证。这种道德风险对业主威胁极大。

（7）群体行为越轨。

群体行为越轨通常有两种情况：一种是来自社会的越轨行为，如大面积罢工或骚乱，一旦发生这类事件，正常的秩序将被打乱，会直接或间接地影响工程的施工；另一种是来自业主的直接合作者——工程承包商的越轨行为，通常为承包商克扣或拖欠工人的工资或处事不公引起纠纷。发生这类事件时，虽然业主可以根据合同条款对承包商进行索赔，但不能弥补工程拖延、竣工误期所造成的损失。

（8）承包商缺乏合作诚意。

当前的承包市场竞争非常激烈，承包商既要获取项目，又必须确保利润。部分承包商会以低报价中标，一旦签订合同，则制造索赔机会，使工程的实际价格远远超出投资估算，从而使业主的风险加大。

（9）承包商履约不力或不履约。

虽然工程承包合同规定了承包商的义务和违反约定的惩罚措施，但实际操作时常有很多情况使得合同不能圆满履行。除客观原因导致履约不完全外,承包商有意无意的履约不力也较常见,并会推卸其履约不力的责任。

承包商不履约的情况也时有发生。有些承包商因投标报价失误或出于竞争需要报价过低,合同谈判时对业主比较迁就。一旦合同签订就会要求追加合同价格。这种情况下,业主常常不能断然拒绝,只好作出让步,加大了业主的风险。

(10) 工期拖延。

虽然在工程承包合同中明确规定了工期及误期罚款,但罚款总额通常有一个上限。如果误期不严重,业主尚能通过误期惩罚条款以弥补其遭受的损失。但如果工程严重拖期,则不仅加大了工程开支,还会因工程投入服务推迟而使项目不能如期产生效益。在这种情况下,工程业主除了要承担直接损失风险,还要承受间接损失风险。

(11) 材料供应单位履约不力或违约。

有些工程业主为了节省工程开支等,采取包工不包料的办法发包工程。这种情况下,如果材料供应单位只顾自己的利益而不考虑业主的急迫需要或全局利益,致使工程停工待料,或材料质量不符合要求导致返工,承包商会向业主提出索赔,而业主又难于向材料供应单位转嫁风险。当然,业主可以对材料供应单位采取惩罚措施,但所得的补偿难以抵偿各方面的损失,因为材料供应单位履约不力或违约可能产生不良连锁反应。

(12) 监理工程师失职。

行为公正、认真负责是监理工程师的行为准则。虽然监理工程师并不是业主的全权代表,但在技术及工程管理上有其特殊的地位。如果监理工程师失职或缺乏应有的职业道德,则业主将大受其害。

(13) 设计错误。

设计质量是工程质量的根本。如果设计出现错误,轻则返工修复,重则可能导致工程毁损。虽然设计师要为其错误承担刑事和民事责任,但这不能完全抵消业主所遭受的损失。例如,设计师对设计基础资料掌握不准,给出的施工方案无法执行,施工时的临时修改,会导致工程延误,给业主造成重大损失。

2. 经济风险

对于所有从事经济活动的行业来说,风险都在所难免。通常情况下,工程业主所遇到的经济风险产生于以下几个方面。

(1) 不利的宏观形势。

在世界宏观经济形势下,很难有某一区域的微观经济形势不受影响。

(2) 恶劣的投资环境。

投资环境是投资活动的关键影响因素。投资环境包括硬环境和软环境。对于工程业主或投资商来说,工程开展与行业及区域的软硬环境都分不开。例如,公路经营既需要较好的全局性软硬环境,也需要良好的局部性软硬环境,涉及工农业生产的发展、消费水平的提高、交通量的增长、资金筹集的渠道等。

(3) 市场物价不正常上涨。

在正常情况下,业主通常能比较准确地估算投资。但如果经济形势不稳定,物价飞涨,则业主将很难作出较为准确的预测,可能导致工程决算大大超出预算。承包商通常可以向业主索赔以获得补偿,而业主则只能追加投资。如果业主没有足够的应变能力,势必无法保障工程追加的资金,而承包商将会因为资金不足而中途停工。这种后果对业主来说将是不堪设想的。

（4）投资回收期长。

有些工程属于长线工程，投资规模大，回收期长。虽然总利润可能比较高，但资金具有时间价值，加之市场环境多变，很可能出现各种无法预料的事件，导致预期的利润不能实现。投资回收期长还有可能降低单位回报率或降低投资利润的现值。

（5）基础设施落后。

基础设施对于工程项目的投资效益具有重要影响。任何一项工程都不是与世隔绝而独立存在的，其施工影响因素也不仅仅局限于项目周围的地域。外部的客观环境，尤其是公共基础设施的条件对工程影响极大。交通设施落后，能源不足，必然严重制约工程的正常进行。例如，公路质量太差会影响材料供应的及时性，加大运输设备的损耗；电力供应不足会影响施工进度，延误工期。而这些制约因素无疑会加大承包商的报价，相关费用最终还是会由业主承担。

（6）资金筹措困难。

资金筹措困难是业主经常遇到的重大风险。国际金融机构贷款项目通常需要借款国自筹配套资金；政府投资项目存在审批预算和增加预算的问题；私营项目或合资项目则风险更大，因为这类项目通常靠商业贷款解决资金问题。商业贷款银行会对借款人严加审核，确保其具有偿还能力，要求借款人出具保函，在利息及偿还期限方面要求往往较严。如果一切都能按既定的借贷合同进行，其风险尚可预料。如果某一环节出现疏漏，对业主来说后果不堪设想。

资金筹措还可能因合伙投资人中途撤资而失败。特别是在多方合资的情况下，合伙人如果无法获得其预期的收益，很可能会做出撤资决定。

3. 自然风险

自然风险来源于工程项目所在地区客观存在的恶劣自然条件、工程实施期间可能碰上的恶劣天气等。工程项目所在地周围的环境和恶劣的现场条件等因素可能给工程业主或投资商构成威胁。自然风险通常由下列人为或非人为因素引发。

（1）恶劣的自然条件。

工程项目所处地域的自然条件对项目成本影响很大。不同地域的自然条件各不相同。例如，寒带地区严冬无法施工；酷暑地带施工作业时间短；洪水、海啸、泥石流多发地区潜伏着直接威胁工程的严重自然灾害。这些灾害轻则破坏已竣工工程，重则完全摧毁工程项目。即便不发生自然灾害，为了防止受灾害侵袭，也必须在设计方面考虑加固措施，导致工程造价增加。施工期间，如果发生这类自然灾害，其损失都将由业主或投资商承担，即使投保，在时间上也将造成重大损失。

（2）恶劣的天气与环境。

恶劣的天气或环境也会使业主或投资商面临风险。恶劣天气是指偶尔发生的超出正常规律的天气变化，如长时间的暴雨、台风、酷暑等都会给工程实施带来不便，从而增加工程成本。

恶劣环境是施工现场周围客观存在的严重制约因素。例如，工程选址于震后灾区、周围场地或交通要道堵塞、道路工程可能穿越的地方存在危桥等，这些隐患都会成为业主的负担。

（3）恶劣的现场条件。

现场条件中的一大制约因素是工程地质条件差。如果钻探资料与实际情况相符，设计、施工人员已有思想准备,可预先采取各种应急措施。但如果土壤、地质、水文条件不明或已有资料不准确,轻则导致修改设计和施工方案,重则发生工程毁坏及安全事故。一旦发生安全事故,虽然可以向保险公司索赔,但业主或投资商通常得不偿失。

(4) 不利的地理环境

如果工地远离港口或处于内陆国家,不仅设备、材料成本会因远距离运输而增加,还会受制于国际关系。一旦机械设备或者材料无法运抵工地,工程将无限期拖延,且承包商有权通过索赔将风险转嫁给业主或投资商。

2.5.2 业主的风险管理

就某项具体工程而言,上面这些风险不一定都会发生,但工程业主必须预先全面评估风险因素,以便采取措施,防患于未然。业主对工程项目的风险管理主要涉及以下几个方面。

1. 风险预测

在工程项目的前期评估与可行性研究时,要充分注意和分析各种风险发生的概率。

(1) 技术方面。着重评估和分析价格与费用,以及估算时所依据的工程技术指标和其他数据,考虑是否为项目执行中可能发生的意外情况及价格增长做好了充分的准备。

(2) 组织机构方面。应该运用市场经济规律来科学管理大型工程项目,若发现组织机构、管理效率及政策不能适应工程项目的管理要求,则要设法改进或成立新的组织机构,以降低管理混乱或管理不善带来的风险。

(3) 经济方面。通过详细的工程项目效益与成本分析,计算出项目的效益比成本大的可能性。另外,为了反映实际的成本和效益,必须用影子价格来估计将来的成本和利润,计算出项目的预计投资报酬率。为了减少误差和降低风险,使成本和利润少受不确定因素影响,还必须进行经济敏感性分析。

(4) 财务方面。要认真分析和评估工程项目的资金来源、资金的贷款偿还期等。

(5) 影响项目建设的附加因素。分析人工、原材料、电力、设备与运输能力等因素。

总之,要在项目前期尽可能全面地分析和研究各种不确定因素及风险,以使项目经济、可靠地开展。

2. 认真编制招标文件和合同文件

招标文件是对投标人的约束和指导性文件,必须严肃、认真、细致地编写,使编写的招标文件符合科学、合理、充分、严密的质量标准。要注意招标文件的前后一致性与协调性,应对经济、技术、法律、商务等都有严格的定性和定量要求。与工程项目实施相关的工程特点与性质、工程的技术规范与试验检测方法、合同条件的变动、征地拆迁及与有关部门的协调、自然条件的影响等一系列因素,都必须在着手编制招标文件时充分了解并予以落实,以免因招标文件和合同条件不严谨而埋下隐患,给工程项目的实施带来困难和风险。

3. 强化资格预审工作,择优选择承包商

在工程项目招标中,一般要对投标的承包商进行专项资格预审,主要通过书面文件及报表对承包商的资质等级、财务能力、施工经验、人员素质及组成等进行审查,有些大型项目还要派人到承包商的其他项目工地考察,或请承包商面谈,进行说明。在评标过程中,应该严格把关,让施工质量高、信誉好、工期较短、总报价合理的投标单位中标。不可片面追求报价最低而忽略了工程质量等,以免给工程实施带来质量风险及索赔风险。

4. 聘用优秀的监理工程师班子

聘用优秀的监理工程师班子对工程项目的实施进行科学、严格、独立监督。依照相关法规,业主可聘用知名和权威的咨询公司的监理工程师,对工程项目施工过程的质量、进度以及工程造价进行严格、细致的监督管理,并在工程施工承包合同中赋予监理工程师相应的权利。如国际咨询工程师联合会(Fédération Internationale Des Ingénieurs Conseils,FIDIC)制定的合同条件中规定,应使监理工程师有职、有权,公正、独立地处理施工承包合同及工程中的具体风险和不可预见事件,以利于工程顺利进展。

5. 注意施工过程中与承包商的协调配合

高度重视开工前及工程实施过程中的协调管理工作,及时和承包商、监理工程师一起召开三方工作会议,研究讨论有关征地拆迁、工程变更、计量支付以及承包商的重大施工技术问题等的解决方法,以免有关风险由小变大,尽量将工程中的风险事件减少到最低限度。业主和承包商之间应建立互相信任、互相理解、齐心协力建好工程的良好关系,只有团结合作,才能共同抵御和分担风险。

6. 督促和检查承包商的工程保险工作

依据承包合同的有关条款,督促承包商及时做好相应的工程保险工作,并进行检查。根据《FIDIC施工合同条件(第 2 版)》(2022 年修订)第 19 条规定,承包商应负责办理工程一切险和第三方责任险,以确保项目风险得到有效转移和管理。若承包商未能按合同要求足额投保,业主有权自行补办相关保险,并从应付工程款或履约担保中扣除相应费用。

7. 认真做好项目运营的养护管理和后评价工作

项目使用中的风险因素,有些是在项目建设前期和建设期产生的,有些是在项目使用中出现的。认真做好工程项目的后评价,有利于业主积累工程经验,在以后的工程项目管理中做好风险因素的识别、估计和处理。

2.5.3　工程保险

工程保险,是指通过专门机构——保险公司以交纳保险费的方式建立保险基金,一旦发生自然灾害或意外事故,造成投保者的财产损失或人身伤亡时,利用保险金给予补偿的一种制度。可将保险强制性要求体现在合同文件中。

大多数国际工程承包合同对保险都有强制性要求。这种强制性要求,固然是为了保障业主本身的利益,但对承包商也是有利的,因为所有的招标项目都允许承包商将保险金计入投标报价和合同价格之中。

保险可使业主和承包商转移和减轻风险。由于项目施工周期很长,各种复杂情况往往是难以完全预测和防范的。特别是对于大型工程,有些灾害和重大事故会给业主和承包商带来灾难性的、无法补救的经济损失。但他们可以从保险公司得到赔偿或部分经济补偿,在从事工程建设这一"风险事业"时获得一定的经济保障。

1. 工程保险的种类

(1)工程一切险。

根据《FIDIC施工合同条件(第 2 版)》第 19 条的规定,工程一切险是一种综合性的保险,其保险范围涵盖从工程开工至履约证书签发期间的全部工程风险,包括已完工程、在建工程、临时工程,以及运抵现场的材料、施工设备和其他物品。该保险通常还扩展至施工导致的缺陷责任期内已完工程损失。

值得注意的是,所谓"一切险"并未全面涵盖所有的风险,它还是有许多限制的,特别是在引发损失的原因方面有很多限制,这要在投保时同保险公司具体商定。

通常,保险公司承担赔偿责任的有以下一些原因造成的损失和费用。对这些损失和费用,保险公司将根据保单明细表的规定负赔偿责任。

①自然灾害(包括洪水、水灾、冰灾、海啸、风暴、雪暴、雪崩、地崩、山崩、冻灾、地震、雷击等)。

②意外事故,如火灾、飞行物体坠落或飞机坠毁。

③盗窃。

④职工缺乏经验、疏忽、过失或其他恶意行为。

⑤原材料和工艺缺陷等。

⑥爆炸及其他不可预料和突发事故等。

但是,保险公司一般不对以下原因造成的风险损失承担责任。

①战争、类似战争行为、敌对行为、武装冲突、暴动、政治风险。

②没收、征用、罢工等。

③核反应、辐射或放射性污染。

④自然磨损、氧化和锈蚀等。

⑤设计错误。

⑥非外力引起的机械电气装置的损坏或建设用机械设备的失灵。

⑦终止合同、违约罚金等。

⑧丧失合同和拖延工期。

⑨货物运输及工地外的交通事故等。

⑩被保险人及其代表的故意行为和重大过失。

⑪全部停工或部分停工。

⑫保单中规定由被保险人自行负责的免赔额。

工程一切险的保险额是按合同总价,即按工程完成时的价值计算的。实际上,工程价值从零开始,到竣工时才达到保险额总值。保险费是按保险额计取的,并不考虑工程价值在施工初期和末期的变化,而赔偿金额只考虑实际损失。投保人可以要求保险公司在确定保险金费率时充分考虑这一特点和因素。

如果承包商不愿投保工程一切险,也可以就承包商的材料、机具装备、临时工程、已完工程等分别进行投保,但应征得业主的同意。一般来说,集中投保工程一切险的费用可能比分别投保要少一些。有时,承包商将临时工程、劳务或某一部分永久性工程分包给其他分包单位,那么承包商可以要求分包单位投保其负责的那一部分工程的保险,自己则按扣除该分包价格的余额进行投保。保险费率同项目的性质,项目所在地的地理条件、自然条件,工期,免赔额等因素有关,投保人可以就项目的具体情况与保险公司协商合理的费率。

保险的期限要根据合同条件确定,至少应包括全部施工期,如果业主要求缺陷责任期内由施工缺陷造成的损害也属于保险范围,则可在投保申请书中写明。一般实际保险期限可以比合同工期略长,这是考虑到工期可能延长,以免再办保险延期手续。

（2）第三方责任险。

根据《FIDIC 施工合同条件（第 2 版）》第 19 条规定,承包商应当以承包商和业主的联合名义投保第三方责任险,该保险的最低限额应符合合同协议书或专用条件中的规定。承包商可根据合同条件的规定,将第三方责任险与工程一切险合并投保。第三方责任险的具体赔偿限额应在合同数据表中明确约定,其保险费率通常维持在 2.5‰～3.5‰这一行业标准范围内。

业主要求承包商投保第三方责任险的目的是因为工程是在业主的工程现场范围内进行的,如果任何事故造成工地和附近地段第三者人身伤亡或财产损失,第三者可能要求业主赔偿或提起诉讼,业主为免除自己的责任会要求承包商投保第三方责任险。

在发生这种涉及第三方损失的责任事故时,保险公司将对投保人由此产生的赔款和诉讼费用等进行赔偿。但是应当注意,承包商和业主在工地的财产损失,或业主和承包商派往现场的职工的伤亡不属于第三方责任险的赔偿范围,而属于工程一切险和人身意外险的赔偿范围。持有公共交通和运输用执照的车辆的事故造成的第三方损失,也不属于第三方责任险赔偿范围,而属于汽车保险赔偿范围。

（3）人身意外险。

根据《FIDIC 施工合同条件（第 2 版）》第 19.2.4 款规定,承包商应为其雇用的所有人员投保人身意外险,并确保保险持续有效至工程竣工。业主通常要求承包商通过保险安排或合同保证,避免业主因承包商人员伤亡事故而遭受索赔、诉讼及其他损失。除非人员伤亡是由业主或其代理人的过失或不当行为直接导致的,否则业主对承包商的人员伤亡不承担任何责任。

每一职员或工人的意外事故保险金额,要按工程所在国的劳工法和社会安全法来确定,不能低于这些法律规定的最低限额。

在投保人身意外险时,还可以同时附加事故致伤医疗保险,这种保险主要是对抢救和治疗工伤进行赔偿,一般的疾病医疗不属于附加事故致伤医疗保险的赔偿范围。

有些国家对于承包商雇用的外籍职员和工人,允许在外国的保险公司投保,但规定工程所在国国籍的雇员和工人,必须在当地保险公司投保。这一点应当在签订合同时予以明确。

（4）货物运输险。

货物运输险一般有运输一切险和平安险等。运输一切险包括平安险和其他外部原因所致损失的保险。平安险的保险范围包括在运输过程中各种自然灾害造成的货物损失或损坏、运输工具遭受各种事故产生的损害或灭失,以及失落、丢失货物等造成的损失。但是,保险公司对于装运前货物已存在的品质不良、数量短缺以及货物的自然损耗、特性改变等损失不承担责任。

（5）其他保险。

在特殊情况下,可向保险公司投保战争险、投资险或其他政治险。

最后需要说明的是,虽然承包商和业主联名或分别对工程投保了各种保险,并且交纳了相当数量的保险费,但是,灾害和事故造成的后果不是保险公司的赔偿能够全部弥补的。业主和承包商仍然要采取各种有力措施防止事故和灾害的发生,并阻止事故损失扩大。

2. 对工程保险的检查和处理

依据《FIDIC 施工合同条件（第 2 版）》,业主和工程师应在工程开工前,检查和审核承包商是否已按要求投保及保险单是否有效。

（1）审查保险的依据。

工程师审查保险的依据有以下两条。

①审查承包商是否按《FIDIC 施工合同条件（第 2 版）》第 19 条的规定办理了工程一切险和第三方责任险，所投保保险公司的资信状况和偿付能力是否符合合同要求。

②审查承包商所办理的保险范围、保险金额和免赔额是否符合合同专用条款和投标书中的承诺。

（2）审查保险的程序及处理措施。

依据《FIDIC 施工合同条件（第 2 版）》第 19 条规定，审查保险的程序如下。

①承包商应在开工日期前向业主提交保险生效的证明，并在开工后 28 天内（原 84 天缩短为 28 天）向业主提供保险单副本。承包商在提交这些文件时应同时抄送工程师。

②承包商投保的保险单必须与合同协议书规定的保险要求完全一致。承包商应确保保险公司承保范围涵盖业主和工程师认可的所有保险项目。

如果承包商未办理保险或保险不符合合同要求，工程师应协助业主，由业主直接办理相关保险并保持其持续有效。业主为此支付的保险费可从应付给承包商的款项中扣除，或通过履约保函收回相关费用。

（3）共同遵守保险单的条件和规定。

工程师有权要求合同双方共同遵守保险单的条款。若任一方违反保险条款导致损失，依据《FIDIC 施工合同条件（第 2 版）》第 19.1 条规定，违约方应赔偿另一方因此遭受的所有损失。

3．工程保险的具体操作

（1）择优选取保险公司，研究其资金与信誉。

①考察保险公司的注册资本及赔偿能力。应当根据工程的规模选择承保能力合适的保险公司。特别是大型项目，一旦产生事故损失而向保险公司索赔，其金额往往是很大的。因此，应当审查保险公司的资金支付能力。

②调查保险公司的信誉。有的保险公司可能在初步沟通时提供了营业执照，但营业执照是按年发给，甚至有按季度发给的。如果保险公司在一年或一季度承保的金额过大，或者发生过一两次严重的赔偿事件，有可能中止其保险业务。

③应当优先考虑向本国的保险公司投保。由国内的保险公司承保，便于处理事故、赔偿等问题。

（2）认真研究保险合同条件。

①如实填报保险公司的调查报表。在办理保险手续时，保险公司为确定风险大小，要求承包商填报工程情况。这是一件严肃认真的事情，绝不能为了争取降低保险金费率而隐瞒情况。例如，调查表中应有"工程中是否使用爆炸方法""工地是否储存易燃化学物品"等栏目，且应当如实填报。否则，一旦发生这类事故，保险公司将不承担或部分承担相应赔偿责任。

②分析研究保险合同条款。一般保险公司出具的保险单附有保险条款，其中规定了保险范围、除外责任、保险期、保险金额、免赔额、赔偿限额、保险费、被保险人义务、索赔、赔款、争议和仲裁等内容。这些条款相当于保险公司与投保人之间的保险合同，双方都要签字认可才正式生效。合同条款方面的任何争议必须在签约之前讨论清楚，并逐条修改或补充，取得一致意见。

③重视保险内容的变化和改办手续。任何保险内容的变化都应当及时通知保险公司。如果认为有必要，应办理保险变更手续，签署补充文件，或由保险公司对变更内容予以书面确认。

（3）预防事故和索赔。

①重视被保险人的义务。承包商应当教育全体职员和工人重视被保险人的义务,特别是预防事故和防止事故损失扩大。对于保险金额较大的工程,保险公司可能定期与不定期地到现场进行安全检查,并且提出防止灾害事故的措施。承包商可以就这些措施同保险公司代表认真讨论,对于合理且费用属于正常支出的则应付诸实施。无论发生何种事故,应当立即通知保险公司,并努力保护事故现场,采取一切必要的措施将损失降低到最低限度,只要采取的措施是合理和有效的,其措施费用一般可得到保险公司的补偿。相反,如果既不通知保险公司,又不保护现场,其索赔一般将被保险公司拒绝。

②及时报损和接受调查。只要被保险人及时向保险公司报告,保险公司将派人到事故现场进行调查。发生严重事故时,保险公司还将组织人员协同进行抢救活动;有些项目是向工程所在国境外的保险公司投保的,保险公司一般有指定的当地代理人,代理人的调查能被保险公司接受。调查报告的主要内容除陈述事故经过、分析事故原因和调查被保险人的防范与抢救措施外,重点在于调查损失。一般先由被保险人提出损失,每项损失都要求提供必要的、有效的证明单据。对于工程一切险,保险公司的赔偿一般以恢复投保项目受损前的状态为限,其受损后的残值应被扣除,承包商的利润损失和其他各项管理费的损失也是不予赔偿的,同时还应扣除免赔额。对于其他各种保险的报损、调查和赔偿,应当根据各种保险单和保险协议条款处理,大致与工程一切险相似。但如果保险公司未能亲自调查,则须提供有关旁证调查资料。这里需要特别指出,第三方责任险的事故损失,虽然是由投保人的责任造成的,但应当由保险公司去处理对受损失方的承诺、出价、约定、付款或赔偿等事宜。

2.6　公路建设管理与监督

2.6.1　公路建设管理

从中华人民共和国成立到现在,我国的公路建设市场发展了,也活跃了,横向经济联系发展很快,宏观调节和指导在其中发挥了十分重要的作用。公路从建设到管理既离不开政府的政策支持,也离不开政府的行政保障,单纯的企业行为是很难完成建设以及管理任务的。厉以宁先生曾打比方说:"市场是一个大型搅拌机,把各种资源投入这个大型搅拌机内,让它们在里面不断运动,从而达到资源的合理配置,而政府不是'搅拌机',仅仅是保证搅拌机不发生故障的管理者。搅拌机需要管理者。政府便是类似于搅拌机的管理者。比如,政府制定市场经济运行的法律法规,如果市场运行中出现故障,政府就排除故障,使市场机制正常发挥作用。但不管怎样,搅拌机的管理者不能替代搅拌机本身,政府也替代不了市场。"这表明,不发挥市场机制的作用,就难以实现资源的合理配置。政府要充分运用市场"无形之手"的作用,科学合理地进行行政干预。

政府在公路建设过程中要合理干预,增强监督及宏观调控作用。政府主要在以下 4 个方面,通过法律、行政、经济和引导手段规范公路建设市场,形成有序的公路建设生产过程,确保公路建设的良性发展,达到促进国民经济发展及提高人民生活水平和生活质量的目标。

1. 完善法律和健全规章

公路建设的健康发展必须走依法建路、依法治路之路。这就要求建立和完善公路建设的法规体系及严格的执法监督体系,使规范公路建设市场有法可依。

《中华人民共和国公路法》《公路建设市场管理办法》《公路工程建设项目招标投标管理办法》《公路工程建设项目评标工作细则》等法规为规范公路建设市场提供了基本的法律依据。

除此之外,国家及有关部门还制定了一系列质量管理方针、政策、制度和治理措施,为确保工程质量奠定良好的基础。例如,为维护公共利益,在环境保护方面,制定了必要的安全和环境保护标准及法规;为提高效率和改进决策支持系统,制定了一系列的规章制度以及方法,建立了完善的统计制度和管理信息系统;为提高公路建设的质量和效率,在基础设施建设方面加强法治化管理,制定了相互协调的人才培训与开发计划。

制定了相关法律、法规、规范,还要关注贯彻执行。要根据现有的法律和规范严格控制公路建设市场的管理,建立监督机制,提出统一要求,明确行业的多种导向。同时,监督检查进入公路建设队伍的企业的情况,对公路建设、养护维修项目加强监管,对基本建设程序和有关规定执行情况,以及项目的质量、安全、文明施工等进行监督管理,对违反规定的要严肃处理。

2. 培育建设市场,改革管理模式,指导和管理公路建设

建立统一开放、竞争有序的建设市场,改革管理模式,提高政府服务质量,促进公路建设生产活动的安全与健康发展、推进公路建设事业的整体发展。要指导和管理公路建设活动,规范建设市场秩序和整顿的重点是规范招标投标行为,狠抓《招标投标法》等法规以及相关管理办法的贯彻落实,加强市场准入管理,搞好动态监管。要严肃清理和查处暗箱操作、虚假投标、串通投标等违规行为,禁止转包、非法分包工程项目。要认真解决业主对施工单位、施工单位对材料设备供货单位及工人的资金拖欠问题。在组织工程建设过程中,要坚持合理确定标价、合理安排项目、合理安排工期。针对上述各方面,政府应该采取如下必要的措施。

(1)由专门从事招标投标的组织与机构负责招标投标的具体事宜。

(2)科学干预,真正实现资源的有效配置。

(3)培育建设市场,规范市场竞争行为,建立公平、公正、公开的市场竞争秩序。

①政府严把审批关,促进建设市场的良性发展。

②强化市场监管,规范市场主体行为,维护竞争秩序。

③加速国际交流,将建设市场做大、做强,学习先进的工程技术,借鉴先进的管理模式,提高企业的技术与管理水平,采用新材料、新技术和新机械设备,引导企业规模化发展,使企业跻身于国际建设市场中,承接国际大型工程建设项目。

(4)采用新的管理模式,根据市场变化及发展形势,适时改变管理模式。

(5)采取信息化管理措施。

信息化管理是提高公路建设项目管理效率的一种现代化和科学化措施,也是公路建设管理部门履行政府职能,提高公路建设管理水平的途径之一。通过建立公路建设管理统一信息平台,各级公路建设管理部门可以实现信息联网与信息共享,能为公路建设管理提供信息一体化决策支持服务,有助于协调和控制公路规划、设计、施工等管理活动,提高公路建设管理决策的科学性及工作效率。

3. 大力发展行业协会等专业组织

在社会主义市场经济体制中,企业是市场的主体,属于微观经营层;政府是市场的管理者,属于宏观调控层。这两个层面都十分重要,缺一不可。没有企业,市场就不能形成和存在;只有企业的市场行为,没有强有力的宏观调控,市场就必然无序。随着经济的发展和社会的进步,要求在政府和企业这两个构成市场的主要层面中间,培育和建立中观协调层,也就是行业协会、学会、商会等专业组织。

发展行业协会是加强行业管理的重要方面,也是政府实现职能转变的重要途径,应促进以协会、学会、中介组织、第三方认证为代表的组织发挥桥梁和纽带作用。

目前公路建设行业有中国公路勘察设计协会、中国工程机械工业协会、中国公路建设行业协会和中国交通建设监理协会等组织。这些组织在规范行业行为、促进技术交流、推动行业标准制定等方面发挥了积极作用。

政府主要采取以下措施扶持相关专业组织的发展。

(1) 政府对行业协会等专业组织建设的政策支持。政府从政策上支持行业协会等专业组织的建设发展,解决行业协会职能不明确、定位不统一、专职人员少、经费不足等问题,使其从制度建设、组织建设、思想建设以及运行模式上适应市场经济发展的需要,真正承担起在行业管理工作中的职责。

(2) 明确行业协会的职能范围。在公路建设过程中行业协会既不从事以营利为目的的经营活动,也不直接参与行政、法律形式的宏观管理,而是协助会员企业加强微观管理,提高经济效益,促进生产经营的健康顺利发展。同时,行业协会积极配合政府及公路建设主管部门加强宏观调控和行业管理,向政府反映行业的真实情况,使政府在出台调控政策时考虑到方方面面,保证出台的政策具有全面性和可操作性。

(3) 行业协会为政府提供行业建设和发展的建议及参考意见,为行业和会员服务。协会的发展要与建设事业发展相协调,加强自身建设。

(4) 公路建设行业协会对公路建设行业布局、质量标准、产业政策等进行协调服务,充分发挥自身作用,促进公路建设行业的稳步快速发展。

(5) 行业协会承担自身工作职能。在公路建设过程中,有些职能不由政府来承担,需要移交行业协会来承担,如咨询、培训、交流、评优、推广等。行业协会和政府管理部门具体的职能分工模式为:①各司局负责资质的审批和管理,根据资质标准、资质管理办法及有关规定,组织资质评审专家委员会;负责监督、终审和发布结果,负责企业资质降级和吊销处罚以及总量控制。②行业协会负责资质评审具体事务,包括日常评审工作的组织与管理,依照资质评审标准和办法管理、审查申报材料,组织专家小组实地核查,召集评审专家会议,将结论报司局等。

公路建设领域内的行业协会在市场与政府之间架起了桥梁和纽带,协助政府部门推动行业自律管理,推动公路建设事业健康发展;维护企业的合法权益,维护公平竞争与市场秩序;协助政府制定行业规划,研究行业发展战略与政策法规等。

4. 搞好宏观调控与协调服务

在我国的公路建设过程中,仅凭借市场或者是单纯依赖政府分配是不能满足我国日新月异的公路建设形势的,需要在发挥市场作用的同时加强政府调控与指导,在市场失灵的时候利用政府的行政干预来协调。因为市场经济有其自身的弱点和消极方面,需要政府进行必要的宏观调控和管理,监督管理的办法主要有以下方面。

(1) 政府科学行使宏观调控和管理职能。制定经济发展规划、制定各种产业引导政策,为社会经济发展确定方向,并通过宏观配置资源来提高经济效益,同时加强社会公众的监督。

(2) 改进宏观经济调控措施。政府主要以经济和法律手段而不是行政手段实施宏观调控,是通过市场力量提高公路建设资源配置效率;通过良好的市场环境吸引国际资源,加快我国的公路基础建设事业的发展。

（3）法律、法规是政府进行宏观调控必不可少的依据,要健全相关法律体系,包括:①制定和完善有关政府机构的法律、法规,如政府机构组织法等;②制定和完善宏观调控体系的法律、法规,如预算法、国有资产法、土地法等;③完善规范各经济利益主体行为的法律、法规;④完善规范市场竞争的法律、法规。充分发挥政府的调控职能,构建间接调控机制,除修正调控手段外,更重要的是要协调好调解者与被调解对象之间的关系,把直接控制行为转变为通过中介——市场诱导的调节行为。

（4）政府的协调服务。政府针对公路建设过程中出现的问题,从大局出发,做好平衡协调工作。为进入公路建设领域的有关单位和个人及时提供政策、法规、信息、技术、咨询等方面的服务,并对其进行引导、调节和规范,为公路建设事业发展创造良好的条件。

2.6.2 监督管理内容与程序

1. 监督管理的内容

从整体上看,政府对公路工程施工质量的阶段性监督管理是按照公路工程质量形成的先后顺序对各个阶段的质量行为和活动结果进行监督管理,以公路工程的实体质量是否形成为界限将其划分为施工前的质量监督管理、施工中的质量监督管理和竣工后的质量监督管理3个方面。

（1）施工前的质量监督管理。

公路工程施工前的质量监督管理主要涉及3个方面。

①对勘察设计文件审查的监督管理。对勘察设计单位质量行为和活动结果的监督,重点是对勘察设计文件的审查把关。若发现勘察设计文件违反有关法律、法规和强制性标准条文的规定,可以直接处以经济处罚和法律制裁,由直接责任主体承担设计质量责任。通过对勘察、设计单位的监督管理和依法处罚,并将其不良行为记录在案,纳入责任主体和责任人的信誉档案,形成信用约束力,可促使建设主体改进质量管理保证体系,有效促进质量体系良性循环,规范所有主体各层次、各环节的质量行为,严格内部质量管理制度和质量检查制度,保障勘察设计文件的质量满足有关法律、法规和强制性标准条文的要求。

②对招投标活动的监督管理。重点监督施工、监理、重要材料、设备采购的招投标活动,实现市场监督与质量监督的有效结合。通过质量监督审查,促进市场竞争的规范化和良性运转,通过市场有效运作,保证质量监督的有效性。

③对合同文本的监督。重点监督施工、监理、重要材料、设备采购合同,把质量管理的规范化和法治化落实到合同条款中,以合同的法律效力约束各建设主体的质量行为和活动结果。

管理部门通过对这3个方面的审查及监督,实现对公路工程建设质量全过程的预控监督。施工前的质量监督管理归根结底是对业主质量行为的监督管理,因为业主是所有活动的组织者、决策者。施工前的质量监督管理也是规范项目业主质量行为和活动结果的重要措施。

（2）施工中的质量监督管理。

施工中的质量监督管理主要是进行事前、事中和事后巡回监管,对隐蔽工程质量、主体结构工程质量和环境质量进行全面监管。在对工程质量的关键影响环节进行监督检查时,要重点关注隐蔽工程、主体结构等部位。现场工程实体质量检查采用科学的监测仪器和设备,提供准确可靠、有说服力的数据,增强工程质量监督检查的科学性和权威性。通过监督抽查,保证强制性标准的贯彻执行,保证建设工程法律、法规的贯彻落实,从宏观上保障建设工程质量和结构安全。

质量监督机构监督检查的对象还包括建设单位在内的所有参与公路工程建设的行为主体。质量监督机构通过加强对参与工程建设的各行为主体质量行为的监督检查,查处各行为责任者的违规行为,增强各行为主体的自律意识,提高行业整体素质,保证工程质量。

施工中的质量监督管理是以施工过程为主线,业主,监理,设计,材料、设备生产、供应主体,试验检测主体协作配合的全面、全过程的监督管理,并把各方主体的质量行为和活动结果纳入监督管理范畴,将环境质量监督渗透于监督全过程。通过施工中的监督,保证各主体的质量行为规范、质量活动结果有效,保证建设过程的质量处于受控状态,确保施工阶段的工程质量。

(3)竣工后的质量监督管理。

竣工后的质量监督管理是公路工程投入使用前的质量监管环节。首先,经常性地对已完工的各项工程进行检查,保证不符合质量标准要求的工程不投入使用,避免劣质工程对国家和公众造成危害;其次,及时督促施工单位做好内业竣工资料的收集整理,严格对其竣工资料进行审查、监督,确保竣工资料的真实性、可靠性、权威性和有效性;最后,对缺陷责任期内遗留问题的整改情况进行跟踪监督检查,确保按施工图要求整改到位,确保工程交付使用后安全、高效运行。

2. 监督程序

(1)建设单位应在工程开工前,向项目所在地的交通运输主管部门或其委托的质量监督机构提交"公路工程质量监督申请书",办理质量监督手续。具体监督权限划分由省级交通运输主管部门确定。

(2)质量监督机构应在收到质量监督申请书之日起 20 个工作日内,对提交的材料进行审核,确定监督工作计划,并向建设单位签发"公路工程质量监督通知书",同时抄送设计、施工、监理等单位。

(3)对实行监理的工程项目,质量监督机构应当重点监督检查监理单位的质量行为、试验检测工作及关键工序的监理情况,对工程实体质量进行抽查。发现重大质量问题时,应签发"公路工程质量抽查意见通知书",责令相关单位限期整改。

(4)对未实行监理的工程项目,质量监督机构应加强对工程重点部位和关键工序的监督检查,按照《公路工程质量检验评定标准　第一册　土建工程》(JTG F80/1—2017)进行质量评定。

(5)质量监督机构应对施工单位的质量保证体系运行情况进行检查,重点检查质量责任制的落实和施工过程质量控制情况。

(6)对存在严重质量问题的施工单位,质量监督机构可责令停工整改,并依据《建设工程质量管理条例》等规定,建议相关部门予以行政处罚。

(7)工程完工后,质量监督机构应出具"公路工程质量鉴定报告"。未通过质量鉴定或鉴定不合格的工程,不得组织竣工验收。

第 3 章　项目执行管理

3.1 公路建设进度控制

3.1.1 进度控制的概念、基本原理和程序

1. 进度控制的概念

公路项目的进度控制是指针对项目各建设阶段的工作内容、工作程序、持续时间和衔接关系编制计划,并付诸实施,在实施的过程中经常检查实际进度是否按计划进行,对出现的偏差分析原因,采取补救措施或调整、修改原计划,直至工程交付使用。进度控制的最终目的是确保项目进度目标的实现。

工期控制与进度控制是两个既互相联系,又有区别的概念。工期控制的目的是使工程实施活动与工期计划在时间上相吻合,即保证各工程活动按计划及时开工、按时竣工,保证总工期不推迟。进度控制的总目标与工期控制目标是一致的,但在控制过程中,进度控制不仅追求时间上的吻合,而且追求劳动效率(消耗和劳动成果)的一致性。

进度控制与质量控制、投资控制是公路项目建设中的三大目标。它们之间有着相互依赖和相互制约的关系:进度加快,需要增加投资,但工程能提前使用,可以提高投资效益;进度加快有可能影响工程质量,而质量的严格控制则有可能影响进度,但如因质量的严格控制而不致返工,反而会加快进度。因此,项目管理者在工作中要全面系统地考虑这3个目标,正确处理好进度、质量和投资的关系,提高工程建设的综合效益。

进度控制的基本思想是:计划的不变是相对的,变化是绝对的;平衡是相对的,不平衡是绝对的。要针对变化采取对策,定期地、经常地调整进度计划。

2. 进度控制的基本原理

影响公路项目进度的因素很多,管理者需事先对各种因素进行调查,预测它们对进度可能产生的影响,编制可行的进度计划,指导建设工作按计划进行。如果在执行过程中出现新的情况,难以按照原定的进度计划执行,应在执行计划的过程中,运用动态控制原理,不断进行检查,将实际情况与计划安排进行比较,找出偏离计划的原因,采取相应的措施及时调整和控制进度,使实际结果契合或接近进度计划。

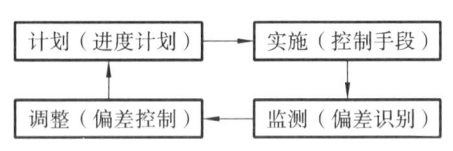

图 3.1 公路项目进度控制要素

公路项目的进度控制包括计划、实施、监测和调整4个控制要素,如图 3.1 所示。

(1)进度计划。项目进度计划包含项目的前期准备、设计、施工和使用前准备等几个阶段的进度计划。项目进度控制在项目进度计划阶段的实质性体现:一是制订分级控制进度计划,即将上述计划细化为项目总进度计划(总控制)、项目分阶段进度计划(中间控制)和项目分阶段的各子项进度计划(详细控制);二是对这些计划进行优化,从而实现对项目进度计划的有效控制。

(2)计划实施。在项目进度计划实施过程中,干扰因素会使实施结果偏离进度计划。在项目实施阶段进行进度控制的主要工作有:一是预测干扰因素;二是分析风险程度;三是采取预控措施。通过这些监控手段,可以避免或减少实际结果与进度计划的偏差。

(3)进度监测。要了解和掌握项目进度计划在实施过程中的变化趋势和偏差程度,必须进行项目

进度监测。在项目进度监测阶段的实质性工作有：一是跟踪检查；二是数据采集；三是偏差分析（实际结果与进度计划的比较）。快速、准确的偏差识别工作，可以提高项目进度控制的灵敏度和精确度。

（4）进度调整。在进度计划实施的过程中，如果出现了偏差而需要调整，调整工作分 3 个步骤：首先，偏差分析，分析产生进度偏差的前因后果；其次，动态调整，寻求进度调整的约束条件和可行方案；最后，优化控制，使进度、费用变化最小，从而契合或接近进度计划。

3. 进度控制的程序

进度控制的程序与建设程序的阶段划分是一致的。每一建设阶段的进度控制，又按计划、实施、监测及调整的程序进行（表 3.1）。

表 3.1　进度控制的程序

建设程序	项目建议书	可行性研究	设计	建设准备	建设实施	竣工验收
进度控制程序	进度决策		进度实施			
进度控制环节的基本职能	项目进度安排建议	建设进度和工期决策	设计进度控制，施工进度预测	批准施工进度计划，促进开工	实施进度控制，实现工期目标	竣工验收的时间安排

进度控制的重点是建设准备和实施阶段的进度控制。但前期工作阶段所做出的进度决策，又是实施阶段进度控制的前提和依据，其预见性和科学性对整个进度控制具有重要影响。

（1）项目建议书阶段。通过机会研究和预可行性研究，在项目建议书报批文件中提出项目进度安排的建议。它体现了业主对项目建设时间方面的预期。

（2）可行性研究阶段。对项目的实施进度进行较详细的研究。通过对项目所需时间和建设条件的相关分析，对不同进度安排的经济效果进行比较，在可行性研究报告中提出最优方案，或两三个备选方案。该报告经评估、审批后确定的建设总进度和分期、分阶段控制进度，就成为实施阶段进度控制的依据。

（3）设计阶段。除进行设计进度控制外，还要对施工进度作进一步预测。设计进度本身也必须与施工进度相协调。

（4）建设准备阶段。要控制征地、拆迁和场地清障的进度；抓紧水、电、路等建设条件的准备；组织材料、设备的订货；组织施工招标；办理各种协议签订和有关主管部门的审批手续。这一阶段的工作繁多，任何一项出现疏漏或拖延都将留下建设条件的缺口，造成工程顺利开展的障碍。因此，这一阶段的工作及其进度控制极为重要，绝不能掉以轻心。在这一阶段还应通过编制与审批施工组织设计，确定施工总进度计划、首期或第一年工程的进度计划。

（5）建设实施阶段。进度控制的重点是组织综合施工和进行偏差管理。作为业主，要全面做好进度的事前控制、事中控制和事后控制。除对进度计划审批、施工条件提供等预控环节和进度实施过程进行跟踪管理外，还要着重协调好总包不能解决的内外关系问题。当没有总包单位，项目的各项专业施工任务直接由业主分别发包时，计划的综合平衡和单位间的协调配合就更为重要。进度控制就是要及早发现并尽快排除相互脱节、冲突争执和外界干扰，使进度始终处于受控状态，确保进度目标逐步实现。与此同时，还要抓好项目使用的准备工作，为按期或提早交付使用创造条件。

（6）竣工验收阶段。建设单位要督促和检查承包单位的自验及预验收工作，还要着手进行项目运营阶段的组织设计,在具备条件后要组织正式验收。在本阶段,有关甲、乙方之间的工程结算和技术资料核查、归档移交,施工遗留问题的返修、处理等,都有大量涉及双方利益的问题需要协调解决。此外,各项验收还涉及大量准备工作,必须抓全、抓细、抓紧,以加快验收进度。

3.1.2　施工前期的进度控制

1. 可行性研究的进度控制

可行性研究报告对实施阶段的进度控制起着引导作用。

公路项目可行性研究工作的时间要视项目的规模和复杂程度而定,短则几个月,长则几年。大中型公路项目的机会研究需 1～3 个月;预可行性研究需 4～6 个月或更长;工程可行性研究需 8～12 个月;项目评估需 1～3 个月。可行性研究所花费的时间是较长的,应当通过进度控制压缩其持续时间。

可行性研究进度控制要点如下。

(1) 加强可行性研究进度预测,提出比较准确可行的可行性研究工作进度计划。

(2) 明确可行性研究的责任单位后,落实各项工作的责任人,签订合同,确定双方的权利和义务。

(3) 根据有关规定和要求,有效地控制用于收集可行性研究资料的时间。

(4) 建立科学的可行性研究程序及项目评估程序,从而节省工作时间。

(5) 注重调查研究方法的适用性和有效性,以提高调查研究工作的效率。

(6) 积极催办,减少可行性研究报告的待批时间。

2. 总进度计划和年度计划中的进度控制

(1) 总进度计划中的进度控制。

从进度控制的角度讲,公路项目总进度计划的重点是项目总进度计划表,其编制与控制要点如下。

①按照公路建设程序的要求,对每一个建设阶段进行预测,以确定总体用时控制目标和阶段用时控制目标。

②如果建设单位对公路项目的交付使用时间有明确要求,就要从后向前,即从竣工到开工,安排各项工作的开始和结束时间。

③要做好年度投资分配工作,以满足进度需要;保证施工图设计能在每项工程施工前全部送到承包单位手中。

④总工期较长的大型公路项目,应根据运营的需要分期、分段建设,早日提供最小使用单元,从实质上缩短工期,尽早地发挥投资效益。

⑤在安排分期建设的项目时,必须注意每段交工的工程能独立地发挥作用。

(2) 年度计划中的进度控制。

年度计划是实施性计划,必须保证总进度计划的实现。公路项目年度计划既要在国家年度固定资产投资计划控制下安排,又要保证国家年度固定资产投资计划的实现。公路项目年度计划的编制和实施应注意以下几个要点。

①年度计划中必须包含总进度计划中分配到该年度的各项任务,其中包括各项目的开工日期、交工日期、应完成的投资额等。

②实现建设任务与资金之间的平衡。周密安排年度计划任务和储备下年度所需资金,落实资金来源。在时间上、数量上都要满足工程进度的需要。在做好各项工作以后,编制公路项目年度交付使用计

划表(表 3.2)。

表 3.2　公路项目年度交付使用计划表　　　　　　　(投资:万元;公路里程:km)

工程编号	单项工程名称	总规模				本年计划完成				
		公路里程	投资额	新增固定资产	新增里程	交工日期	公路里程	投资额	新增固定资产	新增里程

③实现任务与材料、设备供应之间的平衡。对市场采购的材料和设备,要落实采购订货和运输工作;对自行加工的碎石等,要选择合格的开采场地和加工方法。

④实现任务与施工力量之间的平衡。目前,一般公路项目是任务少、施工力量大。但是现代公路建设不能只看人数,还要有强大的技术力量。在考察施工队伍时,必须考察其人员素质,以保证公路产品的施工质量。

⑤落实设计文件的交付时间,并与设计单位签订合同,以使设计进度满足施工进度要求。

⑥实现建设项目与外部协作配套工程之间的平衡。公路项目施工前要落实水、电、路、征地、拆迁等工作。除加强与有关主管部门的联系外,还要借助行政手段,并主动协助有关单位解决问题。

3. 设计阶段的进度控制

按照基本建设程序,必须先有设计图纸,才能按图施工。有时,在设计和施工之间还必须有足够的时间,以进行设备与材料的采购和加工订货。因此,必须对设计进度进行控制,以保证设备和材料供应进度,进而保证施工进度。

设计阶段的进度控制,是从实现项目总工期的目标出发,对设计工作进度进行的监督和协调工作。

设计工作的进度,受到基础资料提供、设计文件报批制度、设计承包方式、社会协作条件等多种因素的制约。设计进度的控制问题,不能单纯从缩短设计周期出发,而应对有关方面的计划、进度予以综合协调,以有利于实现项目总工期,提高项目综合经济效益。

(1)设计工作程序。

①设计准备工作。建设单位必须向设计单位提供完整、可靠的设计基础资料。设计基础资料一般包括下列内容:经管理部门批准的可行性研究报告、初步设计等文件,建设单位与有关部门签订的土地征用协议书,环保部门批准的建设工程环境影响审批表,当地的气象、风向、风荷、雪荷及地震级别,水文地质和工程地质勘察报告,建设项目所在地区其他方面的要求和限制等。设计单位要积极承担和参加建设项目的前期准备工作,如参加路网建设规划和可行性研究、资源普查、工程地质和水文地质勘察、经济调查和多方案技术经济比较,收集必要的设计资料等。

②初步设计和技术设计。初步设计应根据批准的可行性研究报告和可靠的设计基础资料进行编制。初步设计和总概算批准后,便可作为确定建设项目投资额、编制固定资产投资计划、签订总包合同及贷款合同、实行投资包干、控制建设工程拨款、进行施工准备及编制技术设计文件(或施工图设计)等的依据。初步设计和总概算应由投资者审批,特大型和特殊项目应由国家发展改革委报请国务院批准。三阶段设计的技术设计文件根据初步设计文件编制,它和修正总概算经批准后,是建设工程拨款和编制

施工图设计文件的依据。

③编制施工图设计文件。施工图设计应根据批准的初步设计文件(或技术设计文件)和主要设备订货情况进行编制,并据此指导施工。施工图预算经审定后,即作为预算、工程结算等的依据。

④设计文件的执行。设计单位应积极配合施工,向承包单位交代设计意图,解释设计文件,及时解决设计文件中出现的问题,参加交工验收,并进行设计工作总结。对于大中型公路项目或关键部位,应由现场设计代表指导施工。

(2)设计阶段的进度控制程序。

设计阶段进度控制的主要任务是出图控制,即采取有效措施使设计者如期完成设计工作,并提交相应的设计图纸及说明书。为此,项目管理者要审核设计工作的进度计划和各专业的出图计划,并在设计实施过程中跟踪检查这些计划的执行情况,定期将实际进度与计划进度进行比较,进而纠正或修订进度计划。

(3)设计阶段的进度控制目标。

①设计进度控制总目标。设计阶段的进度控制的最终目标就是按质、按量、按时间要求提供施工图设计文件。

②设计进度控制阶段目标。设计进度控制阶段目标主要有以下3个:设计准备工作时间目标,主要包括规划设计文件确定的时间目标、设计基础资料提供的时间目标和委托设计的时间目标;初步设计、技术设计交付时间目标,除要考虑设计工作本身及进行设计分析和评审所花的时间以外,还要考虑设计文件报批时间;施工图设计交付时间目标,施工图设计应根据批准的初步设计(技术设计)文件进行编制,它是工程施工的主要依据,因此应注意初步设计所需时间。

③设计进度控制分目标。把设计阶段的进度目标具体化,即把它们分解为分目标。例如,在初步设计阶段确定方案设计时间目标和初步设计时间目标;在施工图设计阶段确定路基设计时间目标、路面设计时间目标、交通工程设计时间目标等。这样便构成了一个从总目标到分目标的完整目标体系。

(4)设计阶段的进度控制计划体系。

设计阶段的进度控制计划应包括:设计总进度控制计划、阶段性设计进度计划及设计进度作业计划。建设单位和监理工程师应协助设计单位做好各项设计阶段的进度控制计划的编制工作。

①设计总进度控制计划。设计总进度控制计划主要用来控制自设计准备开始至施工图设计完成的总设计时间,从而确保设计进度控制总目标的实现(表3.3)。

表3.3 设计总进度控制计划

项 目	进度(月)														
	1	2	3	4	5	6	7	8	9	10	11	12	13	14	15
设计准备															
初步设计															
技术设计															
施工图设计															

②阶段性设计进度计划。阶段性设计进度计划包括:设计准备工作进度计划(表3.4)、初步设计(技术设计、施工图设计)工作进度计划(表3.5)。这些计划的任务是控制各阶段的设计进度,实现阶段

性设计进度目标,保证设计总进度控制计划的实现。

表 3.4 设计准备工作进度计划

项 目	进度(周)														
	1	2	3	4	5	6	7	8	9	10	11	12	13	14	15
确定规划设计条件															
提供设计基础资料															
委托设计															

表 3.5 ××单项工程初步设计(技术设计、施工图设计)工作进度计划

项 目	进度(周)														
	1	2	3	4	5	6	7	8	9	10	11	12	13	14	15
初步设计															
技术设计															
分析评审															
施工图设计															
编制概算															
修正概算															
编制预算															
投资者审批															
上级审批															

③设计进度作业计划。为了控制各专业的设计进度,并为设计人员的设计任务划分提供依据,应根据施工图设计工作进度计划、单项工程设计工日定额及所投入的设计人员数量,编制设计进度作业计划。设计进度作业计划既可以用横道计划表示,也可以用网络计划表示。用横道计划表示的设计进度作业计划见表 3.6。

表 3.6 ××工程设计进度作业计划

设计内容	工日定额 /工日	设计人数 /人	进度(天)													
			1	2	3	4	5	6	7	8	9	10	11	12	13	14
路基设计																
路面设计																
桥涵设计																
防护设计																
交通工程																
领导审批																

（5）设计阶段的进度控制措施。

为了按期交付施工图设计文件，设计单位应采取有效措施控制设计进度。同时，建设单位应对设计进度进行严格的监控。这一工作也可委托监理单位来实施。

设计单位应采取以下进度控制措施：①由计划部门负责设计进度计划编制。②建立健全设计技术经济定额，并按定额要求进行计划的编制与考核。③实行设计工作技术经济责任制，把考核与完成的任务数量和质量挂钩。④编制切实可行的设计总进度控制计划、阶段性设计进度计划和设计进度作业计划。在编制计划时，加强与业主、监理、科研单位及承包单位的协作和配合，使设计进度计划切实可行。⑤认真实施设计进度计划，力争使设计工作有节奏、有秩序、合理搭接。要定期检查计划的执行情况，并及时对设计进度进行调整，使设计工作始终处于可控状态。⑥坚持按基本建设程序办事，尽量避免"边设计、边准备、边施工"。⑦不断分析、总结设计进度控制经验，逐步提高设计进度控制水平。

建设单位及监理单位应做好以下进度监控工作：①落实设计阶段的进度控制负责人，按合同要求对设计进度进行严格的监控。②对设计进度进行动态控制。在设计工作开始之前，首先审查设计单位所编制的进度计划的合理性和可行性。在进度计划实施过程中，要定期检查设计工作的实际完成情况，并与进度计划进行比较。一旦发现偏差，就应在分析原因的基础上提出改进措施，以加快设计工作进度。必要时，应对原进度计划进行调整或修改。③对设计单位填写的设计图纸进度表（表 3.7）进行核查分析，将各设计阶段的每一张图纸的设计进度都纳入监控之中。

表 3.7 设计图纸进度表

工程项目名称			项目编号	
监理单位			设计阶段	
图纸编号		图纸名称	图纸版次	
图纸设计负责人			制表日期	
设计步骤	监理工程师批准的计划完成时间		实际完成时间	
草图				
制图				
设计单位自审				
监理工程师审核				
发至施工单位				
简短原因分析				
措施与对策				

4. 建设前期的进度控制

公路项目建设前期通常包括从委托勘察设计到获准施工的全过程。这一阶段的工作效果不仅对工程能否开工产生影响,而且也对工程施工具有长期影响。

(1)项目前期准备工作的内容。

不同项目的前期准备工作内容不尽相同,但大体上主要包括组织准备、技术准备、场地准备、队伍准备、开工手续准备等(表 3.8)。

表 3.8 公路项目前期准备工作的内容

工 作 名 称		内 容
组织准备	组建业主组织机构	确定业主组织机构,明确职责
	委托监理	确定管理范围、选定监理单位、签订监理合同
技术准备	委托勘察设计	拟定勘察设计任务书,选择勘察设计单位,对勘察设计工作进行管理
	材料、设备采购	确定采购清单和质量、时间指标,选择供应单位和研制单位,签订供需协议
场地准备	办理征地手续	取得土地使用权,缴纳各种费用,组织拆迁安置,或从土地市场受让建设用地;做好现场"四通一平"(通路、通水、通电、通信和场地平整)工作
队伍准备	委托施工	招标、谈判、签约
开工手续准备	工程保险办理	办理材料与设备运输保险、工程建设保险等
	开工许可	筹措资金,计划申报,缴纳税费,申领办理各种证照,申请开工

当与承包单位签订合同后,业主与承包单位的准备工作是交织在一起的,业主要督促承包单位做好以下施工准备工作。

①原始资料的调查分析。一般工程调查收集的原始资料有:a. 建设项目的设计任务书或可行性研究报告;b. 设计进度、设计概算、投资计划和工期计划;c. 建设地区的自然条件;d. 建设地区的技术经济条件;e. 施工现场情况;f. 引进设备、材料情况。

②施工物资准备。施工物资准备是指施工中必需的劳动手段(施工机械、工具、临时设施)和劳动对象(材料、构配件)等的准备。一般应考虑以下内容:a. 筑路材料准备;b. 各种预制构件和配件准备;c. 施工机具准备;d. 模板及架料准备。

③技术经济准备。技术经济准备是承包单位的"内业"工作,是为施工生产提供各种指导性文件。其主要内容包括:a. 熟悉和审查图纸及其他设计技术资料;b. 学习、熟悉技术规范、规程和有关技术规定;c. 签订工程承包合同;d. 编制施工组织设计;e. 编制施工图预算和施工预算。

④施工现场准备。工程施工前,一定要按施工组织设计的要求和安排做好以下几项施工现场的准备工作:a. 现场"四通一平";b. 现场测量放线;c. 临时设施的搭设;d. 施工现场的补充勘探;e. 筑路材料、构配件的现场储存;f. 施工机具进场、安装和调试;g. 冬、雨季施工的现场准备,设置消防、安保设施。

⑤施工的场外准备。a. 确定分包工作和签订分包合同;b. 与有关部门和单位取得联系,办好相关手续;c. 外购材料及构配件的加工和订货。

⑥劳动组织准备。a. 建立施工项目的领导机构;b. 根据工程项目特征,确定基本施工队伍和专业施工队伍;c. 组织相关的联合施工力量;d. 对施工队伍进行劳动纪律、施工质量和安全教育;e. 做好职工的

生活后勤保障准备。

（2）项目施工准备阶段的进度计划。

由于项目施工准备阶段一般历时较长，业主往往需要编制该阶段的进度计划，明确进度控制目标。表 3.9 为项目实施准备阶段的进度计划示例。

表 3.9　项目实施准备阶段的进度计划

工作内容	进度日程（天或周、月）																			
	1	2	3	4	5	6	7	8	9	10	11	12	13	14	15	16	17	18	19	20
业主组织组建	━	━																		
委托监理			━	━	━															
勘察工作				━	━	━	━													
设计工作	━	━	━	━	━	━	━	━	━	━	━	━	━	━						
合同管理			━	━	━	━	━	━	━											
征地拆迁					━	━	━	━	━											
现场准备							━	━	━											
施工招标																				
……																				

项目施工准备阶段的进度计划还可按表 3.10 的形式编制，也可采用网络计划进行编制。后者有利于明确各项准备工作之间的关系并找出关键工作，还可在网络计划上进行施工准备期的调整，尽量缩短时间。编制好的项目施工准备阶段的进度计划，应纳入承包单位的年度、季度和月度生产计划，一并贯彻执行。

表 3.10　项目施工准备阶段的进度计划

序号	项目	施工准备工作内容	要求	负责单位	负责人	起止时间		备注
						月　　　日	月　　　日	

（3）建设准备阶段的进度控制。

①编制建设准备阶段的进度计划，作为建设准备阶段进度控制的依据。该计划应突出内容、任务量、时间和责任人。

②业主及承包单位都要有专门的机构和人员负责此项工作，做到有领导、有分工、有责任、有检查。

③建立健全准备工作检查报告制度，以使准备工作积极、稳妥、扎实、有成效。

④业主（监理）单位在该阶段的主要工作是咨询，在指标、签约、订货、控制目标建立、质量体系等方面发挥组织作用，并进行必要的签认等。

⑤借助政策、法令、制度的力量推进工作。

⑥加强业主、设计、施工、监理单位的协调。

⑦按照平面图做好现场准备,检查准备情况,充分重视施工总平面图的作用。

⑧加强建设准备阶段的预测和决策工作,将全局准备与局部准备相结合、室内准备与室外准备相结合、计划的可靠性与工作的灵活性相结合。

3.1.3 施工阶段的进度控制

施工阶段进度控制的总任务是在满足公路项目建设总进度计划要求的基础上,编制(审核)施工进度计划,将该计划付诸实施,在执行该计划的过程中加以动态控制,以保证公路项目按期建成并交付使用。

1. 施工进度控制目标体系

为了有效地控制施工进度,首先要从不同角度对施工进度总目标进行层层分解,形成施工进度控制目标体系,作为实施进度控制的依据。公路项目施工进度控制目标体系如图 3.2 所示。

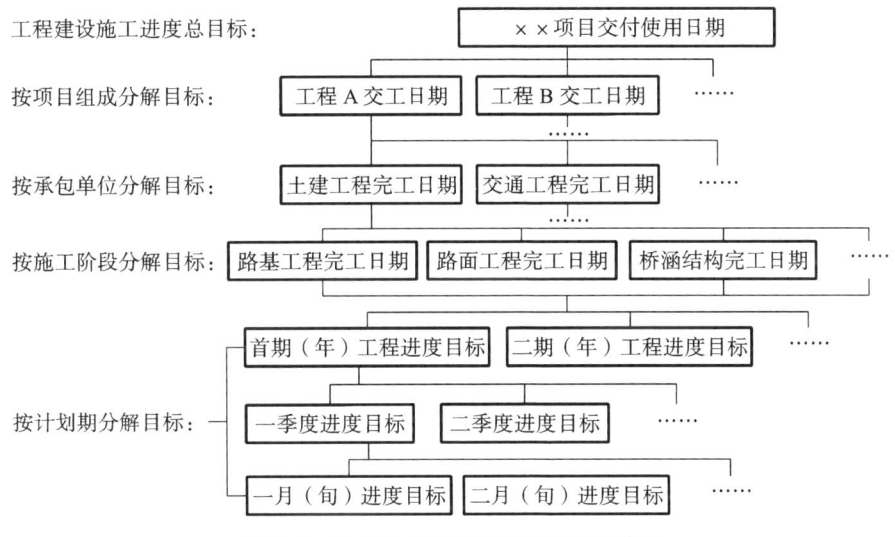

图 3.2 公路项目施工进度控制目标体系

从图 3.2 可以看出,公路项目建设不但要确定建成交付使用日期这个总目标,还要确定各单项工程交工的分目标,以及按承包单位、施工阶段和计划期划分的分目标。各目标之间相互联系,共同构成公路项目施工进度控制目标体系。其中,下级目标受上级目标的制约,下级目标保证上级目标的实现,最终推动总目标的实现。

(1)按项目组成分解,确定各单项工程开工及交工日期。

各单位工程的进度目标在公路项目建设总进度计划及年度建设计划中都有体现。在施工阶段应进一步明确各单项工程的开工和交工日期,以确保施工总进度目标的实现。

(2)按承包单位分解,明确责任和目标。

在一个单项工程中有多个承包单位参加施工时,应按承包单位分解单项工程的进度目标,确定各分包单位的进度目标,列入分包合同,以便落实分包责任,并根据各专业工程交叉施工方案和前后衔接条件,明确不同承包单位之间工作面交接的条件和时间。

（3）按施工阶段分解，划定进度控制分界点。

根据项目的特点，将施工分成几个阶段，如路基施工、路面施工和结构物施工等。每一阶段的起止时间都要明确。特别是不同单位承包的不同施工段之间，更要明确划定时间，以作为形象进度的控制依据，从而使单项工程施工目标具体化。

（4）按计划期分解，组织综合施工。

将施工进度控制目标按年度、季度、月（句）进行分解，并用实物工程量、货币工作量及形象进度表示，以明确项目管理者对各承包单位的进度要求。同时，还可以据此监督计划实施情况。计划期越短，进度目标越明确，进度跟踪就越及时，发生进度偏差时也就更能有效地采取措施予以纠正。这样，就形成一个有计划、有步骤，长期目标对短期目标自上而下逐级控制，短期目标对长期目标自下而上逐级保证，逐步趋近进度总目标的局面，最终达到公路项目按期交付使用的目的。

确定施工进度控制目标的主要依据有：公路建设总进度目标对施工工期的要求；工期定额、类似工程项目的实际进度；工程难易程度和施工条件的落实情况等。在确定施工进度分解目标时，还要考虑以下几个方面。

①对于大型公路建设项目，可集中力量分期建设，以便尽早投入使用，尽快发挥投资效益。

②结合本工程的特点，参考同类工程的建设经验来确定施工进度目标，避免只按主观意愿盲目确定进度目标，造成实施过程中进度失控。

③合理安排土建与交通设施的综合施工。如边坡处理和绿化等项目，可以边运营边施工。

④做好资金供应、施工力量配备、物资（材料、构配件、设备）供应与施工进度需要的平衡工作，确保工程进度目标实现。

⑤考虑工程项目所在地的地形、地质、水文、气象等方面的限制条件。

⑥做好外部条件的协作。

2. 业主（监理）对施工进度的控制

业主（监理）对施工进度的控制应从审核承包单位提交的进度计划开始，到工程保修期满为止。其工作流程如图 3.3 所示。

（1）编制施工进度控制工作细则。

监理人员根据监理工作大纲或计划，按每个施工项目编制进度控制工作细则，作为实施进度控制的具体指导文件。通常应包括的内容有：施工进度目标分解图；进度控制工作内容、深度、流程和时间安排；人员分工；进度控制的方法与措施；实现进度目标的风险分析；有待解决的问题；等等。

（2）审核或协助编制施工组织设计。

当大型公路项目单项工程较多、工期较长，采取分项分批施工、分段发包，又没有一个负责全部工程的总承包单位时，监理单位就要负责编制施工组织总设计及施工总进度计划。施工总进度计划应确定分期分批项目的划分；各批工程项目的开、交工顺序及时间安排；全场性准备工作，特别是首期项目准备工作的内容与进度安排等。当施工项目有总承包单位时，监理单位只负责对总承包单位编制的施工组织总设计及施工总进度计划进行审核。对于单位工程施工组织设计及其进度计划，监理单位只负责审核而不负责编制。

业主（监理）重点审核施工进度计划中的以下内容。

①进度安排是否符合施工总进度计划中总目标和分解目标的要求，是否符合施工合同中对开、交工

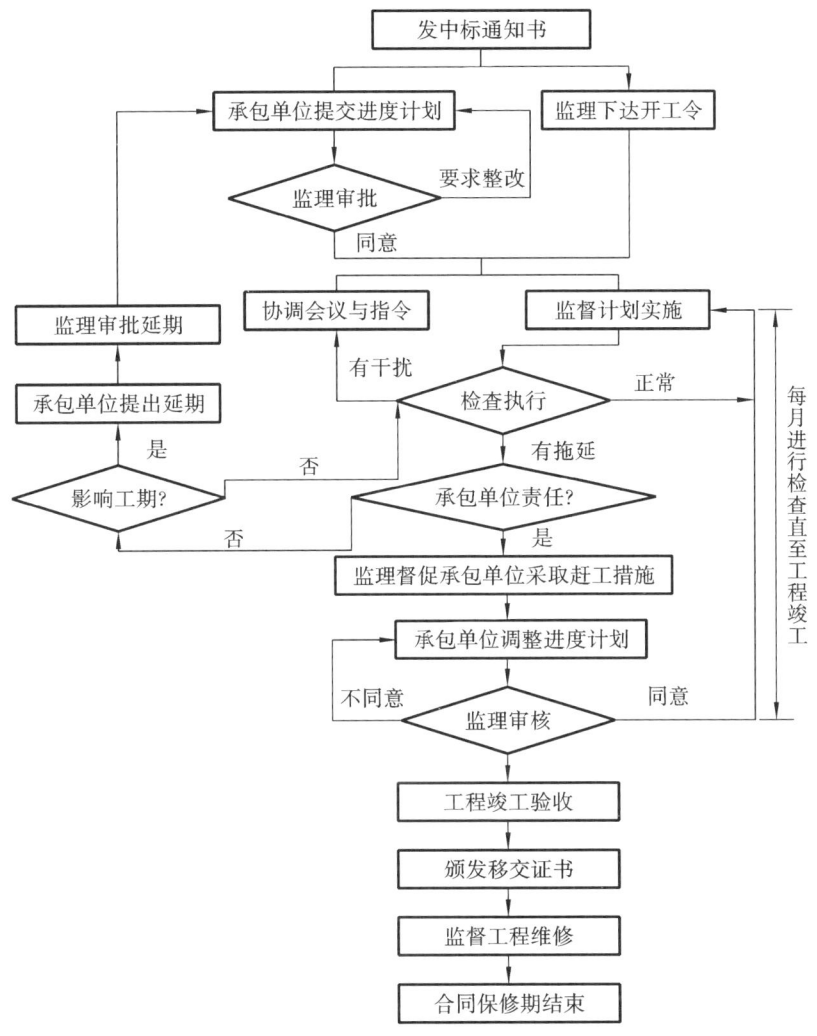

图 3.3　业主(监理)的施工进度控制工作流程

日期的规定。

②施工总进度计划中的项目是否有遗漏,分期建设规划是否满足分批使用的要求。

③施工顺序是否符合施工程序。

④劳动力、材料、构配件、机具和设备的供应计划是否能够保障进度计划的实施,供应是否均衡,高峰期是否有足够能力保障及时供应。

⑤建设单位的资金供应能力是否满足计划实施需要。

⑥施工进度与设计单位图纸供应进度是否一致。

⑦建设单位应提供的场地条件、物资,特别是进口设备的到货与进度计划是否衔接。

⑧总、分包单位分别编制的各项单位工程施工进度计划之间是否协调,专业分工与计划衔接是否明确、合理。

⑨是否存在导致业主违约而引起索赔的因素。经审查后,若存在问题,监理单位应提出书面修改意见(也称"整改通知书"),并协助承包单位修改。其中如存在重大问题应及时向业主汇报。

(3)按年、季、月编制综合施工计划。

在按计划期编制的计划中,项目管理者应侧重解决各单位施工进度计划之间、施工进度计划与资源保障计划之间、外部协作条件与延伸性计划之间的综合平衡及相互衔接问题,并根据上期计划完成情况对本期计划作必要的调整,向各承包单位发出指令性的近期进度目标要求。

(4)发布开工令。

在检查承包单位的各项施工准备工作,确认业主的配合条件齐备后,发布开工令。开工令的发布应尽可能及时,因为从发布开工令之日起,加上合同工期,即为交工日期。开工令发布拖延,相当于推迟交工时间,甚至可能引起承包单位的索赔。

(5)协助承包单位实施进度计划。

业主代表要随时了解施工进度计划实施中存在的问题并协助解决,特别是解决承包单位无力解决的内、外关系协调问题。

(6)监督施工进度计划的实施。

要及时检查承包单位报送的进度报表和分析资料。同时还要派进度控制人员进行实地检查,对所报送的已完项目的时间及工程量进行核实。

对进度资料进行整理并与计划相比较,以判定实际进度与计划的偏差。若存在偏差,要进一步分析偏差大小、对实现进度目标的影响程度及产生的原因,以便研究对策,提出纠偏措施。必要时还要对后期进度计划作出适当的调整。

(7)召开现场协调会。

业主代表应每月、每周定期召开不同层级的现场协调会,以解决施工过程中的相互协调配合问题。在每月召开的高级协调会上,通报项目建设中的重大变更事项,协商处理措施,解决各个承包单位之间以及业主与承包单位之间的重大协调配合问题。在每周召开的管理层协调会上,通报各自的进度状况、存在的问题及下周的安排,解决施工中的相互协调配合问题。通常包括:各承包单位之间的进度协调问题;工作面交接和阶段成品保护责任问题;场地与公用设施利用中的矛盾;各分部分项工程之间的协调配合,以及资源保障、外部条件配合等问题。

在平行、交叉施工单位多,工序交接频繁且工期紧张的情况下,甚至需要每日召开现场协调会。在会上通报和检查当天的工程进度,确定薄弱环节,部署当天的赶工任务,以便为次日正常施工创造条件。对于某些未曾预料的突发变故或问题,业主代表还可以通过发布通知的形式,督促有关单位采取应急措施维护正常的施工秩序。

(8)签发进度款支付证书。

业主代表应对承包单位申报的已完分项工程量进行核实,在通过检查验收后签发进度款支付证书。

(9)审批工程延期。

造成进度拖延的原因有两个:一是承包单位的原因;二是其他单位的原因。前者所造成的进度拖延称为"工期延误";后者造成的进度拖延有可能造成工程延期。

工程延期的审批程序如图3.4所示。当工程延期事件发生后,承包单位应在合同规定的有效期内向监理工程师发出工程延期意向通知书,以便监理工程师尽早了解事件详细情况,及时作出减少延期损失的决定。随后,承包单位应在合同规定的有效期内(或监理工程师可能同意的合理期限内)向监理工程师提交详细的申请报告(延期理由及依据)。监理工程师收到该报告后应及时进行调查核实,准确地确定工程延期的时间。

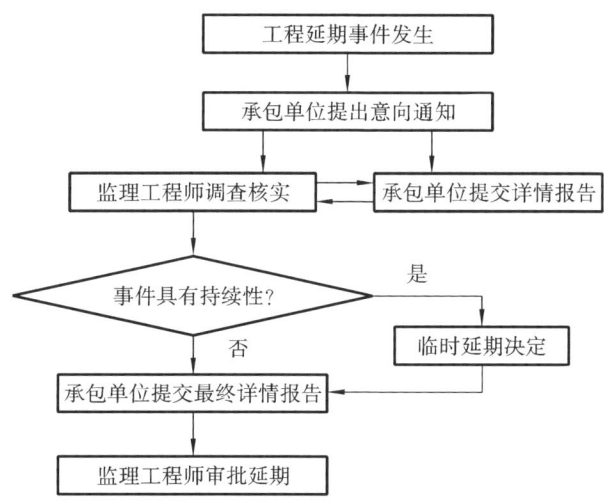

图 3.4　工程延期的审批程序

当延期事件具有持续性,承包单位在合同规定的有效期内不能提交详细的申请报告时,应先向监理工程师提交阶段性详情报告。监理工程师应在调查核实阶段性详情报告的基础上,尽快作出延长工期的临时决定。临时决定的延期时间一般不应超过最终批准的延期时间。

待延期事件结束后,承包单位应在合同规定的期限内向监理工程师提交最终的详情报告。监理工程师应复查详情报告的全部内容,然后确定延期时间。

(10) 向建设单位提供工程进度报表。

随时整理进度资料、做好施工记录,定期(如每月)向建设单位提供工程进度报表。

(11) 督促承包单位整理技术资料。

要根据施工进展情况,督促承包单位及时整理有关技术资料。

(12) 审批交工申报报告、组织交工验收。

审批承包单位在工程交工后自行预验收的基础上提交的初验申请报告,由建设、监理和设计单位联合进行初验。初验通过后填写初验报告及交工验收申请,由建设单位组织工程的交工验收、编写交工验收报告。

(13) 处理争议和索赔。

处理工程结算中的争议和索赔问题。

(14) 收集施工进度资料。

监督施工进度资料的收集、归类、编目和建档,作为其他项目进行进度控制的参考。

(15) 工程移交。

督促承包单位办理工程移交手续,颁发工程移交证书。在工程移交后的保修期内,还要督促承包单位及时返修,处理验收后的质量问题、责任争议等。在保修期结束且再无争议时,进度控制的任务即告完成。

3.2 公路建设质量控制

公路建设质量控制是建设项目管理的核心。没有质量,就没有投资效益。质量控制的目标是按照合同规定的质量要求实现业主的建设意图,取得良好的投资效益。质量控制的依据除法律、法规外,主要是合同文件和设计图纸。质量控制工作贯穿公路项目建设的全过程。

3.2.1 质量控制概述

1. 公路产品质量

广义的公路产品质量包括公路产品实体质量和服务质量两方面。

公路产品实体具有"单件、定做"的特点,有明确的质量要求。根据全面质量管理的观点,公路产品的质量要求涉及适用性、使用价值、可靠性(结构可靠性、安全性)、经济性(造价经济合理)、及时性(施工周期)和技术服务水平(缺陷责任期的长短及服务内容和质量)等方面。

公路产品质量不仅包括生产结果的质量,还包括生产过程的质量。即公路产品质量应当包括如下工程建设阶段的质量及其相应的工作质量:①公路项目决策质量;②公路项目设计质量;③公路项目施工质量;④公路项目保修质量。

2. 公路产品质量特点

(1)影响质量的因素多。决策、材料、设计、机械、环境、施工方案和工艺、操作方法、技术措施、管理制度、施工人员素质等均会直接或间接影响公路产品的质量。

(2)容易产生质量波动。由于公路工程施工以露天作业为主,受气候和地质条件的影响较大,加之工程本身的复杂性、一次性,因而容易产生质量波动。

(3)容易产生系统因素的变异。由于影响因素多,任一因素出现质量问题,都会引起系统的质量变异,造成质量事故。

(4)容易产生判断错误,即将不合格产品认定为合格产品。公路项目建设过程中,由于各道工序交接繁复,或隐蔽部位的后道工序将覆盖前道工序的结果,若不及时进行工序交接检查,往往会由于后道工序开展,覆盖前道工序的质量问题,从而产生不良后果。

(5)质量检查时不能拆卸解体。对于建成产品,不可能拆卸检查其内部质量。

3. 公路建设各方的质量控制

(1)业主方面的质量控制。

业主的质量控制属于外部的横向控制。业主应当建立健全项目质量管理体系,配备专业管理人员,明确质量目标和岗位责任;严格执行基本建设程序;依法开展设计、施工、监理招标;落实建设资金;协调建设环境;统筹质量、进度、投资的关系。业主应当通过委托监理单位实施质量控制。监理单位依据合同约定的质量标准,对公路建设项目进行全过程质量控制。在设计阶段,重点审核可行性研究报告和设计文件的合规性;在施工阶段,实施现场监理,确保按图施工并符合合同约定的质量标准。

(2)政府方面的质量控制。

政府监督属于外部的纵向控制,由交通运输主管部门及其质量监督机构实施。具体为:交通运输部设立公路工程质量监督机构,负责指导全国公路工程质量监督工作;省级交通运输主管部门设立质量监督机构,负责本行政区域内的质量监督工作。其目的是保障公共利益,确保工程建设符合法律、法规和技术标准。在设计阶段,重点审查设计文件的合规性、技术标准的符合性以及环境保护措施的落实情况。政府质量监督机构依法对工程质量进行监督检查,但不直接评定工程质量等级。

(3)承包单位方面的质量控制。

承包单位的质量控制属于内部自主控制。承包单位应当建立完善的质量保证体系,严禁转包和违法分包。专业分包单位必须具备相应资质,且不得再次分包。施工分包必须经监理单位审核和建设单位批准。工程总承包单位依法对分包工程的质量与分包单位承担连带责任。

4. 公路产品质量形成过程控制

(1)公路产品质量形成过程。

公路项目的建设过程,也就是质量形成的过程。项目质量在很大程度上由各个建设环节(即决策、设计、施工、验收)的质量决定。因此,严格把好建设过程中各个阶段的质量关,是保障公路产品质量的重要措施。实践证明,只有坚持合理的建设程序,依次进行决策、设计、施工、交(竣)工验收四大环节,按照项目建议书、可行性研究、设计文件、建设准备、建设实施和交(竣)工验收六个阶段来实施项目建设,才能有效确保公路产品的质量。

(2)各建设阶段工作质量对工程质量的影响。

①可行性研究阶段工作质量对工程质量的影响。可行性研究阶段主要是确定项目的质量要求,并与投资目标相协调。可行性研究质量直接影响项目的决策质量和设计质量。

②决策阶段工作质量对工程质量的影响。决策阶段主要是确定项目的质量目标。对于公路建设项目,一般情况下,要获得较高的质量,就需要较大的投资;当其他条件不变时,施工速度也可能较慢。应综合平衡项目的投资、质量和速度目标。在决策阶段,要保证选线合理,使项目的质量要求和标准契合业主的意图,并与投资目标相协调;使项目与所在地环境相协调,为项目未来的使用创造良好的条件。

③设计阶段工作质量对工程质量的影响。设计工作使质量目标具体化,并提出达到规定的质量目标的途径和方法。技术的可行、工艺的先进、经济的合理、结构的可靠等都是对设计工作的要求,这些要求都决定着项目建成后的使用价值和功能。在此阶段进行的质量控制,一是要选择好的设计单位,通过设计招标或组织设计方案竞赛,以达到择优取用的目的;二是要保证各部分的设计符合决策阶段确定的质量要求;三是要保证各部分设计符合有关技术法规和技术标准的规定;四是要保证各专业设计之间的协调;五是要保证设计文件、图纸符合现场和施工的实际条件。

④施工阶段工作质量对工程质量的影响。施工是将质量目标和质量计划付诸实施的过程,也是形成工程实体的过程。此阶段的质量控制,一是要开展施工招标,认真审核标书中的质量保证措施和施工方案,择优选择承建单位;二是严格监督承建单位按照设计图纸施工,从而达到合同要求的质量标准。

⑤验收阶段工作质量对工程质量的影响。在验收阶段对工程项目质量目标的实现程度进行检查、评定、考核。这是公路项目投入运营的必要环节,体现工程建设质量水平的最终结果。

5. 业主在质量控制中的任务

业主在公路项目质量控制中的基本任务是:根据各建设阶段的质量目标,对建设全过程的质量实施监督管理。由于各建设阶段的质量目标不同,因而需要分别确定各阶段的质量控制任务。

（1）业主在工程质量控制中的主要工作。

①确定质量标准和明确质量要求。

②审查承包单位的资格（包括资质等级和业务能力）和质量保证条件（是否通过质量认证），择优选择承包单位。

③督促承包单位建立与完善质量保证体系。

④组织与建立本项目的质量控制体系。

⑤在项目实施过程中进行质量跟踪、监督、检查和控制。

⑥处理质量缺陷或事故。

（2）业主在项目决策阶段的质量控制任务。

①审核可行性研究报告是否符合国民经济的长远规划和交通建设的方针政策。

②审核可行性研究报告是否符合项目建议书或业主的要求。

③审核可行性研究报告是否具有可靠的自然、经济、社会环境等基础资料和数据。

④审核可行性研究报告是否符合技术经济方面的规范、标准和定额等。

⑤审核可行性研究报告的内容、深度和计算指标是否达到标准要求。

（3）业主在设计阶段的质量控制任务。

①审查设计基础资料的正确性和完整性。

②编制设计招标文件（或审核招标文件），组织设计方案竞赛。

③审查设计方案的先进性和合理性，确定最佳设计方案。

④督促设计单位完善质量保证体系，建立内部专业交底及专业会签制度。

⑤进行设计质量跟踪检查，控制设计图纸的质量。在初步设计和技术设计阶段，主要检查采用的设计标准和技术参数等；在施工图设计阶段，主要检查计算是否有错误，选用的材料和做法是否合理，各部分设计标高和尺寸的标注是否有错误，各专业设计之间是否有矛盾等。

⑥组织施工图纸会审。

⑦评定、验收设计文件。

（4）业主在施工阶段的质量控制任务。

业主在施工阶段的质量控制分为事前控制、事中控制和事后控制。

①事前控制。a.确定质量标准，明确质量要求；b.建立本项目的质量监督控制体系；c.施工现场质量检查；d.审查承包单位的资质；e.督促承包单位建立并完善质量保证体系；f.抽样检查工程使用的原材料和半成品；g.施工机械到场情况及其性能的检查；h.审查承包单位提交的施工组织设计；i.审查监理单位的人员配置及监理方案。

②事中控制。a.对施工工艺及流程进行质量抽查；b.检查监理的上岗情况和工作情况；c.协调设计、施工与监理单位之间的配合关系，做好设计变更及技术核定工作；d.参与工程质量事故处理，分析质量事故的原因、责任，审核、批准处理工程质量事故的技术措施或方案，检查处理措施的效果；e.行使质量监督权；f.参加质量、技术鉴定活动；g.按规定支付工程进度款；h.组织或参加现场质量协调会，听取监理和承包单位有关工程质量的报告。

③事后控制。a.组织工程项目的交（竣）工验收；b.审核竣工图及其他技术资料；c.整理（或接收）工程技术资料并编目、归档。

（5）业主在保修阶段的质量控制任务。

①审核承包单位的"工程保修证书"。

②检查、鉴定工程质量状况和工程使用状况。

③对出现的质量缺陷,责令有关责任者进行修复。

④在保修期结束后,检查工程保修状况,接收保修资料,颁发工程交接证书。

⑤及时进行工程价款的结算。

3.2.2　设计阶段质量控制

公路项目设计阶段管理的核心仍是对项目三大目标(投资、进度、质量)进行控制。有关统计资料表明,在设计阶段节约工程投资的可能性较高。目前工程设计中要注意两种错误倾向,一种是随意加大安全储备,以求"保险";另一种是牺牲安全度来进行所谓的"优化"设计。

1. 设计质量的概念

工程项目的质量目标与水平的具体化通过设计实现,且设计为施工提供了依据。设计质量涉及面较广,影响因素较多,如图 3.5 所示。

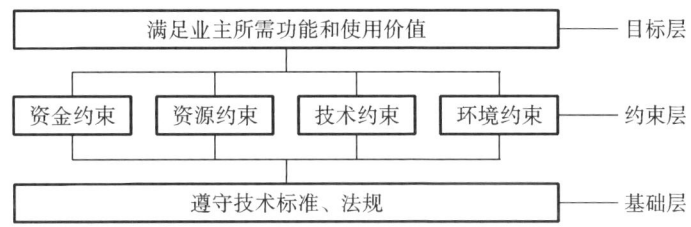

图 3.5　设计质量概念系统图

设计首先应契合业主所需的使用功能和投资意图。而业主所需的使用功能必然受资金、资源、技术、环境等因素的制约。如资金有无限额,来源是否可靠,材料、设备是否满足要求,工艺、技术的复杂性和可行性,社会环境和自然环境对项目建设和运营的影响等,均会使项目的质量目标与水平受到影响。

所有工程设计都必须遵守规划、环保、质量、防灾、安全等方面的技术标准和技术规程,这是保证设计质量的基础。实践证明,不遵守有关技术标准、法规,不但业主所需的使用功能得不到保障,而且有可能造成危害和损失。

2. 设计质量控制依据

公路项目设计总的要求:遵循"统一规划,合理布局,因地制宜,综合开发,配套建设"的方针,做到适用、经济、美观、防灾、安全,节约用地,环境协调,造价不高质量高,标准不高水平高,占地不多环境美。在设计管理中,业主可以委托监理工程师进行设计质量控制。监理工程师的工作应始于对业主建设意图、所需功能的正确分析、理解和掌握,终于用业主所需功能去检验设计成果。在设计过程中,设计师应正确处理和协调业主所需功能与资金、资源、技术、环境、技术标准、法规的关系。为此,对设计质量进行控制和评定的主要依据如下。

（1）有关工程建设及质量管理方面的法律、法规,如建设用地、环境保护、公路工程质量监督等方面的法律、法规。

（2）项目可行性研究报告。

（3）体现业主建设意图的设计任务书、设计纲要和设计合同等。

（4）有关工程建设的技术标准，如设计规范、规程、标准、定额等。

（5）反映项目建设过程中和建成后所需技术、资源、经济、社会协作等的协议、数据和资料。

3．设计质量综合控制

（1）设计质量控制的程序和方法。

设计质量控制工作的主要任务，就是委托监理工程师在设计过程中对投资、进度和质量三大目标进行有效控制。为此，监理工程师应在对业主提出的总投资目标、总进度目标和质量目标进行充分论证的前提下，编制项目的投资计划、设计阶段资金使用计划、进度计划；拟定规划设计大纲，明确设计的质量标准。在设计过程中，业主（或监理工程师）则应与设计单位经常以技术磋商等方式贯彻业主的建设意图，并跟踪设计方案是否控制在投资限额之内，是否能够确保设计质量和进度。

图3.6为设计质量控制流程图。其中应特别重视阶段设计的跟踪审查，阶段设计完成后，审查的内容包括：计划投资在设计中的体现情况，是否控制在限额以内；方案的经济性分析、比较和论证；设计进度；设计文件规范性、结构安全性、工艺先进性、技术合理性、施工可行性等。

（2）设计阶段对投资、质量、进度的协调。

设计阶段投资控制的目的是追求投资的合理化。所谓合理投资，是指在满足业主所需功能和使用价值的前提下，所需费用最少。但并非投资越少越好，绝不能以牺牲项目的使用功能为代价去追求投资最小化。

设计阶段质量控制的目的是追求质量的合理化。所谓合理质量，是指在一定投资限额下所能获得的最佳功能和质量。

由此可见，在设计阶段的质量控制中，既不能不顾投资制约，过分地追求功能和质量标准，也不能牺牲必要的功能和降低质量标准，过分强调节省投资。在质量与投资之间，一般来说，质量居于主导地位。

4．设计工序控制

（1）设计工序控制的内容。

根据设计工作开展的先后顺序，在设计准备阶段和正式设计阶段，业主对设计工序的控制流程如图3.7所示。

业主在设计阶段质量控制中的主要工作内容包括以下方面。

①签订设计监理委托合同，聘请设计监理，明确监理任务、内容和职责。

②收集和熟悉资料，包括：项目建议书、可行性研究报告及其批文，有关设计规范、标准和技术经济指标等。

③在分析研究上述资料的基础上，对项目的总目标系统进行论证；编制设计准备阶段的投资、进度计划。

④根据项目建设总目标的要求，编制设计任务书或方案竞赛文件；组织设计招标或方案竞赛；评定设计方案。

⑤对勘察设计单位进行资质审查，优选勘察设计单位；拟定设计任务书（设计纲要），签订设计合同。

⑥提供设计所需基础资料，协调、落实有关外部条件。

⑦参与主要设备、材料的选型；对设计工作进行协调、控制，保证各专业设计之间能互相配合、衔接，

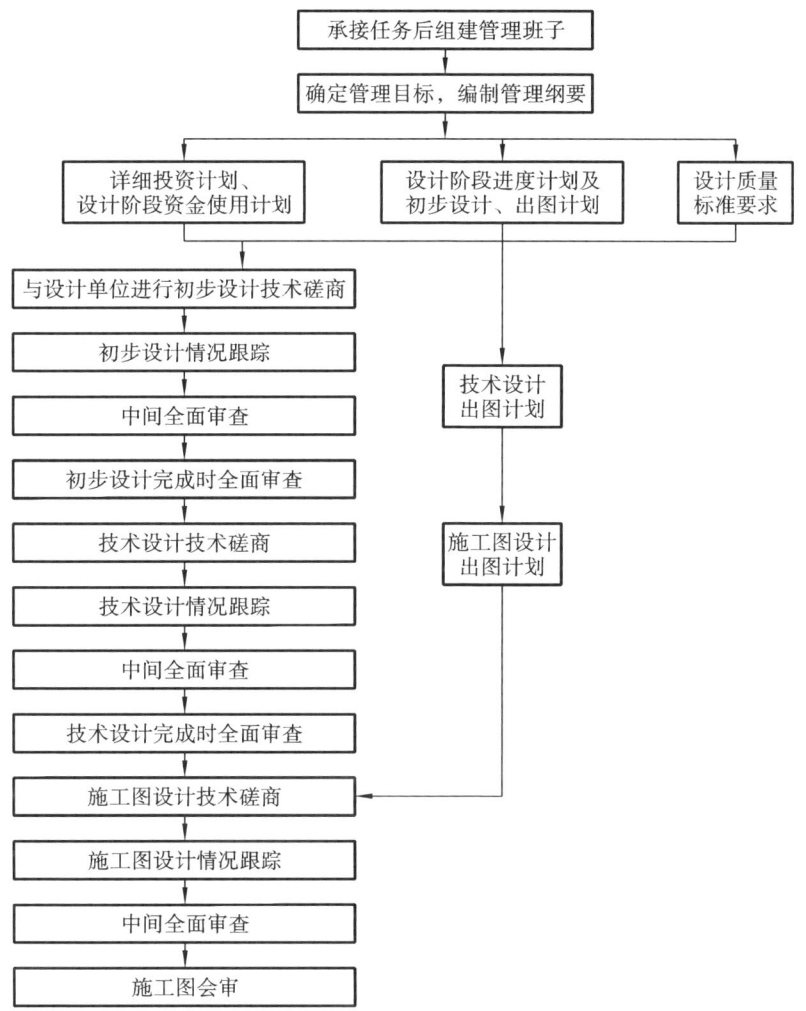

图 3.6　设计质量控制流程图

及时消除质量隐患;检查、控制设计进度。

⑧组织设计评审或咨询,审查设计方案、图纸、概预算和主要设备、材料清单,保证各部分设计符合质量要求及有关技术法规和技术标准的规定;保证有关设计文件、图纸符合现场和施工的实际条件,其设计深度应能满足施工的要求;保证工程造价符合投资限额要求。

⑨组织设计文件和图纸的报批、验收、分发、保管、使用和建档工作。

⑩组织设计交底与图纸会审,处理设计变更和设计事故。

(2)设计纲要的编制。

设计纲要是确定工程质量目标、水平,反映业主建设意图,编制设计文件的主要依据。编制和审核设计纲要时,应对可行性研究报告进行充分论证和核实,保证设计纲要的内容建立在可靠的物质资源和外部条件基础上。

设计纲要的内容一般包括:建设目的和依据,建设规模,建设方案;建设地区和地点的水文地质;取

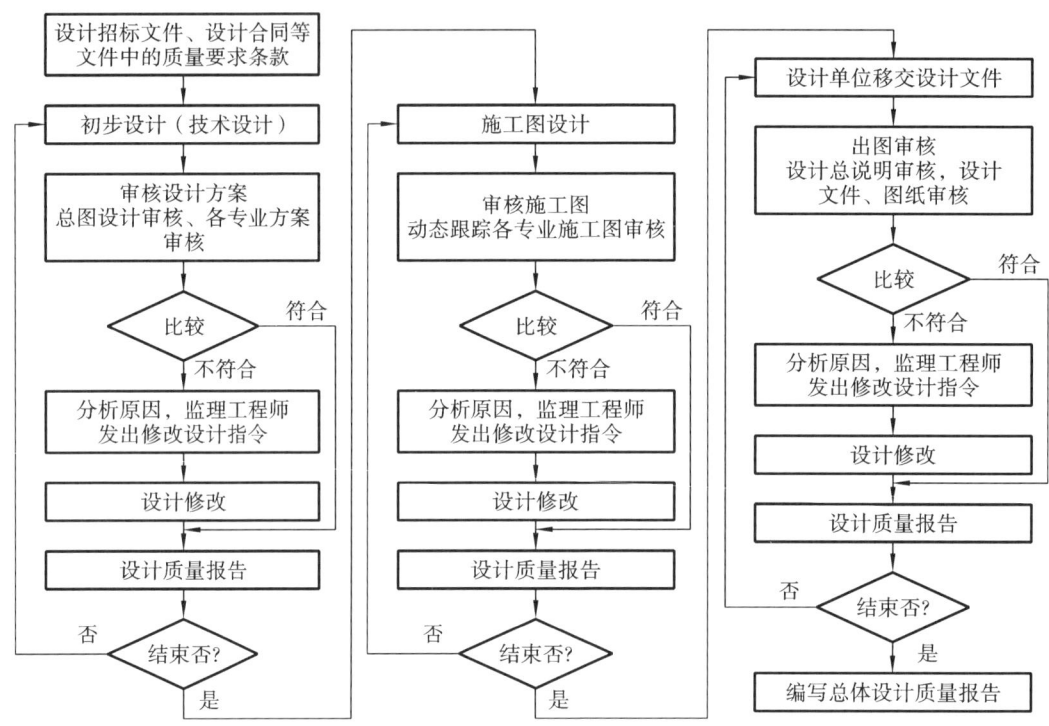

图 3.7　业主对设计工序的控制流程

土场、原材料、供水、供电、现场运输等协作配合条件；占用土地估算；防灾、抗灾等要求；建设工期；投资控制额；要求达到的经济效益和技术水平等。自筹资金的公路项目设计纲要，还应注明资金来源，并附有同级财政部门签署的意见。

设计纲要也是设计合同的重要组成文件，是进行工程设计和审核设计的主要依据。

5．对设计方案的审核

对设计方案的审核，应贯穿初步设计、技术设计或扩大初步设计阶段，它的内容主要包括总体设计方案和各专业设计方案的审核。

（1）总体设计方案审核。

公路项目总体设计方案审核的重点是：①公路总体方案布置图；②公路平面总体设计图；③公路典型横断面图；④公路全景透视图或复合透视图；⑤公路分期修建方案设计图。

（2）路线设计审核。

路线设计审核的重点是：①路线平面图；②路线纵断面图；③直线、曲线及转角表；④导线点成果表；⑤高速公路和一级公路路线逐桩坐标表；⑥征用土地表；⑦赔偿树木、青苗表；⑧拆迁建筑物表；⑨拆迁电力、电信及其他管线设施表；⑩砍树挖根数量表；⑪挖淤泥排水数量表；⑫耕地填前夯（压）实数量表；⑬总里程及断链桩号表；⑭公路用地图。

（3）路基、路面及排水设计审核。

路基、路面及排水设计审核的重点是：①边沟（排水沟）设计表；②路基标准横断面图；③路基一般设计图；④超高方式图；⑤特殊路基设计工程数量表；⑥特殊路基设计图；⑦高速公路中间带、中央分隔带开口设计图;⑧路基每千米土石方数量表;⑨路基土石方运量统计表;⑩取土坑(场)、弃土堆(场)一览表;⑪路基防护工程数量表;⑫路基防护工程设计图;⑬路面工程数量表;⑭路面结构图;⑮路基、路面排水系统布置图;⑯路基、路面排水工程数量表。

(4) 桥梁、涵洞设计审核。

桥梁、涵洞设计审核的重点是:①特大型、大型、中型桥工程数量表;②特大型、大型、中型桥设计图,包括桥位平面图、桥型布置图、结构设计图、调治构造物设计图;③小型桥工程数量表;④小型桥设计图,包括布置图、结构设计图;⑤涵洞工程数量表;⑥涵洞设计图;⑦高速公路和一级公路上特大型、大型、中型、小型桥及明涵结构设计图;⑧过水路面工程数量表;⑨过水路面设计图。

(5) 隧道设计审核。

隧道设计审核的重点是:①隧道工程数量表;②隧道设计图,包括隧道(地质)平面图,隧道(地质)纵断面图,隧道(横洞)净空横断面图,按不同形式绘出洞口、洞门以及洞身立面、纵面、平面的隧道一般设计图,隧道结构设计图;③隧道附属设施设计图,包括入口设施设计图、安全信号设计图、紧急救援设施设计图、通风设施设计图、监控报警设施设计图、通信设施设计图、供电设计图、照明设计图、消防设计图。

(6) 路线交叉设计审核。

路线交叉设计审核的重点是:①互通式立体交叉一览表;②互通式立体交叉工程数量表;③互通式立体交叉设计图,包括互通式立体交叉平面图,互通式立体交叉线位图,互通式立体交叉纵断面图,匝道连接部设计图,匝道连接部标高数据图,互通式立体交叉范围内路基、路面及排水设计图表,主线及匝道跨线桥桥型布置图表,主线及匝道跨线桥结构设计图表,通道设计图表,涵洞设计图表,管线设计图,附属设施设计图;④分离式立体交叉一览表;⑤分离式立体交叉工程数量表;⑥分离式立体交叉设计图,包括分离式立体交叉平面图,分离式立体交叉纵断面图,被交叉公路横断面图和路基、路面设计图,分离式立体交叉桥型布置图,分离式立体交叉桥型结构设计图;⑦人行天桥工程数量表;⑧人行天桥设计图;⑨通道工程数量表;⑩通道设计图;⑪平面交叉工程数量表;⑫平面交叉设计图,包括平面交叉布置图和平面交叉设计图;⑬管线交叉工程数量表;⑭管线交叉设计图。

(7) 交通工程及沿线设施设计审核。

交通工程及沿线设施设计审核的重点是:①平面布置总图;②横断面布置图;③管理机构及养护设施布置图;④安全设施布置图;⑤监控设施布置图;⑥通信设施布置图;⑦收费设施布置图;⑧服务设施布置图;⑨供电、照明设施布置图;⑩房屋建筑布置图。

(8) 环境保护设施设计审核。

环境保护设施设计审核的重点是:①环境保护工程一览表;②环境保护工程设备材料数量表;③美化绿化设计图;④声屏障结构设计图;⑤污水处理设计图。

此外,还应对筑路材料的供应来源、施工组织设计和工程预算进行审查。必要时,附上有关基础资料。

6. 设计交底与图纸会审

为了使施工单位熟悉设计图纸,了解工程特点和设计意图,以及工程关键部位的质量要求,同时为了减少图纸差错,在工程前期消灭图纸中的质量隐患,建设单位还应组织设计单位向施工单位进行设计交底,并进行图纸会审。

（1）设计交底。

设计交底应在工程施工前进行。设计交底程序是：先由设计单位介绍设计意图、结构特点、施工工艺要求、技术措施和有关注意事项及关键节点，再由施工单位提出图纸中存在的问题和疑点，以及需要解决的技术难题，然后通过三方研究和商讨，拟定解决办法，并做好会议纪要，以作为对设计图纸的补充、修改以及施工的依据。

设计交底的内容主要包括以下几方面。

①地形、地貌、气象、工程地质及水文地质等自然条件。

②施工图设计依据，包括初步设计文件、主管部门及其他部门的要求，采用的主要设计规范，甲方提供或市场供应的建筑材料情况等。

③设计意图，如设计思想、设计方案比较情况、基础开挖及基础处理方案、结构设计意图、设备安装和调试要求、施工进度与工期安排等。

④施工中应注意的事项，如基础处理要求、对建筑材料的要求、设计中采用新结构或新工艺对施工提出的要求、为实现进度目标而应采用的施工组织和技术保证措施等。

（2）图纸会审。

图纸会审的内容包括以下方面。

①是否存在无证设计或越级设计情况，图纸是否经设计单位正式签署。

②地质勘探资料是否齐全。

③设计图纸与说明是否齐全，有无分期供图的时间表。

④设计地震烈度是否符合当地要求，地形条件是否符合实际情况。

⑤不同设计单位设计的图纸之间，专业图纸之间，平面图、纵断面图、横断面图之间有无矛盾；标注有无遗漏。

⑥总平面图与施工图的几何尺寸、平面位置、标高等是否一致。

⑦图纸是否齐全，规定是否明确，与说明有无矛盾。

⑧主要标高、尺寸、位置有无错误。

⑨所采用的标准图、构配件图标注的编号、型号与设计图纸有无矛盾。

⑩能否满足设计规定的质量标准和特殊要求，准备采用哪些施工技术措施。

⑪取土场的位置与实际情况有无出入，弃方如何处理。

⑫工程量清单中有无漏列项目，计量和支付中还有哪些问题需要澄清。

⑬业主提供的地形图能否满足施工平面图设计的需要，临时施工用地的征用手续和费用如何规定。

⑭施工用水、用电供应及临时道路施工有何困难。

⑮有无技术设计和施工替代方案。

⑯其他需要澄清的问题。

对于在图纸会审纪要中提出的问题，设计单位应通过书面形式进行解释或提交设计变更通知书，若施工图是由施工单位提供的，则应由该施工单位针对图纸会审中提出的问题修改施工图纸，然后上报监理工程师审查，在获得批准和确认后，才能按该施工图组织施工。

3.2.3 施工阶段质量控制

1. 施工阶段质量控制系统

施工阶段的质量控制,是指包括对投入资源和条件的质量控制(事前控制),对各施工环节的质量控制(事中控制),以及对工程产出品的质量检验与控制(事后控制)的全过程系统控制过程。施工阶段质量控制系统可以根据工程实体质量形成过程划分,也可以根据工程实体物质形态转化过程划分,或者是将施工项目作为一个大系统,对其组成结构按施工层次来划分。

(1)根据工程实体质量形成过程划分。

①事前控制,即对施工准备阶段进行的质量控制,是指在正式施工活动开始前,对各项准备工作及影响质量的各因素和有关方面进行的质量控制。

②事中控制,即在施工过程中对所有与施工活动有关的各方面进行的质量控制,也包括对中间产品的质量控制。

③事后控制,是指对具有独立使用功能的最终产品(单位工程或整个工程项目)及其有关方面(如质量文档)进行的质量控制。

(2)根据工程实体物质形态转化过程划分。

施工阶段质量控制系统是一个包括以下 3 个阶段的系统控制过程。

①对投入的物质资源的质量控制。

②对施工生产过程的质量控制,即在将投入的物质资源转化为公路产品的过程中,对影响产品质量的各因素、各环节及中间产品进行的质量控制。

③对完成的公路产品进行的质量控制与验收。

在施工阶段质量控制系统中,无论是对投入物质资源的控制,还是对施工生产过程的控制,都应当对影响工程实体质量的 5 个重要因素,即对与施工有关的人、材料、设备、方法以及环境因素进行全面控制。影响工程质量的因素如图 3.8 所示。

(3)根据施工层次划分。

一个公路项目可以划分为若干层次。例如,按照《公路工程质量检验评定标准 第一册 土建工程》(JTG F80/1—2017),可以将公路项目划分为单位工程、分部工程和分项工程等层次。其中,工序施工质量控制是基础,工序施工质量决定了有关分项工程的质量,而分项工程的质量又决定了分部工程的质量。根据施工层次划分的质量控制系统如图 3.9 所示。

影响工程质量的因素 {
人:管理者、操作者、分包者资质
材料:原材料、半成品、构配件质量
设备:施工机械设备
方法:施工组织设计、施工计划、施工方案
环境:自然环境条件、施工环境、项目管理条件

图 3.8 影响工程质量的因素

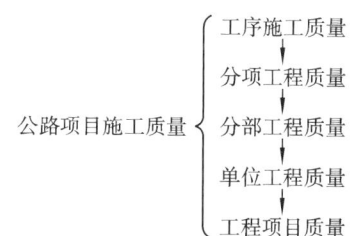

图 3.9 根据施工层次划分的质量控制系统

2. 施工质量控制依据

业主(或监理工程师)在施工阶段进行质量控制的依据,大体上可以分为两类:一是质量管理与控制的共同性依据,二是有关质量检验与控制的专门技术性依据。

(1) 质量管理与控制的共同性依据。

所谓共同性依据,主要是指那些适用于公路项目施工阶段与质量控制有关的、具有普遍指导意义的、必须遵守的基本文件。具体包括以下几方面。

①工程承包合同文件。施工承包合同和监理合同中分别规定了参与建设的各方在质量控制方面的权利和义务,有关各方必须履行在合同中的承诺。尤其是监理单位,既要履行监理合同的条款,又要监督建设单位、施工单位、设计单位履行各类合同有关质量控制的条款。

②设计文件。严格按图施工是施工阶段质量控制的一项重要原则。因此,经过批准的设计图纸和技术说明书等设计文件,是质量控制的重要依据。从严格质量管理和质量控制的角度出发,业主单位在施工之前还应组织设计单位及施工单位进行设计交底及图纸会审工作,使施工单位了解设计意图和质量要求,以及早发现图纸差错和减少质量隐患。

③国家及政府部门颁布的有关质量管理的法律、法规性文件。例如,《公路水运工程质量监督管理规定》《交通运输部关于加强公路水运工程建设质量安全监督管理工作的意见》(交安监规〔2022〕7号)等。

(2) 有关质量检验与控制的专门技术性依据。

这类文件一般是针对不同的质量控制对象而制定的技术性文件,包括各种标准、规范、规程或规定。

技术标准有国际标准(如 ISO 系列标准)、国家标准、行业标准和企业标准。它是建立和维护正常的生产及工作秩序应遵守的准则,也是衡量工程、设备和材料质量的尺度。例如,《公路工程质量检验评定标准》(JTG F80/1、JTG 2182),相关材料、半成品或构配件检验和验收标准等。

技术规范或规程,一般是执行类技术标准,可以保证施工有秩序地进行,而为有关人员制定的行动准则,通常与质量的形成关系密切,应严格遵守。例如,施工技术规程、操作规程、设备维护和检修规程、安全技术规程等。

各种有关质量的规定,一般是由交通运输主管部门根据需要发布的具有方针性的文件,它对于保证标准、规程、规范的实施和解决实际存在的问题具有指令性的作用。此外,对于大型工程,特别是对外承包工程和利用外资的工程,还可能会涉及国际标准和国外标准。

一般情况下,有关质量检验与控制的专门技术性依据主要包括以下几类。

①《公路工程质量检验评定标准》(JTG F80/1、JTG 2182)。它是由交通运输部制定的,用以检验和评定公路工程质量水平或等级。

②有关工程材料、半成品和构配件质量控制的技术性依据。包括:a.有关材料及其制品质量的技术标准。例如,水泥、沥青、钢材、砌块、石材、石灰、砂、防水材料、塑料制品、电缆电线、绝缘材料以及其他材料或制品的质量标准。b.有关材料或半成品取样、试验等的技术标准或规程。例如,《公路土工试验规程》(JTG 3430—2020)、《公路工程沥青及沥青混合料试验规程》(JTG E20—2011)、《公路工程岩石试验规程》(JTG 3431—2024)、《公路工程金属试验规程》(JTJ 055—83)、《公路工程无机结合料稳定材料试验规程》(JTG 3441—2024)、《公路工程集料试验规程》(JTG 3432—2024)、《公路路基路面现场测试规程》(JTG 3450—2019)、《公路工程土工合成材料试验规程》(JTG E50—2006)等。c.有关材料验收、

包装、标志的技术标准和规定。例如,《型钢验收、包装、标志及质量证明书的一般规定》(GB/T 2101—2017)、《钢管的验收、包装、标志和质量证明书》(GB/T 2102—2022)等。

③控制施工工序质量的技术性依据。例如,《公路沥青路面施工技术规范》(JTG F40—2004)、《公路路基施工技术规范》(JTG/T 3610—2019)、《公路路面基层施工技术细则》(JTG/T F20—2015)、《公路改性沥青路面施工技术规范》(DB14/T 160—2015)、《公路桥涵施工技术规范》(JTG/T 3650—2020)、《公路隧道施工技术规范》(JTG/T 3660—2020)等。

④凡采用新工艺、新技术、新方法的工程,事先应进行试验,并应有权威部门出具的技术鉴定书及有关质量数据、指标,在此基础上制定有关质量标准和施工工艺规程,作为判断与控制质量的依据。

3. 施工质量控制程序

在进行施工全过程质量控制时,业主可以委托监理工程师对施工生产进行全过程、全方位的监督、检查与控制。在每项工程开始前,施工单位均须做好施工准备工作,然后填报"开工申请单",并附上该项工程的施工计划、工作顺序安排、人员及机械设备配置、材料准备情况等,报送监理工程师审查,若审查合格,则批复准予施工。

4. 施工质量综合控制

工程质量是在施工过程中形成的,业主(或监理工程师)在施工过程中的质量监控任务与内容主要包括如下几个方面。

(1) 对承包单位质量控制工作的监控。

①对承包单位的质量控制自检系统进行监督,使其能在质量管理中始终发挥良好的作用。

②监督与协助承包单位完善工序质量控制制度,使其能将影响工序质量的因素自始至终都纳入质量管理范围;督促承包单位将重要的和复杂的施工项目或工序作为重点设立质量控制点,加强控制;及时检查与审核承包单位提交的质量统计分析资料和质量控制图表,对重要的工程部位或专业工程,监理单位要进行试验和复核。

(2) 施工过程中的质量跟踪监控。

①监理工程师在施工过程中要监督承包单位的各项施工活动,随时密切注意承包单位在施工过程中是否发生了不利于工程质量的变化。如施工材料质量、混合料的配合比、施工机械的运行与使用情况、计量设备的准确性、上岗人员组成和变化,以及工艺与操作等是否始终符合要求。

②严格工序间的交接检查。对主要工序和隐蔽工程,要按有关规范要求,由监理工程师在规定的时间内检查,确认其质量符合要求后才能进行下道工序施工。

③建立施工质量跟踪档案。施工质量跟踪档案也称"施工记录",主要包括材料生产跟踪档案和工程施工跟踪档案。材料生产跟踪档案主要包括施工文件目录,施工图、工作程序及其他文件,不符合项的报告及其编号,各种试验报告、合格证、维修记录等。工程施工跟踪档案可按分部工程、分项工程或单项工程建立。如路基填筑或路面沥青铺筑施工可按桩号分段建立档案,每份施工跟踪档案应包括相关部位的工程图纸、试验报告、质量合格证、质量自检单、监理工程师的质量验收单、各工序的施工记录,以及不符合项的报告和通知及其处理情况等。

(3) 施工过程中的工程变更。

无论是建设单位还是施工单位、设计单位提出的工程变更或图纸修改,都应通过监理工程师审查并组织有关各方研究,确认其必要性后,由监理工程师发布变更指令方能生效,并予以实施。

（4）施工过程中的检查验收。

①工序产品的检查、验收。对于各工序的产出品，先由承包单位按规定进行自检，自检合格后向监理工程师提交质量验收通知单，监理工程师收到通知单后，应在规定的时间内对其质量进行检查，确认质量合格并签认质量验收单后，方可进行下道工序的施工。

②重要的工程部位、工序和专业工程，或监理工程师对承包单位的施工质量状况未能确信者，以及重要的材料、半成品等，还需由监理单位进行试验或技术复核，如在公路路面摊铺现场测定沥青温度、在路基填土压实现场抽取试样进行检验等。

（5）质量事故的处理。

①搜集处理质量事故所需的资料。

②应在正确分析和判断事故原因的基础上确定质量事故处理方案。

③质量事故处理的验收鉴定。质量事故的处理是否达到了预期目的，是否仍留有隐患，应当通过检查鉴定和验收确认。

（6）下达停工指令，控制施工质量。

出现下列情况时，监理工程师有权行使质量控制权，下达停工令，及时进行质量控制。

①施工中出现质量异常情况，经提出后，承包单位未采取有效措施，或采取的措施不力，未能扭转异常情况者。

②隐蔽作业未经查验确认合格，而擅自封闭者。

③已发生质量事故却迟迟未按监理工程师要求进行处理，或者是已出现质量缺陷或发生质量事故，如不停工则质量缺陷或事故将继续发展。

④未经监理工程师审查同意，擅自变更设计或修改图纸进行施工者。

⑤未经技术资质审查的人员或审查不合格人员进入现场施工者。

⑥使用的原材料、构配件不合格或未经检查确认；擅自采用未经审查认可的代用材料者。

⑦擅自允许未经监理单位审查认可的分包单位进场施工。

5．分部分项工程质量控制

已完成的分部分项工程的质量控制，是围绕工程验收和工程质量评定进行的。具体内容包括以下几个方面。

（1）分部分项工程质量控制方法。

质量监控人员进行施工质量控制时，一般采用以下几种方法。

①旁站监督。在施工现场观察、监督与检查施工过程，注意并及时发现质量隐患，及时进行控制。对隐蔽工程施工进行旁站监督尤为重要。

②测量监督。施工前应确保施工放线及高程的正确性，在施工过程中也应进行控制，及时纠正偏差。

③试验监督。在每道工序中，对材料性能、拌和料配合比、成品的强度等力学性能，通常需要基于试验手段取得的数据进行判断。

④规定质量监控工作程序。规定双方必须遵守的质量监控工作程序，是进行质量监控的必要手段和依据。

⑤利用支付控制手段。当承包单位的施工质量未达到规定的要求和标准时，监理工程师有权拒绝

开具支付证书,停止对承包单位支付部分或全部工程款。

（2）工序质量控制。

工序是工程实体质量形成的基本环节,工序质量是工程质量的基础,直接影响工程项目的整体质量。

①工序质量控制的内容。工序质量包括工序活动条件的质量和工序活动效果的质量。工序活动条件的监控是指对影响工序生产质量的各因素进行控制,即进行施工准备方面的控制和在施工过程中对工序活动条件进行监控。对工序活动效果的监控主要反映在对工序产品质量性能特征指标的控制上,主要是指对工序活动的产品采取一定的检测手段进行检验,从而实现对工序质量的控制。其监控步骤有实测、分析、判断、纠正和认可等。

②工序活动质量监控实施要点。a. 确定工序质量控制计划。工序质量控制计划是以完善的质量体系和质量检查制度为基础进行工序分析,分清主次,有重点地进行质量控制。b. 对工序活动实施动态跟踪控制。c. 设置工序质量控制点,并进行预控。

③质量控制点的设置。质量控制点是施工质量控制的重点。设置质量控制点就是根据工程项目的特点,抓住影响施工质量的主要因素。选择质量控制点的一般原则是:施工过程中的关键工序或环节以及隐蔽工程;施工中的薄弱环节,或质量不稳定的工序、部位或对象;对后续工程施工或后续质量有重大影响的部位、工序或对象;采用新技术、新工艺、新材料的部位或环节;施工上无足够把握的、施工困难的或技术难度大的工序或环节。显然,主要视质量影响大小、危害程度以及其质量保证难度来选择质量控制点。例如,在道路施工中,应以路面平整度及路基压实度为质量控制点。

④在施工过程中,承包单位是否按照设计要求、施工图纸、技术交底、技术操作规程和质量标准的要求组织施工,直接涉及工程质量能否满足标准要求。因此,必须加强现场监督和检查,确保工程质量。应在承包单位自检的基础上,对各项工作进行复核性检查,严格把关,防患于未然。

6. 分包单位管理

保证分包单位的施工质量,是保证工程施工质量的一个重要环节。因此,业主（监理工程师）应对分包单位进行严格控制和有效管理。

（1）分包单位资格的审批。

①总承包单位选定分包单位后,应向监理工程师提出审批分包单位资质的申请报告。

②审查总承包单位提交的审批分包单位资质的报告。主要审查分包单位是否具有按工程承包合同规定完成分包工程任务的能力。审查后,如果认为该分包单位不具备分包条件,则不予以批准;若认为该分包单位基本具备分包条件,则应在进一步调查后予以书面确认。

③对分包单位进行调查。调查的目的是核实总承包单位申报的分包单位情况是否属实。如果对调查结果满意,则应以书面形式批准该分包单位承担分包任务。总承包单位收到监理工程师的批准通知后,应尽快与分包单位签订分包协议,并将协议副本报送监理工程师备案。

（2）分包单位的管理。

①严格执行监理程序。在分包单位进场后,监理工程师应亲自或指令总承包单位向分包单位交代清楚各项监理程序,并要求分包单位严格遵照执行,若发现分包单位在执行中有违反监理程序的行为,监理工程师应要求总承包单位及时停止分包单位的施工活动。

②鼓励分包单位参加工地会议。分包单位是否参加工地会议,通常是由总承包单位决定的。但必

要时,监理工程师可向总承包单位提出要分包单位参加工地会议的建议,以便加强分包单位对工程情况的了解,提高其实施工程计划的主动性和自觉性。

③检查分包单位的现场工作情况。监理工程师一方面要督促总承包单位严格监督分包单位执行合同和认真实施分包工程,保证分包工程质量;另一方面也应对分包单位的现场工作进行监督检查。检查重点有以下三个方面:一是分包单位的设备使用情况,即根据分包协议规定对设备种类、数量以及可用程度等进行核实;二是分包单位的施工人员情况,要根据分包协议中有关人员配备的规定,核查其人员资质、质量保证与控制系统情况;三是检查分包单位的工程施工质量是否符合工程承包合同规定的标准。

④对分包单位的制约与控制。为了保证工程质量和避免或减少由于分包单位的不规范施工行为所带来的损失,监理工程师可通过采取以下措施对分包单位进行有效的制约与控制。a.停止施工。当分包单位违反合同、规范及监理程序,不积极接受监理工程师的改进意见时,监理工程师有权书面指令总承包单位暂停其施工。b.停止付款。分包单位的施工质量未达到合同要求的标准时,监理工程师有权要求总承包单位拒绝签署与之有关的支付证书。c.取消分包资格。若监理工程师发现分包单位由于技术能力差而无法按合同要求保证分包工程质量,或分包单位无视监理工程师警告,忽视分包工程质量和进度要求,造成严重危害和影响时,监理工程师可书面建议或要求总承包单位取消其分包资格。

3.3 公路项目投资控制

3.3.1 公路项目投资管理的主体与客体

公路项目投资管理主体是指依法享有投资管理权限,对公路项目投资活动进行决策、组织、监督的机构或个人,是投资管理的实施者。

公路项目投资管理客体是指投资管理行为所指向的对象,即被管理的资源、活动或标的。

3.3.2 公路项目投资控制原理

公路项目投资的有效控制是公路建设管理的重要组成部分。所谓公路项目投资控制,就是在投资决策阶段、设计阶段、建设项目发包阶段和建设实施阶段,把公路项目投资控制在批准的投资限额以内,随时纠正偏差,以保证项目投资管理目标的实现,以求在公路项目中合理使用人力、物力、财力,取得较好的投资效益和社会效益。

1. 投资控制目标的设置

控制是为确保目标的实现而服务的。一个系统若没有目标,就不需要也无法进行控制。目标的设置应是很严肃的和有科学的依据。

公路项目建设者拥有的经验和知识是有限的,还常常受科学条件和技术条件的限制,因而不可能在工程项目伊始,就能设置一个科学的、一成不变的投资控制目标,而只能设置一个大致的投资控制目标,这就是投资估算。随着工程建设实践、认识、再实践、再认识的过程逐步推进,投资控制目标一步步清晰、准确,便产生了设计概算、设计预算、合同价等。也就是说,建设项目投资控制目标应随着工程项目建设实践的不断深入而分阶段设置。具体来讲,投资估算是设计方案选择和进行初步设计时的投资控制目标;设计概算是进行技术设计和施工图设计时的投资控制目标;设计预算或建安工程承包合同价是施工阶段建安工程投资控制目标。有机联系的各阶段目标相互制约、相互补充,共同组成项目投资控制目标系统。

目标应既有先进性,又有实现的可能性,要能激发执行者的进取心和充分发挥他们的工作能力。若目标水平太低,如对建设项目投资高估冒算,则对建设者缺乏激励性,建设者也没有发挥潜力的余地,目标形同虚设;若目标水平太高,如在建设项目立项时就留有投资缺口,建设者一再努力也无法实现,则可能产生悲观情绪,使项目投资控制无法落实。

2. 以设计阶段为重点的建设全过程投资控制

尽管项目投资控制贯穿项目建设全过程,但对项目投资影响最大的阶段是工作周期约占工程项目建设周期 1/4 的技术设计结束前的工作阶段。在正式施工以前,项目投资控制的关键在于投资决策和设计阶段,而在项目作出投资决策后,控制项目投资的关键就在于设计。

3. 投资控制的发展历程

人们对项目投资控制的认识是随着生产力、商品经济和现代管理科学的发展而不断加深的。以英国为例,16—18 世纪是英国工程造价管理发展的第一阶段。这个时期,随着设计和施工分离并各自形成独立专业,工匠需要有人协助对已完成的工程量进行测量和估价,以确定应得的报酬。这些人在英国被称为"工料测量师",他们的主要职责是在工程设计和工程完工以后测量工程量和估算项目投资。从 19 世纪初期开始,资本主义国家在工程建设中开始推行招标承包制,要求工料测量师在工程设计以后和施工以前就进行测量和估价,根据图纸算出实物工程量并汇编成工程量清单,为招标者制订标底或为投标单位作出报价提供依据,工程造价管理也随之逐渐形成独立的专业。1868 年,英国皇家特许测量师学会成立。这个时期通常被称为工程造价管理发展的第二个阶段,完成了工程造价管理的一次飞跃。在此阶段,业主能够在工程开工以前预先了解投资额,从而对施工阶段的投资进行有效控制,但是还不能做到在设计阶段就对建设工程所需的投资进行准确预计,并对设计进行有效的监督控制。一方面,招标时往往设计已经完成,此时业主才发现由于工程费用过高,投资不足,不得不停工或修改设计。业主为了使投资效益最高,使各种资源得到有效利用,迫切要求在设计的早期阶段以至在作投资决策时,就进行投资估算,并对设计进行控制。另一方面,项目投资规划技术和分析方法的应用,使工料测量师在设计过程中有可能相当精确地作出概预算,甚至在设计之前即作出估算,并根据业主的要求使项目投资控制在限额以内。因此,从 20 世纪 40 年代开始,"投资计划和控制制度"在英国等商品经济发达国家应运而生,工程造价管理的发展也进入了第三阶段,从被动地反映设计发展为能动地影响设计、优化设计,完成了工程造价管理的又一次飞跃。从 20 世纪 50 年代开始,计算机技术的引入使投资控制方法实现了数字化转型。关键路径法(critical path method,CPM)和计划评审技术(program evaluation and review technique,PERT)等项目管理工具的出现,使投资控制与进度控制得以有机结合。到 20 世纪 80 年代,投资控制延伸至项目全生命周期,价值工程和风险管理理念被广泛采用。进入 21 世纪后,BIM 技术的应用实现了投资信息的可视化管理,而大数据分析和人工智能的发展则极大提升了投资预测的准确性。近年来,区块链技术的应用更是促进了投资过程的透明化,使投资控制逐步发展成为一个综合性、全过程、智能化的管理体系。

4. 主动投资控制

传统决策理论是建立在绝对逻辑基础上的一种封闭式决策模型,把人看作拥有绝对理性的"理性的人"或"经济人",在决策时,会本能地遵循最优化原则来选择实施方案。而美国经济学家西蒙首创的现代决策理论的核心则是以"令人满意"为准则。他认为,人的头脑能够思考和解答的问题容量与问题本身的规模相比较是非常渺小的,因此在现实世界里,要采取客观的合理举动,获得哪怕是接近客观的合理性也是很困难的。对决策人来说,获得最优化决策几乎是不可能的。西蒙提出用"令人满意"来代替"最优化",他认为决策人在决策时,可先对各种客观因素、执行人据以采取的可能行动,以及这些行动的可能后果加以综合研究,并确定一套切合实际的衡量准则。如某一可行方案符合这种衡量准则,并能达到预期的目标,则这一方案便是令人满意的方案,可以采纳。否则应对原衡量准则作适当的修改,继续挑选。

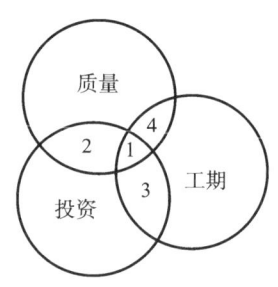

图 3.10　项目建设目标系统

建设单位在项目建设中的基本任务是对建设项目的建设工期、项目投资和工程质量进行有效控制,这三大目标可以表示成如图 3.10 所示的项目建设目标系统。建设单位所要取得的理想结果是所建项目建设工期最短、投资最省、工程质量最高,但这几乎是不可能实现的。由项目的三大目标组成的目标系统,是一个相互制约、相互影响的统一体,其中任何一个目标的变化,势必会引起另外两个目标的变化,并受到它们的影响和制约。例如,如果项目建设强调质量和工期,那对投资不能要求过严,建设目标分布在 4+1 号区域;再如,如果要求建设项目同时做到投资省、工期短、质量高,那对三者则不可能苛求,建设目标一般分布在 1 号区域。

长期以来,人们把控制理解为将目标值与实际值比较,当实际值偏离目标值时,分析产生偏差的原因,并确定下一步的对策。在工程项目建设全过程进行这样的项目投资控制当然是有意义的。但问题在于,这种立足于调查—分析—决策基础之上的偏离—纠偏—再偏离—再纠偏的控制方法,只能发现偏离,不能使已产生的偏离消失,不能预防可能发生的偏离,因而是被动控制。自 20 世纪 70 年代初开始,人们将系统论和控制论的研究成果用于项目管理,将"控制"立足于事先主动地采取措施,以尽可能地减少或避免目标值与实际值的偏离,这是主动的、积极的控制方法,因此被称为"主动控制"。也就是说,项目投资控制,不仅要反映投资决策,反映设计、发包和施工,被动地控制项目投资,更要能动地影响投资决策,影响设计、发包和施工,主动地控制项目投资。

5. 投资控制手段——技术与经济相结合

要有效地控制项目投资,应从组织、技术、经济、合同与信息管理等多方面采取措施。从组织上采取的措施,包括明确项目组织结构,明确投资控制者及其任务,以使投资控制有专人负责,明确管理职能分工;从技术上采取的措施,包括重视设计多方案比选,严格审查及监督初步设计、技术设计、施工图设计、施工组织设计,深入技术领域研究节约投资的可能性;从经济上采取的措施,包括动态地比较投资的计划值和实际值,严格审核各项费用支出,采取节约投资的有力奖励措施等。

应该看到,技术与经济相结合是控制项目投资的有效手段。部分工程在实施过程中,财务人员单纯地从财务制度角度审核费用开支,难以有效地控制项目投资;概预算人员则根据设计图纸和施工情况如实计算工程量,实报实销,不了解工程全貌。当前迫切需要提高项目投资效益,在工程建设过程中把技术与经济结合起来,通过技术比较、经济分析和效果评价,正确处理技术先进与经济合理两者之间的对立统一关系,力求技术先进条件下的经济合理,经济合理基础上的技术先进,把控制项目投资观念渗透到各项设计和施工技术措施之中。

3.3.3 业主在投资控制中的任务

在社会主义市场经济体制下,工程建设投资主体多元,为了建立投资责任约束机制,规范项目法人行为,应依据《中华人民共和国公司法》,实行建设项目法人责任制,由项目法人对项目的策划、资金筹措、建设实施、生产经营、债务偿还和资产的保值增值全过程负责。项目法人组织要精干,建设管理工作要充分发挥咨询、监理、会计师和律师事务所等各类组织的作用。

1. 充分发挥监理工程师在项目投资控制中的作用

在各个工业发达国家,工程建设实行建设监理制度已成为通行做法,并产生了许多不同的形式,其中影响最大的是两类,即项目管理咨询公司(project management consultancy,PMC)和工料测量师(quantity surveyor,QS)行。

项目管理咨询公司是在欧洲大陆和美国被广泛认可的建设监理机构,相关国际性组织是国际咨询工程师联合会。该组织 1980 年制定的 IGRA-1980 PM 文件,是监理工程师与业主或建设单位之间订立委托监理合同的国际通用合同文件,该文件明确指出,监理工程师的根本任务是进行项目管理,在业主所要求的进度、质量和费用限制之内完成项目。项目管理咨询公司可向业主提供的服务包括以下 8 个方面:①项目的经济可行性分析;②项目的财务管理;③与项目有关的技术转让;④项目的资源管理;⑤评估环境对项目的影响;⑥项目建设的工程技术;⑦物资采购与工程发包;⑧施工管理。其中涉及项目投资控制的具体责任包括以下 11 个方面:①项目的费用效益分析(多方案);②初步设计时的投资估算;③项目实施时的预算控制;④工程合同的签订和实施;⑤物资采购;⑥工程量的核实;⑦工时与费用的预测;⑧工时与费用的核实,有关控制措施的制定;⑨发行企业债券;⑩保险审议;⑪其他财务管理等。

在英联邦国家,负责项目投资的建设监理机构通常为工料测量师行。公司开办人称为"合伙人",他们是公司的所有者,在法律上代表公司,在经济上自负盈亏,并参与管理。合伙人本身必须是由英国皇家特许测量师学会授予称号的工料测量师,如果一个人只拥有资金,而没有工料测量师职称,是不能成为工料测量师行合伙人的。英联邦国家的基本建设程序一般分为两大阶段,即合同签订前、后两阶段。

工料测量师受雇于业主,根据工程规模、难易程度,按总投资的 0.5%～3% 收费,对项目投资控制负有重大责任。如果项目建设成本在缺乏充足正当理由的情况下超支较多,业主无法支付,则将要求工料测量师行对建设成本超支额及应付银行贷款利息进行赔偿。所以工料测量师行在接受项目投资控制委托,特别是接受工期较长、难度较大的项目投资控制委托时,都会购买专业保险,以防因估价失误对业主进行赔偿而破产。由于工料测量师在工程建设中的主要任务就是对项目投资进行全面系统的控制,因而他们被誉为"工程建设的经济专家"和"工程建设中管理财务的经理"。

2. 业主在项目投资控制方面的任务

(1)在建设前期进行建设项目的可行性研究,对拟建项目进行财务评价(微观经济评价)和国民经济评价(宏观经济评价)。

(2)在设计阶段提出设计要求,用技术经济方法组织设计方案评选,选择勘察设计单位,商签勘察设计合同并组织实施,审查设计概预算。

(3)在施工招标阶段,准备及发送招标文件,评审投标书,提出决标意见,签订工程承包合同。

(4)在施工阶段,审查承包单位提出的施工组织设计、施工技术方案和施工进度计划,提出改进意见;督促、检查承包单位严格执行工程承包合同,处理征地拆迁和建设环境的协调工作,检查工程进度和施工质量,根据监理工程师签署的工程付款凭证审查支付工程,向交(竣)工验收委员会提交建设管理工作报告。

以上工作的部分内容可以委托监理工程师办理,但业主必须熟悉这些方面的业务。

3. 建设项目负责人应具备的工作能力

为有效地控制项目投资,建设项目负责人应具备以下工作能力。

(1)了解所建项目的生产工艺过程,这样才有可能与设计师、承包单位和监理工程师共同讨论技术问题。

(2)具有一定的工程设计及施工技术等方面的知识,了解各分部工程所包括的具体项目,了解设备和材料性能,并熟悉施工现场各工种的职能。

(3)能够采用现代经济分析方法,对拟建项目计算期(含建设期和运营期)内的投入、产出等诸多经济因素进行调查、预测、研究、计算和论证,从而推荐、选择较优方案作为投资决策的重要依据。

(4)能够运用价值工程等技术经济方法,组织设计方案评选,优化设计,使设计方案在具备必要功能的前提下,有效地控制项目投资。

(5)具有工程项目估价(含投资估算、设计概算、设计预算)能力。

(6)具有根据图纸和现场情况计算工程量的能力。

(7)需要对合同、协议有确切的了解,具备与承包单位谈判的能力。

(8)对有关法律有确切的了解,了解如何履行合同,以及合同各方应承担的义务。

(9)有获得价格和成本费用信息、资料的能力,了解其使用方法。这些资料有多种来源,包括公开发布的价目表和价格目录、工程报价、类似工程的造价资料、由专业团体编制的价格资料和政府发布的价格资料等。项目负责人应能熟练运用这些资料,并考虑工程项目具体地理位置、当地劳动力价格、运输条件和运费以及价格波动情况等,确定工程项目的单价。

3.3.4 投资构成

1. 建设工程投资构成

建设工程投资是指建设项目从立项开始到建成交付使用所花费的费用总和。为了规范建设项目费用范围,使必须花费的建设费用不致遗漏,不应由相关建设项目花费的费用不得列支,我国从20世纪50年代起就对建设项目的费用构成作了规定。国家规定的建设项目费用由三大部分组成,即建筑安装工程费,设备、工器具购置费,工程建设其他费用。为了对一些在开工前不可能预见但必须增加的工程和费用,以及在建设期间由于自然灾害、物价变动和国家政策的调整对工程造价的影响作准备,在以上三部分费用中都列了预备费。由于预备费属于有条件开支的费用,当发生所列情况时经批准才能动用,所以将这三部分中的预备费集中列于三部分费用之外。公路工程建设项目将预备费和工程造价增长费合称为"预留费用"(国外习惯上把工程造价增长费称为"预涨费",包含在人工费和材料费内,不单列此项费用)。在工程施工招标文件的工程量清单中"暂定金额"即属于预备费性质。当发生时,由承包单位提出申请,经监理工程师审核报业主(或建设单位)批准后即可支付。

建设项目费用构成的合理性有其理论基础。按照价格形成的理论来讲,价格以价值为基础,所以与价值构成的3个部分相适应,价格也有3个构成部分:①物质消耗支出,就是通常所讲的物化劳动,即生产资料转移价值的货币表现;②劳动报酬支出,就是劳动者为自己创造的价值(必要劳动部分)的货币表现;③赢利,就是劳动者为社会劳动(剩余劳动部分)创造的价值的货币表现,也称为税利。但建设工程与一般商品还有一些不同之处,具有特殊性,如建设项目费用构成中不含一般工业产品的价格构成中都包含的商品在流通过程中支出的各种费用;建设项目费用构成中包含了施工队伍和设备在工程竣工后向新的施工地点转移而发生的费用等。建设工程投资的理论构成如图 3.11 所示。

建设工程投资 {
物质消耗支出:土地费用,设备、工器具购置费,施工机械等固定资产折旧、维修和转移费用
劳动报酬支出:勘察设计单位、施工单位、建设单位、监理单位职工的工资、奖金等
赢利:勘察设计单位、施工单位、建设单位、监理单位的利润和税金
}

图 3.11　建设工程投资的理论构成

2. 公路项目投资构成

根据《公路工程建设项目投资估算编制办法》(JTG 3820—2018),公路工程建设项目投资构成主要包括建筑安装工程费、土地使用及拆迁补偿费、工程建设其他费、预备费、建设期贷款利息五大部分。

(1)建筑安装工程费。

建筑安装工程费由直接费、设备购置费、措施费、企业管理费、规费、利润、税金和专项费用等部分组成。

①直接费:包括人工费、材料费和施工机械使用费,是施工过程中直接消耗的费用。

②设备购置费:包括设备原价及运杂费、运输保险费、采购及保管费等,用于设备的购置和安装。

③措施费:涵盖冬季、雨季、夜间施工增加费,特殊地区施工增加费,行车干扰施工增加费,施工辅助费,工地转移费等,是施工过程中为采取特定措施而增加的费用。

④企业管理费:由基本费用、主副食运费补贴、职工探亲路费、职工取暖补贴和财务费用组成,是企业为组织和管理施工生产活动所发生的费用。

⑤规费:包括养老保险费、失业保险费、医疗保险费、工伤保险费和住房公积金,是企业和职工应缴纳的社会保障费用。

⑥利润:是施工企业完成所承包工程获得的盈利。

⑦税金:是按国家税法规定应计入建筑安装工程造价内的增值税。

⑧专项费用:包括施工场地建设费和安全生产费,是针对特定项目或安全生产的需要而设立的费用。

在公路建设项目中,建筑安装工程费涵盖了路基工程、路面工程、隧道工程、桥涵工程、交叉工程、其他工程和沿线设施,以及为管理、养护、服务的房屋工程等的费用。

(2)土地使用及拆迁补偿费。

土地使用及拆迁补偿费包括永久占地费、临时占地费、拆迁补偿费、水土保持补偿费、其他费用。

①永久占地费包括土地补偿费、征用耕地安置补助费、耕地开垦费、森林植被恢复费、失地农民养老保险费。

②临时占地费包括临时征地使用费、复耕费。

③拆迁补偿费指被征用或占用土地地上、地下的房屋及附属构筑物,公用设施、文物等的拆除、发掘及迁建补偿费等。

④水土保持补偿费根据国家相关法律、法规的规定缴纳。

⑤其他费用为国务院行政主管部门及省级人民政府规定的其他与征地拆迁相关的费用。

（3）工程建设其他费。

工程建设其他费包括建设项目管理费、研究试验费、建设项目前期工作费、专项评价（估）费、联合试运转费、生产准备费、工程保通管理费、工程保险费、其他相关费用。

①建设项目管理费：包括建设单位（业主）管理费、建设项目信息化费、工程监理费、设计文件审查费、竣（交）工验收试验检测费。

②研究试验费：指为本建设项目提供或验证设计数据、资料进行必要的研究试验和按照设计规定在施工过程中必须进行试验所需的费用。

③建设项目前期工作费：包括项目建议书、可行性研究报告、环境影响评价、水土保持评价等前期工作所需的费用。

④专项评价（估）费：包括环境影响评价费、水土保持评价费、地震安全性评价费、地质灾害危险性评价费、压覆重要矿床评估费、文物勘察费、通航论证费、行洪论证（影响评价）费、使用林地可行性研究报告编制费、用地预审费、地质勘察监督费等。

⑤联合试运转费：包括联合试运转期间所需的材料、燃料和动力的消耗费，机械和检测设备使用费，低值易耗品费，参加联合试运转的人员工资及其他费用等。

⑥生产准备费：包括工器具购置费、办公和生活用家具购置费、生产人员培训费、应急保通设备购置费等。

⑦工程保通管理费：指新建或改（扩）建工程需要边施工边维持通车或通航的建设项目，为保证公（铁）路运营安全、船舶航行安全及施工安全而进行交通（公路、航道、铁路）管制、交通（铁路）与船舶疏导所需的费用，以及媒体、公告等宣传费用和协管人员经费等。

⑧工程保险费：指在建设期内对建筑工程、安装工程、机械设备和人身安全进行投保而发生的费用。

⑨其他相关费用：指国务院行政主管部门及省级人民政府规定的其他与公路建设相关的费用。

（4）预备费。

预备费用于应对工程建设过程中的不可预见因素，包括基本预备费和价差预备费。

①基本预备费：包括设计变更、隐蔽工程增加等不可预见费用，一般按建筑安装工程费、土地使用及拆迁补偿费、工程建设其他费之和的 3%～5% 计列。

②价差预备费（动态投资部分）：用于应对建设期材料、人工、设备价格上涨，需要根据市场波动测算。

（5）建设期贷款利息。

若项目资金部分来源于银行贷款，需计算建设期贷款利息，并按实际发生额计入总投资。

3.4 公路项目交（竣）工验收

公路项目交（竣）工验收是全面考核基本建设工作，检查其是否合乎设计要求和工程质量标准的重要环节，是公路建设投资成果转入运营或使用的标志。交（竣）工验收对促进公路建设项目及时交付使用，发挥投资效果，总结经验、教训都具有重要的作用。

3.4.1　公路项目交(竣)工验收的主要工作和依据

1. 公路项目交(竣)工验收的主要工作

(1) 建设单位、勘察设计单位和施工单位(包括各主要分包单位)要分别对工程项目的决策、论证、勘察设计以及施工全过程进行最后的评价,实事求是地总结各自在工程项目建设中的经验和教训。这项工作实际上也是对工程项目管理全过程进行的系统检验。工程项目建设单位和总承包单位,还应该组织有关人员对整个工程项目进行工期分析、质量分析、造价分析。

(2) 办理建设工程的验收和交接手续、办理竣工结算和竣工决算、办理工程档案资料的移交、办理工程保修手续等。总之,在这个阶段,要把整个工程项目的收尾工作、移交工作和善后清理工作全部处理完毕。

(3) 项目经理在做好施工项目收尾工作的前提下,还应做好以下各项验收准备工作:①组织工程技术人员绘制竣工图,清理和准备各项需要向建设单位移交的工程档案资料,并编制工程档案资料移交清单;②组织以预算人员为主,由生产、管理、技术、财务、材料、劳资等人员参加或提供资料,编制竣工结算表;③准备工程竣工通知书、工程竣工报告、工程竣工验收证明书、工程保修证书等;④组织好工程自验、自检,报请上级领导部门进行交(竣)工验收检查,对检查出的问题,及时进行处理和修补;⑤准备好各项工程质量评定资料,并按结构性能、使用功能、外观效果等方面进行分类,包括分项工程质量检验评定、分部工程质量检验评定、单位工程质量检验评定、隐蔽工程验收记录、吊装及试压记录、工程质量事故发生情况和处理结果等方面的资料,为正式评定工程质量提供资料和依据,也为技术档案资料移交、归档作准备。

2. 公路项目交(竣)工验收的依据

(1) 批准的工程可行性研究报告。

(2) 批准的工程设计、概算、预算文件。

(3) 批准的变更设计文件及图纸。

(4) 批准或确认的招标文件及合同文本。

(5) 上级机关对工程的指示文件。

(6) 交通运输部颁布的公路工程标准、规范及国家有关规定等。

3.4.2　公路工程交(竣)工验收措施

1. 交工验收

(1) 交工验收必须具备以下条件:①工程已按施工合同和设计文件要求建成,具有独立使用功能;②竣工文件编制完成;③设计、施工、监理等单位已准备好总结报告材料;④质量监督部门已完成工程质量检测、检验并编写完成工程质量鉴定书。

(2) 施工单位在全面完成所承包的工程,并经监理工程师同意后,应向建设单位提出申请,建设单位核实具备交工验收条件时,应及时组织验收。

(3) 工程质量检验由质量监督部门负责组织,按以下规定分标段进行全面检查。

①路线。最小平曲线半径、最大纵坡和坡长、最小视距的路段应逐一检查;其他路段的半径、纵坡、视距应检查总数的 20% 以上。

②路基、路面。高填深挖(填挖高度大于 6 m)和水文地质不良的地段,对其稳定性、压实度、中心线、宽度、厚度、路拱、边坡、边沟、排水设施等应逐一检查;其他路段每千米抽查 1～2 处,路面工程应每千米抽查一个断面,检查其厚度、压实度。

③大桥和隧道。对各部分尺寸、标高、施工质量,及引道、导流、防护工程等逐一进行检查量测。中型桥应抽查总数的 50% 以上;小型桥抽查总数的 20% 以上;必要时,大桥和特大桥应进行荷载试验。

④涵洞、挡土墙及防护工程应抽查总数的 20% 以上。其中,高度在 4 m 以上的挡土墙和孔径在 2 m 以上的涵洞应抽查总数的 30% 以上。

⑤应对互通式立交工程的路基、路面、桥涵、挡土墙和交通安全设施逐一检查。分离式立交工程及其他交叉工程应抽查总数的 50% 以上。

⑥交通安全设施应抽查总数的 30% 以上。

⑦沿线服务管理和养护设施、环境保护工程应抽查总数的 50% 以上。

⑧隐蔽工程和建成后不易检测的分项、分部工程,应审查施工、监理单位的原始资料。

⑨对竣工图表、资料、工程决算等文件应全面检查核对。

(4)按标准对受检单位工程进行评分。按标段工程质量评分值,采用加权平均法对建设项目的工程质量进行评分,如式(3.1)所示。

$$工程质量评分值 = \frac{\sum(标段工程质量评分值 \times 该标段投资额)}{建设项目总投资额} \tag{3.1}$$

式中:建设项目总投资额为建筑安装工程费总额或合同工程价款总额。

(5)交工验收小组应认真听取和审议以下报告。

①建设单位关于工程项目执行情况的报告。

②设计单位关于工程设计情况的报告。

③施工单位关于工程施工情况的报告。

④监理单位关于工程监理(含变更设计)情况的报告。

⑤质量监督部门关于工程质量检验评定情况的报告。

交工验收小组在听取报告、审查资料和实地查看的基础上,对质量监督部门提出的工程质量鉴定意见和评分进行审议和确认。

(6)通过交工验收的工程必须编写交工验收报告,由建设单位按隶属关系请上级交通运输主管部门或竣工验收主持单位核定;对交工验收合格的工程,应安排养护管理;对于交工验收不合格或有缺陷的工程及未完工程,应由原承包单位限期修复、修补,相关费用由原承包单位承担。

(7)交工验收报告。当承包单位认为拟申请交工的合同工程已实质上完工并具备交工验收条件后,应尽早通知监理工程师,并提出交工意向。在驻地监理工程师进行初步检查,并认为已具备交工验收条件后,承包单位可按合同要求向建设单位提交正式的交工验收申请;制订未完工程详细施工计划、机械设备配备计划;在短时间内难以修缮或完善的工程内容,在不影响交工验收的情况下,可列入未完工程及遗留问题清单,经交工验收小组认可后,转入缺陷责任期内完成;对临时占地清理和移交协议,也作为交工验收申请的附件一并上报。建设单位在收到交工验收申请后,及时对交工验收条件进行核实,具备交工验收条件后,成立交工验收小组组织验收,该项工作一般不超过 21 天。交工验收小组在完成第(5)条的工作并就是否发放交工证书作出决定后,将交工验收小组的全部工作、对该项目的检验及评审结论汇总形成交工验收报告。交工验收报告应根据检查结果、评审会议纪要撰写,最后由交工验收小组代表签字确认,由建设单位按隶属关系报请上级交通运输主管部门或竣工验收主持单位核定。将未完工程及遗留问题清单、详细的实施计划、书面保证材料、各种协议作为交工验收申请附件一并上报。

2．竣工验收

（1）竣工验收必须具备以下条件。

①经过交工验收,各标段均达到合格以上。

②对未完工程或交工验收提出的修复、补救意见已处理完毕,并经监理工程师和质量督部门检查合格。

③已按《基本建设项目档案资料管理暂行规定》和竣工文件目录及归档单位的要求编制完成竣工文件。

④按规定已编制好工程竣工决算。

⑤施工、监理、设计、建设、监督等单位已编写完成汇报材料。

（2）竣工验收主持单位收到建设单位的申请验收报告后,应及时检查交工验收的工程及竣工文件,符合竣工验收条件的应及时组织验收。

（3）竣工验收委员会为全面掌握工程建设情况,除了要认真听取审议中提及的报告,还要听取交工验收代表关于工程交工验收情况的报告。以上各报告中应对建设管理、设计、施工、监理单位的工作情况作出综合评价。

（4）竣工验收委员会在全面听取报告、检查有关资料、现场查看的基础上,对工程质量和建设、设计、施工、监理等单位进行综合评分。

（5）工程质量评分的总分为 100 分,其中交工验收小组确认的工程质量评分占 70％,验收综合评分占 30％。建设项目评分的总分为 100 分,其中工程质量总评分占 70％,建设管理、设计质量、监理工作、施工管理等综合评分的平均值占 30％。

（6）竣工验收委员会对合格以上的建设项目签发"公路工程竣工验收鉴定书",由主持验收的单位负责印发给各有关单位。经竣工验收的工程,各标段"工程质量鉴定书"由工程所在地公路工程质量监督部门签发。竣工验收鉴定书主要内容包括以下四方面。

①工程概况。工程概况包括工程名称,工程地点(包括主要控制点),建设依据(计划、设计、概算、施工各阶段批准文件及文号),建设规模及性质(全长、新建、改建),技术标准(包括主要技术指标),开工及竣工日期,工程概(预)算情况及实际造价,工程建设主要内容(包括主要工程数量),主要材料实际消耗量,实际征用土地数量。

②评价和鉴定。建设项目工程质量鉴定结论(评分及等级),建设、设计、施工单位综合评价,建设项目综合评价及等级(对工期、质量、投资等的综合评价、评分)。

③决定和建议。竣工验收委员会的决定和建议,包括工程缺陷的处理决定,对养护管理的意见或建议,对有关问题的处理决定或建议。

④竣工验收委员会名单及建设项目有关单位代表签名。竣工验收后办理工程交接手续,正式将工程转交给管理养护单位,通车运营。

（7）归档文件内容。归档文件包括交工验收报告、竣工验收申请及批准文件、竣工验收鉴定书。

3.4.3　交工验收中的质量检查

1. 分阶段的质量检查

（1）对施工准备工作的检查。①对原材料、半成品、成品和构配件等进行质量检查，试制新产品，对新技术、新工艺应用等进行事先试验检查；②对工程地质、测量定位、标高等资料进行复核检查；③对构配件放样图纸有无差错进行复核检查。

（2）对施工过程的检查。①对分部（分项）工程的各道工序进行检查，坚持上道工序不合格不能进行下道工序施工。②隐蔽工程项目是否做好隐蔽工程检查记录并归档。③施工现场所用混凝土、砂浆是否按规定取样，进行强度试验。④原材料和半成品进场是否验收材料性能试验报告，如水泥、沥青、钢材等。

（3）交工验收的检查内容。①检查施工过程中的自检原始记录；②检查施工过程中的技术档案资料；③竣工项目外观检查；④使用功能检查；等等。

2. 质量检验方法

（1）全数检验。对工程逐项进行检查。全数检验工作量大，只用于关键或质量要求特别严格的分项、分部工程和非破坏性检查。

（2）抽样检查。对要检查的内容，从总体中按一定比例抽出部分子样进行检查，判断总体质量情况。在工程检查中，多采用抽样检查，且多采用随机抽样的方法，避免抽样的片面性和倾向性。

3. 主要分项工程检查

（1）路基土石方工程质量检查。

①路基宽度和标高（包括边沟）。

②路基的平面位置。

③边坡坡度及边坡加固。

④排水设施的尺寸及底面纵坡。

⑤填土压实度、弯沉值。

⑥取土坑、弃土堆、护坡道、截水沟、渗水井的位置和形式。

⑦隐蔽工程记录。

验收时，应检查各项已完工程是否与批准的设计相符，不符合设计和标准、规范的，应设法进行整修。

（2）路面基层检查验收。

①判定路面结构层质量是否合格时，以1～3 km长的路段为评定单位。

②检查施工原始记录，对上述检查内容进行初步评定。

③进行抽样检查。抽样必须是随机的，不能带有任何倾向性。

④竣工检查的数量和合格标准值应符合技术规范的规定，检查高程、压实度、强度、厚度、宽度、横坡度和平整度等。

（3）水泥混凝土路面竣工验收。

水泥混凝土路面质量检查的主要内容有：弯拉强度、平整度、抗滑构造深度、相邻板高差、纵横缝顺直度、中线平面偏位、路面宽度、纵断面高程和横坡度。

混凝土板的质量应符合规范规定。板面外观不应有露石、蜂窝、麻面、裂缝、脱皮、啮边、掉角、印痕和轮迹等。接缝填缝应平实、黏结牢固、缝缘清洁、整齐。

（4）沥青路面验收。

在施工过程中，主要抽查沥青材料的针入度（黏度）、软化点、延度，还应对沥青混凝土混合料的性能进行抽样检查，检查项目包括马歇尔稳定度、流值、空隙率、饱和度等。

（5）桥涵工程检查验收。

①明挖地基检验。明挖地基在开挖过程中应检查开挖尺寸、边坡稳定性，开挖完成后需对地基承载力进行检测，可采用标准贯入试验、静力触探试验等方法，确保地基承载力满足设计要求。

②钻孔灌注桩检验。在终孔和清孔后，应使用仪器对成孔的孔位、孔深、孔形、孔径、竖直度（斜度）、泥浆相对密度、孔底沉淀厚度进行检验。还应以钻芯取样法、超声波法、机械阻抗法、水电效应法等无损检测方法对钻孔灌注桩的均匀性进行检测。

③钢筋工程和混凝土工程检验。钢筋工程检验时，要检查钢筋的品种、规格、数量、位置是否符合设计要求，钢筋的连接方式、接头位置及数量是否符合规范规定；混凝土工程检验需关注混凝土的配合比、浇筑质量，如有无蜂窝、麻面、露筋等缺陷，同时要对混凝土强度进行抽样检测。

④砌体工程检验。砌体所用各项材料的类别、规格及质量应符合要求；砌缝砂浆或混凝土铺填应饱满，强度符合要求；砌缝宽度、错缝距离应符合规定；勾缝坚固、整齐，深度和形式符合要求；砌筑方法正确；砌体位置、尺寸符合要求，不超过允许偏差。

⑤墩、台及安装工程检验。墩、台桩嵌入基座的深度及基础的埋置深度，必须符合设计规定；墩、台的倾斜度、顶面标高、平面位置、相邻墩、台间距应符合要求，且误差不超过规范规定。

⑥简支梁、板安装完成时，相邻构件顶面高差、支座平面位置、支座边缘四周高差符合规范规定。

⑦桥面伸缩缝应上下贯通，缝中应填塞有弹性的耐高温材料，不得有堵塞和变形情况；防水层（包括与泄水管衔接处）、伸缩缝、沉降缝不得漏水或使水渗入结构体内；拱脚附近坡面处的防水层不许有滑溜、挤损情况；安全带、缘石、人行道、栏杆、灯柱必须牢固，线条顺适，整齐美观；各种缝隙应灌浆抹平。

上述检查多是在施工过程中进行的，但在竣工验收时必须提供相关资料，作为评定工程质量的依据。

第 4 章　运营阶段管理

4.1 公路路政管理

公路作为重要的基础设施,具有显著的公共属性和服务功能。《中华人民共和国公路法》《公路安全保护条例》等法律、法规明确规定,公路路政管理应当以保障安全、畅通、完好为目标,依法保护公路路产,维护公路路权。

4.1.1 概述

1. 公路路政管理的概念

公路路政管理是指交通运输主管部门和公路管理机构依据《中华人民共和国公路法》《公路安全保护条例》等法律、法规,对公路、公路用地及附属设施实施的行政管理活动。现代路政管理主要采取以下手段:行政手段,即行政许可、行政检查、行政处罚等;技术手段,即运用信息化监测、电子取证等技术;法律手段,即依法查处违法行为;信用手段,即建立路政管理信用体系。

公路路产是指公路财产,主要包括公路、公路用地、公路附属设施。公路附属设施是指为保护、养护公路和保障公路安全畅通所设置的防护、排水、养护、管理、服务、安全、渡运、监控、通信、照明、收费等设施和设备,以及专用建筑物、构筑物等。

公路路权是指公路路产的所有权、经营权和管理权,也表现为交通运输主管部门为排除非法侵占公路路产而拥有的行政管理权和民事权益。

公路路政管理的主要任务有以下四个方面。

(1)保护路产。公路路政管理的基本内容是保证路产完好,保障道路畅通。

(2)维护路权。维护路权的内容是:控制公路两侧建筑红线,审理跨越、穿越公路的各种管线和渠道,审理各种涉及公路的路权问题。具体来说,在公路用地和所属空间范围内,依法建设各种设施或构造物,如管线、渠道、建筑物等时,必须符合《公路工程技术标准》(JTG B01—2014)的要求,事先经过有关公路路政管理部门同意;影响交通安全的,还需征得有关公安机关的同意。

(3)维持秩序。维持公路工作正常秩序,保障车辆安全通行。

(4)保护权益。为了保持公路的完好,公路路政管理机构和从业人员应当运用公路路政管理法规,依法检查、处理各种侵害公路用地、破坏公路和设施的行为。从业人员在公路及公路用地范围内从事生产、执行公务时的合法权益受到法律保护。

2. 公路路政管理的特点

公路路政管理是依据国家和地方有关法律、法规,由各级交通运输主管部门、公路管理机构,对公路进行的行政管理。管理对象包括人、社会组织、物质资源(路产)、时空资源、路权和信息资源。管理范围主要是公路两侧建筑控制区所涵盖的范围。

公路路政管理属于专业化的国家行政管理,不同于一般的社会活动,有其自身的特点。

(1)社会性。公路作为基础设施,如果建成后不加以有效保护与管理,就不能发挥其应有的社会经济效益,这就决定了公路路政管理的社会性。公路的社会性还表现在它的公用性和开放性方面,其使用及维护不仅涉及广大群众的利益,还与沿线工业、农业、邮电、治安、国防等部门发生联系,争取群众和各部门的支持配合,提升公众的爱路、护路意识,使广大群众自觉遵守有关公路管理法规,才能真正做好公路路政管理工作。

（2）法治性。公路路政管理是代表国家履行管理职能的一种执法活动,是国家行政管理的一部分。《中华人民共和国公路法》及有关法规,从公路行政管理、社会生活及国民经济发展的全局出发,对有关法律关系、行为规范、法律责任都作出了明确的规定,体现了国家意志。任何个人和组织违反相关规定,都要受到法律制裁。

（3）特定性。公路是一个实行全面多维管理和昼夜开放、连续运营的系统,管理工作主要集中在建筑控制区内。因此公路路政管理是一种全天候、全方位、全区域的路上跟踪管理。

（4）服务性。公路路政管理的职责向多元化拓展,除保护路产不受侵犯和维护设施完整外,还包括行车秩序维护、完善及监督服务区经营（高速公路）、路况信息提供、清理排除路上障碍、参与抢险救护及其他管理职能。公路路政管理的根本在于保障公路的安全、完好、畅通,为使用者提供良好的交通服务。

（5）复杂性。一方面,公路本身具有的公用性、开放性和基础性,决定了它与千家万户有密切联系,与周边的城市建设规划、水利、工农业发展也有着密切的联系,意味着公路路政管理的影响因素繁杂。另一方面,公路本身技术含量高、交通工程设施复杂、筹资渠道多、经营方式多样,公路路政管理在执行和协调上具有复杂性。集中表现在执法管理与服务管理交织,全线管理与属地管理交织,人、车、路、社会组织等管理对象交织,公路管理的不同业务交织,增加了公路路政管理工作的复杂程度。

3．公路路政管理外业工作

（1）路政巡逻。

路政巡逻的主要任务是:路产及标志、标线巡查,公路建筑红线内的状况巡查,通报路产、故障车辆及事故情况,记录并向值班室汇报公路及相关设施状况,向公路用户提供及时帮助,发现、处理紧急事宜。高密度的路况巡查是现阶段保障公路安全畅通的重要措施。采取高密度的路况巡查,能有效地发现问题、及时赶到事故现场,保护现场,进行紧急救援,使事故损失降到最低限度。通过路政巡逻,还能及时发现事故隐患,积极采取有效措施,防患于未然。

路政巡逻人员应依照法律、法规规定,着装整齐,持证上岗,巡逻工具设备完好、安全,分工合理,巡逻速度适中,并将巡逻情况及时汇报、记录备案,以在路政纠纷中能有效提供事故当日履行路况巡查义务的相关证据。

（2）紧急突发事故（件）中的公路路政管理。

路政人员在事故（件）突然发生时,应做好以下工作。

①救援。在现场摆放标志以防引发其他事故,撤离、救护司乘人员、伤员,清除隐患和排除道路侵害,抢救贵重物品和司乘人员财产,保护路产。

②勘察。有路产损害的,要做好现场勘察,做询问记录,计算路产损失。

③拖带故障车辆。

④排除路障。

（3）路上作业及恶劣天气条件下的公路路政管理。

①作业现场的秩序维护。在发生事故或开展清障、养护作业时,路政人员应维护好现场作业秩序,引导车辆安全通过。

②在恶劣天气条件下,加大巡查密度,疏导车辆,通报路况信息,必要时协助公路管理部门和经营部门采取控制车辆通行的措施。

（4）核发许可证。

当占用、利用公路用地及设施,开挖沟渠,修建上跨、下跨桥涵、管线和其他设施,设置广告、标志牌,修建临时设施等时,公路路政管理部门要审查和发放许可证,并监督检查其施工过程,维护公路安全。超限车辆要在公路上行驶,必须经公路路政管理部门审核同意,并在限定的时间和线路上行驶。公路上花草树木的砍伐也必须经公路路政管理部门的许可。

（5）路政索赔与处罚。

路政处罚是交通运输主管部门及其确定的公路管理机构依据法律、法规对违法当事人给予法律制裁的行政行为,属于行政执法的范畴。《中华人民共和国公路法》在第五章"路政管理"和第八章"法律责任"中对公路路政管理的执行和处罚做了明确的规定,使公路路政管理工作有法可依。造成公路路产损失的,要依法追究赔偿责任,索赔项目可参考表4.1。

表 4.1　公路路产索赔项目分类表

部　　位	违 法 行 为
公路用地	挖掘公路用地,占用公路用地,在公路用地范围内取土、挖沙、开荒、采石、放牧
路面	损坏路面、占用路面、污染路面、挖掘路面、挖掘土路肩、散落脏物、试刹车
桥涵	损坏桥头端柱、护栏柱、锥坡、护轮带、挡墙、桥面、照明设施,超载过桥,堵塞和挖掘河道
排水设施	损坏缘石、集中泄水槽、泄水井
交通工程设施	损坏里程碑、界桩、防撞护栏、防眩设施、限速板、情报板、紧急电话及高速公路标志
绿化	损坏树木、草坪、花卉、景区设施
收费设施	损坏收费亭和收费设备
其他设施	损坏封闭隔离栅、围栅、通信设施、监控设施、服务区设施、广告牌等

路政处罚形式主要有:警告、恢复原状、返还原物、赔偿损失、罚款、暂扣行车执照、扣留营运证、治安管理处罚等。对于构成犯罪的,移交司法机关追究刑事责任。路政处罚应贯彻处罚与教育并重、预防为主的方针。

路政处罚和索赔要依法定程序进行:立案、调查取证、处罚决定、处罚执行、结果归档。在当事人对处罚决定不服而发生行政复议或行政诉讼的路政案件中,公路路政管理机构还要参与路政复议,进行路政诉讼。

4. 公路路政管理内业工作

公路路政管理内业工作是公路路政管理工作得以顺利开展的基础,科学规范的内业工作可以极大地提高路政管理的效率和质量。公路路政管理内业工作一般来说包含以下内容。

（1）值班室内业管理。

公路路政值班室的管理集中在信息管理和服务上,主要涉及巡逻管理,及时了解路况、发布信息,在紧急事件中统一协调、指挥以及其他路政管理业务。路政管理内业人员应利用公路通信监控系统,做好信息采集、处理、分析服务工作,使路政管理工作更有主动性和针对性。

（2）路政档案、装备经费、票据管理。

路政档案是路政管理机构在路政管理活动中形成的,包括作为原始记录保存起来的以备查考的文字、图表、声像及通过其他各种方式和载体保存的资料。在经营方式和主体多样化的公路上,维护国家权益,确保国家对公路运营的有效管理监督,路政档案是重要的依据。路政档案主要包括路产档案、路政处理档案、路政处罚档案、路政复议档案、路政诉讼档案、路政审批档案、违法建筑档案、路政人员档案等。

路政的装备经费是开展路政管理活动的必要条件,对装备经费进行科学合理管理,有利于提高装备利用质量,节约经费。对路政管理票据的统一严格管理,可防范违法违纪事件发生。

要强化路政档案管理,建立健全路产、装备、路政处罚、路政复议、路政诉讼等档案,并制定严格的档案更新、保存等管理制度。公路用地、留地及其附属设施用地,由于历史原因尚未确认权属的,各级交通运输主管部门和公路管理机构要尽快会同土地管理部门做好清理、勘察、登记造册和确权工作,明确用地界线。

(3) 路政管理制度。

路政管理制度是路政管理机构正常运转的守则和规范,是提高路政管理业务水平的保证。一般有以下内容:岗位责任制度、主要工作制度、主要管理办法、操作程序或规范、考核及奖惩标准等。路政管理制度的完善需要工作人员在实践中发现新问题、分析新情况并对制度加以修订。路政管理要严格执行《中华人民共和国公路法》和《路政管理规定》等法律、法规,依法行政、依法治路。

(4) 路政管理工作人员培训。

路政管理工作人员培训的主要内容有:政策法规培训、业务知识培训、基本技能培训、执法培训等。要加强对路政管理工作人员的培训和考核工作。制定路政管理工作人员岗位培训规范,提高路政管理工作人员的业务水平、文化素质和职业道德。推行执法责任制、评议考核制,提高路政执法水平,并建立一整套考核和监督检查制度。努力造就一支具有良好职业道德和奉献精神的公路路政管理队伍。

4.1.2 公路路产、路权管理

1. 地方政府的路产保护职责

《中华人民共和国公路法》第 43 条规定:"各级地方人民政府应当采取措施,加强对公路的保护。县级以上地方人民政府交通主管部门应当认真履行职责,依法做好公路保护工作,并努力采用科学的管理方法和先进的技术手段,提高公路管理水平,逐步完善公路服务设施,保障公路的完好、安全和畅通。"

为了保护公路及公路附属设施,《中华人民共和国公路法》明确了各级地方人民政府在公路保护方面的职责。《中华人民共和国公路法》第 8 条规定:"县级以上地方人民政府交通主管部门主管本行政区域内的公路工作;但是,县级以上地方人民政府交通主管部门对国道、省道的管理、监督职责,由省、自治区、直辖市人民政府确定。"为了切实有效地保护公路路产、路权,应当明确各级人民政府在公路保护方面的职责。

县级以上地方人民政府交通运输主管部门要认真履行法律规定的各项路政管理职责,依法做好公路保护工作,保障公路的完好、安全和畅通。所谓完好,是指采取多种方式使公路质量和技术等级符合设计标准,不致因使用等而引发公路质量下降。所谓安全,是指通过路政管理消除各种安全隐患,确保公路使用者的通行安全。所谓畅通,是指通过路政管理,消除影响交通顺畅的各种障碍。

要确保公路的完好、安全和畅通,除逐步完善公路服务设施外,还必须提高路政管理水平,这就要求各级交通运输主管部门采用科学的管理方法和先进的技术手段实施公路路政管理。一方面,要提高路政管理人员的素质,经常对路政管理人员进行业务培训;另一方面,要充分发挥现代科技的作用,不断更

新路政装备,造就一支素质高、装备精、纪律严明的路政执法队伍。

2. 对占用、挖掘公路行为的管理

任意占用、挖掘公路,不仅影响公路的完好、安全、畅通,而且会影响公路的路容、路貌,降低公路的有效使用年限,甚至会影响交通安全,引发交通事故。因此,在一般情况下,不允许占用、挖掘公路。

《中华人民共和国公路法》第44条规定:"任何单位和个人不得擅自占用、挖掘公路。因修建铁路、机场、电站、通信设施、水利工程和进行其他建设工程需要占用、挖掘公路或者使公路改线的,建设单位应当事先征得有关交通主管部门的同意;影响交通安全的,还须征得有关公安机关的同意。占用、挖掘公路或者使公路改线的,建设单位应当按照不低于该段公路原有的技术标准予以修复、改建或者给予相应的经济补偿。"因此,对公路的占用、挖掘是有限制的。因工程建设需要占用、挖掘公路的,建设单位应事先征得交通运输主管部门的同意,并予以修复或给予相应经济补偿。对于因修建铁路、机场、电站、通信设施、水利工程等确实需要占用、挖掘或者使公路改线的,现行的法律条款从国家建设的全局出发,为了协调各种工程建设之间的关系,保证各项建设工程顺利进行,没有一律予以禁止,而是采取了附条件允许的方式,即建设单位应当事先征得交通运输主管部门的同意,影响交通安全的,还需征得有关公安机关的同意。

在路政管理实践中,对挖掘、占用公路的审批可按如下步骤进行。

(1)申请。

建设单位需要挖掘、占用公路的,需向路政管理机构提出申请,填写挖掘、占用公路申请表。申请表包括申请挖掘地点、申请理由、施工期限、挖掘种类及数量等内容,建设单位同时还需向路政管理机构提供施工计划和施工平面图等文件。

(2)审核。

路政管理机构在审核挖掘、占用公路的申请时,对具有下列情况之一的,应暂缓批准或者不予批准。

①主要干线公路一般禁止挖掘。

②新建、改建的公路或高等级公路5年内原则上不得挖掘路面。

③公路重要交叉道口、交通量大的地段,一般禁止挖掘。

④节假日或其他重要时期,一般不批准占用、挖掘道路。

⑤其他严重影响交通秩序的。

《路政管理规定》第19条规定:"交通主管部门或者其设置的公路管理机构自接到申请书之日起15日内应当作出决定。作出批准或者同意的决定的,应当签发相应的许可证;作出不批准或者不同意的决定的,应当书面告知,并说明理由。"

(3)颁发许可证。

路政管理机构对建设单位的申请进行审核后,认为申请符合规定要求的,颁发许可证,并与申请单位签订协议,明确以下内容。

①申请单位应按核定的路段、期限、范围进行施工。

②缴纳公路路产损失赔偿费,并接受路政管理人员的检查与监督。

③申请单位在施工期间,应采取有效措施,设置必要的安全设施和交通标志,维护车辆和行人的安全通行。

④申请单位应对因施工而引起的人员财产损失承担法律责任。

⑤建设工程占用、挖掘公路会影响到交通安全时,还需征得有关公安机关的同意。

占用、挖掘公路或者使公路改线的,建设单位应当承担相应的义务。主要是:对占用、挖掘的公路,建设单位要予以修复,并且不低于该段公路原有的技术标准;对公路改线的,建设单位要按照不低于原有技术标准的要求,对公路予以改建;对不进行修复或改建的,可以给予相应的经济补偿,再由有关部门组织公路修复或改建工作,以保证公路符合原有技术标准要求。

《中华人民共和国公路法》第 76 条规定,有下列违法行为之一的,由交通运输主管部门责令停止违法行为,可以处 3 万元以下的罚款。

①违反本法第 44 条第一款规定,擅自占用、挖掘公路的。

②违反本法第 45 条规定,未经同意或者未按照公路工程技术标准的要求修建桥梁、渡槽或者架设、埋设管线、电缆等设施的。

③违反本法第 47 条规定,从事危及公路安全的作业的。

④违反本法第 48 条规定,铁轮车、履带车和其他可能损害路面的机具擅自在公路上行驶的。

⑤违反本法第 50 条规定,车辆超限使用汽车渡船或者在公路上擅自超限行驶的。

⑥违反本法第 52 条、第 56 条规定,损坏、移动、涂改公路附属设施或者损坏、挪动建筑控制区的标桩、界桩,可能危及公路安全的。

3. 对影响公路畅通和安全行为的管理

(1) 对跨越、穿越公路及在公路用地范围内修建、架设或埋设设施行为的管理。

在公路上空或公路下方修建跨越、穿越公路的桥梁、渡槽、渠道、涵洞或者架设、埋设管线等设施,以及在公路用地范围内架设、埋设管线、电缆等设施,可能直接或者间接影响公路的畅通和安全,因此《中华人民共和国公路法》对上述行为的管理作出了专门规定。

《中华人民共和国公路法》第 45 条规定:"跨越、穿越公路修建桥梁、渡槽或者架设、埋设管线等设施的,以及在公路用地范围内架设、埋设管线、电缆等设施的,应当事先经有关交通主管部门同意,影响交通安全的,还须征得有关公安机关的同意;所修建、架设或者埋设的设施应当符合公路工程技术标准的要求。对公路造成损坏的,应当按照损坏程度给予补偿。"根据这一规定,对跨越、穿越公路及在公路用地范围内修建、架设或埋设设施行为的管理,要做好以下几方面的工作。

①建立审批制度。

建设单位在施工之前,应当向有关交通运输主管部门提出申请,经批准后,方可施工。对于施工行为影响交通安全的,建设单位还需征得有关公安机关的同意。

②明确施工要求。

无论是跨越、穿越公路修建桥梁、渡槽,架设、埋设管线、电缆等设施,还是在公路用地范围内架设、埋设管线、电缆等设施,都应当符合《公路工程技术标准》(JTG B01—2014)和《公路路线设计规范》(JTG D20—2017)对管线与公路交叉的专门规定。

③给予经济补偿。

无论是跨越、穿越公路,还是在公路用地范围内进行设施的修建、敷设或架设,对公路造成损坏的,应当给予补偿。

《中华人民共和国公路法》第 76 条规定:从事危及公路安全的作业的,由交通运输主管部门责令停止违法行为,并可处以 3 万元以下的罚款。

（2）对损坏、污染公路，影响公路畅通，危及公路安全行为的管理。

《中华人民共和国公路法》第 46 条规定："任何单位和个人不得在公路上及公路用地范围内摆摊设点、堆放物品、倾倒垃圾、设置障碍、挖沟引水、利用公路边沟排放污物或者进行其他损坏、污染公路和影响公路畅通的活动。"对于公路用地，《中华人民共和国公路法》第 34 条规定："县级以上地方人民政府应当确定公路两侧边沟（截水沟、坡脚护坡道，下同）外缘起不少于一米的公路用地。"对损坏、污染公路，影响公路畅通，危及公路安全行为的管理，要做好以下几方面的工作。

①禁止损坏公路的行为。为了保证公路的畅通与安全，对于擅自挖掘公路、利用公路路面排水、在公路用地范围内挖沟引水排水的行为，应严格予以禁止。

②禁止污染公路的行为。在公路上倾倒垃圾、利用公路边沟排放污物等行为，都会对公路造成污染，进而影响公路的畅通与安全，应当予以禁止。

③禁止影响公路畅通的行为。在公路上及公路用地范围内摆摊设点、堆放物品、设置障碍等，直接影响公路的畅通，应当予以禁止。

如违反规定，《中华人民共和国公路法》第 77 条提出了相关处理措施："造成公路路面损坏、污染或者影响公路畅通的……由交通主管部门责令停止违法行为，可以处五千元以下的罚款。"

（3）对危及公路、桥梁、隧道、渡口安全行为的管理。

为了保证公路、公路桥梁、公路隧道、公路渡口的安全，《中华人民共和国公路法》第 47 条规定"在大中型公路桥梁和渡口周围二百米、公路隧道上方和洞口外一百米范围内，以及在公路两侧一定距离内，不得挖砂、采石、取土、倾倒废弃物，不得进行爆破作业及其他危及公路、公路桥梁、公路隧道、公路渡口安全的活动。在前款范围内因抢险、防汛需要修筑堤坝、压缩或者拓宽河床的，应当事先报经省、自治区、直辖市人民政府交通主管部门会同水行政主管部门批准，并采取有效的保护有关的公路、公路桥梁、公路隧道、公路渡口安全的措施"。

对危及公路、桥梁、隧道、渡口安全行为的管理也可参考《中华人民共和国公路法》第 76 条规定。

4. 公路附属设施管理

公路附属设施可分为公路安全设施、公路交通管理设施、公路防护设施、公路服务设施等。

公路安全设施包括：①高速公路和一级公路上供行人、自行车等横向跨越的跨线桥或地下通道；②高速公路和一级公路上的分车道护栏、防护网，各级公路的高路堤、桥头引道、极限最小半径、陡坡等地段设置的护栏、警示桩等；③各级公路上为保证夜间行车安全和畅通而设置的反光标志及其他照明设备；④公路上为诱导驾驶人员视线、保证行车安全而标明公路边缘及线形的诱导标志和标线；⑤在视线不良的急弯和交叉处，为配合其他保证行车安全措施而设置的标志，如反光镜或强制分车带等。

公路交通管理设施包括：①道路交通标志和交通标线；②在高速公路、一级公路上特定地段设置的随时通报公路、气象、交通情况和交通限制等信息的可变式公路情报板；③为监视高速公路、一级公路上的交通事故等道路情况和天气情况等而设置的交通监控设备。

公路防护设施是指防护构造物，包括为防止塌方、泥石流、坠石、雪崩、风吹雪、积砂、水毁等妨碍交通或损坏公路的病害而设置的各种挡墙、驳岸、导流坝、护坡和防雪走廊等。

公路服务设施是指在高速公路、一级公路、二级公路上，根据交通量大小、路段长度、沿线景观、地形等条件设置的服务区等服务设施。

公路附属设施对于公路的保护、养护和保障公路安全、畅通具有十分重要的作用。《中华人民共和国公路法》第 52 条规定:"任何单位和个人不得损坏、擅自移动、涂改公路附属设施。"

在公路上设置商业广告、宣传标志等非公路交通标志,会直接影响交通标志的视认效果和造成驾驶员信息过载,影响交通安全。因此,必须对非公路交通标志进行控制,以保证交通标志清晰、醒目,及时指导驾驶人员注意行车信息,保障道路的安全畅通。《中华人民共和国公路法》第 54 条规定:"任何单位和个人未经县级以上地方人民政府交通主管部门批准,不得在公路用地范围内设置公路标志以外的其他标志。"这一规定表明,在公路用地范围内设置公路标志以外的其他标志,必须经县级以上地方人民政府交通运输主管部门批准。否则是违法行为,县级以上地方人民政府交通运输主管部门应当严格审批。

5. 公路平面交叉道口管理

公路的平面交叉,主要是指公路与公路的交叉、公路与铁路的交叉、公路与乡村道路的交叉、公路与沿线单位进出道口的交叉等。公路交叉道口对公路的使用质量、通过能力和交通安全有着直接的影响。交叉道口的增加,会增加对车辆的横向干扰,降低车辆的通过能力和道路的使用寿命,影响道路的交通安全。因此,《中华人民共和国公路法》第 55 条规定:"在公路上增设平面交叉道口,必须按照国家有关规定经过批准,并按照国家规定的技术标准建设。"在公路上增设平交道口,是指在公路的原设计图纸(或路况记录)没有交叉道口的地方增设供车辆出入公路的道口。增设交叉道口,必须经县级以上地方人民政府交通运输主管部门批准,且应符合《公路工程技术标准》(JTG B01—2014)及《公路路线设计规范》(JTG D20—2017)的规定。

6. 管线与公路交叉管理

《中华人民共和国公路法》第 56 条规定"除公路防护、养护需要的以外,禁止在公路两侧的建筑控制区内修建建筑物和地面构筑物;需要在建筑控制区内埋设管线、电缆等设施的,应当事先经县级以上地方人民政府交通主管部门批准",第 81 条规定"违反本法第 56 条规定,在公路建筑控制区内修建建筑物、地面构筑物或者擅自埋设管线、电缆等设施的,由交通主管部门责令限期拆除,并可以处五万元以下的罚款。逾期不拆除的,由交通主管部门拆除,有关费用由建造者、构筑者承担"。

管线与公路交叉或接近,会影响公路的安全和畅通。因此,路政管理机构要加强对管线与公路交叉或接近的管理。

各种管线工程设施与公路交叉或接近时,必须符合《公路路线设计规范》(JTG D20—2017)的规定,并符合各种与之有关的行业规范的要求。

对需要在建筑控制区内埋设管线、电缆等设施的,路政管理机构应重点从以下方面审查建设单位的申请。

(1)审查是否确实需要在建筑控制区内设置。

(2)如果确实需要,根据《公路路线设计规范》(JTG D20—2017),审查申请建设的线路与公路的交叉角、最小垂直距离、最小水平距离是否符合规定,对达不到要求的提出处理意见,并要求管线尽可能不设置在公路用地范围内。

(3)签订协议,明确施工内容,施工期限,施工期间的安全措施,损坏公路路产的修复措施,挖掘、占用公路的赔偿费用,施工过程中发生事故的法律责任和今后公路改扩建需要时管线无条件迁移或加固等。

4.1.3 公路超限运输管理

1. 超限运输

车辆的轴荷对公路路面的使用寿命有较大影响,如果车辆的轴荷超过公路的设计标准,将会导致公路路面的早期破坏,缩短其使用寿命,进而需要增加大量的改建、维修、养护费用,所以国家对车辆的轴荷限值作出了相关规定。行驶在公路上的车辆的车货总质量是公路路面、桥梁、涵洞质量及安全的主要影响因素之一。国家为保障公路运输安全,防止车货总质量超过桥梁、涵洞的极限承载力,作出了极为严格的限值规定。

超限运输是指在公路上行驶的机动车、挂车及汽车列车,其总质量、轴荷超过公路、桥梁的设计承载标准,或外廓尺寸超过国家规定限值的行为。具体限值标准如下。

(1) 轴荷限值。单轴(每侧单轮胎)7 t,单轴(每侧双轮胎,非驱动轴)10 t,单轴(每侧双轮胎,驱动轴)11.5 t;二轴组(轴距<1000 mm)11.5 t,二轴组(轴距≥1000 mm,且<1300 mm)16 t,二轴组(轴距≥1300 mm,且<1800 mm)18 t,二轴组[轴距≥1800 mm(仅挂车)]18 t;三轴组(相邻两轴之间距离≤1300 mm)21 t,三轴组(相邻两轴之间距离>1300 mm,且≤1400 mm)24 t。

(2) 最大允许总质量限值。三轮汽车 2 t;乘用车 4.5 t;二轴客车、货车及半挂牵引车 18 t;三轴客车、货车及半挂牵引车 25 t;单铰接客车 28 t;双转向轴四轴货车 31 t;半挂车(一轴)18 t,半挂车(二轴)35 t,半挂车(三轴)40 t;牵引杆挂车(二轴,每轴每侧为单轮胎)12 t,牵引杆挂车(二轴,一轴每侧为单轮胎、另一轴每侧为双轮胎)16 t,牵引杆挂车(二轴,每轴每侧为双轮胎)18 t;中置轴挂车(一轴)10 t,中置轴挂车(二轴)18 t,中置轴挂车(三轴)24 t;汽车列车(三轴)27 t,汽车列车(四轴)36 t,汽车列车(五轴)43 t,汽车列车(六轴)49 t。

(3) 外廓尺寸限值。三轮汽车长、宽、高分别限值 4.6 m、1.6 m、2 m,低速货车长、宽、高分别限值 6 m、2 m、2.5 m,货车及半挂牵引车长、宽、高分别限值 12 m、2.55 m、4 m;乘用车及二轴客车长、宽、高分别限值 12 m、2.55 m、4 m,三轴客车长、宽、高分别限值 13.7 m、2.55 m、4 m,单铰接客车长、宽、高分别限值 18 m、2.55 m、4 m;半挂车长、宽、高分别限值 13.75 m、2.55 m、4 m,中置轴、牵引杆挂车长、宽、高分别限值 12 m、2.55 m、4 m;乘用车列车长、宽、高分别限值 14.5 m、2.55 m、4 m,铰接列车长、宽、高分别限值 17.1 m、2.55 m、4 m,货车列车长、宽、高分别限值 20 m、2.55 m、4 m。

车辆的超限和超载是两个既有区别,又密切联系的概念。超载是指运输车辆所装载的货物重量超过该车辆的核定载重量(即车辆行驶证上的核定载重量)。一辆汽车可以处于超限但不超载的状态,也可以处于超载但不超限的状态,还可以处于既超载又超限的状态。设计轴重(也称"轴荷")高于公路承载力限值的重型汽车,容易超限不超载;一般中小型货车容易超载不超限。

2. 超限运输产生的原因

(1) 汽车运输企业为了降低运输成本,提高经济效益,发展大吨位货车。我国在 20 世纪 80 年代初从国外大量引进大型牵引车、大型挂车以及重型车辆生产技术后,公路上行驶的大型和重型运输车辆迅速增加。但是,由于公路建设时间长、投资大、分布广、使用周期长以及历史、地理等多种原因,不能与大型和重型汽车同步发展,路面的承载力无法满足日益增长的汽车荷载的要求,从而形成超限运输。随着我国公路建设水平的提高,这一矛盾逐渐消除。

(2) 大件运输的需要。随着工业设备向大型、重型方向发展,产生了大件运输需要。超限运输一般经过严格的审批,有较强的计划性,事先经过周密的勘查、论证,采取预防措施,加之频率不高,因而对公路不会造成故意损坏。经过批准可特许这类超限运输车辆上路行驶,或对路、桥进行必要的加固以后上路行驶。

(3) 恶意超限。一些运输企业片面追求自身经济效益而恶意超限,对公路危害极大。这类超限运输是公路管理机构的重点治理对象。

3. 超限运输的危害性

(1) 对公路造成毁损,缩短公路路面使用寿命,导致桥梁、涵洞垮塌。相关研究显示,轴荷超限会使水泥路面的使用年限缩短 40％左右,沥青路面的使用年限缩短 20％～30％。使用年限为 15 年的高速公路路面,在超限运输的情况下,只能使用 8 年左右。

(2) 影响交通安全,引发交通事故。车辆在超限行驶时,重心不稳,发动机长时间超负荷运转,制动性能严重衰减,易引发交通安全事故。

(3) 影响公路的利用率。严重超限车辆的行驶速度一般在 30 km/h 以下,远远低于正常行驶速度,加之一些超限运输车辆的体积庞大,影响其他车辆的正常通行,造成公路交通拥挤和阻塞。

4. 对超限运输车辆的管理

超限运输的管理分两个层次,一是特大件或不可解体货物的超限运输,属于特许超限运输,要求车主按规定办理申请与审批手续,公路管理机构为承运人勘选路线,加固桥涵,提供服务,确保安全通行;二是非法追求经济利益的恶意超限运输,属于不合理的超限运输,公路管理机构要严厉制止、依法查处。

(1) 对特许超限运输的管理。

凡是车货总质量、轴荷、外形尺寸超过规定限值的车辆,确需上路行驶的,均须由承运人事先向公路管理机构提出申请,经批准并获得“超限运输车辆通行证”后,方可按规定行驶。跨省、跨地(市)进行超限运输的,由省级公路管理机构受理申请并负责审批;在地(市)区域内进行超限运输的,由地(市)公路管理机构受理申请并负责审批。申请人在向公路管理机构提出超限运输申请时,应提供货物名称、重量、外廓尺寸,运输车辆的厂牌型号、自载质量、轴荷、轴距、轮数、轮胎单位压力、载货时总外廓尺寸等有关资料。对申请人提出的通行路线,公路管理机构要进行审查,必要时还应实地查勘。不能满足超限运输车辆通行要求的公路和桥梁,必须经过改造和加固后,才能允许超限车辆通行。经批准的超限运输车辆只能在三级及以上公路上行驶,四级公路、等外公路和技术状况低于三类的桥梁,不得进行超限运输。

(2) 对恶意超限运输的管理。

对于未经批准违法违章超限运输的车辆,根据现行的法律、法规和规章的规定,可视情节轻重,进行以下处罚:责令立即停止行驶;补办有关手续;限期缴纳路产赔偿、补偿费;暂扣超限运输车辆通行证;罚款。公路管理机构可在公路上设置必要的超限检测装置对车辆进行检查。

5. 特定车辆行驶管理

(1) 铁轮车、履带车及其他可能损害公路路面的机具行驶管理。

由于铁轮车、履带车在公路上行驶,会给公路路面造成严重损害。因此,《中华人民共和国公路法》第 48 条规定:“铁轮车、履带车和其他可能损害公路路面的机具,不得在公路上行驶。农业机械因当地田间作业需要在公路上短距离行驶或者军用车辆执行任务需要在公路上行驶的,可以不受前款限制,但是应当采取安全保护措施。对公路造成损坏的,应当按照损坏程度给予补偿。”

根据以上规定,在一般情况下,铁轮车、履带车和其他可能损害公路路面的机具,不得在公路上行驶,但因农业生产需要,铁轮车、履带车及其他可能损害公路路面的机具可以在公路上行驶,并应当符合法律规定的条件:①必须是农用机械;②必须是因当地田间作业需要;③必须是短距离行驶;④必须是因农业生产确实需要在公路上行驶。

在特殊情况下,可能会损害公路路面的机具确实需要在公路上行驶的,首先,须经县级以上地方人民政府交通运输主管部门同意;其次,要采取有效的防护措施,如可用草袋、稻草、麦秸或木板等垫铺;再次,要按照公安机关指定的时间和路线行驶,以减少对公路交通的影响;最后,因通行给公路造成损坏的,应当按照损坏程度给予补偿。《中华人民共和国公路法》第76条针对相关违法行为做出了处罚规定。

（2）公路试刹车管理。

在公路上进行试刹车,对公路路面的破坏是十分明显的,会形成车辙或坑槽,影响交通安全。因此,《中华人民共和国公路法》第51条规定"机动车制造厂和其他单位不得将公路作为检验机动车制动性能的试车场地",第77条规定"将公路作为试车场地的,由交通主管部门责令停止违法行为,可以处五千元以下的罚款"。

4.1.4 公路建筑控制区管理

1. 公路建筑控制区

公路两侧的建筑控制区是指由公路沿线县级以上地方人民政府,按照国务院有关规定,在公路两侧划定一定的区域,在该区域内禁止修建永久性工程设施,包括建筑物和地面构筑物。其中,永久性工程设施与永久性构造物或设施是指在公路两侧边沟控制区范围的地面或地下,采用耐久性建筑材料(如钢、钢筋混凝土、水泥、砖、木、石及其他材料等)构筑的,使用期限在半年以上的各种构造物或设施。

参考《中华人民共和国公路法》第56条的规定,建筑控制区的范围由县级以上地方人民政府按照保障公路运行安全和节约用地的原则,依照国务院的规定划定。

2. 公路建筑控制区的管理

公路在国民经济发展中发挥了重要作用,各地在公路沿线建设经济开发区,倡导沿路经济,公路两侧饭店、商店、加油站等建设项目越来越多,公路街道化,严重影响了公路效益的发挥,阻碍了公路的进一步扩建、改建,增加了国家对公路改扩建的投资,影响了行车安全和公路的路容路貌。必须重视公路建筑控制区的管理,合理、高效发挥公路的经济及社会效益。

（1）公路建筑控制区内违法建筑形成特点。

①违法建筑形成快、范围广。②违法行为成分复杂。③违法建筑拆除难度大。④违法建筑造成的经济损失大。

（2）公路建筑控制区的管理工作。

划定公路建筑控制区的主要目的:一是考虑公路的远景发展,为公路的拓宽改建留有余地;二是防止公路街道化,保障公路的安全通行,充分发挥公路的效能;三是对公路两侧建筑的控制,可以充分保障驾驶人员有开阔的视野,保障行车安全;四是可以有效地保护公路和公路附属设施。

在路政管理实践中,要做好公路建筑控制区的管理工作,必须抓好以下几方面的工作。

①县级以上地方人民政府要根据《中华人民共和国公路法》的规定,制定规范性文件,确定建筑控制区的范围。

②要做好公路管理法律、法规的宣传工作。路政管理机构要向公路沿线的单位、个人大力宣传《中华人民共和国公路法》,可以利用广播、电视、报刊等媒体进行宣传。

③参与规划,提前介入,超前控制。制定规范性文件,明确公路两侧的建设规划在规划部门审批之前,路政管理机构要进行前置审批。建立路政群管网络,及时发现问题。

3. 公路建筑控制区的法律规定

对于公路建筑控制区,《中华人民共和国公路法》第 56 条第 3 款规定"建筑控制区范围经县级以上地方人民政府依照前款规定划定后,由县级以上地方人民政府交通主管部门设置标桩、界桩。任何单位和个人不得损坏、擅自挪动该标桩、界桩",第 18 条规定"规划和新建村镇、开发区,应当与公路保持规定的距离并避免在公路两侧对应进行,防止造成公路街道化,影响公路的运行安全与畅通"。

《中华人民共和国公路法》特别规定违法建筑的拆除由交通运输主管部门组织实施,但对罚款未作规定。根据《中华人民共和国行政诉讼法》第 95 条、第 97 条规定"公民、法人或者其他组织拒绝履行判决、裁定、调解书的,行政机关或者第三人可以向第一审人民法院申请强制执行,或者由行政机关依法强制执行""公民、法人或者其他组织对行政行为在法定期限内不提起诉讼又不履行的,行政机关可以申请人民法院强制执行,或者依法强制执行"。在路政管理实践中,对当事人逾期不拆除违法建筑,交通运输主管部门无力拆除的,可根据《中华人民共和国公路法》第 81 条规定处以罚款,再依法申请人民法院强制执行,或者依法强制执行。

4.2　公路养护管理

公路养护是实现公路固定资产简单再生产的必要手段。公路固定资产长期受行车和自然因素的作用,其组成部分必然不断磨损。根据实际磨损程度的不同,需要对公路固定资产经常进行小修保养,定期进行大修、中修和改善;若遇到自然灾害毁坏公路及其附属设施,还需要对公路固定资产进行抢修。其共同目的是及时修复损坏部分,保持公路固定资产的原有形态和功能,保障行车安全、舒适、畅通,实现公路固定资产的简单再生产,并部分实现扩大再生产。

4.2.1　概述

1. 公路养护的概念

公路养护的概念有广义和狭义之分。广义的公路养护,把养护、保养、修理、改善、路政管理都包含在内。狭义的公路养护,主要指公路的日常保养和修理。

从养护工作范围来看,公路养护包括路基、路面、路肩、边沟、桥梁、涵洞、隧道、渡口、各种调治构造物的养护、修理,公路的防洪、防雪、防沙、防水、绿化,以及抢修、恢复等。

从性质上讲,公路养护包括从使用、磨耗、保养、修理到改建的整个简单再生产过程。公路养护工程根据工作性质、规模大小和技术难易程度,划分为小修保养、中修工程、大修工程和改建工程四类。各类养护工程分别包括下列内容。

(1) 小修保养是对管养范围内的公路及其沿线设施经常进行维护保养和修补轻微损坏。它通常由养护工区(站)在年度小修保养定额经费内,按月(旬)安排计划。在安排公路养护计划时,应遵循先干线后支线,先运输繁忙路线后一般路线,先小修保养后大、中修工程的原则。

（2）中修工程是定期对公路及其沿线设施的一般性损坏部分进行修理加固，以恢复公路原有的技术状况。如沥青路面的封层和罩面、路基和人工构造物的局部修补，更换个别构件，以及路基局部裁弯取直，增建、改建涵洞等小型构造物。中修工程是由基层公路管理机构按年（季）安排计划并组织实施的。公路建成交付使用以后，经过车辆的磨耗和自然侵蚀，其原有技术性能逐渐降低。这时，仅靠小修保养已不能恢复其固有特性，需要通过中修、大修或改建工程来恢复、提高其性能。

（3）大修工程是对公路及其沿线设施的较大损伤进行周期性的综合修理，以全面恢复公路原有的技术状况。大修工程主要是全面翻修或补强重铺损坏严重的路面，在原有技术等级内局部改善线形、加宽路面，增建、改建中小桥梁及其他人工构造物。大修工程通常由基层公路管理机构或在其上级机构的帮助下，根据批准的年度计划和工程预算来组织实施。

（4）改建工程是在公路及其沿线设施因不适应现有交通量增长和载荷需要而需提高技术等级及指标时，显著提高公路通行能力的较大工程项目。改建工程通常由省级公路管理机构或地（市）级公路管理机构根据批准的计划和设计预算来组织实施或通过招标确定的承建单位来完成。

此外，对于因当年发生较大自然灾害损毁公路而需要进行的公路抢修和修复工程，可列为专项工程。对当年不能修复的项目，视规模大小列入下年度的中修、大修或改建工程计划。

2. 公路养护政策

2022年4月，交通运输部印发了《"十四五"公路养护管理发展纲要》，明确了"十四五"时期公路养护管理的发展目标和主要任务。"十四五"时期公路养护管理发展思路为：以推动高质量发展为主题，以深化供给侧结构性改革为主线，以改革创新为根本动力，以满足人民日益增长的美好生活需要为根本目的，着力推进设施数字化、养护专业化、管理现代化、运行高效化、服务优质化，全面提升公路养护管理水平，促进公路交通可持续健康发展。

（1）"十四五"时期主要目标。

①公路技术状况。高速公路MQI（highway maintenance quality indicator，公路技术状况指数）优等路率超90%，PQI（pavement maintenance quality index，路面技术状况指数）优等路率超88%；普通国道MQI优良路率，东部90%以上、中部85%以上、西部80%以上，PQI优良路率，东部88%以上、中部80%以上、西部72%以上；普通省道MQI优良路率，东部85%以上、中部80%以上、西部72%以上，PQI优良路率，东部80%以上、中部75%以上、西部70%以上；农村公路MQI优良、中等路率超85%，年均养护工程实施比例不低于5%。

②桥隧养护。高速公路一、二类桥梁比例达到95%，普通国省干线公路一、二类桥梁比例达到90%。2023年底和2025年底，分阶段完成国省干线公路和农村公路2020年底存量四、五类桥梁（隧道）改造。国省干线公路新发现四、五类桥梁（隧道）处治率达100%。

③旧料回收。高速公路沥青路面材料循环利用率达到95%以上；普通国省道沥青路面材料循环利用率达到80%以上。

④运行监测。高速公路视频监测设施覆盖率，东、中、西部分别达到100%、90%、80%，接入率和在线率均不低于95%；普通国省干线重要节点视频设施覆盖率达到100%，接入率和在线率均不低于95%；自动化交调站在线率不低于90%；省级路网云平台建设及部省联网率达到100%。公路阻断信息报送及时率达到95%以上，重大突发事件的出行信息发布及时率达到100%。

⑤超限治理。高速公路货车违法超限超载率持续控制在0.5%以内，入口称重检测数据上传及时

率、准确率达到100％；治超系统省级平台建设及部省联网率达到100％；普通公路超限检测站实现电子抓拍和联合执法全覆盖,站点实时联网率和数据联网上传率均不低于90％。

⑥出行服务。高速公路联网收费交易成功率、交易数据上传及时率均达到99.9％。联网收费服务满意度进一步提高。公路服务区服务质量达标率达到100％。

（2）"十四五"时期公路养护管理主要任务。

①推进设施数字化。构建统一数据体系,升级基础数据库,收集动态数据;提升养护管理数字化水平,研发检测监测及养护装备,推广智能化应用;推进路网运行管理数字化,布局感知设备,建设管理与服务平台,实现技术应用。

②推进养护专业化。构建科学决策体系,推广新型检测装备,实现农村公路路况自动化检测全覆盖;提高养护供给能力,加强技术创新和管理创新,完善预防养护技术体系;提升公路安全保障水平,改造危旧桥隧,提升安全防护能力;规范养护市场建设,落实资质管理办法,制定招投标制度;推动绿色养护发展,健全评价标准,推广再生利用技术。

③推进管理现代化。推动法律、法规修订和制定,调整收费公路政策;厘清职责边界,完善协作联动机制,落实"路长制";完善桥隧养护管理制度,提升隧道发展水平;完善高速公路入口治超,推进治超系统联网,加强源头治超;推行分类许可,改造设施提升核查能力,压实企业主体责任。

④推进运行高效化。完善路网监测体系,推动监测设施同步规划建设;强化路网疏堵保畅,治理易拥堵收费站,完善报送与调度制度;完善应急体系建设,深化预警机制,推进储备中心建设,开展应急演练和评估。

⑤推进服务优质化。优化出行服务,打造综合服务体系,推广新模式,开发APP;健全联网收费体系,优化计费规则,便捷开具发票,加强运维保障;提升服务区体验,推动设施提档升级,加强污染治理,建设新能源设施,发展"服务区经济"。

（3）实施保障措施。

①加强党的全面领导。发挥党建引领作用,制定本地区规划,加强监督管理,推进任务落实。

②加强资金保障。稳定资金,落实财政事权和支出责任,建立增长机制,用好相关资金,拓宽投融资渠道,预研筹集资金可行性,提出财税政策建议。

③加强人才培养。培养复合型人才,引进急需紧缺人才,打造基层养护队伍,构筑专家库。

④加强典型引领。发挥示范试点作用,推动样板路、精品路创建,打造典型案例,总结试点推广经验。

⑤加强宣传引导。利用媒体和载体,展示行业成就,宣传人物事迹,创新宣传工作,凝聚社会共识。

4.2.2　公路养护工程管理办法

1. 一般规定

公路养护工程计划由省级公路管理机构编制,报省级交通运输主管部门批准后执行。在计划编制时,应遵循"先重点、后一般,先干线、后支线"的原则。对国省干线公路和具有重大政治、经济、国防意义的公路养护工程、抗灾抢险工程,要优先安排。

公路管理机构在安排养护工程项目时,应参照公路路面和桥梁管理系统评定结果,做到决策科学化。

由企业经营的收费公路,其养护工程计划由经营企业编制并报省级公路管理机构核备。经营企业根据《公路养护技术标准》(JTG 5110—2023)的要求组织实施,省级公路管机构负责监督。

各级公路管理机构要积极采用现代化管理手段和先进养护技术,大力推广和应用新技术、新材料、新工艺、新设备,不断提高公路养护管理技术水平。

公路养护工程管理工作要把工程质量放在首位,建立、健全质量控制体系,严格检查验收制度,提高投资效益。

对于公路养护中的中修和大修工程,各地公路管理机构应引入竞争机制,并逐步推行招投标制度和工程监理制度;对于公路改建工程,应当实行招投标制度、工程监理制度和合同管理制度。

对修复、增设、绿化等专项工程,应根据工程量、规模大小,分别按中修、大修和改建工程管理程序进行管理。

在进行公路养护工程施工时,施工单位应按照有关标准、规范的规定在养护工程施工路段设置标志,必要时还应安排专人进行管理和指挥,以确保养护工程实施路段的行车安全。车辆不能通行的路段必须修建临时便道或便桥,并做好便道、便桥的养护管理工作。

对因自然灾害(如风、沙、雨、雪、洪水、地震等)而遭到破坏的公路、桥涵等设施,地(市)、县级公路管理机构要组织人员和设备及时进行抢修。公路管理机构难以及时恢复时,县级以上地方人民政府应当及时组织当地机关、团体、企业事业单位、城乡居民进行抢修,并可以请求当地驻军支援,尽快恢复交通。对有关公路养护工程的计划、统计、审计、机械设备、设计文件、竣工档案等信息资料,应按相应的管理规定进行管理。

2. 小修保养

小修保养经费由省级公路管理机构根据所管养公路的行政等级、使用年限、技术等级、交通量和路况等因素,按照养护工程定额核定,实行定额计量管理。

小修保养由县级公路管理机构或省级公路管理机构设置的公路管理单位或委托的合同单位,根据上级公路管理机构下达的养护工程计划指标和要求,按照有关公路养护技术规范、操作规程的规定组织实施。同时,要加强对路面、沿线设施及绿化等的养护管理工作,做到全面养护。

公路小修保养的管理应实行检查、考核、评定、报告制度,具体办法由省级公路管理机构制定。各管养单位应建立各类管理台账,填写原始记录,严格实行成本核算。

小修保养质量应严格按照《公路技术状况评定标准》(JTG 5210—2018)的规定进行检查评定。

3. 中修工程

中修工程项目由地(市)级公路管理机构向省级公路管理机构提出建议计划和概算,省级公路管理机构审核、汇总、提出建议计划,报省级交通运输主管部门审批下达。列入计划的中修工程项目,应按有关规范、标准进行设计,编制预算。县级公路管理机构根据地(市)级公路管理机构批复的设计文件组织实施,严格按照有关标准和规范加强质量管理。地(市)级公路管理机构负责检查、监督和验收。

项目完工后,地(市)级公路管理机构应及时组织验收,并将竣工验收资料报省级公路管理机构备案。省级公路管理机构应组织有关人员对其进行抽查。

4. 大修工程

大修工程项目由地(市)级公路管理机构向省级公路管理机构上报建议计划和概算,省级公路管理机构审核、汇总、提出建议计划,报省级交通运输主管部门审批下达。

对大修工程项目,地(市)级公路管理机构应委托具有相应资质的设计单位进行勘察设计,并按照有关规范和标准编制设计文件,报省级公路管理机构审批。大修工程项目由地(市)级公路管理机构组织实施,并要逐步通过招标选择养护施工单位。

大修工程应严格按照有关施工规范、标准和操作规程进行施工,并要逐步推行工程监理制度。坚持正常的施工秩序,认真做好施工记录,建立完整、可信的技术档案。

省级公路管理机构应加强对大修工程的监督和检查,并根据工程进度及时核拨工程资金。大修工程完工后,地(市)级公路管理机构应依据合同文本组织有关人员对其进行验收,并向省级公路管理机构提交竣工验收报告。省级公路管理机构应及时组织有关单位和人员对工程进行抽查。

5. 改建工程

省级公路管理机构应根据本辖区路网的总体规划,现有公路的技术状况、通行能力和国民经济发展需要等,研究并提出本辖区的路网改建计划,报省级交通运输主管部门审批。

国省干线改建工程项目,由省级公路管理机构组织实施;县道改建工程项目,由地(市)级公路管理机构组织实施。

改建工程项目的设计、施工和监理,应实行招投标制度。资质、信誉、技术状况等不符合要求的设计、施工和监理单位,不得参加投标。中标的施工单位不得违法转包与分包。

改建工程项目的质量管理应按照《建设工程质量管理条例》的规定执行。

已经批准的改建工程项目,其建设规模、技术标准、路线走向、设计概算等需要变更时,必须报经原批准机关批准。

改建工程项目竣工后,负责组织实施的公路管理机构应根据《公路工程竣(交)工验收办法》的规定,组织初验。初验合格后,要按照竣工验收的有关要求准备各类竣工验收资料,并向竣工验收的主持单位提交竣工验收申请报告。竣工验收主持单位应按照国家有关规定组织验收。

4.2.3　公路养护工程招标投标

国务院交通运输主管部门负责全国公路养护工程招标投标活动的监督指导。省级交通运输主管部门负责本行政区域内招标投标活动的监督管理,具体工作可委托省级公路事业发展中心实施。招标投标活动应遵循公开、公平、公正和诚实信用原则。

1. 招标

(1)招标人。

招标人可自行组织招标或委托具有相应资格的代理机构组织招标。自行组织招标的招标人或招标代理机构应具备下列条件。

①具有法人资格。

②有组织编制招标文件和标底的能力。

③有对投标人进行资格审查和组织评标定标的能力。

(2)实施招标的养护工程项目与标的。

实施招标的养护工程项目,应具备下列条件。

①项目已列入年度养护工程计划。

②资金来源已落实。

③有关养护方案或者设计文件已经完成。

④招标文件已编制完毕。

⑤其他相关准备工作已完成。

公路养护工程招标标的应满足下列条件之一。

①公路小修保养最小标的为连续 20 km 以上或者小于 20 km 的整条路段,最短养护合同期限为一年。

②大中修公路养护工程投资 100 万元以上的项目。

（3）招标方式。

公路养护工程招标可采用邀请招标、公开招标两种形式。

①邀请招标。招标人以投标邀请书的方式邀请特定的法人或者其他组织投标,邀请的投标人不得少于 3 个。

②公开招标。招标人通过报刊、广播、电视、信息网络等媒介公开发布招标公告,邀请不特定的法人或者其他组织投标。

（4）邀请招标的程序。

①发出投标邀请书。

②发售招标文件。

③组织投标人考察现场,针对投标人的询问,解释招标文件中的疑点。

④组织编制标底和制定评标办法。

⑤组织开标,并进行标书清算、算术性复核与澄清。

⑥评标及推荐中标人。

⑦确定中标人,并履行有关批准程序。

⑧发出中标通知书。

⑨与中标人签订养护工程项目承包合同。

（5）公开招标的程序。

①组织编制招标文件。

②发布招标公告。

③发售资格预审文件。

④资格预审,并向资格审查合格者发售招标文件。

其余步骤同上文"（4）邀请招标的程序"中的步骤③～⑨。

2. 资格审查

（1）资格预审文件的内容。

①资格预审通告(投标邀请书),包括招标人名称、地址,招标项目性质、数量,获取资格预审文件的办法、时间和地点等。

②资格预审申请人须知,包括资格预审申请的提交地点、截止日期、资质要求、主要证明文件、工程资金来源、工期、是否可联合投标、特别要求等。

③资格预审申请表,包括企业名称、组织机构、财务状况、人员、设备、业绩,拟投入本工程的主要管理人员、技术人员及设备。

④公路养护工程概况。

（2）投标人在资格审查中需提供的资料。

①投标人有效的证明。

②投标人现承包公路养护工程的基本情况。

③各类专业技术和管理人员的构成。

④试验设备和养护机具设备。

⑤投标人资产情况及负债情况。

⑥公路养护工程质量与同类项目业绩等。

（3）资格评审。

资格评审由招标人组织有关专业人员进行，重点评审投标人的财务状况、技术力量、设备、业绩、信誉和拟投入本工程的设备、人员，形成资格预审报告。

3．招标文件及标底

（1）公路小修保养及中修、大修工程招标文件的内容。

①投标邀请书，包括公路养护工程项目名称，递交投标文件、开标的时间和地点等。

②投标须知，包括公路养护工程项目概况、资金来源、工期要求、报价编制、招标程序和有关规定，评标、定标原则等。

③合同及合同条款，包括合同文件格式、通用合同条款、特殊合同条款等。承发包合同中明确的各项条款应全面、正确地阐述合同双方相互的权利义务关系。合同条款主要内容有：承发包形式、付款和结算办法、索赔、工期要求、质量要求、现场交通组织的要求、施工安全措施、解决变更的方式、主要材料供应方式和价格、验收以及违约责任等。

④技术文件，包括应采用的技术标准和操作规程的名称、养护技术要求、养护工程项目特殊要求、原路技术状况、计量与支付规则、质量标准与验收等。

⑤投标书格式及附表，投标书应包括投标人投标标段或工程、投标价、工期、投标文件有效期等；附表主要有投标人组织机构及人员表、参加工程的主要人员简历表、投入工程的主要机械设备表等。

⑥工程量清单，包括项目概述、工程内容与特征、计量单位、预计工程量等关键信息。

⑦评标办法，包括对公路小修保养、中修和大修工程项目的评标、定标原则等。

2015 年 12 月 8 日，交通运输部发布了《公路工程建设项目招标投标管理办法》，对公路工程招标投标的程序、要求和监管进行了详细规定。公路改建工程项目的招标文件编制应参照交通运输部制定的标准文本进行。

招标人如需对招标文件进行补充说明、勘误、澄清等局部修正，最迟应在投标截止日期前 7 天，以书面形式通知所有投标人。补充说明、勘误、澄清、局部修正等，与招标文件具有同等法律效力。

（2）标底。

标底是审核投标报价、评标、定标的重要依据，应力求正确、合理。每一个招标项目只允许有一个标底。标底在开标前严格保密。

标底由招标人负责编制，也可由受委托的招标代理机构负责编制。编制标底应以招标文件、图纸、有关养护工程资料及相应的养护工程定额为依据。

受招标人委托的标底编制单位及招标代理机构不得同时承接投标人的标书编制业务,不得泄露应当保密的与招标活动有关的情况及资料。

4. 投标

投标人必须严格按照招标文件的要求,编制投标文件。投标文件及任何说明函件应经单位盖章及法人代表或有效的授权委托人签字,并按规定的时间和要求送达招标人。

投标文件递交招标人时,必须按招标文件规定的密封方式密封,否则可作废标处理。投标文件包括下列内容。

(1)投标书及其附表。

(2)有效的授权书。

(3)有报价的工程量清单及总价汇总表。

(4)公路养护工程作业方案,包括进度安排,平面布置,主要养护作业方法,交通疏导方案,技术和安全措施,质量目标,质量保证体系等。

公路养护工程项目可按招标人的要求提交投标保证金(或开户银行出具的投标保函)。

投标人在招标文件要求提交投标书的截止时间前,可以补充、修改或者撤回已提交的投标书,并书面通知招标人或招标代理机构。补充、修改的内容为投标书的组成部分,应按规定的时间和要求送达招标人。

投标人不得串通作弊,不得哄抬标价,低价抢标,不得采取非法手段竞标。

5. 开标、评标与定标

发出招标文件到提交投标文件的截止时间,一般不少于 20 天。

(1)开标。

开标仪式由招标人或委托招标代理机构组织并主持。投标人应出席开标仪式。可邀请交通运输主管部门、省级公路管理机构、项目监理工程师、纪检监察等部门代表参加,需进行公证的,应有公证机关出席。

(2)评标与定标。

评标工作由招标人或委托招标代理机构主持。评标小组由招标人代表和有关技术、经济等方面的专家组成。评标小组人数一般为 5 人以上的单数,其中技术、经济等方面的专家不少于成员总数的2/3。

评标、定标原则:报价合理、养护工程作业方案可行、技术先进、能确保养护工程质量、重合同守信用、具有良好的业绩和信誉。

在评标过程中,评标小组可分别请投标人就投标书的有关问题提供补充说明和有关资料,投标人应给予书面答复。补充说明和有关资料应作为投标书的组成部分,但招标人和投标人不得在开标后通过补充说明和有关资料改变投标书的实质内容和报价。

评标小组成员不得索贿受贿,不得泄露应当保密的与招投标活动有关的情况与资料。在评标、定标工作期间,评标小组成员不得私下接触投标人。

评标可采用评分、投票或者其他约定方式进行。自开标到定标时间一般不超过 7 天。

招标人根据评标小组提出的评标结论和中标候选人顺序确定中标人。

6. 合同签订

招标人和中标人应当自中标人签收中标通知书之日起 30 日内签订书面承包合同。公路养护工程项目承包合同应当按照招标文件、中标人的投标文件、中标通知书及有效的补充文件和信函签订。招标人和中标人不得再行订立背离合同实质性内容的其他协议。

承包合同的承发包人应当按合同约定履行双方的权利和义务。省级公路管理机构要加强合同管理,维护合同双方的合法权益,确保养护质量,保障公路畅通。

4.2.4　公路养护资金

1. 公路养护资金的来源

公路养护资金是公路建设资金的重要组成部分,国务院和各级交通运输主管部门对其实行专项管理。根据《公路安全保护条例》和《交通运输部关于深化公路建设管理体制改革的若干意见》(交公路发〔2015〕54 号)等,目前我国公路养护资金来源情况如下。

(1)国省干线公路养护资金,主要来源于成品油税费改革转移支付资金、中央财政专项资金、地方财政预算资金。

(2)农村公路养护资金,主要来源于省级财政转移支付资金、市县财政专项资金、一般债券资金及社会捐赠等。

(3)专用公路养护资金,由专用单位自筹资金并纳入预算管理。

根据《收费公路管理条例》,经营性公路养护资金从车辆通行费中列支,政府还贷公路可通过一般公共预算和专项债券筹集养护资金。国家鼓励采用 PPP 模式吸引社会资本参与公路养护。

2. 成品油税费改革资金

(1)征收和使用原则。

根据《国务院关于实施成品油价格和税费改革的通知》(国发〔2008〕37 号),自 2009 年起取消公路养路费,改征成品油消费税。该项资金按照"资金属性不变、资金用途不变、地方预算程序不变、地方事权不变"的原则,通过财政转移支付方式用于普通公路养护和发展等。

资金管理严格执行"收支两条线",由交通运输主管部门编制预算,财政部门审核拨付,审计部门监督使用,具有法定性、专项性、稳定性特征。

(2)资金的经济性质。

公路作为国家重要的基础设施,其养护资金体现政府对公共产品的价值补偿。资金分配应当遵循:①与公路技术状况指数挂钩;②考虑路网规模和服务水平;③体现区域协调发展要求;④建立与物价指数联动的动态调整机制。

(3)资金管理要求。

省级交通运输主管部门应当:①编制三年滚动养护规划;②实行项目库管理制度;③执行国库集中支付;④开展绩效评价。

3．其他养护资金来源

（1）地方财政资金。

市县财政应当将公路养护资金纳入一般公共预算,比例不低于当年财政收入的 1.5%。

（2）社会资本参与。

鼓励通过特许经营、政府购买服务等方式吸引社会力量参与养护作业。

（3）创新融资方式。

允许发行地方政府专项债券用于公路养护,探索建立公路养护产业基金。

4.2.5　公路养护技术管理

公路养护技术管理工作包括:交通情况调查、公路路况登记、工程检查与验收。

1．交通情况调查

交通情况调查主要指对交通量及其组成和行车速度的调查与观测,以及对原始数据的计算、整理和分析。有条件的地方可逐步开展车流密度、起讫点、轴载、通行能力、车头间距、车辆横向分布和交通事故调查等工作。

（1）交通量观测。

交通量观测由养护工区(站)或专业检测机构实施。车速调查、轴载检测等专项交通调查工作,由县级以上公路事业发展中心会同交通运输综合行政执法机构共同组织。为积累公路交通情况历史资料,应严格按照《公路养护技术标准》(JTG 5110—2023)开展定期调查,并通过全国公路养护管理信息系统实时上报。交通调查数据应纳入公路数字化档案系统永久保存。

交通量观测分为两种:①间隙式观测,按预先确定的观测日期,对交通量进行定期统计观测,一般每月观测 2～3 次;②连续式观测,全年连续不断地对交通量进行统计观测。

交通量观测方法:用人工或仪器将通过规定观测断面的各种类型的车辆分车型记录在表格或计数器具上,每小时终了,应将记录的结果进行整理并登记在规定的表格上。

连续式观测站应设在主要干线和重要旅游公路等交通量有代表性的适当地点,并注意分布均匀、合理,避免集中设在大城市周围。间隙式观测站应设在调查区间范围内能代表所在路段交通量特点的地点。

交通量观测站(点)对取得的原始观测资料,应及时进行整理、汇总、计算和分析,上报规定的各类报表和图表,以便资料的积累和应用。路线(全线、路段)平均日交通量 $N_{平均}$ 的计算公式见式(4.1)。

$$N_{平均} = \sum_{i=1}^{n} N_i L_i / \sum_{i=1}^{n} L_i \tag{4.1}$$

式中:N_i——各观测站的交通量(辆/d);L_i——各观测站所对应的调查区间长度(km);n——观测站的个数。

（2）车速调查与观测。

车速调查与观测按调查与观测方法、资料使用和研究目的的不同分类,主要包括较短区间的地点车速观测和较长区间(或整条路线)的区间车速调查。通过调查与观测,取得通过地点的车速分布情况,掌握车速变化态势和车速发展变化趋势,研究、分析公路通阻情况、服务质量、通行能力及运营管理水平,为交通规划、交通管理、公路几何设计提供依据,为提高公路通行能力、改善公路质量、改善运营管理提供重要的基础资料。

地点车速的观测方法有人工观测、雷达测速仪观测、车辆检测仪观测等;区间车速调查,可到交通运输主管部门或经常行驶于某条路线的行车单位调查。

(3) 公路交通起讫点调查。

在某一区域内,为获得通过两个出行端点的交通量及其组成、流向、货物类型、车辆实载率、交通目的等资料所进行的调查,称为起讫点调查,也称"OD 调查"。通过 OD 调查,可为远景交通量预测、公路类型和等级确定、互通式立交设置、公路横断面设计、交通服务设施配置、交通管理与控制、规划方案和建设项目的国民经济评价及财务分析、交通规划完善、建设项目科学决策等提供定量依据。

OD 调查点的选择应符合下列要求。

①选定的调查点,应能够全面反映项目直接影响区与间接影响区之间、直接影响区内各小区之间以及小区内部等各主要线路之间的交通流。

②与拟建公路平行或竞争的路线,应是主要的设点路线。

③与拟建公路交叉的主要路线,也是主要的设点路线,目的是掌握互通交通量。

④稍远离城镇,尽量避免市内交通的影响。

⑤应选择在路基较宽、线形较直(视距 250 m 以上)的路段设点。上行与下行调查处(指同一调查点)之间应留有 150 m 的距离。

⑥在不影响调查目的和数据准确性的前提下,设点不宜过少,也不应重复设点。

⑦为核实日交通量和掌握昼夜交通量比率,在典型路段上宜同时设置几个 12 h 和 24 h 交通量观测点。

选定 OD 调查点后,应绘制调查点示意图。此外,在进行 OD 调查时,还应符合下列规定。

①全线各 OD 调查点均应在同一天、同一时间开展交通量调查。

②对调查过的车辆应用明确标志标明。凡被其他 OD 调查点调查过的车辆不再重复调查。

③在两点之间多次往返的车辆应多次统计。

在取得 OD 调查资料后,应对资料进行统计分析,编制"OD 矩阵表"或"三角 OD 表",以反映车辆、货物、旅客的流动情况。

(4) 四类公路交通量比重调查。

为了掌握公路交通流量的地区分布和路线分布特征,分析、评价国道、省道、县道、乡道这四类公路的使用功能,论证和探讨现有公路网的合理性,应开展四类公路交通量比重调查。通过调查,为公路规划、可行性研究、技术经济分析论证、设计、改造等提供依据。

调查范围为辖区内各条国道、省道、县道、乡道。调查内容为按公路分类调查交通量、里程和机动车拥有量。调查时间一般选择在运输旺季中的某一天(但应避开节假日),一般选择间隙式交通量观测日作为调查日。

在取得四类公路交通量比重调查资料后,应对资料进行整理、汇总。计算每个观测站日机动车交通量、每条路线的日交通量、调查区域内各行政区的四类公路里程比重、路线交通量所占比重及年路线总交通量。

（5）轴载调查。

轴载调查是为了预测某一时期内行车对路面的破坏作用,科学地制订公路养护措施,合理分配公路养护和改造资金。

进行轴载调查时,需要将车辆按轴载分成若干代表车型,并计算出各类车型的当量轴载换算系数,然后利用现有的交通量调查资料,换算成标准轴载的当量轴次。

轴载调查时宜同时进行客货车装载情况抽样调查。如无条件,则可利用交通量调查中已有的实载率资料。

轴载调查以每年 1 次为宜。每次调查天数可根据每类车型的代表当量轴载换算系数的稳定性而定,每次不宜少于 3 天。调查时间应具有代表性。

2. 公路路况登记

公路路况登记是公路养护的重要基础工作,其资料是公路技术档案的主要组成部分。它全面反映各条公路及沿线构造物的技术状况,是制定公路规划、安排改建项目、编制年度公路养护计划等的重要资料,也是路产管理、资产评估的重要凭据。

公路路况登记的内容包括:①路况平面略图;②公路基本资料;③路况示意图;④构造物卡片,涉及桥梁、隧道、渡口、过水路面、房屋等;⑤登记表,涉及涵洞、挡土墙、绿化等。

进行公路路况登记时,应以公路现状调查资料、设计文件、施工记录、竣工文件、技术总结等为依据;资料不全的应进行补充调查和测绘工作。

对进行公路路况登记的路线,应在每年年终对变更部分进行修改、补充,作为当年年末的公路路况。变更登记的范围包括被毁、修复、大修和改建路段等。变更登记应根据工程竣工文件、图表和实地测量结果进行。当变更内容较多或变化较大,登记图表难以继续使用时,应重新绘制路况图表,并与原资料一同保存。

公路路况登记资料应按路线行政等级实行分级管理。省级公路事业发展中心保管全省国道、省道的路况资料及电子档案;地(市)级公路事业发展中心保管本辖区国省干线公路和重要县道的完整资料;县(市)级交通运输主管部门保管本行政区域内全部公路(含农村公路)的原始资料;高速公路经营管理单位负责所辖路段路况资料的采集与维护。各级管理机构应同步将路况资料录入全国公路养护管理信息系统,纸质档案保存期限按有关规定执行。

新建公路的路况登记,按公路分级管理的规定,应在竣工验收接养后三个月内由接养单位完成。

要加强公路养护科技档案的管理工作。充分开发利用公路科技档案这一资源,为部门决策提供依据,为公路建设和养护提供服务,为提高经济、社会效益以及解决纠纷提供凭证。因此,必须按照集中统一管理科技档案的基本原则,建立、健全公路科技档案,使之满足完整、准确、系统、安全和有效利用的要求。

为了提高公路科技档案管理水平,增强公路科技档案信息资源的开发能力,宜有计划、有步骤地实现公路科技档案资料的计算机管理,应用微缩复制技术及其他现代化保管技术,逐步实现公路科技档案管理手段的现代化。

3. 工程检查与验收

为确保中修、大修、改建工程质量,应严格工程检查与验收。检查验收有以下几种。

（1）作业检查。施工作业班组的每个施工环节、每道工序、工程位置及各部尺寸、所用材料、操作程序、安全质量等通过班组自检后,由施工单位的现场技术负责人进行检查,填写原始记录,并经工地监理工程师查验核实、签证。

(2)定期检查。各级公路事业发展中心按以下要求组织工程检查:省级每年由技术总监负责组织全省重点工程检查,会同交通运输执法部门开展质量安全督查;市级每季度由技术负责人牵头开展辖区工程检查;县级每月组织项目全面检查。检查内容包括:施工组织合理性、工程进度与质量、环保措施落实、工人工资支付、智慧工地建设等。

(3)中间检查。中间检查包括隐蔽工程检查、已完局部工程检查及暂停未完工程检查。

①隐蔽工程检查的内容:路基填土前的原地面处理;路面铺筑前的基层、垫层和土基;基础施工前的基底土质、标高和各种尺寸;浇筑混凝土前埋设的钢筋的规格、数量、位置;隧道衬砌前的围岩开挖质量以及其他隐蔽部分。

②已完局部工程检查的内容:路基、路面、桥梁、涵洞、构造物等局部工程,或已完工分部、分项工程。

③暂停未完工程检查的内容:对已施工部分,检查路基填筑中断前的压实度与分层厚度、路面基层施工暂停时的平整度与接缝处理、桥梁下部结构施工暂停时钢筋的防锈保护与模板稳固性、涵洞洞身浇筑暂停时混凝土接槎面的凿毛与清洁程度、构造物施工暂停时预埋件的定位与保护措施;对未施工部分,核查预留钢筋的规格、数量、位置及防锈处理,确认预留孔洞、槽口的尺寸、位置与施工图纸的一致性,检查未施工区域的场地清理与安全防护措施是否到位;同时,检查施工记录的完整性,包括暂停原因、时间、已施工部分的验收情况及后续施工计划,确保工程恢复后能顺利衔接并符合质量标准。

(4)竣工验收检查。当工程已按施工合同及设计文件的要求建成,并已按规定编制完成竣工文件,由施工单位提出验收申请,经建设单位核实确已具备验收条件时,可报请主管部门或投资建设单位组织验收。

工程竣工验收前,由竣工验收领导小组对全部施工资料、竣工图表、工程决算、财务决算、上级批准的有关文件、工程总结等进行审查并检验评定工程各部位的质量,对比各项技术经济指标和使用指标,提出存在的有关问题。

中修、大修和改建工程的竣工验收评定办法参照《公路工程竣(交)工验收办法》执行。

公路养护的质量要求:保持路面整洁,横坡适度,行车舒适;路肩整洁,边坡稳定,构造物完好;沿线设施完善;绿化协调美观,力争构成畅、洁、绿、美的公路交通环境。

4.2.6 公路养护措施

1. 路基日常养护

路基日常养护应编制年度计划,并根据养护质量要求及路基状况调查结果确定日常养护工作内容。路基日常养护应及时做好工作记录,包括作业时间、作业内容、作业人员、完成的工作量等内容。提倡和鼓励使用机械设备开展养护作业,提升路基日常养护的机械化水平。

(1)日常巡查。

在公路养护日常巡查工作制度中明确路基日常巡查工作内容。路基日常巡查可分为一般巡查和专项巡查。

①一般巡查。

路基的一般巡查频率每周不宜少于一次,遇特殊天气、突发灾害等情况,应适当提升巡查频率。一般巡查可用目测方式,也可用目测与量测相结合的方式,并应包括下列主要工作内容。

a. 检查路肩是否阻挡排水,是否存在缺损、杂草、杂物。

b. 检查路堤是否存在杂物堆积,是否存在沉陷、冻胀、翻浆。

c. 目测边坡是否存在冲刷、缺口,坡面是否存在杂草、杂物,坡体是否存在松动、碎落崩塌、局部坍塌。

d. 检查既有防护及支挡结构物是否存在表面破损、勾缝脱落、杂草、杂物、排(泄)水孔堵塞、局部损坏。

e. 查看排水设施是否存在堵塞、破损等。

②专项巡查。

路基的专项巡查应主要对高边坡、既有防护、支挡结构物、排水设施等的病害进行实地查看与量测,做好路基专项巡查记录,并应符合下列规定。

a. 路基的专项巡查应在年度公路网路基技术状况调查基础上,每半年进行一次。

b. 最近一次路基技术状况指数(subgrade condition index,SCI)或任一分项指标评定为"次""差"的路段,其专项巡查频率每月不得少于一次。

路基专项巡查应包括下列主要工作内容。

a. 查看边坡坡顶和坡面是否存在裂缝以及裂缝的发展情况;边坡坡面是否存在岩体风化松散、局部坍塌、滑坡。

b. 检查既有防护及支挡结构物是否存在结构变形、滑移、开裂;基础是否存在积水、冲刷、空洞等。

c. 查看排水设施的排水是否通畅,是否损坏、不完善。

(2)日常保养。

路基日常保养应包括下列主要工作内容。

①整理路肩,修剪路肩杂草,清除路肩杂物。

②整理坡面,缺口培土,修剪坡面杂草,清除坡面杂物。

③清除护坡、支挡结构物上的杂物,疏通排(泄)水孔。

④清理绿化平台、碎落台上的杂物。

⑤疏通边沟、截水沟、集水井、泄水槽等排水设施。

⑥修整中央分隔带路缘石,清除杂物、杂草,清理排水通道。

(3)日常维修。

根据路基技术状况评定与日常巡查记录,按月度或季度编制日常维修工作计划。

日常维修应包括下列主要工作内容。

①修补路基缺口,整修路缘石,修整路肩坡度,处理路肩的轻微病害。

②清理边坡零星塌方,修补坡面冲沟,修理砌石护坡、防护网、绿植等坡面防护工程的局部损坏。

③修理既有防护及支挡结构物的表观破损和轻微的局部损坏。

④整修绿化平台、碎落台。

⑤局部开挖边沟、截水沟等,铺砌、修复排水设施等。

2．沥青路面日常养护

（1）日常巡查。

沥青路面日常巡查主要检查沥青路面病害，以及诱发路面病害或影响通行的积水、积雪、积冰、污染物、散落物、路障等情况。

（2）日常保养。

沥青路面日常保养主要工作内容包括以下4项。

①清除路面泥土杂物、污染物、散落物等。

②排除路面积水，疏通路面排水。

③清除路面积雪、积冰、积砂等。

④实施路面夏季洒水降温作业。

（3）日常维修。

沥青路面日常维修包括清扫路面、绿化，以及处理路面上的裂缝、变形、坑槽、泛油等局部病害。

①裂缝处治。

a．裂缝不开槽处理方法。

对于沥青路面上出现的轻微裂缝，可不开槽直接灌注沥青进行处理。对缝宽在5 mm以内的裂缝，首先清除裂缝中的杂物及灰尘，然后将稠度较低的热沥青灌入缝内，灌入深度约为缝深的2/3，填入干净的石屑或粗砂、捣实，最后将溢出缝外的沥青及石屑、砂清除；对于缝宽大于或者等于5 mm的裂缝，首先除去已松动的裂缝边缘，然后用热拌沥青混合料填入缝中、捣实。缝内潮湿时，可采用乳化沥青混合料。

b．裂缝开槽处理方法。

开槽：将开槽机的锯片调整到适当高度，确保切入深度为1.5～2 cm，开槽时必须沿着裂缝的走向进行切缝，槽口形状应保持规则。

清槽：开槽扩缝后进行清缝处理，使用鼓风机并配合钢丝刷将槽口内的灰尘和松散的碎料清理干净，以提高黏结力。

备料：密封胶的加热温度控制为200～210 ℃，出料温度高于180 ℃，温度过高或过低均对处理效果不利。

灌胶：胶体灌入时，控制好灌缝机的走向，在灌好第一遍5 min后找平灌缝，并使裂缝表面形成T形密封层。注意控制灌入胶体的高度，如在气温相对较高的季节，胶体应该略高于路面（高出0.5～1 mm）；在气温低的季节，胶体应该略低于路面（0.5～1 mm）。

②坑槽处治。

按照"圆洞方补，斜洞正补"的原则，先画出所需修补坑槽的轮廓线，然后用切割机将坑槽范围内的油层剔除，若基层没有破损但存在裂缝，则先将基层表面清理干净，然后均匀涂刷一层乳化沥青，最后用粗粒式沥青混凝土找补至原路面标高；若基层有破损，将破碎部分剔除，用人工、空压机清理干净，如基层潮湿，应晾干后再施工，然后用粗粒式沥青混凝土将破损部分补齐，进行夯实。沥青铺筑时，应调整好松铺系数，确保碾压密实后的沥青混凝土略高于原路面，边角要单独压实，并做防水处理。

③车辙处治。

局部车辙处治可采取微表处措施，也可采用坑槽等病害综合修补车进行现场加热、耙松、补料与压实处理,还可以采取局部铣刨、重铺措施。

桥头及涵洞两侧路基不均匀沉降引起的局部路面沉陷,视沉陷量大小及基层破损情况进行处理:沉陷量较小的路段,基层一般无明显变形,用沥青混凝土找平至原路面标高;沉陷量较大的路段,基层变形较明显,将油层和基层剔除后,浇筑 C15 水泥混凝土与沥青混凝土修补。

④拥包处治。

对于微小的拥包,应用机械铣刨或人工挖除。如果除去拥包后,路面不够平整,应予以处治。对于较大的拥包,则应用机械或人工全部去除,处理后低于路表面约 10 mm,扫尽碎屑、杂物及粉尘后,用热沥青混合料重做面层。

⑤麻面与松散。

因嵌缝料散失出现轻微麻面,沥青层不贫油时,可在高温季节撒适量嵌缝料,并用扫帚扫匀,使嵌缝料填充到石料的空隙中。大面积麻面应喷洒稠度较高的沥青,并撒适当粒径的嵌缝料,应使麻面中部的嵌缝料稍厚,周围与原路面接口处要稍薄,定型要整齐,并碾压成型。对于油温过高、沥青老化失去黏结性而造成的松散,应将松散部分全部挖除后重做面层。

⑥泛油。

轻微泛油的路段,可撒粒径 3～5 mm 的石屑或粗砂,并用压路机或控制行车碾压。泛油较重的路段,可先撒粒径 5～10 mm 的碎石,用压路机碾压,等稳定后再撒粒径 3～5 mm 的石屑或粗砂,并用压路机或控制行车碾压。

3. 沥青路面预防养护

沥青路面的使用性能不是直线下降的,在使用初期,其服务能力下降较缓慢,但当损坏状况超过某一限值时,路面的服务能力开始急剧下降,病害急剧增多。若在达到限值之前采取预防养护措施,则可及时阻止病害继续发展,从而使路面始终维持较好的服务状况,有效地延长路面寿命,减少改正性养护的次数。沥青路面预防养护是为防止病害发生或轻微病害扩展、减缓路面使用性能衰减、提升服务功能而预先主动采取的路面养护措施。预防养护措施的实施可使轻微病害得到维修,避免路面性能加速恶化,从而延长路面寿命。沥青路面预防养护措施实施后应获下列效果。

①封闭路面细小裂缝与裂隙,提高路面的防水性能。

②防止路面松散,延缓路面的老化。

③提供表面磨耗层,提高路面的耐磨性能。

④保持或提高路面的抗滑性能。

目前,沥青路面主要预防养护措施包括喷洒雾封层、微表处及设置碎石封层、复合封层 4 种。

(1) 雾封层。

喷洒雾封层是在沥青面层上喷洒一层薄薄的、高渗透性的特殊沥青,以形成一层严密的防水层将路面封闭,起到隔水防渗、保护路面的作用,最大限度地减少路面的水破坏,增大路面集料间的黏结力,延长路面使用寿命。

①雾封层的功能。

a. 具有良好的防水性,可以减少路面的水损害。

b. 具有良好的渗透性,可以填补路面细微裂缝和表面空隙。

c. 增强沥青表面层集料间的黏结力,起到沥青再生剂的作用,并可保护旧沥青路面。

d. 雾封后可使路面颜色加深,能增加路面色彩对比度,增强驾驶员的视觉舒适度。

e. 对缝宽在 0.3 mm 以下的裂缝起到修补的作用。

f. 大幅延长道路的使用寿命和降低维护成本。雾封层能使病害延迟 2～4 年出现,延长了道路的使用寿命。

②雾封层的适用范围。

喷洒雾封层是适用范围较广的预防养护方式,主要用于出现轻度到中度细料损失或松散、路面渗水、沥青老化的沥青路面。沥青路面出现松散时,雾封层可有效解决问题。对密级配沥青混合料表面、碎石封层表面、开级配沥青混合料表面等出现的老化麻面,雾封层都较为适用。但当路面结构强度(弯沉)较差时,不适合采用雾封层技术进行养护。确保路面结构性能良好是进行路面预防养护的前提条件。

雾封层适用的各等级公路路况水平宜符合表 4.2 的规定。

表 4.2　雾封层适用的各等级公路路况水平

路况指数	高速公路	一级、二级公路	三级、四级公路
PCI、RQI、RDI	≥93	≥90	≥85
SRI	≥80	≥80	—

注:PCI—pavement surface condition index,路面损坏状况指数;RQI—pavement riding quality index,路面行驶质量指数;RDI—pavement rutting depth index,路面车辙深度指数;SRI—pavement skidding resistance index,路面抗滑性能指数。

③雾封层养护时机。

沥青路面大多数在使用的前 2～4 年老化速率较快,其表层沥青(大约 1 cm 厚)会变得脆弱,从而引起路表的早期裂缝、松散等破坏,导致路面出现早期水损害病害,因此道路通车后 2～4 年是喷洒雾封层的最佳时机。应根据路面典型结构性和功能性病害的调查、路面损坏状况指数 PCI、国际平整度指数 IRI(international roughness index)、构造深度、磨损状况等因素具体确定。

④雾封层的材料要求。

雾封层用乳化沥青性能应满足《公路沥青路面施工技术规范》(JTG F40—2004)的要求。喷洒前需稀释的,材料在喷洒过程中应能保持性能稳定。

⑤雾封层的施工。

由于水稀释型乳化沥青较稀,一般采用机械式洒布车洒布;溶剂稀释型特殊沥青较稠,大面积施工应使用符合雾化效果要求的洒布车洒布,小范围施工可以采用橡胶推板或人工滚刷涂抹。两种材料施工工艺基本相同,不同之处由材料的特性决定。

a. 施工前的准备。

采用雾封层技术施工时,路表温度应在 15 ℃ 以上,以取得较好的使用效果。

(a) 路面病害修补。路面上的坑洞、宽度大于 3 mm 的裂缝以及原路面接缝不规则处等可能影响雾封层处治质量的地方均须按照《公路养护技术标准》(JTG 5110—2023)的相关要求进行处理。

(b) 确保路面洁净、干燥。雾封层施工时,为确保施工质量,路面必须处于洁净、干燥状态。雾封层施工前,需彻底清除原路面上的松散石料以及水泥块、泥垢、灰尘、残留物等杂质。可用道路清扫机、电动扫帚清扫,也可以用水冲洗。用水冲洗时,必须在施工前 24 h 内完成,以给路面足够的时间达到干燥状态。

（c）提供足够的施工安全性。雾封层施工一般在未完全封闭道路的情况下进行，施工中应严格贯彻"安全第一"的原则。施工前，应做好安全布控与交通管制工作以及人员的安全防护工作。

（d）保护道路标线。用塑料胶带或 PVC(polyvinyl chloride，聚氯乙烯)管保护道路标线，防止喷洒到标线上，待施工完毕、路面完全干燥后揭去胶带或移除 PVC 管。

（e）原路面指标检测。为对比喷洒雾封层前后的效果，需对原路面的各项指标进行检测，检测的频率和位置应与雾封层完工后的检测频率和位置一致。主要检测指标为渗水系数、构造深度和摩擦系数。

b. 施工设备及工具要求。

雾封层施工采用全自动沥青喷洒车进行机械化施工，并应配置计算机控制系统，独立地操作油泵、速率计、压力表、计量器、材料测温计等装置，应技术先进、性能可靠，可根据施工需要控制洒布量，调节洒布宽度。人工涂抹时，需检查确认施工所需的橡胶推板、滚刷等工具是否完好。

c. 洒布量的确定。

最佳洒布量的确定原则：雾封层施工后，路面沥青膜厚度均匀，可在规定的时间内完全干燥，具有符合要求的路用性能。

（a）水稀释型乳化沥青洒布量的确定。水稀释型乳化沥青的洒布量一般为 $0.5\sim0.7$ kg/m^2，洒布量过多，雾封层破乳后将造成路表油量过多、过滑，行车不便；洒布量过少，将起不到雾封层应有的效果。对局部洒布量过多的部位，可洒布粒径为 $0.3\sim0.6$ mm 的细砂进行处理。

雾封层的洒布量可事先通过试验确定，具体可采用以下方法：取一定体积（可为 1 L）的雾封层乳液均匀洒在 1 m^2 的面积上，此时的洒布量即为 1 L/m^2。如果乳液在 $2\sim3$ min 还不能渗入路表，则应该适当降低洒布量继续做上述试验，直到找到合适的洒布量为止。如果第一次试验之后，路表看起来还能吸收更多的乳液，则可以提高洒布量重复上述试验，直到找到合适的洒布量为止。

（b）溶剂稀释型特殊沥青洒布量的确定。溶剂稀释型特殊沥青洒布量一般为 $0.4\sim0.6$ L/m^2，具体根据路面实际情况试验确定。确定方法与水稀释型乳化沥青洒布量的确定方法基本相同，不同的是以完全干燥（约需 1 h）后的路面状况来确定洒布量的大小。

d. 施工工艺。

应保证施工起点和终点位置的喷洒边缘整齐，宜在起点和终点位置预铺塑料薄膜。根据材料的品种和气候条件确定雾封层的养护时间，干燥成型后方可开放交通。

⑥施工质量控制措施。

a. 路面清理是一道重要工序，路面干净程度直接影响沥青膜的黏结力和防水性能。

b. 洒布量应根据路面的具体情况经试验确定，行车道和超车道可能不同，严禁整个路段采用同一种洒布量。

c. 根据预先选定的施工方案，在正式洒布前，用洒布车进行试洒，标定洒布设备的计量系统，确保计量准确无误。洒布车在整个洒布过程中应保持匀速行进，采用标定后的控制参数进行均匀洒布。

d. 雾封层施工后，须待路面干燥后才能开放交通。雾封层养护期间，须严禁任何车辆和行人进入，否则将影响雾封层的成型效果。

e. 雾封层施工环境温度应高于 10 ℃，宜高于 15 ℃，风速宜小于 5 m/s。

f. 下雨前后 24 h 不得施工雾封层，确保路面和封层材料的完全干燥。

g. 使用溶剂稀释型特殊沥青时,若洒布车原来喷洒过水稀释型乳化沥青,应将洒布车内残留的水稀释型乳化沥青彻底清除干净,不得残留水分。

⑦施工注意事项。

a. 施工时,须特别注意环境保护,避免因施工对环境造成污染。对道路沿线护栏、路缘石等附属设施应进行遮盖保护。

b. 施工中产生的废弃物应及时清理,避免产生污染,尤其避免污染相邻车道路面。

c. 使用溶剂稀释型特殊沥青时,施工现场要严禁烟火,任何人不得吸烟。

d. 采用人工涂抹方式施工时,应为施工人员提供必要的防护用品,主要是防止沥青进入眼睛,如不慎入眼,应即刻用清水冲洗。

⑧完工路面的检测指标。

对完工路面进行相应的检测,以评价雾封层施工后路面的使用性能。施工时要目测外观质量,异常时及时处理。完工后主要进行渗水、构造深度、摩擦系数等指标的检测。

a. 外观检查。采用目测定性评价,要求完成雾封层施工后的路面色泽乌黑、均匀,似新建沥青路面。

b. 渗水检测。这是雾封层最主要的检测指标,要求雾封层施工后路面处于基本不透水的状态。

c. 构造深度检测。雾封层施工后路面构造深度有所下降,主要是因为沥青填补了路面孔隙,使用一段时间后该指标将有所升高。

d. 摩擦系数检测。雾封层施工后路面摩擦系数也会有所下降,应控制在规范允许的范围内。

雾封层施工后路面检测指标及频率见表 4.3。

表 4.3　雾封层施工后路面检测指标及频率

检测项目		检测频率	质量要求或允许偏差	检测方法
外观		随时	表面应均匀一致,无流淌、露白、条痕、泛油、油斑等现象;侧缘及纵向接缝处应顺直、美观,无多洒、漏洒	目测
渗水系数/(mL/min)		5 个点/km	≤10	《公路路基路面现场测试规程》(JTG 3450—2019)中的"T 0971—2019 沥青路面渗水系数测试方法"
抗滑性能	摆值	5 个点/km	符合设计要求	《公路路基路面现场测试规程》(JTG 3450—2019)中的"T 0964—2008 摆式仪测试路面摩擦系数方法"
	构造深度	5 个点/km		《公路路基路面现场测试规程》(JTG 3450—2019)中的"T 0961—1995 手工铺砂法测试路面构造深度方法"

(2)微表处。

微表处是指采用稀浆封层车将聚合物改性乳化沥青、粗细集料、填料、水和添加剂等按照设计配合比拌和成稀浆混合料摊铺到原路面上,形成具有高抗滑和耐久性能的薄层。微表处按矿料级配可分为 MS-2、MS-3 和 MS-4 三种类型,按性能可分为 A、B 两个等级。隧道路面、夜间施工及对性能有较高要求的路段宜采用 A 级微表处。

①原材料。

a.改性乳化沥青。

采用慢裂快凝型阳离子聚合物改性乳化沥青,慢裂指乳化沥青的拌和时间长;快凝指一旦完成拌和进行铺筑后会快速破乳成型;阳离子乳化沥青可以直接洒布;改性乳化沥青具有良好的黏聚力。微表处用改性乳化沥青技术要求见表 4.4。

表 4.4　微表处用改性乳化沥青技术要求

项　目		技术要求		试验方法
		A 级微表处	B 级微表处	
粒子电荷		阳离子正电（＋）	阳离子正电（＋）	《公路工程沥青及沥青混合料试验规程》(JTG E20—2011)中的"T 0653—1993 乳化沥青微粒离子电荷试验"
0.6 mm 筛上剩余量/（%）		≤0.1	≤0.1	《公路工程沥青及沥青混合料试验规程》(JTG E20—2011)中的"T 0652—1993 乳化沥青筛上剩余量试验"
黏度	恩格拉黏度 E_{25}	3～30	3～30	《公路工程沥青及沥青混合料试验规程》(JTG E20—2011)中的"T 0622—1993 沥青恩格拉黏度试验(恩格拉黏度计法)"
	25 ℃赛波特黏度/s	20～100	20～100	《公路工程沥青及沥青混合料试验规程》(JTG E20—2011)中的"T 0623—1993 沥青赛波特黏度试验(赛波特重质油黏度计法)"
蒸发残留物含量/（%）		≥60	≥60	《公路工程沥青及沥青混合料试验规程》(JTG E20—2011)中的"T 0651—1993 乳化沥青蒸发残留物含量试验"
蒸发残留物性质	针入度(100 g,25 ℃,5 s)/（0.1 mm）	40～100	40～100	《公路工程沥青及沥青混合料试验规程》(JTG E20—2011)中的"T 0604—2011 沥青针入度试验"
	软化点/℃	≥57	≥57	《公路工程沥青及沥青混合料试验规程》(JTG E20—2011)中的"T 0606—2011 沥青软化点试验(环球法)"
	延度(5 ℃)/cm	≥60	≥20	《公路工程沥青及沥青混合料试验规程》(JTG E20—2011)中的"T 0605—2011 沥青延度试验"
	溶解度/（%）	≥97.5	≥97.5	《公路工程沥青及沥青混合料试验规程》(JTG E20—2011)中的"T 0607—2011 沥青溶解度试验"
	黏韧性/（N・m）	≥7	—	《公路工程沥青及沥青混合料试验规程》(JTG E20—2011)中的"T 0624—2011 沥青黏韧性试验"

项 目		技术要求		试验方法
		A 级微表处	B 级微表处	
储存稳定性/%	1 d	≤1	≤1	《公路工程沥青及沥青混合料试验规程》(JTG E20—2011)中的"T 0655—1993 乳化沥青储存稳定性试验"
	5 d	≤5	≤5	

b. 矿料。

微表处用矿料可以由不同规格的粗细集料、矿粉等掺配而成。微表处用粗集料、细集料、合成矿料技术要求见表 4.5。

表 4.5 微表处用粗集料、细集料、合成矿料技术要求

材料	项 目	技术要求		试 验 方 法	备 注
		A 级微表处	B 级微表处		
粗集料	压碎值/(%)	≤26	≤26	《公路工程集料试验规程》(JTG 3432—2024)中的"T 0316—2024 粗集料压碎值试验"	—
	洛杉矶磨耗损失/(%)	≤25	≤25	《公路工程集料试验规程》(JTG 3432—2024)中的"T 0317—2005 粗集料磨耗试验(洛杉矶法)"	—
	磨光值(BPN)	≥42	≥42	《公路工程集料试验规程》(JTG 3432—2024)中的"T 0321—2024 粗集料磨光值试验"	—
	坚固性/(%)	≤12	≤12	《公路工程集料试验规程》(JTG 3432—2024)中的"T 0314—2024 粗集料坚固性试验"	—
	针片状颗粒含量/(%)	≤15	≤15	《公路工程集料试验规程》(JTG 3432—2024)中的"T 0312—2005 粗集料针片状颗粒含量试验(卡尺法)"	—
细集料	坚固性/(%)	≤12	≤12	《公路工程集料试验规程》(JTG 3432—2024)中的"T 0340—2024 细集料坚固性试验"	>0.3 mm 部分

材料	项 目	技术要求		试 验 方 法	备 注
		A级微表处	B级微表处		
合成矿料	砂当量 /(%)	≥65	≥65	《公路工程集料试验规程》(JTG 3432—2024)中的"T 0334—2005 细集料砂当量试验"	合成矿料中 <4.75 mm 部分
	亚甲蓝值 /(g/kg)	≤2.5	—	《公路工程集料试验规程》(JTG 3432—2024)中的"T 0349—2024 细集料亚甲蓝试验"	合成矿料中 <2.36 mm 部分

c. 填料。

微表处矿中可以掺加矿粉、水泥、消石灰等填料。填料应干燥、疏松、无结团,并应符合《公路沥青路面施工技术规范》(JTG F40—2004)中的相关要求。

矿粉的主要作用是改善矿料级配。水泥、消石灰等具有化学活性的填料的主要作用是调整稀浆混合料的可拌和时间、成浆状态和成型速度等。

填料的掺加量必须通过混合料设计试验确定。

d. 添加剂。

添加剂的主要作用是调节稀浆混合料可拌和时间、破乳速度、开放交通时间等施工性能,并在一定程度上改变混合料的路用性能。

②混合料设计。

a. 矿料级配。

微表处矿料级配范围应符合表4.6的规定。

表4.6 微表处矿料级配范围

级 配 类 型	通过下列筛孔(mm)的质量百分率/(%)									
	13.2	9.5	7.2	4.75	2.36	1.18	0.6	0.3	0.15	0.075
MS-2	100	100	100	90~100	65~90	45~70	30~50	18~30	10~21	7~12
MS-3	100	100	83~96	70~90	45~70	28~50	19~34	12~25	7~18	6~12
MS-4	100	88~100	72~90	60~80	40~60	28~45	19~34	14~25	8~17	4~8

注:1. 填料计入矿料级配。

2. 条件不具备的,可不对7.2 mm筛孔通过率进行控制。

b. 混合料技术要求。

微表处混合料技术要求应符合表4.7的规定。

表 4.7　微表处混合料技术要求

项　目		技术要求		试 验 方 法
		A 级微表处	B 级微表处	
可拌和时间 /s		90～180	120～300 (25 ℃)	《公路工程沥青及沥青混合料试验规程》(JTG E20—2011)中的"T 0757—2011 稀浆混合料拌和试验"
破乳时间 /min		≤10	≤20	《公路工程沥青及沥青混合料试验规程》(JTG E20—2011)中的"T 0753—2011 稀浆混合料破乳时间试验"
黏聚力 /(N·m)	30 min (初凝时间)	≥1.2, 且初级成型	≥1.2	《公路工程沥青及沥青混合料试验规程》(JTG E20—2011)中的"T 0754—2011 稀浆混合料黏聚力试验"
	60 min (开放交通时间)	≥2.0, 且中度成型	≥2.0, 且初级成型	
养生初期磨耗损失 (温度 25 ℃、湿度 70% 条件下养生 2 h)/(g/m²)		≤800	—	《公路沥青路面预防养护技术规范》(JTG/T 5142-01—2021)中的"附录 B"
负荷轮黏附砂量 /(g/m²)		≤450	≤450	《公路工程沥青及沥青混合料试验规程》(JTG E20—2011)中的"T 0755—2011 稀浆混合料负荷轮粘砂试验"
湿轮磨耗值 /(g/m²)	25 ℃浸水 1 h	≤360	≤540	《公路工程沥青及沥青混合料试验规程》(JTG E20—2011)中的"T 0752—2011 稀浆混合料湿轮磨耗试验"
	25 ℃浸水 6 d	≤480	≤800	
轮辙变形试验的宽度 变化率/(%)		≤5	≤5	《公路工程沥青及沥青混合料试验规程》(JTG E20—2011)中的"T 0756—2011 稀浆混合料车辙变形试验"
配伍性等级值		≥11	≥11	《公路工程沥青及沥青混合料试验规程》(JTG E20—2011)中的"T 0758—2011 稀浆混合料配伍性等级试验"

注:1. 可拌和时间应按施工现场可能遇到的温度进行测试。

2. 破乳时间的测试应选用工程实际使用的集料(合成级配),否则应予注明。

3. 不用于车辙填充的微表处混合料可不要求轮辙变形试验。

4. A 级微表处混合料应进行配伍性试验并满足配伍性等级值,B 级微表处混合料宜进行配伍性等级试验。

③微表处施工。

a. 基本要求。

微表处施工、养护期内的气温应高于 10 ℃。

不得在雨天施工。施工中遇雨或者施工后混合料尚未成型就遇雨时,应在雨后将无法正常成型的材料铲除。严禁在过湿或积水的路面上进行微表处施工。

原路面必须有足够的结构强度;原路面 15 mm(指车辙的深度)以下的车辙可直接进行微表处罩面。若存在病害,要提前处理。

b. 施工。

微表处应按下列步骤施工:彻底清除原路面的泥土、杂物等,检查路面病害处理情况;施画导线,以保证摊铺车顺直行驶,有路缘石、车道线等作为参照物的,可不施画导线;如有喷洒黏层油要求,启动喷洒车进行黏层油喷洒,并进行养生;摊铺车摊铺混合料,摊铺厚度根据设计分别为 6 mm 或 10 mm;手工修复局部施工缺陷;初期养护;开放交通。其中,主要施工步骤及操作工艺如下。

根据施工路段的路幅宽度调整摊铺槽宽度,应尽量减少纵向接缝数量。在可能的情况下,宜使纵向接缝位于车道附近。

将符合要求的各种材料装入摊铺车内。

将装好料的摊铺车开至施工起点,对准控制线,放下摊铺槽,调整摊铺槽,使其周边与原路面贴紧。

按生产配合比和现场矿料含水率情况,依次调整或同时按配合比输出矿料、填料、水、添加剂和乳液,进行拌和。

拌好的混合料流入摊铺槽并适量分布在摊铺槽时,开动摊铺车匀速前进,需要时可打开摊铺车下边的喷水管,喷水湿润路面。

摊铺速度以保持混合料摊铺量与搅拌量基本一致为准。微表处施工时,保持摊铺槽中混合料的体积占摊铺槽容积的 1/2 左右。

稀浆混合料摊铺后如存在局部缺陷,应及时使用橡胶耙等工具人工找平。找平的重点是:个别超粒径粗集料产生的纵向刮痕,横、纵接缝等。

当摊铺车内任何一种材料快用完时,应立即关闭所有输送材料的控制开关,让搅拌器中的混合料搅拌完,并送入摊铺槽。

摊铺完毕后,摊铺车停止前进,提起摊铺槽,将摊铺车移出摊铺点,清洗摊铺槽。施工中不得随意抛掷废弃物。

初期养护:微表处混合料铺筑后,在开放交通前禁止一切车辆和行人通行;微表处混合料摊铺后一般不需要压路机碾压;满足开放交通的要求后,应尽快开放交通。

④施工质量控制。

a. 材料质量控制。

微表处施工过程材料质量控制要求见表4.8。

表 4.8　微表处施工过程材料质量控制要求

材　料	检 查 项 目	要　求　值	检 验 频 率
乳化沥青或改性乳化沥青	规范要求的检测项目	符合设计要求	每批来料 1 次
矿料	砂当量		
	级配①		
	含水率	实测	每工作日 1 次

注:①矿料级配符合设计要求,是指实际级配不超出相应级配类型要求的各筛孔通过率的上下限,且以矿料设计级配为基准,实际级配中各筛孔通过率不得超过设计和规范规定的允许波动范围。

b. 施工质量控制。

质量控制要求。微表处施工过程质量控制要求见表4.9。

表 4.9　微表处施工过程质量控制要求

检查项目	检验频率	质量要求或允许偏差	检验方法
可拌和时间/s	1 次/工作日	符合设计要求	《公路工程沥青及沥青混合料试验规程》(JTG E20—2011)中的"T 0757—2011 稀浆混合料拌和试验"
稠度	1 次/100 m	适中①	经验法
油石比/(%)	1 次/工作日	满足生产配合比要求	三控检验法
矿料级配②	1 次/工作日	满足施工配合比的矿料级配要求	摊铺过程中从矿料输送带末端接出集料进行筛分
外观	全线连续	表面平整、均匀,无离析,无划痕	目测
摊铺厚度/mm	5 个断面/km	设计值-10%	钢尺测量或其他有效手段,每幅中间及两侧各 1 点,取平均值作为检测结果
摊铺宽度/mm	1 处/100 m	≥设计值	钢卷尺
接缝处高差/mm	纵缝每 100 m 测 1 处;横缝逐条检查,每条缝测 1 处	≤6	3 m 直尺、塞尺
浸水 1 h 湿轮磨耗/(g/m²)	1 次/7 个工作日	≤360(A 级微表处)≤540(B 级微表处)	《公路工程沥青及沥青混合料试验规程》(JTG E20—2011)中的"T 0752—2011 稀浆混合料湿轮磨耗试验"

注:①A 级微表处可不采用经验法进行稠度检验。
②同表 4.8 中的①。

采用三控检验法对微表处进行油石比检验,具体如下。

摊铺前检查:每天摊铺前检查摊铺车料门开度和各个泵的设定是否与设计配合比相符,认真记录每车的集料、填料用量和(改性)乳化沥青用量,计算油石比,确保施工开始前设备设置和材料用量符合设计要求。

摊铺过程中抽样检验:在摊铺过程中,应取样进行混合料抽提试验,检测油石比是否与设计油石比相符,以此作为油石比的实时校核依据。

按面积统计用量进行校核:每施工 50000 m² 左右,应统计一次施工用集料、填料和(改性)乳化沥青的实际总用量,计算摊铺混合料的平均油石比,以此作为油石比的整体校核依据。

通过以上三控检验法,确保微表处施工过程中的油石比符合设计要求。

(3)碎石封层。

①概念。

碎石封层是一种技术成熟的路面预防养护技术。它采用单粒径碎石满铺路面,采用高剂量的路面黏结剂以稳固碎石的超薄磨耗层,为旧路面提供抗滑、降噪、防水、抗裂保护层。特别适用于结构功能良好,但出现贫油、掉粒、龟裂、渗水等病害的旧路面的预防养护。

碎石封层从 20 世纪 80 年代开始在法国被大规模采用,20 世纪 90 年代传播到欧洲各国及美国,还在俄罗斯、印度等国家和地区得到推广,在欧洲有 95% 以上的公路均采用这项技术进行养护。

我国幅员辽阔,公路状况差异大,而碎石封层技术既适用于高等级公路,也适用于普通城市公路、乡村公路等,而且不受气候、交通能力等因素的影响,碎石封层在我国部分省份的国道、省道的建设中已经得到应用。

②材料。

a. 黏结剂。

碎石封层黏结剂的质量是保证碎石封层耐久性的关键,宜采用乳化沥青或改性乳化沥青作为胶结料,也可采用道路石油沥青、改性沥青、橡胶沥青等作为胶结料。

胶结料技术要求应符合《公路沥青路面施工技术规范》(JTG F40—2004)的有关规定。使用乳化沥青时,乳化沥青蒸发残留物含量应不小于 60%,宜不小于 62%;使用改性乳化沥青时,改性乳化沥青蒸发残留物含量应不小于 62%,宜不小于 65%。有别于传统的改性乳化沥青,黏结剂要求固化后具有较高的黏结力,将封层碎石稳固在路面上,同时具有较好的延展性,不出现脆化现象,有效防止裂缝的产生。

b. 碎石。

碎石封层应选择玄武岩、辉绿岩、石灰岩等岩石破碎而成,宜采用粒径 3~5 mm、5~8 mm、7~10 mm、9~12 mm 或 12~15 mm 且接近单一粒径的集料。碎石封层用集料技术要求见表 4.10。

表 4.10　碎石封层用集料技术要求

项　　目	技术要求		试　验　方　法
	二级及以上公路	三级和四级公路	
石料压碎值 /(%)	≤20	≤20	《公路工程集料试验规程》(JTG 3432—2024)中的"T 0316—2024 粗集料压碎值试验"
洛杉矶磨耗损失 /(%)	≤28	≤30	《公路工程集料试验规程》(JTG 3432—2024)中的"T 0317—2005 粗集料磨耗试验(洛杉矶法)"
磨光值	≥42	≥38	《公路工程集料试验规程》(JTG 3432—2024)中的"T 0321—2024 粗集料磨光值试验"
表观相对密度	≥2.6	≥2.5	《公路工程集料试验规程》(JTG 3432—2024)中的"T 0304—2024 粗集料密度及吸水率试验(网篮法)"
吸水率 /(%)	≤2.0	≤3.0	《公路工程集料试验规程》(JTG 3432—2024)中的"T 0304—2024 粗集料密度及吸水率试验(网篮法)"
坚固性 /(%)	≤12	≤12	《公路工程集料试验规程》(JTG 3432—2024)中的"T 0314—2024 粗集料坚固性试验"

项　　目	技术要求		试 验 方 法
	二级及以上公路	三级和四级公路	
针片状颗粒含量 /(%)	≤10	≤10	《公路工程集料试验规程》(JTG 3432—2024)中的"T 0312—2005 粗集料针片状颗粒含量试验(卡尺法)"
<0.075 mm 颗粒含量 (水洗法)/(%)	≤1	≤1	《公路工程集料试验规程》(JTG 3432—2024)中的"T 0310—2005 粗集料含泥量及泥块含量试验"
软石含量 /(%)	≤2	≤2	《公路工程集料试验规程》(JTG 3432—2024)中的"T 0320—2000 粗集料软弱颗粒含量试验"

③施工设备。

碎石封层施工设备主要是同步碎石封层车,配套的机械设备有 50 型以上转载机、石料加工清洗设备、12~16 t 胶轮压路机、8 t 以上水车、路面除尘设备、小型铣刨设备、25 t 热沥青加(保)温车、(乳化)沥青运输车。

④施工工艺。

a. 碎石预拌。

预拌的目的有两个:一是通过拌和机强力除尘,二是在碎石表面裹覆薄层沥青。预拌后的碎石不能成团,便于撒布,同时碎石表面必须满裹覆沥青,以提高黏结力。

b. 撒布。

撒布前要对原路面进行认真清扫,为保证黏结剂与碎石封层的有效黏结,必须采用同步碎石封层车施工,即将预拌碎石及黏结材料同步铺撒在路面上,可以使碎石颗粒立即与刚喷洒的黏结剂相接触,增加集料颗粒与黏结剂的裹覆面积,再通过胶轮压路机碾压,形成单层沥青碎石磨耗层。由于黏结剂用量大,为保证黏结效果,可以分沥青面层底部撒布、同步碎石撒布、封面撒布 3 次撒布成型。

碎石撒布率和胶结料撒布率根据原路面状况、交通荷载等级、施工经验、施工季节、碎石粒径和施工层数等确定。可根据表 4.11 和表 4.12 合理确定碎石撒布率和胶结料撒布率。

表 4.11　单层式碎石封层材料规格和用量

碎石规格 /mm		碎石用量 /(m³/1000 m²)	(改性)乳化沥青用量 /(kg/m²)	热(改性)沥青用量 /(kg/m²)
砂粒式	3~5	4~7	1.2~1.5	—
细粒式	5~8	6~9	1.5~1.8	0.9~1.2
	7~10	8~11	1.8~2.1	1.1~1.4
中粒式	9~12	10~13	2.1~2.4	1.4~1.7
	12~15	13~16	2.4~2.7	1.7~2.0

注:具体用量应经现场试铺确定。

表 4.12　双层式碎石封层材料规格和用量

碎石规格 /mm		碎石用量 /(m³/1000 m²)		(改性)乳化沥青用量 /(kg/m²)		热(改性)沥青用量 /(kg/m²)	
第一层	第二层	第一层	第二层	第一层	第二层	第一层	第二层
7~10	3~5	6~9	2~5	1.2~1.5	0.7~1.0	1.2~1.5	0.4~0.7
9~12	5~8	9~12	4~7	1.5~1.8	1.0~1.3	1.5~1.8	0.7~1.0
12~15	7~10	12~15	6~9	1.8~2.1	1.3~1.6	1.8~2.0	1.0~1.3

注:具体用量应经现场试铺确定。

（4）复合封层。

碎石封层用于公路面层时,集料容易脱落,噪声比较大。在碎石封层之后再进行微表处,就可以解决碎石封层的石屑脱落、高噪声、外表不美观等问题,这就是复合封层的由来。复合封层具有经济性好、摩擦系数较高、防滑性能好等特点。

复合封层结构以碎石封层(或者改性稀浆封层)为下承层,微表处作为面层形成整体结构。这种结构结合了碎石封层/改性稀浆封层和微表处两者的优点,在具有优良的抗滑性能和良好的平整度的同时,可以有效地阻止地面水对基层的渗透,缓解基层病害对面层的影响。复合封层可以有效地保护路面,提高路面耐久性。

改性乳化沥青、橡胶沥青、改性沥青等都可以作为碎石封层的黏结料。它们可以在很大程度上降低微表处的开裂,起到很好的封水作用。尤其是采用橡胶沥青作为碎石封层的黏结料时,可以很好地抑制反射裂缝。

复合封层的施工工艺见上文微表处和碎石封层的相关内容。

4．水泥混凝土路面预防养护

（1）清扫保洁。

①水泥混凝土路面必须定期清扫泥土和污物;与其他类型路面平面连接处及平交道口,应勤加清扫;路面上出现的小石块等坚硬物在行车碾压下容易破坏路面和嵌入路面接缝,还会造成飞石伤人,应予以清除;中央分隔带内的杂物应定期清除;保持路容整洁。

②路面清扫频率应根据公路状况、交通量大小及其组成、环境条件等确定,路面清扫宜采用机械作业。机械清扫留下的死角应人工清扫干净。

③路面清扫时,应尽量减少清扫作业产生的灰尘,以免污染环境,危及行车安全,清扫作业宜避开交通量高峰时段。

④路面清扫后的垃圾应运至指定地点进行处理,不得随意倾倒。

⑤当路面被油类物质或化学品污染后,会降低摩擦系数,危害交通安全,应清洗干净。

⑥交通标志、标牌、标线、轮廓标以及防撞栏等交通安全设施是整个公路景观的组成部分,也是交通安全的必要保障,应定期擦拭。交通标志及标线受到污染后应及时清扫(洗),保持整洁、醒目。对于反光标志,应注意观察和清洗,防止因污染而降低其反光性能。

⑦应保持交通标志、标牌、标线、示警桩、轮廓标完整,发生局部脱落、破损时应修复或更换。

（2）接缝保养及填缝料更换。

①接缝保养。

a. 填缝料凸出板面,高速公路、一级公路超出 3 mm,其他等级公路超过 5 mm 时应铲平。

b. 气温较高时混凝土板膨胀,如填缝料本身压缩性能及热稳定性差,容易发生填缝料外溢甚至流淌到接缝两侧面板的情况,影响路面平整度和路容,应予清除。

c. 杂物嵌入接缝中,会使接缝失去胀缩作用,从而使面板产生拱胀及断裂,应予清除。尤其是石子嵌入时,会使接缝处板端应力集中,以致接缝附近的混凝土板被挤碎,应及时清除。

②填缝料更换。

a. 填缝料的更换周期主要取决于填缝料自身的寿命、施工质量以及路面条件,一般为 2~3 年。

b. 填缝料局部脱落时应进行灌缝填补;填缝料脱落缺失大于 1/3 缝长或填缝料老化、接缝渗水严重时,应立即进行整条接缝的填缝料更换。

c. 填缝料的更换应做到饱满、密实、黏结牢固。

d. 更换填缝料前,应将原填缝料及掉入缝槽内的砂石等杂物清除干净,并保持缝槽干燥、清洁。灌注深度宜为 3~4 cm。当缝深过大时,缝的下部可填 2.5~3.0 cm 高的多孔柔性垫底材料或泡沫塑料支撑条。对于填缝料的灌注高度,夏天宜与面板平齐,冬天宜稍低于面板 2 mm。多余或溅到面板上的填缝料应予以清除。填缝料更换宜选在春、秋两季,或宜在当地气温居中且材料较干燥的季节进行。

（3）排水设施养护。

①对于路面排水设施,应进行经常性的巡查并与重点检查相结合,发现损坏应及时安排修复,发现堵塞必须立即疏通,路段积水应及时排出。

②雨天应重点检查超高路段的中央分隔带、纵向排水沟、横向排水管、雨水井、集水井等的排水状况,出现堵塞情况,应及时排出积水。排水构造物及路肩修复宜采用与原构造物相同的材料。

③保持路面横坡及路面平整度。当快车道为水泥混凝土路面,慢车道或非机动车道为沥青路面时,应保持沥青路面横坡大于水泥混凝土路面横坡,以利于排水。

④保持路肩横坡大于路面横坡,路肩横坡应顺畅,并及时修复路肩缺口。路面接缝、路肩接缝及路缘石与路面接缝变宽并渗水时,应进行填缝处理。

⑤定期修整路肩植物、清除路肩杂物,疏通路肩排水设施和中央分隔带排水设施,常年保持路面排水顺畅。

（4）冬季养护。

①冰雪地区路段水泥混凝土路面冬季养护的重点是除雪、除冰、防滑;作业的重点是桥面、坡道、弯道、垭口及其他严重危害行车安全的路段。

②要根据气象资料、沿线条件、降雪量、积雪深度、危害交通范围等确定除雪、除冰、防滑作业计划,并做好人员培训和机械设备、作业工具、防冻防滑材料的准备。

③除雪作业以清除新雪为主。化雪时,应及时清除雪水和薄冰。除冰困难的路段,应以防滑措施为主,除冰为辅。除冰作业应防止破坏路面。

④路面防冻、防滑的主要措施:使用盐或其他融雪剂降低路面冰点。使用砂等防滑材料或与盐掺和使用,加大轮胎与路面间的摩擦系数。防冻、防滑料施撒时间,主要根据气象条件、路面状况等确定。一般可在开始下雪时撒布融雪剂或与防滑料掺和撒布,也可在路面冻结前 1~2 h 撒布。如果用于防止路

面结冰,通常撒布一次防冻料即可。开展除雪作业时,撒布频率可以和除雪作业频率一致。在冻融前,应将积雪及时清除至路肩之外,以免雪水渗入路肩。冰雪消融后,应清除路面上的残留物。禁止将含盐的积雪堆积于绿化带。

5. 桥涵日常养护、预防养护

(1) 主要内容及措施。

日常养护是指对桥涵及其附属设施进行维护保养和修补轻微缺损。预防养护是指当桥涵有轻微病害但整体性能良好时,为延缓其性能衰减、延长使用寿命而采取的防护措施。技术状况等级为一、二类的桥梁主要采用日常养护和预防养护。

桥涵日常养护、预防养护主要包括如下内容。

①清除污泥、积雪、积冰、杂物,保持桥涵清洁。

②保持调治构造物完好,疏通涵管,疏导桥下河槽。

③保养与清理伸缩缝、排水系统、支座、锚头、钢构件等。

④保持桥涵状态良好,修补桥梁轻微缺损,局部更换附属设施和损坏构件。

桥涵日常养护、预防养护主要措施如下。

①设置限行标志,防止桥梁被撞击。

②封闭、修补混凝土表面裂缝、缺陷。

③设置涂层,减缓混凝土碳化、防止钢筋锈蚀。

④修理桥梁漏水、渗水构件和部件。

⑤修补桥面坑槽、修复或更换伸缩缝。

⑥清理、油饰钢结构,增加钢材涂层厚度。

⑦清理桥涵污染部位。

⑧其他措施。

(2) 常用方法。

①表面封闭修补裂缝。

对宽度小于 0.15 mm 且不继续发展的裂缝,或为阻止混凝土碳化、防止大气和其他腐蚀性因素侵蚀,对混凝土及钢筋的腐蚀处采用表面处理。用树脂或涂料在需处理的局部或整个梁体形成封闭膜,隔断混凝土与空气和水的接触。

表面封闭修补裂缝施工流程如下。

a. 用钢丝刷清除原混凝土表面浮浆,将缝口表面 2 cm 宽范围内的混凝土打毛。

b. 用压缩空气去除缝口浮尘,用甲苯或工业丙酮清洗缝口。

c. 按要求配置环氧树脂胶泥,并均匀涂刮在构件表面裂缝处,将裂缝完全封闭。

d. 用环氧树脂胶泥封闭裂缝完毕,待其固化后,在胶泥表面再涂刷一层环氧胶,起保护作用。全部固化后再对表面进行平滑处理。

②灌注法修补裂缝。

当裂缝宽度在 0.15 mm 以上,裂缝较深,出现漏水,既对结构耐久性有影响,又影响结构强度和刚度时,需采用注浆的办法向裂缝内灌浆,以使混凝土梁被胶黏为一体。浆液为黏度较低的环氧胶或其他高分子材料,要求其抗拉强度高于被灌注梁体混凝土的抗拉强度,且在压力作用下易于渗入混凝土裂缝内。

灌注法修补裂缝施工流程如下。

a. 裂缝的检查和确认。仔细查看裂缝的情况,确定其长度和宽度,在裂缝附近沿裂缝画出标记线,并标明裂缝宽度和长度。

b. 裂缝表面混凝土的处理。用钢丝刷或砂轮机对沿裂缝走向 5 cm 宽的范围加以打磨,清除水泥浮浆、松散物、油污等,露出清洁、坚实的混凝土表面,清除时应注意不要堵塞裂缝。

c. 固定注射基座。首先,根据裂缝的宽度和长度决定注射基座的位置,沿裂缝的走向每 100~300 mm 布置 1 个基座,裂缝首尾及分岔处均应有基座,基座应骑缝布置;然后,在注射基座的底部涂上已配好的密封胶,在已经确定好的基座位置上粘贴和固定基座,并应将基座的中心点与裂缝的中心点结合在一起;最后,在基座与混凝土的接缝周围用密封胶密封,以免注射时注射胶流失。

d. 裂缝处的表面封闭。在裂缝附近 5 cm 宽的范围内用密封胶封闭,厚度大于 2 mm。在混凝土剥落或缝宽过大处要尽量向内填充。

e. 注入注射胶。灌注前,应标定灌注次序,其原则是:竖向裂缝先下后上;水平裂缝由低端逐渐灌向高端;贯通裂缝宜在两面一先一后交错进行。将注射胶吸入注射器的注射筒中,吸入时应注意不要吸入空气。将注射器小心地安装在注射基座上,并装上加压用的橡皮筋。橡皮筋的数量应按照注入的需要增减。如果注射筒中的注射胶在固化前就用完,应尽快更换装有注射胶的注射筒继续注入。注射器可用丙酮或酒精清洗干净,重复使用 2~3 次。在整个灌注过程中应随时注意排气。

f. 注射胶的固化。当注射器内的胶液不能再注入裂缝时,稳定 15~20 min 后取下注射器。

g. 混凝土表面磨修。当注射胶固化后就可拆除固定基座,并用砂轮机等将密封胶除去,并加以磨平。

③填缝修补砌体裂缝。

填缝是一种简便的修理砖石砌体裂缝的方法。操作时,将缝隙清理干净,根据裂缝宽度不同,分别用勾缝刀、镘刀等工具进行操作,所用灰浆通常采用 1∶2.5 或 1∶3 水泥砂浆,一般不得低于砌筑灰浆的强度。

④凿槽嵌补裂缝。

凿槽嵌补是沿混凝土裂缝凿一条深槽,然后在槽内嵌补各种黏结材料,如环氧砂浆、沥青、甲基丙烯酸酯类化学补强剂(如甲凝)等的一种修补方法。首先,沿裂缝凿出 V 形槽;其次,修理平整槽两边混凝土面;再次,将槽内清理干净;最后,在槽内嵌补黏结材料。

⑤表面抹灰修补裂缝。

表面抹灰是指用水泥浆、水泥砂浆、环氧基液及环氧砂浆等材料涂抹在砖石砌体或混凝土表面裂缝部位的一种修补方法。

对于混凝土结构,可先将裂缝附近的混凝土表面凿毛,并尽可能使糙面平整,经洗刷干净后,洒水使之保持湿润(不留水珠),然后用 1∶1~1∶2 的水泥砂浆涂抹其上。涂抹时混凝土表面不能有流水,最好先用纯水泥浆涂刷一层底浆(厚度为 0.5~1.0 mm),再将水泥砂浆一次或分几次抹完(应视总厚度而定),一次涂抹厚度过厚容易在侧面和顶部产生流淌或因自重下坠脱壳;太薄则容易在收缩时引起开裂。涂抹的总厚度一般为 1.0~2.0 cm,待收水后,用镘刀压实、抹光。砂浆配制时,所用砂子不宜太粗,一般为中细砂。水泥可用普通水泥,其等级不低于 32.5 级。温度高时,涂抹 3~4 h 后即洒水养护,并防止阳光直射。冬季应注意保温,切不可受冻。所抹的水泥砂浆受冻后,轻则强度降低,重则报废。

⑥表面粘贴法修补裂缝。

表面粘贴法是用胶黏剂将玻璃布或钢板等材料粘贴在混凝土面的裂缝部位,达到封闭裂缝目的的一种修补方法。

a. 粘贴玻璃布。玻璃布一般采用无碱玻璃纤维织成,无碱玻璃纤维比有碱玻璃纤维的耐水性好,强度高。粘贴玻璃布的胶黏剂多为环氧基液,必须对玻璃布进行除油蜡处理,使环氧基液能浸入玻璃纤维内,提高黏结效果。除油蜡时,将玻璃布放在烘烤炉上加热到190~250 ℃,烘烤后将玻璃布放在浓度为2%~3%的碱水中煮沸约30 min,然后取出,用清水洗净,放在烘箱内烘干或晾干。

玻璃布粘贴前,要将混凝土表面凿毛,并冲洗干净,使表面无油污、灰尘,若表面不平整,可先用环氧砂浆抹平。粘贴时,先在粘贴面上均匀刷一层环氧基液(不能有气泡),然后展开,拉直玻璃布,放置并抹平,使之紧贴在混凝土面上,再用刷子或其他工具在玻璃布面上刷一遍,使环氧基液浸透玻璃布并溢出,最后在玻璃布上刷环氧基液。按同样方法粘贴第二层玻璃布,但上层玻璃布应比下层玻璃布宽1~2 cm,以便压边。

b. 粘贴钢板。粘贴钢板是用环氧基液涂敷在整个钢板上,然后将其压贴于待修补的裂缝上。钢板粘贴施工顺序如下。

对钢板进行表面处治,即按所需要的尺寸裁切钢板,用打磨机打磨;对混凝土表面进行修凿,使其平整。

用丙酮或二甲苯擦洗修补部位的混凝土表面及钢板面,以便去除黏结面的油脂和灰尘。

在钢板和混凝土粘贴面上均匀地涂刷环氧基液。

压贴钢板。用方木、角钢和固定螺栓等均匀地加压进行压贴。

养护到所要求的时间,拆除压贴用的方木、角钢等材料。

在钢板表面再涂刷养护涂料,如铅丹(四氧化三铅)或其他防锈油漆等。

⑦表面喷浆修补裂缝。

表面喷浆是在经凿毛处理的裂缝表面,喷射一层密实且强度高的水泥砂浆保护层来封闭裂缝的一种修补方法。根据裂缝的部位、性质和修理要求与条件,可分别采用素喷、挂网喷浆或挂网喷浆结合凿槽嵌补等方法修补。

⑧深度较深的混凝土表面缺陷修补。

对于桥梁结构中出现的较严重的蜂窝、麻面、空洞,以及缺损面积大于或等于25 cm×25 m、深度大于或等于5 cm的混凝土表面缺损,凿除松动混凝土,外露骨料,进行钢筋除锈后,用环氧混凝土修补,具体做法如下。

a. 将构件中的蜂窝或缺陷部位表层尽可能凿除,保留原结构钢筋,同时对修补部位进行凿毛处理,并使混凝土表面保持湿润、清洁。

b. 在修补面上喷涂一层界面剂,以增强新旧混凝土之间的黏结。

c. 在界面剂喷涂后尚未凝固时,即可浇筑环氧混凝土。

d. 当修补完成后,在新旧混凝土接缝表面15 cm宽的范围内,必须用钢丝刷将所有软弱浮浆除去,并冲洗干净,然后涂抹两层封闭浆液。浆液采用环氧树脂。涂抹封闭浆液时,第二层的涂抹方向应与第一层的涂抹方向垂直。

e. 修补工作全部结束后,还要加强养护,养护方法与一般混凝土的养护方法相同。

⑨深度较浅的混凝土表面缺陷修补。

对于面积小于 25 cm×25 cm、深度小于 5 cm 的混凝土结构表面缺损,凿除松动混凝土,外露骨料,进行钢筋除锈,并清除浮尘,喷涂阻锈剂及界面剂后,涂抹聚合物水泥基材料。其步骤如下。

a. 做好修补面凿毛、清洁等准备工作。

b. 将拌和好的聚合物水泥基材料用镘刀抹到修补部位,反复压光后,按普通混凝土要求进行养护。局部修补部位较深时,可在聚合物水泥基材料中掺入适量砾料,以增大强度和减少砂浆干缩。

c. 在新修补区域周围再涂上两层环氧树脂进行封闭处理,以防止出现收缩裂缝。

聚合物水泥基材料修补法具体做法如下。

(a) 修补表面的处理。混凝土表面应凿毛,且保持洁净、干燥、坚固、密实和平整。

(b) 涂抹环氧树脂基液。目的是使旧混凝土表面被环氧树脂基液充分浸润,保持良好的黏结力。涂刷时,应力求薄而均匀,厚度不超过 1 mm,可用毛刷人工涂抹,也可用喷枪喷涂。为便于涂匀,还可以在基液中加入少量丙酮(3%～5%)。已涂刷基液的表面,应注意保护,严禁杂物、灰尘落入。

(c) 涂抹聚合物水泥基材料。涂刷基液后,间隔一定时间(30～60 min),将基液中的气泡清除后再涂抹。平面涂抹时应摊铺均匀,每层厚度不宜超过 1.0～1.5 cm,底层厚度应在 0.5～1.0 cm,并用镘刀反复压抹,使表面翻出浆液,如有气泡,必须刺破压紧。斜、立面涂抹时,由于聚合物水泥基材料易流淌,应用镘刀不断压抹,并适当增加聚合物水泥基材料内的填料,增大稠度,厚度以 0.5～1.0 cm 为宜,如过厚,应分层涂抹。顶面涂抹时极易往下脱落,可使用黏度较大的基液,并力求均匀。涂层的厚度如超过 0.5 cm,应分层涂抹,每层厚度可控制在 0.3～0.5 cm,每次涂抹均需用力压紧。

(d) 聚合物水泥基材料的养护。聚合物水泥基材料的养护与水泥砂浆不同,需要注意控制温度。夏季工作面向阳时,应设凉棚,避免阳光直接照射;冬季温度太低时,应加温保暖。一般养护温度以 20 ℃为宜,养护温差不超过 5 ℃。养护时间,在夏季一般 2 d 即可,冬季则须 7 d 以上。养护期的前 3 d 不应有水浸泡或遭受其他冲击。

⑩钢筋锈蚀处理。

引发钢筋锈蚀的因素较多,涉及混凝土的密实度、渗水性、含水量、氯盐含量、碳化深度、保护层厚度等。而且钢筋锈蚀会进一步促使混凝土破损。

锈蚀较严重的钢筋不能与混凝土很好黏结,影响钢筋和混凝土共同受力,而且埋置在混凝土中的锈蚀钢筋会继续氧化,锈皮膨胀致使混凝土构件产生裂纹。因此,对钢筋表面的油渍、漆污和用锤敲击能剥落的浮皮、铁锈等均应清除干净。

a. 钢筋锈蚀处理流程。

凿除露筋部位剥落、疏松、腐蚀等劣化混凝土,对外露钢筋进行除锈处理。对于锈蚀面积达到钢筋面积 20%以上的主筋,必须将其完全凿出,进行除锈处理后,在侧面焊接相同直径的接长钢筋,然后用环氧砂浆或环氧混凝土将结构修补平整。

混凝土表层缺陷处理前,应对生锈钢筋进行除锈,缺陷处理后宜在修补范围及周边涂刷渗透型阻锈剂。渗透型阻锈剂的质量及性能指标应符合现行国家、行业标准的相关规定。

新浇筑混凝土采用阻锈剂溶液时,混凝土拌和物的搅拌时间应延长 1 min;采用阻锈剂粉剂时,应延长 3 min。

b. 钢筋锈蚀处理方法。

（a）手工除锈。一般用钢丝刷、平铲、凿子或钢刮刀进行除锈。该方法劳动强度大,效率低,一般在工作量不大时采用。

（b）小型机械除锈。可使用风钻（或电钻）装上钢丝刷除锈,或用小风铲进行除锈,效率比手工除锈高。

（c）喷砂除锈。利用压缩空气使洁净干燥的石英砂粒通过专用喷嘴以高速喷射于钢板表面,砂粒的冲击和摩擦将旧漆膜、污垢、铁锈、氧化皮等全部除去,即干喷砂。采用此法除锈效率高,质量好。其缺点是施工时粉尘危害人体健康。也有采用湿喷砂的,即水喷砂,它减少了粉尘,但要在水中加少量防锈剂,以保持钢件在短期内不生锈,效果不如干喷砂。

c. 防锈措施。

（a）磷化及喷锌。喷砂后,如不能及时刷漆,为防止重新生锈,需在钢材表面加涂一道磷化底漆,形成一层不溶性的磷酸盐保护膜,即磷化处理。它能增强漆膜和钢材表面的附着力,防止锈蚀,延长漆膜的使用寿命,但在磷化底漆上仍需涂底漆和面漆。

经过除锈处理后,钢梁表面,特别是上盖梁,多喷锌或喷铝后再涂底漆、面漆来增强防锈能力,效果比较显著。

喷锌或喷铝是将不锈的金属丝（如锌丝、铝丝等）送入金属喷涂枪内燃烧的高温火焰中,使其熔化,然后借压缩空气的气流,以相当高的速度将熔化的金属丝吹成极微细的雾点,喷射在已处理的钢梁表面,使钢梁表面形成一层固结的金属层,在面上再涂聚氨基甲酸酯底漆两遍、面漆四遍,以达到防锈的目的,一般在空气中可以保持 50 年不锈。

（b）喷漆。钢梁用漆要按地区特点和部位的不同配套使用。油漆的种类很多,性能各不相同。底漆可选用红丹防锈漆或过氯乙烯聚氨酯底漆。面漆多用灰铝锌醇酸面漆,也可用过氯乙烯聚氨酯面漆。

过去涂漆多用手工,目前广泛采用喷涂方法。喷漆是利用压缩空气在喷枪喷嘴处形成负压,将漆流带出,分散为雾状,喷涂在钢梁表面。喷涂的优点是效率高,速度快,漆膜光滑平整,可适应不同形状的钢梁表面。缺点是油漆的利用率低,须将油漆稀释到一定浓度,喷漆时喷雾大,影响工人健康,压缩空气应通过油水分离器,使之不含水分,否则漆膜易有斑点。

6. 桥涵修复养护、专项养护

1）主要内容及措施

修复养护是指为恢复桥涵技术状况而实施的功能性、结构性修复或更换的工程措施。专项养护是指为恢复、完善或提升桥涵使用功能而集中实施的增设、加固、改造、拆除重建等工程措施。技术状况等级为二至五类的桥梁采用修复养护或专项养护。

桥涵修复养护、专项养护主要包括以下内容。

①保持桥涵功能完整、结构安全、状态良好。

②对标度较低,但数量较大的病害进行修补。

③对技术状况较差的桥梁构件进行修复或更换。

④为满足承载力要求而进行结构补强。

⑤为满足通行能力要求而进行桥面加宽。

⑥为满足使用要求而进行结构性能改善。

桥涵修复养护、专项养护主要包括以下措施。

①修补混凝土表面裂缝、缺陷。

②更换结构构件。

③减轻恒载。

④增大原承重构件截面。

⑤增设新杆件。

⑥改善原结构受力体系。

⑦加强原结构的整体性。

⑧其他相关措施。

修复养护是为恢复桥涵技术状况而开展的养护工作,养护过程中可采取预防养护的常用方法及其他修复或更换方法。专项养护是为了恢复使用功能、提高承载力、增强安全性和耐久性而开展的养护工作。对不同的桥梁结构,均可采用改造、拆除重建的方式,也可采用其他专项养护方法。

(1)简支梁桥养护。

①简支梁桥抗弯能力不足或主梁挠度过大时,宜优先采用体外预应力加固、增大截面、简支变连续等方法。

②个别主梁出现严重病害,而其他主梁良好时,可采用更换主梁法。

③承载力提高幅度不大时,可采用粘贴钢板或纤维复合材料法。

④梁板横向联系不足时,可采用增强横梁、增强横向预应力或加强桥面横向联系等方法。

⑤主梁斜截面抗剪能力不足时,可采用粘贴钢板或纤维复合材料法。

⑥预应力混凝土箱梁的底面沿纵向预应力钢束位置开裂时,应进行裂缝处理。

(2)连续梁桥、悬臂梁桥养护。

①箱梁的刚度不足且产生严重下挠时,应采用体外预应力加固法,也可采用改变体系法。

②箱梁的抗剪承载力不足时,可采用增大截面、粘贴钢板、粘贴纤维复合材料等方法。

③箱梁的抗弯承载力不足时,可采用体外预应力加固、粘贴钢板、粘贴纤维复合材料或增大截面等方法。

④箱梁顶、底板因承载力不足出现纵向开裂时,可采用粘贴钢板、粘贴纤维复合材料或新增横肋等方法。

⑤箱梁齿板局部承压不足引起齿板破坏或锚固区箱梁局部开裂时,可采用增大截面或粘贴钢板等方法。

⑥悬臂端牛腿开裂时,宜采用粘贴钢板、粘贴纤维复合材料或施加体外预应力等方法。

(3)拱桥养护。

①圬工拱桥养护可采用增大主拱截面、调整拱上建筑恒载以及增强横向整体性等方法。

②双曲拱桥养护可采用增大截面或改变截面形式、粘贴钢板或纤维复合材料,以及增强横向整体性等方法。

③桁架(刚架)拱桥养护可采用增强横向整体性、粘贴钢板或纤维复合材料、施加体外预应力,以及增大构件截面等方法。

④钢筋混凝土箱梁拱桥养护可采用增大截面、调整拱上建筑恒载、增加拱肋、增强横向整体性,以及

粘贴纤维复合材料等方法。

⑤钢管混凝土拱桥养护可采用外套钢管混凝土增大截面、粘贴纤维复合材料、更换吊杆或系杆、改善桥面系结构,以及增强横向整体性等方法。

(4)悬索桥、斜拉桥养护。

①悬索桥养护可采用更换吊索、增设斜拉索、设置中央扣、加强加劲梁抗风构造等方法,也可采用更换加劲梁构件、增大截面、粘贴钢板或纤维复合材料等方法。

②斜拉桥可采用更换斜拉索、增设辅助墩、增设纵横向主梁限位装置、增设斜拉索减振装置等方法进行整体养护,也可采用增大截面、粘贴钢板或纤维复合材料等方法进行桥塔和加劲梁的局部养护。

(5)下部结构养护。

①盖梁养护可采用施加体外预应力、增大截面、粘贴钢板或纤维复合材料等方法。

②墩柱养护可采用增大截面、钢套管内灌注混凝土、粘贴纤维复合材料或钢板等方法。

③台身养护可采用外包钢筋混凝土套箍、更换台后填土、增设辅助挡土墙、框架梁加注浆锚杆等方法。

④基础养护可采取增大基础底面积、增大桩头面积或增加基桩、增设支撑杆等方法。

⑤地基养护可采用高压旋喷注浆、土体注浆等方法。

⑥墩台基础冲刷过大,可采用抛石、砌石、石笼、板桩防护,以及上游设导流坝、下游设拦沙坝等方法。

2)常用方法

(1)增大截面加固法。

①增大截面加固法原理。

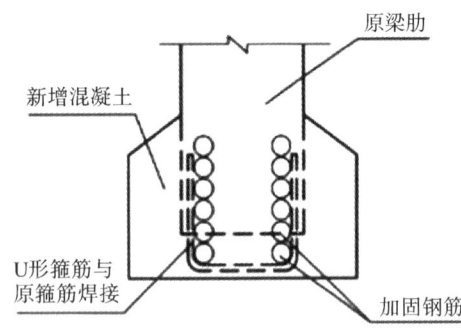

加大构件尺寸,增设受力钢筋,使其与原结构形成整体,从而增大构件有效高度和受力钢筋面积,增加构件的刚度,提高桥梁整体承载力。

采用增大截面加固法能修复原桥梁病害,提高构件刚度,增加结构稳定性,从而提高结构承载力,加固效果较好,但施工复杂,如图 4.1 所示。

②增大截面加固法适用范围。

增大截面加固法适用于钢筋混凝土和预应力混凝土受弯构件、钢筋混凝土受压构件的加固,提高受弯构件的抗弯、抗剪能力和刚度,提高受压构件的刚度和承

图 4.1 增大截面加固法示意图

载力;还适用于拱圈(肋)抗压承载力的提升。

③材料要求。

a. 混凝土:宜优先选用补偿收缩混凝土和自密实混凝土,其质量应满足《补偿收缩混凝土应用技术规程》(JGJ/T 178—2009)和《自密实混凝土应用技术规程》(JGJ/T 283—2012)的有关规定。

b. 钢筋:采用普通热轧钢筋,其质量应符合相关规范的规定。

④设计要求。

a. 被加固混凝土构件的混凝土强度应满足以下要求:钢筋混凝土受弯构件不应低于C20;受压构件

不应低于 C15;预应力混凝土构件不应低于 C30。

b. 新浇筑混凝土强度等级比原构件提高一级,且不低于 C25。

c. 新浇筑混凝土层的厚度,对板不宜小于 100 mm,对梁和受压构件不宜小于 150 mm。

d. 当新浇筑混凝土的厚度小于 100 mm 时,可采用小石子混凝土或喷射混凝土(或高性能复合抗拉砂浆)。在结构尺寸复杂和新浇筑混凝土施工条件差的条件下,可以采用补偿收缩混凝土或自密实混凝土。

e. 原构件混凝土应进行表面处理,设计文件应对混凝土表面处理方法和处理质量提出要求。表面应凿成凹凸不平的粗糙面,还应涂刷界面胶、增设剪力键等,保证新旧混凝土共同工作。

f. 梁板新增纵向受力钢筋的两端应可靠锚固;柱子新增受力钢筋的下端应伸入基础并满足锚固要求。

g. 增大截面加固法还应符合《公路桥梁加固设计规范》(JTG/T J22—2008)的相关规定。

⑤增大截面加固法施工工艺流程。

增大截面加固法施工工艺流程:基面处理→钻孔植筋→绑扎钢筋网→安装模板→浇筑混凝土→混凝土养护。

增大截面加固法具体施工工序如下。

a. 基面处理。采用凿毛机将混凝土表面浮浆、污染物等凿除,露出凹凸不平的混凝土面。

b. 钻孔植筋。施工放样时,采用钢筋探测仪标定植筋钻孔位置,如遇钢筋可以适当移位,采用电锤钻孔、丙酮清孔、环氧树脂胶植入钢筋。

c. 绑扎钢筋网。按钢筋料单下料,将加工成型的钢筋与植筋绑扎(或焊接)形成钢筋骨架、钢筋网。

d. 安装模板。安装模板或者吊装模板。

e. 浇筑混凝土。对安装模板的拱圈或者其他厚度较小的构件,一般采用自密实混凝土;对预制板桥,则采用无模板喷射小石子混凝土。

f. 混凝土养护。采用浇水养护。

⑥增大截面加固法质量检验评定基本要求。

a. 增大截面加固法所用材料的种类、型号、规格、数量和质量均应符合相关规范的要求。

b. 按设计和相关规范要求的程序施工,结合《公路桥涵施工技术规范》(JTG/T 3650—2020)重点检查和控制结合面处理、钢筋焊接、混凝土浇筑及养护等环节的施工质量,确保新旧混凝土能够共同受力。

c. 按照设计要求对缺陷进行修补。

⑦增大截面加固法质量检验实测项目。

增大截面加固法质量检验实测项目见表 4.13。

表 4.13 增大截面加固法质量检验实测项目

项　次	检 验 项 目	合 格 标 准	检 验 方 法	频　　数
1	加固构件结合面处理	满足设计要求	目测	100%
2	混凝土强度	满足设计要求	钻芯	不少于 10 组

（2）粘贴钢板加固法。

①粘贴钢板加固法原理。

粘贴钢板加固法是用胶黏剂和锚栓将钢板粘贴、锚固在混凝土结构表面形成整体受力结构,以钢板代替补强钢筋,恢复或提高桥梁构件的承载力。该加固方法施工简单,对桥梁承受后期作用有益。

②粘贴钢板加固法适用范围。

粘贴钢板加固法适用于钢筋混凝土受压墩柱加固;适用于拱桥主拱圈加固,以提高抗压承载力、延性、耐久性;也适用于梁板及横隔板加固,以恢复或提高梁、板抗弯、抗剪承载力。

③材料要求。

a. 加固用钢板:一般应采用 Q355 钢材,钢板、锚栓及焊缝的强度设计值应符合《钢结构设计标准》(GB 50017—2017)的相关规定。

b. 加固用胶黏剂:粘贴钢板用胶黏剂的质量和安全性能指标应满足《公路桥梁加固设计规范》(JTG/T J22—2008)的相关规定。如果采用 A、B 两组分胶黏剂施工,通常按照 A∶B＝2∶1 的配合比进行配制。

④设计要求。

a. 被加固混凝土构件的混凝土强度应满足以下要求:钢筋混凝土受弯构件不应该低于 C20;受压构件不应该低于 C15;预应力混凝土构件不应低于 C30。

b. 钢板厚度以 4～10 mm 为宜,一般取 6 mm。

c. 直接涂胶粘贴的钢板,厚度不应大于 5 mm;钢板厚度大于 5 mm 时,应采用压力注胶黏结。

d. 粘贴钢板的锚固长度,对于受拉区不得小于 $200t$(t 为钢板厚度),不得小于 600 mm;对于受压区,不得小于 $160t$,也不得小于 480 mm;对钢板长度较长或承受反复荷载的,锚固区还宜增设 U 形箍板或采取加密锚栓等措施。

e. 粘贴钢板加固还应符合《公路桥梁加固设计规范》(JTG/T J22—2008)的相关规定。

⑤粘贴钢板加固法施工工艺流程。

粘贴钢板加固法施工工艺流程:施工放样→钻锚栓孔→基面处理→基面清洁→钻孔清洗→螺栓植入→基面找平→钢板打磨→钢板放样→安装钢板→安装注浆嘴→压力灌胶→钢板涂装。

粘贴钢板加固法具体施工工序如下。

a. 施工放样。根据设计图纸中粘贴钢板的位置、长度、宽度等,采用墨线或者笔画线确定混凝土基面处理范围。

b. 钻锚栓孔。根据锚栓设计位置、孔径、数量、埋置深度等,采用风钻在混凝土基面打孔,按设计的间隔在混凝土粘贴面钻深度不小于 8 cm、直径约为 14 mm 的盲孔。遇到钢筋钻孔受阻时,可适当移动位置打孔,完成钻孔。

c. 基面处理。采用角磨机将混凝土基面浮浆打磨掉,露出坚硬混凝土面。

d. 基面清洁。采用鼓风机吹去表面灰尘,再用丙酮清洗混凝土面。

e. 钻孔清洗。用压缩空气清理孔内浮尘等,然后涂抹一道丙酮,不得采用水洗。

f. 螺栓植入。向孔内塞入软环氧胶泥,用丙酮清洗膨胀螺栓,在膨胀螺栓表面涂抹一层环氧树脂基液,向孔内打入锚栓,待紧固后松下螺母。

g. 基面找平。采用找平砂浆对混凝土基面凹陷不平严重的区域进行找平,对凸起部分打磨找平,确保混凝土基面基本平整。

h. 钢板打磨。根据设计尺寸进行钢板下料,并采用砂轮将钢板表面锈迹等打磨掉,露出光洁板面。

i. 钢板放样。在打好孔的混凝土基面上按 1∶1 比例标注出锚栓位置,并在钢板上放样,准确定位出钢板打孔位置并钻孔。

j. 安装钢板。用丙酮清洗混凝土和钢板的粘贴面,并在混凝土和钢板的粘贴面均匀涂一层环氧树脂薄浆,然后将钢板挂上并拧紧锚栓螺母加压。

k. 安装注浆嘴。若钢板厚度大于 5 mm,应在钢板四周均匀涂抹一圈环氧树脂胶泥封闭,并预埋好压浆管嘴。

l. 压力灌胶。通过向压浆管嘴里通气检查钢板四周环氧树脂胶泥的气密性。若气密性良好,则可向钢板和混凝土的粘贴面内注浆。

m. 钢板涂装。钢板粘好后,清除钢板外表面的污垢,涂两层红丹漆罩面防腐,再涂刷水泥浆涂装。

⑥粘贴钢板加固法质量检验评定基本要求。

a. 粘贴钢板加固法所用材料的类别、规格及质量应符合相关规范的要求。

b. 按规定的程序施工,加压及固化时间应符合相关规范和厂家材料说明中的要求。

c. 锚栓数量、规格和钢板的搭接长度不得低于设计值。

d. 按设计要求进行涂装防护。

⑦粘贴钢板加固法质量检验实测项目(表 4.14)。

表 4.14　粘贴钢板加固法质量检验实测项目

项次	检 验 项 目	合 格 标 准	检 验 方 法	频数/(%)
1	加固构件结合面处理	满足设计要求	目测	100
2	钢板粘贴结合面处理	满足设计要求	样板、目测	100
3	钻孔深度、孔径及螺栓植入深度	满足设计要求	尺量	20
4	粘贴	锚固区粘贴面积≥90% 非锚固区粘贴面积≥85%	超声探测或敲击	20

(3)粘贴碳纤维布加固法。

①粘贴碳纤维布加固法原理。

将碳纤维用环氧树脂黏结剂沿受拉方向粘贴在需补强的结构上,固化后形成具有纤维增强效应的复合体结构,与原有钢筋混凝土结构共同受力,以提高结构的强度、刚度、抗裂性和延伸性。该方法施工简单,对桥梁承受后期作用有益,但碳纤维布不耐火,不适宜用于加固高度较低的桥梁构件。

②粘贴碳纤维布加固法适用范围。

粘贴碳纤维布加固法适用于钢筋混凝土受压柱,以提高抗压承载力、延性、耐久性;也适用于恢复或提高梁、板抗弯、抗剪承载力;还可用于提升拱圈(肋)抗压承载力。一般不适用于素混凝土构件加固。

③材料要求。

a. 碳纤维布。加固用材料主要为纤维复合材料碳纤维布,其高强度,但不耐火。其质量和主要力学性能指标应满足《公路桥梁加固设计规范》(JTG/T J22—2008)的有关规定。

b. 胶黏剂、浸渍胶。粘贴碳纤维布用的胶黏剂、浸渍胶的质量和安全性能指标应满足《公路桥梁加固设计规范》(JTG/T J22—2008)的有关规定,施工中常采用 A、B 两组分胶,按照 A∶B=2∶1 的配合比拌和均匀后使用。

④设计要求。

a. 采用预应力碳纤维布加固受压柱时,被加固混凝土构件的混凝土强度等级不应低于C15;加固梁板时,不低于C25。

b. 采用预应力碳纤维布加固时,宜卸除作用在结构上的部分荷载。

c. 粘贴的纤维复合材料不得直接暴露于阳光下或有害杂质中,表面应进行防腐处理,且材料应无害。

d. 采用碳纤维布加固的混凝土结构,其长期使用环境温度不应高于60 ℃;处于特殊环境的混凝土结构采用本方法加固时,除应按国家现行有关标准的规定采取相应的防范措施外,还应采用耐环境因素作用的胶黏剂,并按专门的工艺要求进行粘贴。

⑤粘贴碳纤维布加固法施工工艺流程。

粘贴碳纤维布加固法施工工艺流程:施工放样→混凝土基面处理→混凝土基面清洁→涂刷底胶→粘贴碳纤维布→滚涂浸渍树脂胶→脱泡、固化→防护处理。

粘贴碳纤维布加固法具体施工工序如下。

a. 施工放样。根据设计图纸确定粘贴碳纤维布的位置及长度、宽度等,采用墨线或者笔画线确定混凝土基面处理范围。

b. 混凝土基面处理。与粘贴钢板加固法的相应施工工艺一致。

c. 混凝土基面清洁。与粘贴钢板加固法的相应施工工艺一致。

d. 涂刷底胶。用滚筒刷或毛刷均匀、无遗漏地将底胶涂在需加固补强的混凝土表面,底胶涂刷面积应不小于所粘贴的碳纤维布面积。底胶指触干燥后,若发现粘贴表面有缺损、坑洼、凹陷,模板接头处有高差等,应用找平砂浆进行多次刮填直至修补平整。

e. 粘贴碳纤维布。用滚筒刷或毛刷均匀、无遗漏地将黏结胶涂在混凝土表面,黏结胶涂布面积应不小于所粘贴的碳纤维布的面积。应注意在模板接头存在高差处、拐角以及碳纤维布搭接部位多涂一些;按设计要求的尺寸裁剪碳纤维布,在已涂好黏结胶的混凝土表面铺覆碳纤维布,碳纤维布的铺覆方向符合设计要求,接头应沿纤维方向搭接,且搭接宽度应不小于10 cm。

f. 滚涂浸渍树脂胶。用专用胶辊和刮板在碳纤维布上沿纤维方向施加压力,并向一个方向或从中间向两边滚动碾压,不允许来回反复滚动,使树脂胶充分浸渍碳纤维布,形成复合材料,消除气泡和除去多余树脂,使碳纤维布和底层充分黏结。严禁交叉垂直于碳纤维布方向滚动碾压,以免出现折丝、滑丝现象。多层粘贴,应重复上述步骤,并注意在下层碳纤维布表面黏结胶固化至指触干燥后方可进行上层碳纤维布铺覆。

g. 脱泡、固化。粘贴施工完成后的复合材料层经自然养护至黏结胶完全固化后,仔细检查碳纤维布粘贴层,如果碳纤维布粘贴层有空鼓或气泡,可以用刀片将碳纤维布划开(注意不要划得太大),然后采用注射器将调制好的黏结胶注入空鼓或气泡内填充至密实。应保证密实粘贴面积达到100%。

h. 防护处理。在粘贴碳纤维布形成复合材料且凝结固化后,在复合层表面采用毛刷和刮板均匀涂刷防护胶,形成防护层。

⑥粘贴碳纤维布加固法质量检验评定基本要求。

a. 粘贴碳纤维布加固法所用材料应符合质量标准,其各种性能指标及技术参数均应符合相关规范的要求,适应现场温度、湿度条件。

b. 严格按有关规范进行隐蔽工程检查与验收,如施工质量不满足相关条款要求,应立即采取补救措施或返工。

c. 碳纤维布实际粘贴面积、搭接长度等符合设计要求。

d. 必要时,可对碳纤维布、胶黏剂材料进行现场抽样检测。

⑦粘贴碳纤维布加固法质量检验实测项目(表 4.15)。

表 4.15　粘贴碳纤维布加固法质量检验实测项目

项　次	检 验 项 目	合 格 标 准	检 验 方 法	频数/(%)
1	加固构件结合面处理	满足设计要求	目测	100
2	碳纤维布粘贴位置	满足设计要求	尺量	100
3	碳纤维布粘贴	满足设计要求	指压或橡胶锤检查	20
4	粘贴质量	满足设计要求	拉拔仪	2～3

(4)粘贴碳纤维板加固法。

①粘贴碳纤维板加固法原理。

粘贴碳纤维板加固法是用浸渍胶等将高强度碳纤维板粘贴在结构构件表面并施加一定的预应力,固化后形成具有纤维增强效应的复合体结构,以此提高构件的抗拉强度,达到加固的目的。该加固方法施工简单,对桥梁承受后期作用有益,尤其对预应力混凝土梁、板可以提高其后期承载力。

②粘贴碳纤维板加固法适用范围。

粘贴碳纤维板加固法适用于钢筋混凝土、预应力混凝土梁、板,以恢复或提高抗弯、抗剪承载力。

③材料要求。

a. 碳纤维板。加固用主要材料为复合材料碳纤维板,其强度高,质量和主要力学性能指标应满足《公路桥梁加固设计规范》(JTG/T J22—2008)的有关规定。

b. 胶黏剂、浸渍胶等。粘贴碳纤维板用胶黏剂、浸渍胶等的质量和安全性能指标应满足《公路桥梁加固设计规范》(JTG/T J22—2008)的有关规定。

④设计要求。

a. 采用预应力碳纤维板加固梁、板构件时,被加固混凝土构件的混凝土强度等级不应低于 C25。

b. 采用预应力碳纤维板加固时,可以不卸除作用在结构上的荷载。

c. 采用预应力碳纤维板加固钢筋混凝土结构时,碳纤维板张拉锚固部分之外的板面与混凝土之间也应涂刷胶黏剂等。

d. 采用预应力碳纤维板加固混凝土结构构件时,碳纤维板宜直接粘贴在混凝土表面,不推荐采用嵌入式粘贴方式。

e. 预应力碳纤维板的张拉控制应力值宜为碳纤维板抗拉强度设计值的 60%～70%。

f. 对外露的锚具应采取防腐措施加以防护。

g. 与上文"(3)粘贴碳纤维布加固法"中"④设计要求"的"d"要求一致。

⑤粘贴碳纤维板加固法施工工艺流程。

粘贴碳纤维板加固法施工工艺流程:施工放样→基面处理→螺栓植入→安装支座→粘贴碳纤维板

→安装压紧条→张拉碳纤维板→固化涂装。

粘贴碳纤维板加固法具体施工工序如下。

a. 施工放样。在加固梁、板上,按照设计位置施工,采用钢尺准确确定预应力碳纤维板和两端锚固支座位置,根据支座位置确定实际钻孔及混凝土基面处理位置。

b. 基面处理。采用凿毛机将混凝土基面浮浆打磨掉,露出坚硬的混凝土面,对混凝土局部脱落或者凸凹不平的位置用找平砂浆找平。

c. 螺栓植入。施工放样时,采用钢筋探测仪标定螺栓钻孔位置,如遇钢筋需要移位,应通知技术人员现场修改支座底板安装孔,采用电锤钻孔、丙酮清孔、环氧树脂胶植入螺栓。

d. 安装支座。安装张拉端、固定端支座,支座中心线应与碳纤维板中心线平行或重叠,支座底板与混凝土基面之间的空隙可采用环氧树脂胶找平。

e. 粘贴碳纤维板。碳纤维板用丙酮清洗干净,涂抹胶黏剂并初步固定。

f. 安装压紧条。预应力碳纤维板初步固定后,即可安装压紧条。压紧条安装时,需与混凝土面保持 1 cm 左右的缝隙,以便张拉时碳纤维板可以自由滑动。

g. 张拉碳纤维板。压紧条安装就位后,再次安装千斤顶,分步张拉碳纤维板直至达到设计控制值,张拉结束后,固紧压紧条并进行补胶。

h. 固化涂装。碳纤维板粘贴施工完成并经自然养护至胶黏剂完全固化后,在复合层表面采用毛刷均匀涂刷防护胶,形成防护层。

⑥粘贴碳纤维板加固法质量检验评定基本要求。

a. 粘贴碳纤维板加固法所用材料应符合质量标准,其各种性能指标及技术参数均应符合相关规范的要求,适应现场温度、湿度条件。

b. 应严格按有关规范进行隐蔽工程检查与验收,如施工质量不能满足相关条款要求,应立即采取补救措施或返工。

c. 碳纤维板实际粘贴面积等应符合设计要求。

d. 必要时,可对碳纤维板、胶黏剂材料和工程质量进行现场抽样。

⑦粘贴碳纤维板加固法质量检验实测项目与粘贴碳纤维布加固法一致,见表 4.15。

(5)体外预应力加固法。

①体外预应力加固法原理。

体外预应力加固法通过在梁体外布设预应力筋、钢拉杆或钢撑杆,并与被加固的梁体锚固联结,然后施加预应力,强迫后布设的预应力筋、钢拉杆或钢撑杆受力,从而改变原梁体的内力分布,使梁体总承载力显著提高,且可减少梁体的变形,使裂缝宽度缩小甚至完全闭合。采用体外预应力加固法施工速度快,对交通影响小,可以明显提高构件的承载力,尤其对预应力构件存在应力损失的梁有明显加固效果。

②体外预应力加固法适用范围。

体外预应力加固法适用于正截面受弯承载力不足或正截面受拉区钢筋锈蚀的情况;适用于刚度太小导致的受拉区裂缝宽度超过规范规定的情况;也适用于梁斜截面受剪承载力不够的情况。

③材料要求。

a. 水泥及混凝土。所用混凝土强度等级不应低于原结构混凝土强度等级,且不应低于C40,水泥为等级不低于 42.5 级的硅酸盐水泥。

b. 钢材、预应力钢绞线等材料。钢材、预应力钢绞线等材料的质量应符合《预应力混凝土用钢绞线》(GB/T 5224—2023)等规范的规定。

④设计要求。

a. 被加固混凝土构件的混凝土强度,对钢筋混凝土构件不应低于 C25,对预应力混凝土构件不应低于 C30。

b. 预应力钢束可由水平束和斜束组成,也可由通长布置的钢丝束或钢绞线组成。加固中采用的体外索应具有防腐性能,且具有可更换性。

c. 采用体外预应力加固法加固混凝土结构时,新增的体外预应力拉杆、锚具、垫板、撑杆以及各种紧固件均应进行可靠的防锈蚀处理,且其长期使用环境温度不应高于 60 ℃。

d. 预应力水平拉杆或预应力下撑式拉杆中部的水平段与被加固梁下缘之间的净空,一般不应大于 80 mm,宜为 30～50 mm。预应力下撑式拉杆的斜段宜紧贴被加固梁的两侧。

e. 体外预应力加固法还应符合《公路桥梁加固设计规范》(JTG/T J22—2008)等相关规范的规定。

⑤体外预应力加固法施工工艺流程。

体外预应力加固法施工工艺流程:施工放样→混凝土基面处理→钻孔植筋→钢绞线下料、穿束→锚固块、方向块安装→预应力张拉→封锚→减震装置安装。

体外预应力加固法具体施工工序如下。

a. 施工放样。根据设计图纸中体外预应力锚固块、方向块等紧固件的位置,采用笔画线确定混凝土基面处理范围。

b. 混凝土基面处理。与粘贴碳纤维板加固法中的相关施工工艺一致。

c. 钻孔植筋。与增大截面加固法中的相关施工工艺一致。

d. 钢绞线下料、穿束。根据设计长度进行钢绞线下料,并采用人工穿束。

e. 锚固块、方向块安装。在打磨好的混凝土基面粘贴钢板,焊接型钢组成钢结构的锚固块和方向块,锚固预应力钢绞线和固定预应力钢绞线。

f. 预应力张拉。采用智能张拉设备,按照设计的要求分步施加预应力。

g. 封锚。采用套筒将预应力钢绞线工作长度和锚具一起封闭,并对铁件进行防腐涂装。

h. 减震装置安装。根据设计位置焊接钢板,安装减震装置。

⑥体外预应力加固法质量检验评定基本要求。

a. 体外预应力加固法所用材料的种类、型号、数量、规格和质量应符合有关规范和设计的要求。

b. 按规定的程序、施工工序及构造措施要求施工,保证施工质量,结合规范重点检查和控制锚固点处理、转向块设置、预应力张拉等施工节点,确保预应力体系的有效性。

c. 预应力钢丝束应梳理平直,不得有缠绞、扭麻花现象。单根钢绞线不允许断丝。制孔管道应安装牢固,接头密合,弯曲圆顺,斜垫板平面应与孔道轴线垂直。锚固设备等经检验合格后方可使用。

d. 体外预应力系统的防腐施工要根据设计要求严格控制施工质量,防止预应力钢材和锚具等锈蚀。

⑦体外预应力加固法质量检验实测项目(表 4.16)。

表 4.16　体外预应力加固法质量检验实测项目

项次	检 验 项 目	合 格 标 准	检 验 方 法	频数/(%)
1	锚固及转向装置混凝土表面处理	满足设计要求	目测	100
2	钻孔深度、孔径,螺栓植入深度	满足设计要求	尺量	20
3	锚固及转向装置安全检查	满足设计要求	拉拔试验	2～3

（6）桥面补强层加固法。

①桥面补强层加固法原理。

桥面补强层加固法是将原有桥面铺装拆除,在原梁、板顶面浇筑钢筋混凝土补强层,以提高桥梁结构的抗弯刚度和承载力。该加固方法施工工艺简单、适应性强,便于各预制梁、板共同受力。采用此方法加固后,桥梁刚度和承载力明显提高。

②桥面补强层加固法适用范围。

桥面补强层加固法主要适用于中小跨径、横向干接头的装配式板桥和 T 梁桥;适用于梁、板承载力不足,刚度不够,或铰接梁、板的铰缝不能有效传力等情况;也适用于其他横向干接头桥梁的加固。

③材料要求。

a. 加固用钢材。采用普通热轧钢筋,其型号及强度设计值应符合《公路钢筋混凝土及预应力混凝土桥涵设计规范》(JTG 3362—2018)的相关规定。

b. 加固用混凝土及外加剂。补强层混凝土除应具有黏结力强、收缩小、抗裂性能好等特点外,还应具有足够的韧性、抗冲击性能和抗渗性。

使用外加剂时,应注意合理选择品种,进行必要的试验。施工时,必须按产品说明书的要求采用正确的掺入法,严格控制掺量,并适当延长搅拌时间和加强养护。

纤维混凝土在抗裂、韧性、延伸率、抗冲击性能和抗渗方面具有优良特性,适用于桥面补强层加固。采用钢纤维时,应注意纤维腐蚀、锈蚀引起的桥面污染,以及纤维暴露对车辆轮胎的损害。

④设计要求。

a. 为加强补强层与原结构的联结而设置的结合钢筋,一端埋置于原结构,另一端伸入补强层,因锚固长度短,应采用螺纹钢筋以增加握裹力,保证新旧混凝土有效结合。

b. 为增强桥梁整体受力能力,应在补强层中设置构造钢筋和受力钢筋,布设 1～2 层钢筋网。为加强钢筋与混凝土的联结,宜选用螺纹钢筋。

c. 原构件混凝土应进行表面处理,设计文件应对所采用的界面处理方法和处理质量提出要求。混凝土表面应凿成凹凸差不小于 6 mm 的粗糙面,并涂刷界面胶、增设剪力键等,以保证新旧混凝土共同工作。

d. 桥面补强层加固还应符合《公路桥梁加固设计规范》(JTG/T J22—2008)的相关规定。

e. 桥面补强层加固后,结构的承载力计算可以直接采用整体浇筑的计算假定和计算方法,具体参见相关设计规范,并注意原结构与补强层混凝土强度不同时,可偏安全地取用其中较低者。当补强层上不再设桥面铺装时,应扣除磨耗层厚度后进行计算。

f. 桥面补强层宜选用高强度等级混凝土浇筑,其强度等级不应低于 C40 及主梁混凝土强度等级,厚度不宜小于 10 cm。

⑤桥面补强层加固法施工工艺流程。

桥面补强层加固法施工工艺流程:拆除桥面铺装→结合面缺陷、病害等处理→植剪力钢筋→布设钢筋网→浇筑补强层混凝土→重铺桥面铺装、安装附属设施。

桥面补强层加固法具体施工工序如下。

a. 拆除桥面铺装。采用电动钻等工具根据原桥面铺装厚度破除桥面混凝土,清理混凝土残渣。避免采用小型挖掘机破除,以免击穿空心板顶板损伤梁、板。

b. 结合面缺陷、病害等处理。清理干净混凝土残渣等,仔细检查结合面,如发现梁、板顶部有裂缝、破洞、露筋等病害,则采用环氧树脂胶进行裂缝封闭,如裂缝宽度较大,应进行灌胶封缝处理;对由于施工不当而击穿顶板形成的破洞,应采用吊模进行混凝土修补;露筋锈蚀的,则进行除锈、防腐处理。

c. 植剪力钢筋。根据剪力钢筋设计位置、孔径、数量、埋置深度等,采用风钻在梁、板顶面混凝土上钻孔。钢筋钻孔受阻时,可适当移动位置钻孔;采用丙酮清孔并向孔内塞入软环氧胶泥,最后植剪力钢筋。

d. 布设钢筋网。等植筋固化后,绑扎或焊接通长钢筋,形成钢筋网。通常采用两层钢筋网,严格控制钢筋间距和保护层厚度。可适当增加混凝土保护层垫块,以确保钢筋网保护层厚度满足规范要求。

e. 浇筑补强层混凝土。根据设计配合比,采用混凝土泵送或者吊车配漏斗运送混凝土入模浇筑补强层混凝土,并用振动梁振捣。

f. 重铺桥面铺装、安装附属设施。对需要重铺桥面铺装的,应对补强层混凝土进行抛丸或拉毛处理,然后施工桥面防水层,再进行沥青摊铺,最后重新安装伸缩缝等附属设施。

⑥桥面补强层加固法质量检验评定基本要求。

a. 桥面补强层加固法所用材料的种类、型号、规格、数量和质量应符合相关规范及设计要求。

b. 补强层不得出现露筋和空洞病害。

c. 按规定的程序施工,重点检查缺陷修补、结合面处理、结合面植剪力钢筋、补强层混凝土浇筑等工序。要求缺陷修补后结构尺寸、强度基本恢复,外观接近原始结构;处理完的结合面应干净、粗糙,粗糙度符合构造要求;植剪力钢筋时孔径、孔位、孔深应合适,钢筋与结合面垂直,外露端高度与埋入段长度符合设计要求;在结合面充分润湿或涂刷好界面剂后,方可浇筑补强层混凝土,严格控制混凝土质量,合理振捣,并及时养护。

⑦桥面补强层加固法质量检验实测项目(表 4.17)。

表 4.17 桥面补强层加固法质量检验实测项目

项次	检 验 项 目	合 格 标 准	检 验 方 法	频 数
1	补强层混凝土强度	满足设计要求	混凝土试件	按规定方法和频率检查
2	桥面补强层结合面处理	满足设计要求	目测	100%
3	补强层混凝土厚度	满足设计要求	尺量	每跨 3～5 处
4	补强层构造钢筋	满足设计要求	尺量	每跨 3～5 处
5	结合钢筋	满足设计要求	拉拔试验	20%

(7) 旋喷法。

①加固方法。

旋喷法是在墩(台)基础的襟边或底板钻孔,旋喷成圆柱形固结体,并与原基础连成整体,增加地基承载力,达到加固的目的。

②设计要点。

a. 单管法单独喷射水泥浆液加固参数。采用单管法单独喷射水泥浆液进行加固,具体设计参数见表 4.18。

表 4.18　单管法单独喷射水泥浆液设计参数

项　　目		单　管　法
喷嘴孔径/mm		2.5
喷嘴个数/个		2
旋转速度/(r/min)		20
提升速度/(r/min)		200
高压泵	压力/(kg/cm^2)	200
	流量/(L/min)	120

b. 主要材料。采用 42.5 级普通硅酸盐水泥;水泥浆密度为 1.65 t/m^3;水灰比为 1∶10。

③地基加固处理工艺及要求。

a. 工艺流程。钻机就位→钻孔→插管→喷射作业→冲洗。

b. 施工操作要点如下。旋喷前,检查高压设备和管路系统,其压力和流量必须满足设计要求;注浆管及喷嘴内不得有任何杂物;注浆管接头的密封性必须良好。钻机与高压注浆泵的距离不宜过远,钻孔孔径采用 80 mm,钻孔位置与设计位置的偏差不得大于 50 mm,垂直施工时,钻孔的倾斜度一般不得大于 1.5%。实际孔位、孔深和每个钻孔内的地下障碍物、洞穴等如与工程地质报告不符,均应详细记录。

在喷射注浆参数达到规定值后,随即旋喷、提升注浆管、由下而上喷射注浆。注浆管分段提升的搭接长度不得小于 100 mm。在插管和喷射过程中,要注意防止喷嘴被堵,在拆卸或安装注浆管时动作要快。水、气、浆的压力和流量必须符合设计要求,否则要拔管、清洗,重新进行插管和旋喷。使用双喷嘴时,若一个喷嘴被堵,则可采取复喷方法继续施工。在旋喷注浆过程中,若出现压力骤然下降、上升或大量冒浆等异常情况,应查明原因并及时采取措施。施工完毕,应立即拔出注浆管,彻底清洗注浆管和注浆泵,不得残存水泥浆。

禁止使用受潮或过期的水泥,水灰比要按设计规定,不得随意更改,在旋喷过程中应防止水泥浆沉淀,以免浓度降低。

当处理既有构筑物地基时,应采用速凝浆液或采取大间距隔孔旋喷和冒浆回灌等措施,以防旋喷过程中地基产生附加变形和地基与基础之间出现脱空现象,影响被加固工程及邻近建筑。同时,应对构筑物进行沉降观测。

施工中应如实记录旋喷注浆的各项参数和出现的异常现象。用旋喷法加固墩(台)基础时,冒浆的处理方法为:提高喷射压力,适当缩小喷嘴孔径,加快提升和旋转速度。

(8)基础加宽法。

①接长盖梁法。

接长盖梁法是利用旧桥的基础,靠墩(台)盖梁挑出悬臂加宽部分,安装加宽的上部桥跨结构,基础和墩(台)可以不加宽,经过地基承载力的验算后,决定是否对其进行加固处理。

②墩(台)基础加宽。

在确定地基的安全性后,可以对墩(台)盖梁进行施工处理,应注意以下几点。

a. 应先凿除旧盖梁连接部的混凝土保护层,露出钢筋,并在原主筋上焊接新主筋;采用搭接形式连接钢筋,其焊接长度为:双面焊 $5d$(d 为焊缝长度),单面焊 $10d$。注意剪力钢筋的布置。

b. 新旧混凝土连接表面应粗糙,做成阶梯形和凹槽等;要注意新旧混凝土面不能采用斜面连接,否则不利于发挥抗剪作用。

c. 施工时,要特别注意清理混凝土连接部位。浇筑后要注意保养。

(9) 增设新墩(台)法。

增设新墩法是直接在原有的墩(台)附近的一侧或两侧建造新的墩(台)。这种情况下,必须巩固与维护原有桥台周围的基础,并设法防止原有桥台基础变形。通常有以下两种做法:①离开旧桥台建造新桥台;②靠近旧桥墩建造新桥墩。

增设新墩(台)法需要考虑新建墩(台)的沉降量与旧桥的不协调问题,可以设置沉降缝来处理。

(10) 支撑法加固墩(台)。

①修筑支撑加固。

对因墩(台)尺寸不够,难以承受台背后土压力而向桥孔方向倾斜或滑移的埋置式桥台,可采用修筑撑壁法进行加固。对单跨小跨径桥桥台,可在两桥台之间加设水平支撑,如整跨浆砌片石撑板或用钢筋混凝土支撑梁进行加固。

②增建辅助挡土墙加固。

对桥台台背水平土压力太大引起的桥台倾斜,应设法降低桥台后壁的土压力,可在台背增建挡土墙,以加强挡土能力。

③减轻荷载法加固。

修筑于软土地基的桥台,由于填土较高而受到较大的侧向土压力作用,从而产生前移和倾斜。此时,一般可更换台前填土,以减小土压力,减轻桥台基础承受的荷载。

④台后加孔减载和增设台后支撑梁法加固。

该方法适用于台后填土较高、发生沉陷及推移的桥台。在这种情况下,可挖去台下的填土,改为修建小跨径钢筋混凝土板梁引桥或轻型结构引桥,并且砌筑台后混凝土支撑梁。这样,既可大大减轻地基的荷载,又增强桥台抵抗水平推力的能力,使桥台沉陷和水平位移得到有效控制。

(11) 采用拉杆技术加固桥台。

桥台的侧墙发生外倾,则可以采用拉杆进行加固。采用的材料是粗钢筋,具体方法如下。

①直接在桥台两侧侧墙安置对拉钢筋,再加钢筋混凝土箍圈进行处理。

②采用预埋锚固装置,在倾斜侧墙上安置钢筋锚头、粗钢筋、螺帽,以加固和恢复倾斜桥台。在加固时,要注意清理台内填土。

对桩柱式墩台,如结构强度不足或桩柱存在折断等损坏,在基桩承载力许可的条件下,可采用下列方法修理、加固。

①桩柱式墩台结构的整体稳定性不足时,可采用加固整个桩柱式墩台的方法,即在桩或柱间用槽钢或角钢做横、斜撑联结,以增强整体性和稳定性。钢板箍和横夹板(用槽钢或角钢)用螺栓拧紧。斜夹板

可用焊接接合。如盖梁强度不足,也可在盖梁下加横向夹梁,用螺栓拧紧,予以加强。

②迎水侧桩、柱因被船只或流冰等碰撞产生损伤或折断,可视情况采用下列修理方法。

a. 将损伤或折断的桩、柱的松动部分混凝土凿除,添加必要的钢筋,立模浇筑混凝土,按原始样式修复。施工时,可在损伤或折断的桩、柱两侧加设临时支撑。

b. 在桩、柱损伤处,将原混凝土凿毛,外面加设钢筋混凝土围带,使损伤部位得以加强。

(12)小跨度钢筋混凝土板(梁)横向移动的修复养护。

跨度小于 6 m 的钢筋混凝土板(梁),由于梁体质量轻,支座又是沥青麻布或石棉垫,因而受行车冲击和振动时易发生横向移动。对于这种梁,除顶起移正梁身外,均应在墩台顶上靠板梁侧埋设角钢或加筑挡土墙。

(13)支座上下锚栓折断、弯曲、锈蚀的修复养护。

①下锚栓。

在支座底板旁斜向凿去部分混凝土,取出旧锚栓,更换新锚栓。如锚栓被剪断而埋置于垫石内的栓杆仍牢固,也可清除剪断的锚栓上部,焊接一段新锚栓。

②上锚栓。

a. 可焊接支座上摆与混凝土梁底镶角板(当镶角板与梁体为整体时)。如每个支座用 2 根 200 mm 长、∟ 60 mm×40 mm×8 mm 的不等边角钢,沿梁长方向将角钢短肢焊接在梁底镶角板上,长肢焊接在支座上摆上。

b. 用夹板加固法。每个支座用 2 块 4 mm 厚的钢板、2 根 φ20 mm 螺栓置于支座上摆两侧,夹紧于梁体(如支座与梁梗不等宽,则钢夹板与支座间加填板并与钢板焊牢),并在夹板中间钻孔做丝扣,用顶丝顶紧于支座上摆,使夹板与支座上摆连成一体。

(14)支承垫石缺陷的修复养护。

支承垫石裂损、梁体出现"三条腿"(即梁体在支撑点上不均匀受力,部分支座出现明显悬空,导致梁体的四个支点不在同一平面上)情况,个别支座出现明显悬空,以及因线路大修需抬高梁体时,可选用下列方法整治或处理。

①采用压力灌浆,适用于抬高量小于 30 mm 者,抬高量更小时,也可采用灌铅法。

②在支座下捣垫半干硬性水泥砂浆,适用于抬高量为 30~100 mm 者。

③垫入铸钢板,适用于抬高量为 50~300 mm 者。

④就地灌注钢筋混凝土垫块,或更换钢筋混凝土顶帽,适用于抬高量在 200 mm 以上者。

实践经验证明,在支座下捣垫半干硬性水泥砂浆(也可用环氧树脂配制的砂浆)的办法效果好,并且使用工具简单,短时间封锁线路后就能恢复正常速度行车。

(15)支座陷槽、积水、翻浆、流锈病害的修复养护。

应使支座底板略高于墩台支承垫石,并采用细凿垫石排水坡的办法,结合在支座下垫沥青麻布或胶皮板进行处理,能取得一定效果。排水坡坡度约为 3%。

具体细凿方法如下。一种做法是从离垫石外缘 20 mm 处开始向中心推进(防止损坏边缘),最后将周边的窄条敲下来,稍加修凿即成。细凿完成后,用砂轮打磨光滑。另一种做法是先在垫石四边(桥台为三边)外侧定出开凿线条,用扁凿对准线条朝里敲打,其余同前。在细凿过程中,如发现有局部麻坑不平或边缘缺损等,可用环氧树脂砂浆修补,凝固后一并用砂轮打磨平整。

要防止挡渣墙上的水流到桥台上,必要时挡渣墙与支座垫石间要凿小槽排水,防止支座底板下进水。

(16) 支座位置不正、滑行、歪斜,超过容许限度的修复养护。

应用千斤顶顶起梁身并进行适当修理或矫正,或移正梁身后重新安装支座。

顶起梁身所用千斤顶的数量和起重量,应根据梁和桥面的质量来选定。为保证施工安全,其起重量必须超过起重荷载的 $50\% \sim 100\%$。钢桁梁和钢板梁一般在横梁处预留放千斤顶的位置。在墩台顶的排水坡面安放千斤顶,一般不必考虑滑移问题,只要用硬木垫平且有足够的安全承压面积即可,但要注意千斤顶安放位置不要妨碍矫正支座工作的顺利进行。

钢筋混凝土梁和预应力钢筋混凝土梁可将千斤顶安放在支座附近的梁下。如梁下净空不够安放千斤顶,可以凿低一部分墩(台)帽混凝土以便安放千斤顶,或在桥孔内搭枕木垛支承千斤顶。对于双片钢筋混凝土梁,可以用钢轨做成 V 形扁担放在梁下用两个千斤顶将梁抬起。如经过检算认为可行,也可以将千斤顶安放在端隔板下。

旧式板梁的端横梁下无可顶起横梁时,也可用临时木撑顶紧后顶起板梁。钢梁也可采用这种方法,但桥梁质量较大时,顶起后移动钢梁或底板施工较复杂,仅在不得已时采用。

7. 有衬砌隧道养护

(1) 注浆养护。

①根据专项检查的结果,注浆孔的布置为:当衬砌背面拱顶附近有较多的空隙时,最佳注浆方式为将注浆孔布置在拱顶中部;在单向行驶的隧道中,当有车道规定时,可采用分上下线的注浆布置方式。

②注入材料可使用水泥浆、水泥砂浆、加气水泥稀浆、加气水泥砂浆。

③衬砌背面注浆施工,可按在衬砌上钻孔安装注浆嘴注浆、封闭注浆孔的顺序进行。当浆液从衬砌施工缝、裂缝等处流出,可采用快凝砂浆堵塞;不能堵塞时,应中断注浆,待浆液固结后再继续注浆;当浆液向注浆范围外流失时,应在注浆范围的边界处设止浆墙。止浆墙的间距一般应根据注浆的实际情况适当调整。

④注浆作业应重视材料质量管理和注浆施工质量的管理。

⑤注浆质量检查,可采用钻孔取芯、超声波检测和雷达检测等方式进行。

(2) 防护网加工技术。

当材料劣化导致衬砌开裂时,为防止衬砌掉落,可在衬砌表面设置防护网,操作要点如下。

①材料可采用 $\phi 8$ mm 钢筋焊接成钢筋网,网眼尺寸可采用 5 cm × 5 cm。

②施工前应凿除衬砌表面已起层、剥离的劣化部分。

③防护网可用锚栓固定在衬砌表面。

(3) 喷射混凝土处治技术。

①喷射混凝土的种类应根据病害程度和施工条件等因素选择,其主要类型为素混凝土、钢筋网喷射水泥砂浆、钢筋网喷射混凝土、钢纤维混凝土、玻璃纤维混凝土。

②喷射混凝土必须有足够的强度和附着率。其配合比应根据处治要求和材料通过试验确定。

③喷射混凝土施工时,必须使衬砌与喷层紧密结合,形成整体,不得产生分离或脱落,必要时加连系钢筋;采用钢纤维混凝土时,应研究其可施工性和喷射效果,必要时可通过试验确定;当采用钢筋网喷射

混凝土时,钢筋必须有合适的保护层厚度,防止金属网锈蚀、喷层出现裂纹和剥落;当喷射混凝土作业完成后,应对喷层进行检验,其质量标准及检测方法按表4.19的规定执行。

表 4.19　质量标准及检测方法

检查项目	质量标准	检测方法
混凝土强度	28 d 抗压强度不低于 20 MPa	1. 直接取样:喷层割出 35 cm×35 cm×15 cm 混凝土块,加工成 10 cm×10 cm×10 cm 试块,28 d 后检测; 2. 模具成型:使用 45 cm×35 cm×12 cm 的模具浇筑混凝土试件,待混凝土试件成型并达到一定强度后,加工成 10 cm×10 cm×10 cm 试块,28 d 后检测
厚度	大于 60% 的孔的厚度符合要求,其余不小于 1/2 设计厚度	以 20 cm 为一断面,以拱顶为准,每 2 m 钻一个孔,测量喷层厚度
黏结力	0.5~1 MPa	养护 28 d 后做锚杆的拉拔检测
外观	无开裂、无漏水、不露杆、无空响	外观→检测方法→分段检查(敲击、听等)

(4)锚杆加固技术。

当围岩松弛变形、偏压等引起隧道结构病害时,可采用锚杆进行加固。

①锚杆可按固定形式分为锚头式锚杆和黏结式锚杆。锚头式锚杆适用于硬岩和中等硬度岩层,黏结式锚杆适用于硬岩和软岩地层。

②锚杆必须有足够的锚固力,在施工中应对锚杆作拉拔试验,确保满足设计要求。

③当采用自进式锚杆时,一般可注入水泥砂浆;地质条件恶劣时,可注入聚氨酯、硅树脂,以便岩体性能得到改善。

(5)套拱加固技术。

当隧道裂缝区域较大,衬砌承载力严重不足或衬砌厚度不足,年久变质、腐蚀、剥落严重,危及洞内交通安全,但隧道净空有富余时,可采用套拱加固的方法进行处治。其设计施工应注意以下事项。

①套拱设计不得侵入建筑限界。

②为确保衬砌与套拱结合牢固,施工前应凿除衬砌劣化部分,深度一般为 1~2 cm;衬砌内面应涂抹界面剂,并设置连系钢筋;当套拱厚度较大时,可在套拱与衬砌之间设置防水层。

③新旧拱圈间应填满水泥砂浆,必要时可加锚固钉连接。

④为保证隧道净空符合规定,如加套拱后净高不足,可适当降低洞内路面标高。

(6)防冻保温技术。

在寒冷地区,应在衬砌表面设置防冻保温层,防止衬砌产生冻害。防冻保温层损坏可用轻质膨胀珍珠岩混凝土或浮石混凝土修补;无防冻保温层的,可在大修、改善时加筑。

(7)综合治理措施。

当隧道漏水时,应根据专项检查结果和隧道地质环境状况分析,采用综合治理措施进行处理。

①当隧道局部出现涌水病害时,宜采用排水法处治。排水边沟的设置间距应根据涌水量和涌水位置等确定。排水法可采用设置排水管和开槽埋管两种施工工艺,并应注意:排水管道不得阻塞,排水管材料应具有抗老化性;当采用开槽埋管施工工艺时,衬砌表面可用氯丁橡胶等材料覆盖;当采用外置排

水管时,可用固定装置将 U 形排水管固定在衬砌表面,将水引入管内排出;外置排水管的设置不得侵入建筑限界,并严禁在设置机电设施的地方开槽排水;设置外置排水管应尽量减少对隧道外观的损坏。

②当地下水沿衬砌施工缝或裂纹以滴水形式漏出时,可用注浆止水法,包括不开槽向裂纹注浆和开槽向裂纹注浆两种工艺。其施工应注意:根据现场漏水情况,选择适合的处理方式和材料配合比;注浆的范围应根据漏水的面积合理确定,防止注浆后水从另一处漏出;在裂纹处注浆,应选择可追随裂纹扩展的材料,如有机浆液中的水性聚氨酯,并应选择亲水性的止水材料。

③当涌水量小且呈表面渗透状时,可设置防水板进行处治。防水板一般有聚氯乙烯板、聚乙烯(polyethylene,PE)板、乙烯-醋酸乙烯酯共聚物(ethylene-vinylacetate copolymer,EVA)板、橡塑板、橡胶板等,防水板应具有耐热和耐油性。施工时应注意:防水板的设置应根据隧道断面尺寸确定,不得侵入建筑限界;施工前应清除粉尘,并保护好电缆设施;防水板的搭接处理应牢固、不漏水;有裂纹需要观察的部位设置可进行检查的观察窗。

④当隧道内出现喷射状漏水时,宜采用衬砌背面注浆的方法处治,施工时应注意以下事项。

a. 为使注浆材料能充填背面空隙和岩体裂缝,应选择初期黏度低的注浆材料。

b. 材料固化或胶化后,应立即具有强度高、不收缩、不分离、不透水、充分保持稳定的特点。

c. 材料拌和应简单易行,固化或胶化时间易于调整。

d. 注浆材料严禁含有污染环境的有害物质。

e. 注浆压力可能造成裂纹扩展,应根据衬砌的抗压强度适当控制注浆压力。

f. 注浆后为降低地下水位,应在侧墙处设置排水孔,排水孔与水沟之间可用导管连接。

⑤当隧道处于含水地层时,地下水位较高,可用降低围岩地下水位的方法处治。降低地下水位可采取设置排水孔、加深排水沟、设置水平钻孔等措施。应采用过滤性能良好的材料,防止排水孔堵塞;应根据地下水位确定排水沟的深度;排水孔和排水沟之间应有管道联系;排水钻孔的设置必须根据围岩的地质条件和地下水状况确定。

8. 无衬砌隧道养护

(1)勤检查,及时处理松动、破碎危石。

无衬砌隧道的围岩在长期使用过程中,由于岩石松动或受风化、行车振动等影响,围岩破碎,产生危石、渗漏水等病害,应及时处治,以保证行车和人身安全。

(2)处治围岩破碎和危石原则。

对于无衬砌隧道上破碎、松动的危石,本着少清除、多稳固的原则,可采取下列处理措施。

①发现危石,如能清除应及时清除,对因清除会牵动周围大片岩石的,则可喷浆或压浆稳固。

②对不易清除的小面积碎裂,可抹水泥砂浆稳固。

③碎裂范围较大时,可根据病害程度及范围,采用喷射混凝土、锚喷混凝土或挂网锚喷混凝土稳固。

④对不能清除又无法压浆稳固的个别危石,应先及时用混凝土或浆砌石垛墙作临时支撑,以确保安全,再根据垛墙侵占隧道净空的具体情况、隧道所在的公路性质和交通量大小,研究永久性治理措施。

(3)隧道内孔洞、溶洞或裂缝处理。

隧道内的孔洞、溶洞或裂缝均应封闭。封闭前,将松动的岩石清除。对内小外大的孔洞,可在孔洞外石壁上埋设牵钉、挂钢筋网、喷射或浇筑水泥混凝土封闭;对内大外小的孔洞,用素混凝土封闭;有水的孔洞,应预埋泄水孔,接引水管,将水从边沟排出。

9. 隧道围岩滑动、破损、坍塌养护

（1）危及隧道安全的山体滑动的治理。修建挡土墙，进行保护性填土，使山体受力平衡；保护性开挖洞顶部分山体，减轻下滑重力；在滑动面以上土体不厚的情况下，可在滑动面下端设置锚固桩抗滑。

（2）危及隧道安全的山坡岩石破损的治理。隧道处山坡岩石如节理发育、风化严重或有坑穴、溶洞、裂缝，应对地表采取下列防护性封闭措施：用浆砌片石、石灰土、黏土等填补洞穴、封闭裂缝，整修地表，稳固山坡；地表岩石松散破碎时，可喷射水泥砂浆固结。

（3）危及洞口安全的山坡坍塌的治理。根据实际边坡、仰坡岩（土）质及高度，整修坡率，如坡率无法整修，可局部加筑护面墙或挡土墙；根据具体条件，用绿色植物防护边坡、仰坡；增建或疏通边坡、仰坡的排水系统。

10. 隧道排水设施养护

常见的公路隧道病害形式是水害。隧道渗漏水、积水，将会造成衬砌开裂或使原有裂缝发展扩大，导致衬砌裂损。当地下水有侵蚀性时，会侵蚀衬砌混凝土，并随着渗漏水不断发展。在寒冷地区，水也是导致隧道围岩冻胀和衬砌开裂的重要因素。

（1）公路隧道水害。

①隧道水害的成因。

隧道水害的成因是修建隧道破坏了山体原本的水系统平衡，隧道成为所穿越山体附近地下水聚集的通道。在工程勘测设计过程中，对隧道项目工程地质及水文地质情况了解得不够仔细，对衬砌周围地下水源、水量、流向及水质勘察不全，缺乏反映防水材料性能的室内试验数据，缺少对结构抗渗、抗腐蚀的具体要求，施工和监理中存在问题，防水材料质量不过关都可能引发隧道水害问题。

②隧道水害的处治方法。

隧道水害处治的具体措施就是防、排、堵、截相结合，因地制宜，综合治理，各种措施既自成体系，又互相配合，形成完整的隧道水害防治体系。水害的处治方法主要有以下 8 种。

a. 完善或者补充地表和地下截水设施。

b. 在垭口和地质条件不良的地方采取截流和引排措施，使水远离隧道。

c. 贯通隧道内的排水系统。

d. 衬砌背面注浆。

e. 在渗漏水的衬砌处设置排水设施，包括引水管、泄水管和引水渡槽。

f. 在衬砌内贴防水层。

g. 在施工缝和变形缝处用止水带等密封防水材料进行封堵。

h. 对严重漏水的隧道应采用套拱加固。

（2）公路隧道排水措施。

①隧道洞外排水设施。

a. 应经常清除有坡度隧道洞口处路基边沟及两侧沉砂井内的泥沙等杂物。如地形条件许可，可将边沟纵坡改建成与路面纵坡方向相反，即向洞外倾斜，并在适当地点将水横向排出路基，使洞口处路基排水不会流向隧道，以避免引起隧道内边沟淤塞。在隧道洞口的路堑处，如路面地表水来不及流入侧沟而流入洞内，可在洞门外 1 m 左右设横向截水设施，并将水妥善引出。

b. 沿河隧道在洪水季节可能进水时,可临时封闭两洞口,以确保隧道安全。洪水过后,立即拆除封闭物。

c. 隧道顶山坡上的地表水应迅速排走,尽可能不使水渗入洞身,可采取的措施有:隧道处山坡岩石如节理发育、风化严重或有坑穴、溶洞、裂缝等,应对地表进行防护性封闭,修建截水沟、排水沟使水流顺势排至远离洞口处;位于隧道顶山坡的水渠,应经常检查其渗漏水状况,如有渗漏水,应及时处治。

②隧道洞内排水设施。

a. 增设衬砌背面排水系统,即在边墙内加设竖向盲沟及泄水管,将渗漏水引入隧道的边沟内排出。

b. 如漏水裂缝集中,可将各漏水缝向选定的排水集中点开凿,形成八字形沟槽,视漏水量的大小,用可透水软管嵌入八字形沟槽,同时填抹速凝砂浆稳固;排水集中点埋入一段硬塑管,并用砂浆稳固。在硬塑管外接排水管,并固定在侧墙上,将漏水排入边沟。

c. 如工作缝漏水,可加设工作缝环形暗槽,将漏水通过暗槽内的半圆管排入纵向边沟。以工作缝为中心,开宽 15 cm、深 10 cm 的槽,清槽、涂沥青一遍;布设玻璃布半圆管,用螺栓将其固定在槽壁上,在半圆管外侧涂抹快凝砂浆;在快凝砂浆外侧布设铁纱网两道;用防水砂浆将槽口封平。

d. 如少量渗水,可抹防水砂浆封闭,也可在衬砌表面铺一层防水层。防水材料可用水泥或树脂类材料,但注意不应使其承受水压。防水层外面还可喷一层水泥砂浆或水泥混凝土保护层。

e. 在围岩与衬砌间压注防水水泥砂浆或水泥浆,可掺入早强速凝剂,形成密闭层,以防渗漏,但应注意不得在衬砌背面有排水设备的部位压浆。

f. 设表层导流管,即沿漏水量大的裂缝走向开凿喇叭形沟槽,嵌入半圆管接水,管底用水泥砂浆稳固,用引水管将漏水排入边沟。

g. 无衬砌隧道加修衬砌前,应根据隧道渗漏水具体情况,先做好防水、排水设施,再加修衬砌。

③地下涌水处理措施。

对地下涌水可采取的处理措施有:设横向盲沟并加深纵向排水沟,若涌水量大,必要时还可加修路中心排水沟;修建水泥混凝土路面,并在路面下设隔水层,以阻断地下涌水;在路面与围岩之间、围岩与衬砌之间压注防水水泥砂浆或水泥浆,可掺入早强速凝剂,形成密闭层,以防渗漏。

4.2.7　公路养护案例

1. 工程概况

(1)工程情况。

案例项目为南充绕城高速公路(西段),本项目通过高速公路主线与互通匝道路面养护处治及二洞桥停车区改扩建,改善路面状况,营造安全、舒适的行车环境。

南充绕城高速公路(西段)起于马市铺互通,止于二洞桥互通,由南充绕城高速公路(XA56)和兰海高速公路(G75)南充绕城段组成,全长约 13.3 km,设计行车速度为 80 km/h,主线采用双向四车道,于 2007 年 12 月建成通车。

南充绕城高速公路(西段)投入运营后充分展现了高速公路在交通运输行业中的地位和作用,取得了很好的社会和经济效益,为区域经济的高速发展提供了强有力的基础保障,极大地缓解了南充城区交通压力。

至 2023 年,南充绕城高速公路(西段)运营已有 17 年,已基本达到沥青路面的设计使用年限。运营期间,南充绕城高速公路(西段)的保养工作主要为日常养护,未对路面进行大中修。因交通量与日俱增,且在荷载、雨水、光照等因素的耦合作用下,沥青路面的老化程度逐渐加重,疲劳破坏处于发育初期。根据历年路面技术状况检测数据,本项目沥青路面抗滑性能衰减明显,部分路段出现车辙、裂缝等病害。路面技术状况及服务水平逐年降低,通过日常养护等保养手段仅能局部改善路面技术状况,对路面总体技术状况及使用性能提升作用有限,且养护资金投入逐年快速增加。部分路段路面已出现了严重的龟裂、剥落、沉陷、坑洞等病害,严重影响高速公路路面使用性能,降低了行车安全和舒适性。

公路里程信息见表 4.20。

表 4.20　公路里程信息

路 线 名 称	路 线 编 码	长度/km	合计/km
南充绕城高速公路(西段)	XA56	5.79	13.3
	G75	7.51	

①路面典型病害。

根据现场调查,马市铺互通匝道路面已出现明显破损,主要病害类型为龟裂、横向裂缝、纵向裂缝、沉陷(一般与龟裂、横向裂缝同时出现)和唧浆等,其中比较严重且非常普遍的病害是龟裂、横向裂缝和纵向裂缝。

②病害工程量。

病害工程量见表 4.21。

表 4.21　南充绕城高速公路西段(马市铺—二洞桥)病害工程量

序号	项 目 名 称	单 位	工 程 量
1	挖除水泥稳定碎石基层 20 cm	m²	38455
2	铣刨下面层 AC-25Ⅰ 6 cm	m²	47994
3	铣刨中面层 AC-20Ⅰ 6 cm	m²	95363
4	铣刨上面层 AK-13A 4 cm	m²	189762
5	水泥混凝土基层 厚 20 cm	m²	38455
6	黏层	m²	168872
7	1 cm 厚 SBS 改性沥青同步碎石封层	m²	177535
8	SBS 改性沥青防裂卷材	m²	45007
9	节水保湿养生膜	m²	38455
10	防裂贴	m	16363
11	裂缝修补	m	34585
12	封条	m	32184.1
13	粗粒式沥青混凝土面层 AC-25C 6 cm	m²	47994
14	中粒式沥青混凝土面层 AC-20C 6 cm	m²	95363

序号	项目名称	单位	工程量
15	沥青玛琋脂碎石混合料面层 玄武岩 SMA-13 4 cm	m²	189762
16	精铣刨 1 cm	m²	221613
17	微表处 1 cm	m²	221613
18	C40 快干混凝土 厚 25 cm	m²	1365
19	C20 现浇边沟、截水沟	m³	819
20	2 mm 厚防水层 聚合物改性沥青防水涂料(PBLⅡ型)	m²	1918

③路基排水设施状况。

原边沟为浆砌块石边沟,现场踏勘发现经多年使用及雨水冲刷后,存在部分损毁、排水不畅等病害。

(2)路面养护施工标准。

①设计年限:预防性养护 4 年;功能性修复 6 年。

②标准轴载:双轮组单轴载 100 kN(BZZ-100)。

③公路自然区划:V2-四川盆地中湿区。

④沥青及沥青混合料路用性能气候分区:夏炎热冬温潮湿区(1-4-1)。

⑤公路平、纵、横指标:维持原路技术标准不变。

(3)路面养护总体方案。

主线采用预防性养护和功能性修复相结合的路面养护方案,马市铺互通匝道、二洞桥互通匝道采取功能性修复方案。

预防性养护方案:对预防性养护路段精铣刨 1 cm 原路面上面层,病害处治合格后,加铺 1 cm 微表处。

功能性修复方案:对功能性修复路段铣刨 4 cm 原路面上面层,病害处治合格后,采用 4 cm 厚沥青玛琋脂碎石混合料(玄武岩 SMA-13)恢复上面层。

硬路肩使用频率较低,状况较好,在对局部病害进行处治后进行微表处。

(4)施工要求。

①进度要求。

根据合同约定开工后 1 个月内完成马市铺互通匝道的功能性修复施工,7 个月后完成所有路面大修工程内容。为确保准时完成施工任务,项目部编制详细的施工进度日计划表,严格按照计划表对当天工作进行检查和对第二天工作进行安排,确保当天的工作当天完成,以保障分部工程节点工期和总工期。

②质量要求。

严格按照设计要求,努力实现"投资省、效率高",科学管理、合理组织、优化配置、强化监督,加强结构尺寸、位置偏差、实体质量以及隐蔽工程的检查和验收。所有原材料在进场前,由施工方、监理和业主代表一起到生产厂家见证取样,送检测中心试验室检测,检测合格后才准进入施工现场。材料进场后抽样复检,并做施工配合比试验,出具施工配合比报告,确保工序质量抽样检测均合格。做到质量记录完整,分部工程质量合格率 100％,原材料、成品、半成品质量合格率 100％,全部工程达到现行工程质量验收标准。

③安全要求。

在工程施工前,识别本项目存在的危险源。分部工程施工针对铣刨施工和机械设备使用制定相应的安全措施,并进行安全技术交底,确保在施工过程中,严格按照方案和交底实施,现场专职安全人员应做好日常检查和监督。未按方案与规范实施的,应严格按照要求进行整改,确保施工安全。安全目标要求:主体责任生产安全死亡事故为 0,责任事故重伤人数为 0,杜绝较大及以上生产安全责任事故,重大环境污染事件为 0,火灾事故为 0,职业病新发病例为 0。

2．主要施工技术方案

(1) 沥青路面大修施工流程。

①预防性养护:采用微表处,对原路面上面层精铣刨 1 cm(深度),并进行病害处治。

②功能性修复:铣刨既有表面层,局部处治既有中、下面层或挖除水泥稳定碎石基层;清理干净后,仔细修补裂缝,采用 F1.5 水泥混凝土修复基层,AC-25 Ⅰ粗粒式沥青混凝土修复下面层,AC-20 Ⅰ中粒式沥青混凝土修复中面层,沥青玛琋脂碎石混合料修复上面层。

③根据设计按以下流程实施:进行路面铣刨→挖除水泥稳定碎石基层 20 cm 厚→浇筑 20 cm 厚的贫混凝土基层→养护→裂缝处理→清扫→铺洒黏层油→摊铺底基层→接缝处理→初压→复压→终压→清理残留余料及垃圾。

(2) 沥青混凝土路面铣刨施工流程。

①按要求确定铣刨旧路面(深度 4 cm)面层的位置、宽度、深度。铣刨机在起点沿着一侧就位,根据自卸车车厢的高度调整出料口的高度。启动铣刨机,由两位技术人员操作左右两侧机架式控制系统。待深度调好后由操作手进行铣刨作业。在铣刨过程中由专人指挥自卸车往前移动,同时观察车辆是否装满,指挥铣刨机停止输送铣刨下的渣料。水车要随时待命,因为铣刨会消耗大量的水,需要及时加水。应一次彻底将旧沥青混凝土路面铣刨干净,并注意防止灰尘污染。

②待上面层铣刨完成后,按要求确定铣刨旧路面(深度 6 cm)中面层的位置、宽度、深度。同样按以上施工流程进行。

③待中面层铣刨完成后,按要求确定铣刨旧路面(深度 6 cm)下面层的位置、宽度、深度。同样按以上施工流程进行。

④待下面层铣刨完成后,按要求确定挖除 20 cm 厚水泥稳定碎石层的位置、宽度、深度。面积较大部位采用挖掘机破碎挖出,人工进行边角修整。面积较小部位由人工用风镐拆除修整,拆除完后清扫干净,洒水润湿,浇筑 20 cm 厚贫混凝土恢复基层,振捣密实,表面拉毛,养护至凝土基层强度达到设计强度时,再进行下道工序施工。

(3) 施工过程质量控制。

①原材料质量控制。

原材料质量控制是质量控制的源头,其各项指标的试验及计算应按《公路工程沥青及沥青混合料试验规程》(JTG E20—2011)及《公路沥青路面施工技术规范》(JTG F40—2004)规定的方法执行。

②沥青混凝土材料质量控制。

a. 沥青材料质量控制。

沥青材料的选择需要契合工程所在地区的气候特点,并应符合《公路沥青路面施工技术规范》(JTG F40—2004)的规定和设计要求。

改性沥青具有高温稳定性好、耐低温、抗疲劳能力强的特点,所以在沥青路面铺筑时常被用来应对不断增加的交通压力。改性沥青和改性沥青混合料的技术指标,必须符合《公路沥青路面施工技术规范》(JTG F40—2004)中的技术要求:耐高温,抗低温;韧性较强,能有效提高路面承载力;性能稳定,可以防紫外线照射、防水、防油。

经试验和施工证明,热塑性橡胶类、热塑性树脂类或化学、物理改性剂,以及天然沥青能有效地提高路面的高温抗车辙能力。如果要提高低温抗裂性,可使用橡胶类材料及其他化学改性剂。

根据设计文件可知该项目沥青及沥青混合料路用性能气候分区为夏炎热冬温潮湿区(1-4-1),所以本项目确定使用 70 号 A 级道路石油沥青。沥青质量技术要求见表 4.22。

表 4.22　70 号 A 级道路石油沥青技术要求

序号	指　　标	单　位	技术要求
1	针入度(25 ℃,5 s,100 g)	0.1 mm	60～80
2	软化点,不小于	℃	46
3	60 ℃动力黏度,不小于	Pa·s	180
4	15 ℃延度,不小于	cm	100
5	蜡含量,不大于	%	2.2
6	闪点,不大于	℃	260
7	溶解度,不小于	%	99.5

b. 碎石质量控制。

路面工程中用作沥青混合料粗集料的岩石包括石灰岩、玄武岩、辉绿岩。本工程优选峨眉玄武岩。

(a) 粗集料质量控制。

热拌密级配沥青混合料时,需特别注意集料最大粒径。合适的粒径可以有效避免沥青混合料在拌和、运输、摊铺过程中产生离析现象,以及摊铺后出现麻坑问题,同时便于碾压至密实状态,降低成型后沥青路面遭受水损害的风险。一般沥青层的压实厚度不应小于集料公称直径的 2.5～3 倍。对于 SMA(stone mastic asphalt,沥青玛琦脂碎石混合料)和 OGFC(open graded friction course,开级配抗滑表层)等嵌挤型混合料,沥青层的压实厚度不应小于集料公称直径的 2～2.5 倍。粒径大于 4.75 mm 的碎石,在结构层中具有承重、稳定的作用,必须与沥青路面结构层厚度相匹配。粗集料尺寸过大或含量过多会加剧离析现象,在雨后观察更为明显,还会伴有积水现象。本工程底基层厚度为 60 mm,粗集料粒径应为 20～24 mm。

高速公路、一级公路碎石加工必须采用三级破碎工艺,头破采用颚式破碎机,二破采用反击式破碎机,三破采用冲击式整形破碎机或反击式破碎机。配置设备有振动喂料器(开启格栅过滤功能),有四层以上筛网的大面积振动筛,三层除尘设备。保证生产的成品集料中粒径 0.075 mm 以下颗粒含量及针片状颗粒含量满足设计和规范要求;粗集料破碎面较多,棱角圆润,平整。沥青混合料中集料粒径必须包含 0.2～2.36 mm、2.36～4.75 mm 及 4.75～9.5 mm 三种规格。其他集料规格应根据沥青混合料级配类型选择。各档规格集料应确保所涉及的筛孔数量不超过两个,以维持集料级配的稳定性,并避免不同档集料在筛孔上出现重叠,或使重叠部分(通过率低于 10%)处于可控范围,从而便于对沥青混合料的级配进行优化调整。

一般而言,石料厂在生产过程中往往带有显著的习惯性和倾向性。例如,那些长期为建筑或铁路工程提供石料的单位,在石料规格和生产流程方面已经形成了较为固定的模式。若其有存货,通常不愿意为了高速公路项目而作出专门的更改和调整。然而,沥青路面所需石料不仅量大,而且对规格和质量的要求也极为严格。因此,应严格要求石料厂按照混合料所需的规格和质量要求进行生产安排。

首先应要求石料厂对岩石母材进行理化检测,并由甲级试验检测机构出具检测报告;然后对石料厂的资质和管理能力进行审查,核查其生产能力能否满足工程进度要求;最后对石料厂的生产工艺进行严格把关,要求采取三级破碎工艺和除尘措施或二级破碎工艺和除尘措施,保证生产的集料外观干净、级配合理、针片状颗粒含量较少、棱角圆润,符合设计及公路规范要求。

粗集料质量技术要求见表 4.23。

表 4.23 粗集料质量技术要求

序号	指　　标	单位	技术要求	试 验 方 法
1	石料压碎值,不大于	%	24	《公路工程集料试验规程》(JTG 3432—2024)中的"T 0316—2024 粗集料压碎值试验"
2	洛杉矶磨耗损失,不大于	%	26	《公路工程集料试验规程》(JTG 3432—2024)中的"T 0317—2005 粗集料磨耗试验(洛杉矶法)"
3	表观相对密度,不小于	—	2.6	《公路工程集料试验规程》(JTG 3432—2024)中的"T 0304—2024 粗集料密度及吸水率试验(网篮法)"
4	吸水率,不大于	%	2	《公路工程集料试验规程》(JTG 3432—2024)中的"T 0304—2024 粗集料密度及吸水率试验(网篮法)"
5	坚固性,不大于	%	12	《公路工程集料试验规程》(JTG 3432—2024)中的"T 0314—2024 粗集料坚固性试验"
6	针片状颗粒含量(混合料),不大于 其中粒径大于 9.5 mm,不大于 其中粒径小于 9.5 mm,不大于	% % %	15 12 18	《公路工程集料试验规程》(JTG 3432—2024)中的"T 0312—2005 粗集料针片状颗粒含量试验(卡尺法)"
7	水洗法＜0.075 mm 颗粒含量,不大于	%	1	《公路工程集料试验规程》(JTG 3432—2024)中的"T 0310—2005 粗集料含泥量及泥块含量试验"
8	软石含量,不大于	%	3	《公路工程集料试验规程》(JTG 3432—2024)中的"T 0320—2000 粗集料软弱颗粒含量试验"

续表

序号	指　标	单位	技术要求	试　验　方　法
9	粗集料磨光值 PSV,不小于	—	42	《公路工程集料试验规程》(JTG 3432—2024)中的"T 0321—2024 粗集料磨光值试验"
10	粗集料与沥青的黏附性,不小于	—	5 级	《公路工程集料试验规程》(JTG 3432—2024)中的"T 0347—2000 集料碱值试验"

注:PSV—polished stone value,石料磨光值。

(b) 细集料质量控制。

细集料一般是粒径小于 2.36 mm 的砂和石屑,它能填充沥青混合料中粗集料的空隙,保证沥青混凝土成型后整体性能良好,减少沥青混合料在拌和、运输、摊铺中的离析,提高沥青混凝土的防水性和密实性。天然砂与沥青的黏附性较差,在施工时容易压实,但使用太多对高温稳定性不利,且容易引发车辙病害,不推荐使用。机制砂和石屑有本质的区别:机制砂是由制砂机生产的细集料,粗糙、洁净;石屑是石料破碎中表面剥落的粒径 2~10 mm 的粒料。专门设备加工的细集料(在加工细集料过程中必须使用吸尘设备)应洁净、干燥、无风化、耐嵌挤、颗粒饱满、无杂质、粉尘含量低,具体指标见表 4.24。

表 4.24　细集料质量技术要求

序号	指　标	单位	技术要求	试　验　方　法
1	表观相对密度,不小于	—	2.45	《公路工程集料试验规程》(JTG 3432—2024)中的"T 0328—2005 细集料表观密度试验(容量瓶法)"
2	含泥量(<0.075 mm 的含量),不大于	%	5	《公路工程集料试验规程》(JTG 3432—2024)中的"T 0333—2000 细集料含泥量试验(筛洗法)"
3	砂当量,不小于	%	50	《公路工程集料试验规程》(JTG 3432—2024)中的"T 0334—2005 细集料砂当量试验"
4	棱角性(流动时间),不小于	s	30	《公路工程集料试验规程》(JTG 3432—2024)中的"T 0345—2024 细集料棱角性试验(流动时间法)"
5	坚固性(>0.3 mm 部分),不小于	%	12	《公路工程集料试验规程》(JTG 3432—2024)中的"T 0340—2024 细集料坚固性试验"
6	亚甲蓝值,不大于	g/kg	25	《公路工程集料试验规程》(JTG 3432—2024)中的"T 0349—2024 细集料亚甲蓝试验"

c. 填料质量控制。

沥青混合料的填料必须采用由石灰石或岩浆岩中的强基性岩石等憎水性石料磨细得到的矿粉。原石料中泥土等杂质应除净。矿粉必须保持干燥、洁净(回收的粉尘全部废弃),能从石粉仓中自由流出,具体技术要求见表 4.25。

表 4.25　矿粉质量技术要求

序号	指　　标	单　位	技术要求	试验方法
1	表观密度	t/m³	≥2.5	《公路工程集料试验规程》(JTG 3432—2024)中的"T 0352—2024 填料密度试验"
2	含水量	%	≤1	—
3	粒度范围＜0.6 mm ＜0.15 mm ＜0.075 mm	% % %	100 90～100 70～100	《公路工程集料试验规程》(JTG 3432—2024)中的"T 0351—2000 填料筛分试验(水洗法)"
4	外观	—	无团粒结块	
5	亲水系数	—	＜1	《公路工程集料试验规程》(JTG 3432—2024)中的"T 0353—2000 填料亲水系数试验"
6	塑性指数	%	＜4	《公路工程集料试验规程》(JTG 3432—2024)中的"T 0354—2024 填料塑性指数试验"
7	加热安定性	—	实测记录	《公路工程集料试验规程》(JTG 3432—2024)中的"T 0355—2000 填料加热安定性试验"

d. 抗剥落剂质量控制。

为保证沥青与集料间的黏结力,提高抗水损害能力,掺加抗剥落剂。抗剥落剂应性能优良、稳定、持久且易于施工操作,加入后沥青与集料的黏附性不小于 4 级。

e. 纤维稳定剂质量控制。

纤维应在 250 ℃ 的干拌温度下不变质、不发脆,应能在混合料拌和过程中分散均匀。使用纤维必须符合环保要求,不危害健康。上面层 SMA-13 混合料中掺入木质素纤维,其质量符合表 4.26 的要求。

表 4.26　木质素纤维质量技术要求

项　　目	单　位	指　　标	试验方法
纤维长度	mm	≤6	水溶液用显微镜观测
灰分含量	%	18±5	高温 590～600 ℃ 燃烧后测定残留物
pH 值	—	7.5±1.0	水溶液用 pH 试纸或 pH 计测定
吸油率	—	≥纤维质量的 5 倍	用煤油浸泡后放在筛上经振敲后称量
含水率(以质量计)	%	≤5	105 ℃ 烘箱烘 2 h 后冷却称量

f. 混合料质量控制。

改性沥青 SMA-13 混合料的性能指标要求见表 4.27。

表 4.27　改性沥青 SMA-13 混合料的性能指标要求

试 验 项 目	单　　位	技 术 要 求
马歇尔试件尺寸	mm	ϕ101.6 mm×63.5 mm

试 验 项 目	单 位	技 术 要 求
马歇尔试件击实次数	—	两面击实 75 次
空隙率 VV	%	3～4
矿料间隙率 VMA	%	≥17.0
粗集料骨架间隙率 VCA$_{mix}$	—	≤VCA$_{DRC}$
沥青饱和度 VFA	%	75～85
稳定度	kN	≥6.0
谢伦堡沥青析漏试验的结合料损失	%	≤0.1
肯塔堡飞散试验或浸水飞散试验的混合料损失	%	≤15
车辙试验动稳定度	次/mm	≥5000[①]
水稳定性:浸水马歇尔试验残留稳定度	%	≥85
冻融劈裂试验残留强度比	%	≥80
低温弯曲试验破坏应变	$\mu\varepsilon$	≥2500
渗水系数	mL/min	≤80
构造深度	mm	0.8～1.5

注:1. VV—volume of air voids,压实沥青混合料的空隙率;VMA—voids in mineral aggregate,压实沥青混合料的矿料间隙率; VCA$_{mix}$—voids in coarse aggregate of asphalt mix,压实沥青混合料的粗集料骨架间隙率;VCA$_{DRC}$—voids in coarse aggregate,捣实状态下的粗集料松装间隙率;VFA—voids filled with asphalt,压实沥青混合料中的沥青饱和度。

2.[①]《公路沥青路面施工技术规范》(JTG F40—2004)对改性沥青 SMA 混合料的车辙试验动稳定度技术要求仅为不小于 3000 次/mm,本次大修为进一步提升上面层沥青混合料的高温稳定性,对改性沥青 SMA 混合料的车辙试验动稳定度技术要求提升至不小于 5000 次/mm。

AC-25C 与 AC-20C 沥青混合料的性能指标要求相同,见表 4.28。

表 4.28　AC-25C、AC-20C 沥青混合料性能指标要求

试 验 指 标		单 位	夏炎热区(1-4)
			重载交通
击实次数(双面)		次	75
试件尺寸		mm	ϕ101.6 mm×63.5 mm
空隙率 VV		%	4～6
稳定度 MS,不小于		kN	8
流值 FL		mm	1.5～4
矿料间隙率 VMA/(%)	设计空隙率/(%)	相应于各设计空隙率的最小 VMA 技术要求/(%)	

续表

试 验 指 标		单 位	夏炎热区(1-4)
			重载交通
不小于	3		13
	4		14
	5		15
	6		16
沥青饱和度 VFA/(%)			65～75

注:MS—Marshall stability,马歇尔稳定度;FL—flow value,流值;其余符号意义同前。

③沥青混合料拌和。

a. 沥青混合料配合比。

按照检测中心出具配合比报告、生产配合比设计以及生产配合比验证三个阶段,从而确定沥青混合料矿料级配及沥青混合料的最佳配合比。表 4.29 为 AC-25C、AC-20C、SMA-13 沥青混合料矿料级配范围。

表 4.29　AC-25C、AC-20C、SMA-13 沥青混合料矿料级配范围

级 配 类 型	通过下列筛孔(mm)的质量百分率/(%)												
	31.5	26.5	19	16	13.2	9.5	4.75	2.36	1.18	0.6	0.3	0.15	0.075
SMA-13 (SBS)	—	—		100	90～ 100	50～ 75	20～ 34	15～ 26	14～ 24	12～ 20	10～ 16	9～ 15	8～ 12
AC-20C	—	100	90～ 100	78～ 92	62～ 80	50～ 72	26～ 56	16～ 44	12～ 33	8～ 24	5～ 17	4～ 13	3～ 7
AC-25C	100	90～ 100	75～ 90	65～ 83	57～ 76	45～ 65	24～ 52	16～ 42	12～ 33	8～ 24	5～ 17	4～ 13	3～ 7

b. 沥青混合料拌和温度。

AC-25C、AC-20C、SMA-13 沥青混合料拌和采用间歇式拌和机。沥青混合料拌和温度见表 4.30。

表 4.30　沥青混合料拌和温度　　　　　　　　　　　　　　　　(单位:℃)

施 工 工 序	AC-25C、AC-20C	SMA-13	测 量 部 位
沥青加热温度	155～165	160～165	拌和设备控制
矿料加热温度	165～195	190～220	拌和设备控制
出料温度	145～165	170～185	热料提升斗
混合料废弃温度	高于 195	高于 195	运料车

混合料出厂、到现场都必须测量温度。

④沥青混合料运输。

为做好混合料的保温工作,混合料出厂时必须盖好油布(或帆布),摊铺到前两辆车卸料时,才能打开油布(或帆布)。卡车卸料时整体卸入摊铺机受料斗内,不可中断。从料仓门快速卸料,有助于消除运输途中的离析。第一次装料在卡车车厢前部,第二次装料在卡车车厢后部,第三次装料在卡车车厢中部。

控制每车装料数量,大车不超过 35 t,小车不超过 25 t,以大车装料为主。施工前,自卸车做好维修保养工作,保证施工时车辆状况良好。

为了防止沥青与车厢板黏结,运料前将自卸车厢清理干净,车厢侧板和底板可涂防黏液。但注意不得有余液积聚在车厢底部,否则不予装料,由专人负责检查。

自卸车接料时,应移动位置,分堆装料,以减少粗细集料的分离。

运料车做好混合料的防护工作,装料严禁超载,车顶用帆布或油布严密覆盖,避免遮盖不严导致降温过快、雨淋和污染环境。

由专人负责混合料出厂温度的检测工作,对不符合出厂温度要求的混合料作废料处理。

运输过程中宜中速行驶,确保交通安全,尽量避免急刹车,以减少混合料离析。

采用数字显示插入式温度计(须经常标定)检测沥青混合料的出厂温度和运到现场时的温度,插入深度要大于 150 mm。在运料卡车侧面中部设专用检测孔。孔口距车厢底约 30 cm。

运料车到达现场卸料前,先交验出厂单,由专人测试到场温度。运料车倒车由专人指挥,倒车时应对准摊铺机受料斗,在摊铺机前 10~30 cm 处停车挂上空挡,再由摊铺机推动运料车前进,行车速度由专人指挥,与摊铺机速度相配合。

施工摊铺前,要有 4~5 辆车等待卸料,正常摊铺后应经常保持 3 辆车等待卸料,从而保证摊铺机匀速前进。表 4.31 为 AC-25C、AC-20C、SMA-13 沥青混合料在施工过程中的温度控制。

表 4.31　AC-25C、AC-20C、SMA-13 沥青混合料在施工过程中的温度控制　　　　(单位:℃)

施工工序	AC-25C、AC-20C	SMA-13	测量部位
摊铺温度	≥145	≥160	摊铺机
终压终了温度	≥70	≥90	碾压层内部

(4) 主要工程项目的施工方法。

①路面铣刨施工。

根据施工设计图,及业主、监理经实地查看面层病害情况后确定的病害处治范围,铣刨面层沥青混凝土,前、后端头用切割机切直,铣刨后用清扫机清扫,高压水车冲洗,局部采用鼓风机吹净。

如果上面层精铣刨 1 cm 后,没有发现病害,则按设计要求涂刷黏层油后进行 MS-3 微表处施工。

②沥青面层单条裂缝的处治。

沥青面层单条裂缝的处治主要针对微表处前精铣刨原路面 1 cm 后,铣刨原路面上面层后和局部维修铣刨原路面上、中、下面层后表面依旧存在单条裂缝的情况。当单条裂缝宽度小于 5 mm 时,清缝后采用改性沥青灌缝。当单条裂缝宽度不小于 5 mm 时,先采用开槽机沿缝进行开槽,开槽的深宽比不宜超过 2:1,清缝后采用改性沥青与粒径 0~3 mm 的矿料按一定比例拌和成改性沥青砂胶填缝。灌缝与填缝处治完毕后须骑缝铺贴 50 cm 宽防裂卷材,以防出现反射裂缝,但微表处路段在灌缝和填缝后无须铺设防裂卷材。

处治方案示意图如图 4.2 和图 4.3 所示。

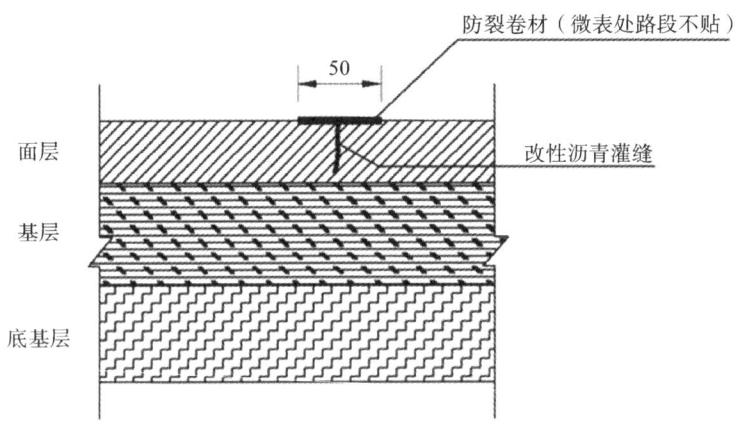

图 4.2　路表单条裂缝灌缝处治示意图(单位:cm)

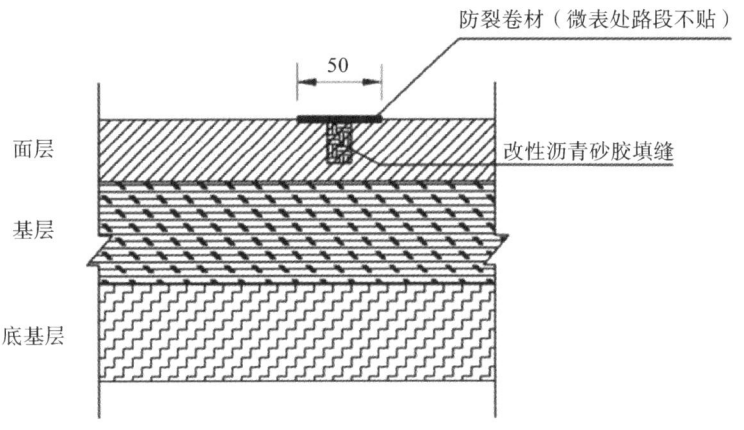

图 4.3　路表单条裂缝开槽填缝处治示意图(单位:cm)

若裂缝已发展出支缝,但尚未出现明显的唧浆或沉陷变形,则处治方式如图 4.4 所示;若出现明显的唧浆或沉陷变形,则应根据现场铣刨开挖后路面的病害情况,决定处治深度,病害发展到哪一层,则处治到哪一层,处治方式如图 4.5 所示。

③水泥稳定碎石基层单条裂缝的处治。

对于水泥稳定碎石基层的单条裂缝,当单条裂缝宽度小于 5 mm 时,清缝后采用改性沥青灌缝;当单条裂缝宽度不小于 5 mm 时,先采用开槽机沿缝进行开槽,开槽的深宽比不宜超过 2∶1,清缝后采用改性沥青与粒径 0～3 mm 的矿料按一定比例拌和成改性沥青砂胶填缝;灌缝和填缝处治完毕后须骑缝铺贴 100 cm 宽防裂卷材。处治方案示意图如图 4.6 和图 4.7 所示。

当主线路基段存在基层横向反射裂缝时,须清除原路面上、中面层病害区域,且须分层开挖,上面层开挖长度 3 m,中面层开挖长度 2 m,并沿行车方向形成 100 cm 宽台阶,下面层顶面的横向裂缝经灌缝

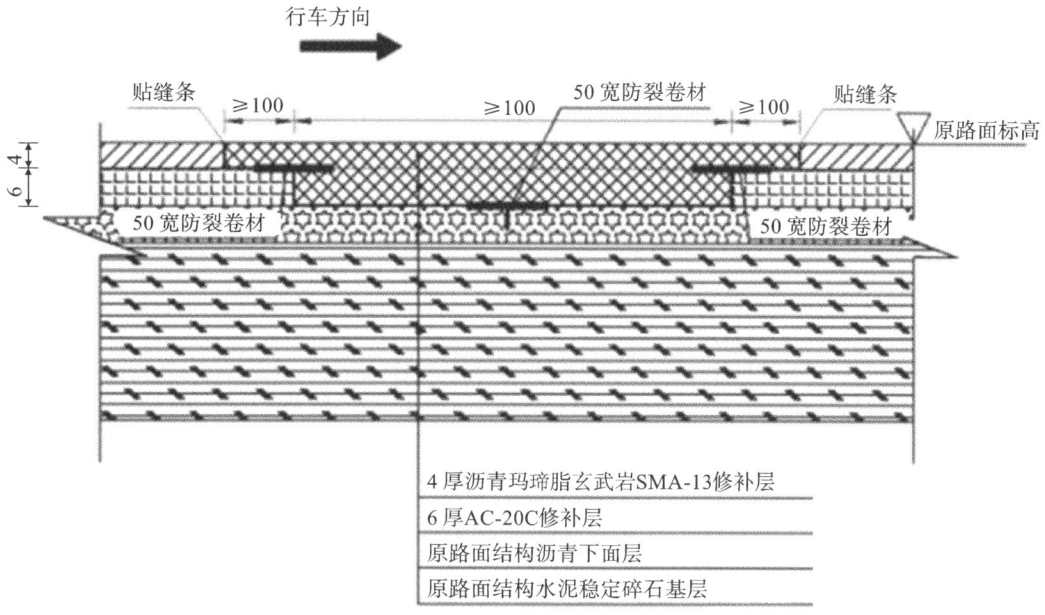

图 4.4　路表裂缝(存在支缝,无唧浆或沉陷变形)处治示意图(单位:cm)

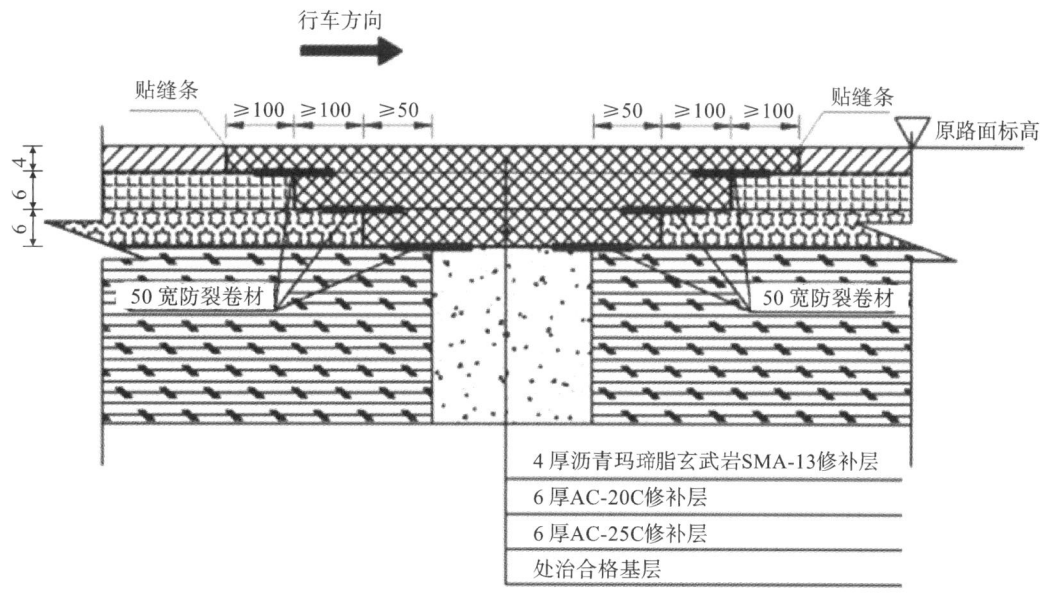

图 4.5　路表裂缝(存在支缝,且存在唧浆或沉陷变形)处治示意图(单位:cm)

处治后采用 50 cm 宽 SBS 防裂卷材进行铺贴,再分层回填压实 4 cm 厚沥青玛琋脂玄武岩 SMA-13+6 cm 厚 AC-20C。沥青层层间须在工作面干净、干燥的条件下洒布改性乳化沥青黏层(包括开挖后原路面及侧壁,纯沥青含量为 0.2~0.3 kg/m²)。顶面新旧沥青层之间接缝位置的侧壁应采用自粘式贴缝条(带)加强新旧沥青混合料之间的黏结,以防渗水,方案示意图如图 4.8 所示。

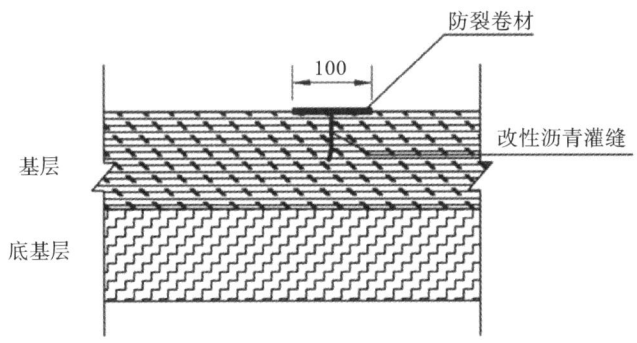

图 4.6　水泥稳定碎石基层单条裂缝灌缝处治示意图(单位:cm)

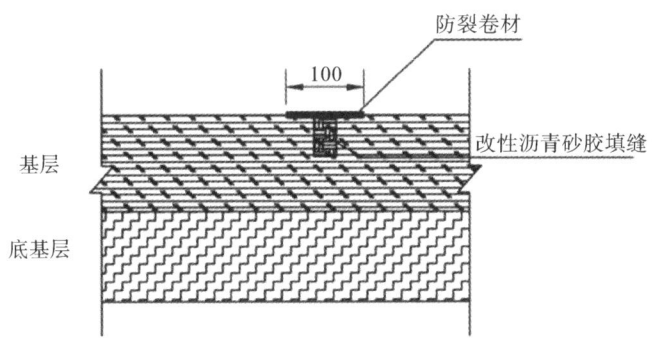

图 4.7　水泥稳定碎石基层单条裂缝开槽填缝处治示意图(单位:cm)

④面层局部维修方案。

a. 方案一:面层双层局部维修方案。

当主线路基段存在坑洞、轻度块裂、推移拥包时,须清除原路面上、中面层病害区域,且须分层开挖,并沿行车方向形成 50 cm 宽台阶,分层回填压实 4 cm 厚沥青玛瑞脂玄武岩 SMA-13 + 6 cm 厚 AC-20C。沥青层层间须在工作面干净、干燥的条件下洒布改性乳化沥青黏层(包括开挖后原路面及侧壁,纯沥青含量为 0.2~0.3 kg/m²)。顶面新旧沥青层之间接缝位置的侧壁应采用自粘式贴缝条(带)加强新旧沥青混合料之间的黏结,以防渗水,处治方案示意图如图 4.9 所示。

b. 方案二:面层三层局部维修方案。

当主线路基段存在较严重的块裂、推移拥包或沉陷时,应根据现场铣刨开挖后路面的病害情况,决定处治深度,病害发展到哪一层,则处治到哪一层,且须分层开挖,并沿行车方向形成 50 cm 宽台阶,上、中、下面层分别采用沥青玛瑞脂玄武岩 SMA-13、AC-20C 和 AC-25C,基层采用水泥稳定碎石分别回填压实。开挖宽度以车道宽度为准(如病害出现在一个车道上,则开挖宽度以一个车道宽度为准;病害出现在两个车道之间,则开挖宽度以两个车道宽度为准),最小开挖长度沿行车方向为 6 m。

沥青层与水泥稳定碎石基层之间、沥青层之间须在工作面干净、干燥的条件下洒布改性乳化沥青黏层(包括开挖后原路面及侧壁,沥青层之间纯沥青用量为 0.2~0.3 kg/m²,沥青层与水泥稳定碎石基层之间纯沥青用量为 0.4~0.5 kg/m²)。顶面新旧沥青层之间接缝位置的侧壁应采用自粘式贴缝条(带)加强新旧沥青混合料之间的黏结,以防渗水。处治方案示意图如图 4.10 和图 4.11 所示。

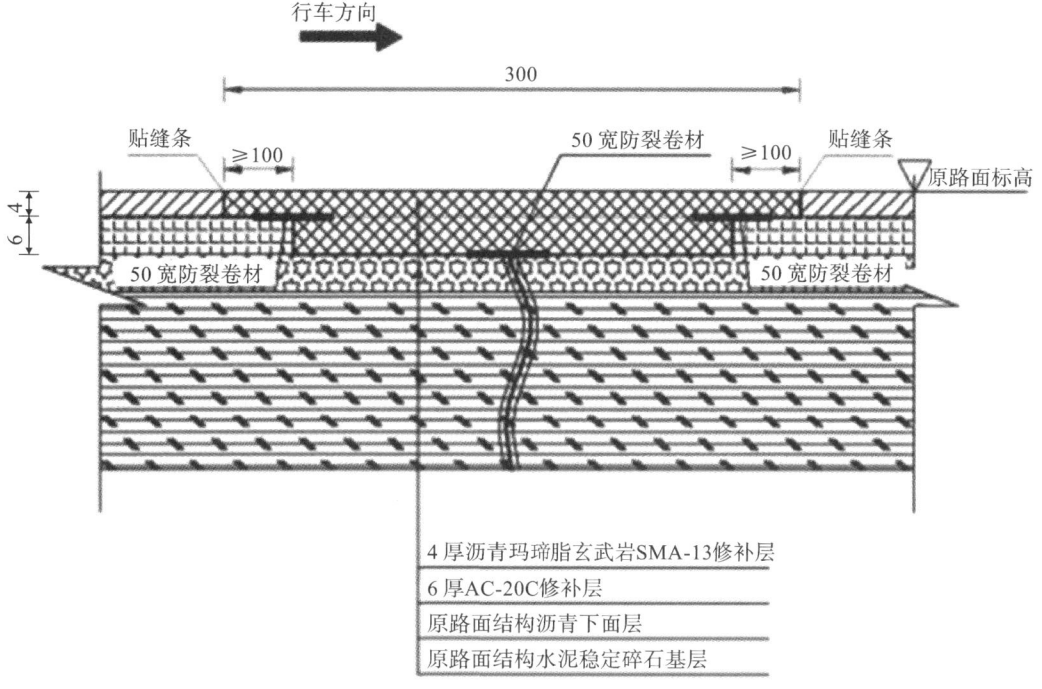

图 4.8 横向反射裂缝处治断面示意图(单位:cm)

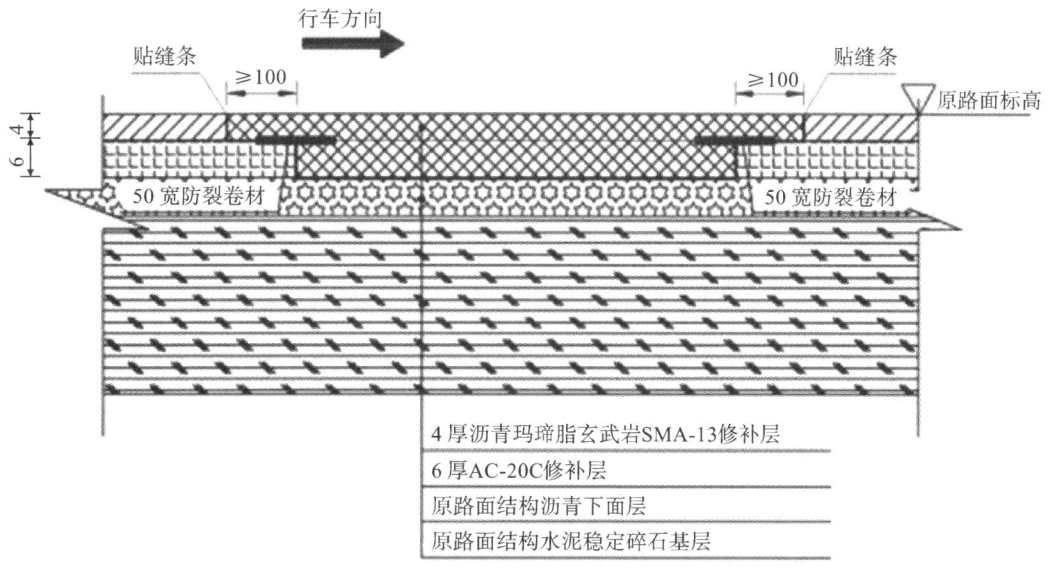

图 4.9 非裂缝类病害发展到中面层处治断面示意图(单位:cm)

⑤黏层施工。

铣刨后加铺 4 cm 厚 AC-13C 改性沥青混凝土,与中面层之间洒铺改性乳化沥青黏层;新旧沥青混凝土横向接缝处采用聚酯玻纤布搭接处理,搭接宽度每侧不小于 30 cm。旧沥青面层切割后涂刷黏

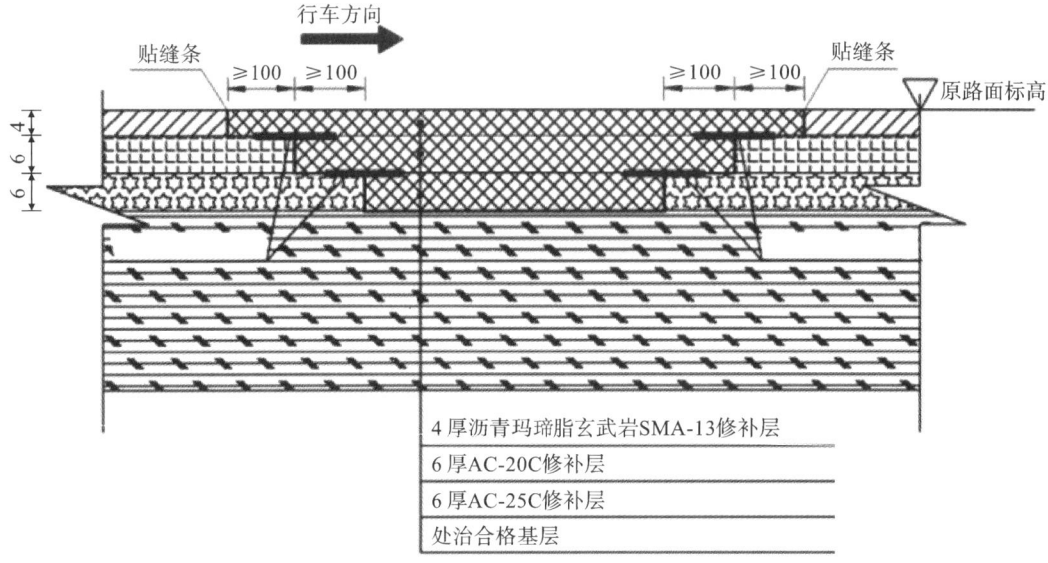

图 4.10　非裂缝类病害发展到下面层处治断面示意图(单位:cm)

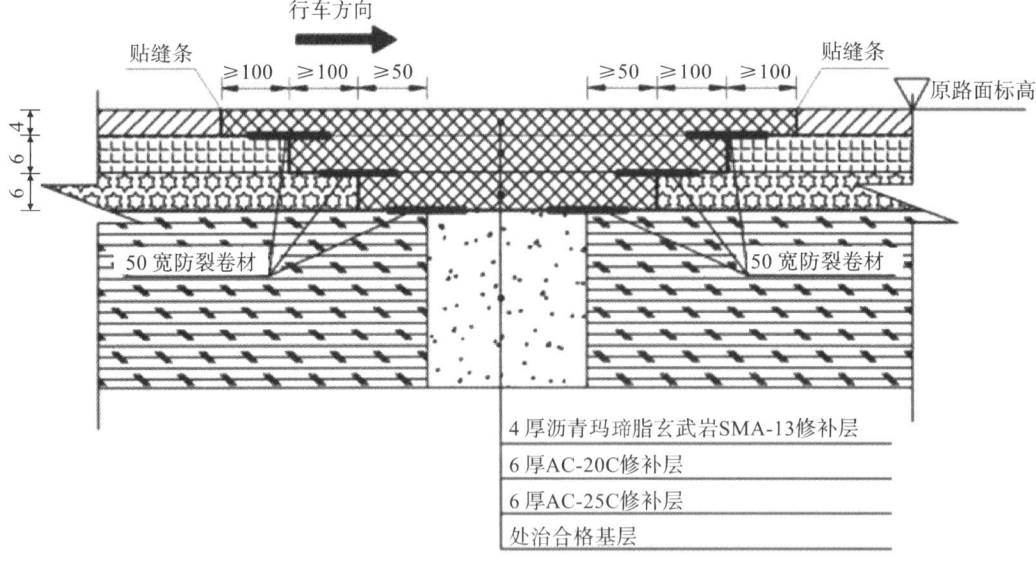

图 4.11　非裂缝类病害发展到基层处治断面示意图(单位:cm)

层油。

　　a.材料。黏层的沥青材料采用改性乳化沥青,沥青标号同表面层。

　　b.设备。黏层施工设备采用全自动沥青洒布车,工作状态均良好。

　　c.施工方法。黏层在沥青混凝土摊铺之前施工。开始洒布沥青黏层之前5 h,用水将中、下面层轻微润湿,同时限制交通。洒布温度与洒布量均应符合技术规范的规定。在喷洒时,应采取措施防止污染其他附属物(如护栏柱等)。对于洒布过量的地方,必须将改性沥青从洒布表面刮掉,漏洒或少洒的地方必须予以补足。黏层改性沥青应在铺筑覆盖层之前 24 h 内洒布完成。其洒布的表面温度必须高于 10 ℃,风速适度。

⑥沥青混凝土面层施工。

a. 摊铺。

设备选择中型摊铺机。

摊铺速度基本与拌和、运输速度相符,摊铺过程中不得随意变换速度或中途停顿。当供料不足时,宜采用运料车集中等候、集中摊铺的方式,尽量减少摊铺机的停顿次数。

摊铺前 1 h 用液化气加热摊铺机熨平板至 100 ℃ 以上,以免黏附混合料。摊铺过程中应开动熨平板的振动或锤击等夯实装置。

在熨平板下按照松铺厚度垫上木板,以确保沥青层的厚度符合要求。

运料车在摊铺机前 10～30 cm 处挂空挡,由摊铺机顶推前进,摊铺机两侧有专人指挥,并将由运料车上漏下的沥青混合料清除。摊铺时宜采用平衡梁自动找平。平衡梁的橡胶轮应适当涂刷废机油等防黏材料,在每次摊铺结束后必须清理干净。

b. 碾压。

沥青混合料应在摊铺完成后立即碾压,不应等候。

沥青混合料的碾压分初压、复压和终压三个阶段进行。压路机行驶速度、压路机的组合方式和碾压遍数根据表 4.32 确定:初压用震荡双钢轮压路机,先静压 1 遍,再震荡碾压 2 遍;复压时,密级配的沥青混合料要用重型胶轮压路机,粗集料的沥青混合料要用震荡双钢轮压路机才能压实,复压 4～6 遍;终压是为了美观平整,用震荡双钢轮压路机静压 2～3 遍即可。压实区段不能超过 80 m,一般按 60～80 m 控制,压实方向为由低向高,在曲线段由内侧向外侧压。

表 4.32 为 AC 系列沥青混合料碾压参数,表 4.33 为 SMA 系列沥青混合料碾压参数。

表 4.32　AC 系列沥青混合料碾压参数

压路机类型	初压		复压		终压	
	速度/(km/h)	遍数	速度/(km/h)	遍数	速度/(km/h)	遍数
震荡双钢轮压路机	2～3	静压 1 遍,震荡碾压 2 遍	—	—	3～6	静压 2～3 遍
重型胶轮压路机	—	—	2～3	4～6	—	—

表 4.33　SMA 系列沥青混合料碾压参数

压路机类型	初压		复压		终压	
	速度/(km/h)	遍数	速度/(km/h)	遍数	速度/(km/h)	遍数
震荡双钢轮压路机	2～3	1～2	3～5	2～4	3～5	1

压路机的吨位以不压碎集料,又能满足压实度要求为度。钢轮压路机碾压重叠宽度在 20 cm 左右,将驱动轮面对摊铺机方向,防止沥青混合料产生推移。轮胎压路机相邻碾压带应重叠 1/3～1/2 碾压轮宽。压路机的起动、制动必须减速缓慢进行。

终压采用刚性碾紧接在复压后进行,终压遍数不限,以消除轮迹为宜。

为了防止沥青混合料黏附在轮子上,可适当洒水,使轮子保持湿润。胶轮压路机不宜洒水,钢轮压路机"进洒退不洒",并应严格控制洒水量,以免加速沥青混合料的冷却速度。

⑦成品保护措施。

成品保护指对已摊铺成型的沥青混凝土路面的保护。当天已完成的沥青混凝土摊铺段路面严禁任何车辆碾压。由于沥青面层受柴油污染影响大,应避免施工机具在沥青路面上停放时出现滴漏油的情况。吊车在已完成的沥青面层上吊装施工时,铁撑脚必须垫好木块。否则铁撑脚压出的痕迹将无法消除。

⑧特别措施。

a. 防脱层措施。

在坡道、路口停车位置的水泥混凝土表面做横向拉毛,拉毛深度为 1 cm;拉毛后清扫干净,不能有杂物、油渍;基层不能有潮湿、积水部位;黏层油质量合格,洒布均匀,在坡道、路口停车位置增加洒布量。

b. 摊铺起步的处理。

起步时,在摊铺机熨平板处垫与底层同高的垫木(考虑虚铺系数),保证起步时符合高程要求;在压路机下铺设彩条布,在彩条布上喷洒防粘液,保证压路机不在起步处黏轮,不造成污染。

c. 平接缝处碾压。

先用双钢轮压路机在已铺层上横向碾压,每次碾压时,压路机的轮子会向新铺层方向延伸 10~15 cm,即每次碾压的重叠部分为 10~15 cm 宽新铺层。当碾压至 1/2 轮宽后,压路机再转为纵向碾压,继续向前碾压 5~6 m 的距离。纵向碾压是为了确保接缝处的压实度和整体平整度。随后,使用 3 m 直尺检查接缝处平整度。超高点应及时再用压路机横向碾压,使其纵横向平整度保持在规定范围内。

d. 平整度控制。

在连续段,用非接触式平衡梁找平;在路口段,根据测量员测量的高程,采用铝合金引导梁作为基准找平。

摊铺机应该匀速、连续摊铺,严禁时快时慢。如在中途出现停机,应将摊铺机熨平板锁紧,使其不下沉;停顿时间超过 30 min 或沥青混合料温度低于 100 ℃时,要按照处理冷接缝的方法重新接缝;不准急变方向,不能长时间停在热沥青混合料上。

e. 侧石边的处理。

派专人跟在摊铺机后用短刮板进行修整,局部需要加料和刮除的,要在压路机初压前完成,压路机碾压后观察边线材料是否均匀,对于不符合要求处,及时用劈刀、木槌等工具进行二次修整。由专人对碾压后的侧石边进行检查,用小型压路机及平板振动器进一步完善碾压不到位处。

f. 黏层施工相关措施。

黏层油在封闭交通后开始洒布。采用沥青洒布车喷洒,洒布速度和喷洒量保持稳定;喷洒必须呈均匀的雾状,在路面全宽内形成均匀的薄层,不得有漏空或呈条状,也不得有堆积。在施工中,人行道等易受污染处用彩条布等覆盖;对人员、车辆造成的黏层污染进行人工填补。

g. 纵接缝处理措施。

如主干道涉及半幅施工,底层纵接缝不做处理,面层纵接缝用铣刨机或人工切边处理,并涂刷黏层油。

⑨路基排水设施病害处治方案。

a. 路基排水设施状况调查。

本项目的边沟、截水沟、排水沟等排水情况总体较好,原边沟为浆砌块石边沟,经多年使用,存在部分损坏、排水不畅等病害。下面主要讲述排水沟维修施工工艺,边沟和截水沟维修施工工艺与排水沟维修施工工艺基本相同。

b. 工艺流程。

清理排水沟两侧残枝、杂草→排查、确定已损毁水沟→剔打、清理损毁部位水沟底及沟墙→坑槽开挖→平整夯实→检验基坑→水沟底模板支设→检验模板→水沟底板浇筑→水沟墙身模板支设→水沟混凝土浇筑→拆模→养护→场地清理。

c. 排水沟维修施工工艺。

(a)施工准备。

沿线路依次排查,清理水沟两侧杂草、树枝及雨季淤积在沟内的淤泥、土石;确定维修部位,统计长度和工程量;根据工程量确定所需劳动力,保质、保量、保进度完成修护工作。

清理垮塌段底板及墙身部位泥土、石块,挖底板与沟墙坑槽,把垮塌部位与未垮塌部位交界处的水沟底板和沟墙端头剔打齐整,清理干净。

混凝土浇筑前,必须做好准备工作:备好发电机、小推车、扁担、灰桶、挂钩、振荡器、溜槽、木工板;提前进行发电机、振荡器试运行,必须状态良好;相关人员到位。

(b)模板工程。

采用木模板,按既有沟底流水面制作、安装沟底混凝土模板及沟墙模板。在模板安装时,沟底顺接上下游流水坡面,沟墙模板线形与既有沟墙顺接圆滑。模板采用楞木加以固定,模板支撑要具备支立牢固、板缝紧密、表面平整、线条顺直、标高前后衔接一致、易支易拆等特点。现场混凝土模板框格安装净距沿纵向的允许偏差为±10 mm,沿宽度方向的允许偏差为±20 mm,对角线允许偏差为±10 mm。混凝土拆模时间以不损坏成品混凝土来确定,并及时清洁、整修模板,以便再用。

(c)混凝土浇筑方法。

由于排水沟维修施工地点分散、不集中,且工程量较小,给施工带来了诸多挑战。在混凝土施工中,使用小型混凝土运输车将混凝土运送至施工地点附近的路边,再由人工使用灰桶挑运至具体施工位置进行入模。为确保混凝土质量,须在 1 h 内完成浇筑。在浇筑过程中,应遵循先坡后底的原则,并优先浇筑排水沟的边坡部分。边坡的浇筑可采用分块跳仓法施工,以确保施工质量和进度。而沟底和边缘部分的浇筑则可按一定方向连续进行。同一块混凝土板的浇筑应尽量避免间歇,若因机械故障等原因必须间歇,时间应控制在 60～90 min。具体浇筑工序如下。

浇筑开始前,应在沟床上安放木模板并在伸缩缝处固定闭孔泡沫塑料,如果沟床干燥起土,应首先洒水润湿,以避免浇筑好的混凝土因水分过度流失而出现裂纹。

浇筑用混凝土必须采用机械拌和,采用商品混凝土,标号不低于C20,并应严格控制混凝土水灰比和坍落度。

混凝土运到浇筑现场后应及时流槽入仓,人工平仓,刮杠刮平,插入振捣器。应从下往上单方向振捣,严禁过振、漏振。

用振捣器振实后,采用人工磨平,直到表面泛出水泥浆为止,最后用人工压光。压光可以分两次进行,第一次在磨平后进行,第二次在混凝土初凝前进行,做到内实外光、棱角分明、表面无蜂窝、麻面、砂眼、爆皮、龟裂等现象。

4.3 公路建设项目后评价

项目后评价是工程项目基本建设程序的重要组成部分,是项目从立项决策到建成开通运营整个管理周期中不可缺少的重要环节,同时项目后评价是十分重要的信息反馈环节,也是检验投资项目决策正确与否的科学有效手段。通过项目后评价,投资者(或决策者)以及相关部门能够及时总结项目管理周期内各阶段的经验和教训,以便于进一步改进和完善项目管理工作,并可为之后作出科学的项目决策、提高项目投资效益提供指导。

4.3.1 概述

项目后评价 20 世纪 30 年代起始于美国,20 世纪 60 年代,美国在"向贫困宣战"的规划中将巨额国家预算资金投入建设,项目后评价得到了进一步发展,形成了体系。从 20 世纪 60 年代末开始,许多国家以及世界银行等国际金融组织逐步应用和发展了项目后评价理论,使之成为监督和管理投资的得力工具和手段。

我国公路建设项目后评价开始于 20 世纪 80 年代末,是在学习和借鉴国外(主要是世界银行等国际金融组织)先进项目管理经验和方法的基础上,结合我国具体情况而研究出的建设项目管理方式之一,同时也是我国公路建设项目管理机制和模式改革过程中的产物。经过几十年的发展,目前我国公路项目后评价已形成制度化、规范化的管理体系。

1. 项目后评价的定义

公路建设项目后评价,是指新建或改建公路在通车运营 2~3 年后,运用对比分析的方法,对建设项目的立项决策、方案设计、工程施工和运营管理全过程各阶段工作及其技术经济指标变化的成因,进行全面、系统的跟踪、调查、分析和评价,总结项目经验与教训,并提出相应的建议和改进措施。

项目后评价的目的在于,通过项目预期目标与实际实施效果的对比分析,对项目实施过程进行全面的总结,不断提高公路建设项目决策、设计、施工、管理水平,合理利用建设资金,提高投资效益,改进和完善管理机制,并为制定相关政策等提供科学依据。

项目后评价主要对比的对象是包括可行性研究报告在内的前期决策依据。后评价报告与可行性研究报告是项目管理周期中前后两个阶段的重要技术文件,两者之间有着密切联系,但又有所不同,其主要区别有如下四点。

(1) 两者所采用数据的性质不同。

由于可行性研究工作是在项目开工前进行的,是一种前评估,其用于评价的各项技术经济因素,如交通量、费用、收益、工期等都是依据项目开工前的情况通过预测得出的,因此,按照预测因素计算出的各项指标,如内部收益率、投资回收期等自然也是预测性的。虽然工程可行性研究以广泛深入的调查研究和经验数据为依据,但对未来的预测存在不确定因素,并且往往受决策者与分析评价者等主观因素的影响。项目后评价是在项目建成并运营一定时间后进行的,它用以评价的数据资料都是实际统计数据或根据实际情况重新预测的数据,计算出的各项指标都是客观现实的,一般不因主观因素而改变。

（2）研究内容的侧重点不同。

可行性研究的主要内容是项目建设条件、工程设计方案、项目的实施计划以及项目的经济社会效果。而项目后评价的主要内容除针对可行性研究的内容进行再评价外，还包括对项目决策、项目实施效果等进行评价，对项目实际运营状况进行较深入的分析。项目后评价既要分析建设项目的投资过程，又要分析其经营管理过程；不仅要分析项目投资的经济效益，而且要分析项目管理的实际效率。相较于可行性研究而言，项目后评价更加注重评价公路建设项目对区域社会经济和环境的影响。

（3）比较的标准不同。

可行性研究依照国家或部门颁布的定额标准、技术经济指标和参数来衡量建设项目的必要性、合理性和可行性。项目后评价虽然也参照有关定额标准等，但它主要是直接将项目实际运行效果与项目可行性研究的预测性结果或国内外其他同类项目的有关情况进行对比，检测项目的实际情况与预测情况的差距，并分析原因，提出改进建议和措施。

（4）在投资决策中的作用不同。

可行性研究属于项目前期工作，直接服务于项目立项和投资决策，属于前评估，其结论是取舍项目的依据。项目后评价则是项目管理的延伸，是投资决策的信息反馈，间接作用于项目的投资决策，其结果是评判项目前期工作优劣和验证投资项目立项决策正确与否的重要依据。

项目后评价能够反映项目决策过程、建设过程及运营阶段出现的一系列问题，并将各类信息反馈到管理及决策部门，从而达到促进项目前期工作、工程建设和运营管理工作不断改善的目的。与可行性研究相比，项目后评价更具有现实性、全面性、探索性、反馈性及合作性等特点。

目前我国已经建立了较为完善的后评价工作管理办法。例如《国家发展改革委重大项目后评价管理办法》自 2024 年 9 月 1 日起施行，规范了重大项目的后评价工作，提高了投资决策水平和效益。公路建设项目的后评价工作还需遵循相关领域的管理办法，如《公路建设项目后评价工作管理办法》和《公路建设项目后评价报告编制办法》。这些办法明确了后评价的组织、实施、报告编制等要求，确保了后评价工作的科学性和规范性。

2. 项目后评价的作用

在我国实行计划经济体制期间，建设项目由国家统一制定实施计划，统一由国家财政拨款，基本上完全由行政办法管理投资。虽然这种模式在我国当时的历史条件下曾起到过积极作用，但随着宏观经济环境的变化，越来越暴露出弊端。基建项目资金以政府拨款为主，很多部门和地方争投资、争项目，盲目上马，重复建设，投资决策缺乏科学性，项目管理落后，致使相当一批项目无法实现预期的建设目标，或者建成后处于低效益运行状态，有的项目甚至先天不足而严重亏损，造成严重浪费。这些严重影响了能源交通基础设施建设发展，最终导致交通事业发展严重滞后，影响国民经济的健康稳定发展。随着我国经济体制由计划经济向市场经济转型以及改革开放，我国积极学习和引进先进的投资项目管理技术和经验，并从 20 世纪 80 年代初开始，将工程项目的可行性研究正式列入基建程序，以期避免投资的盲目性以及项目建设的随意和低效。

然而在项目后评价机制执行过程中尚存在一些问题，如先决策后论证，有的项目已经决定实施，并开始进行工程准备工作，才进行分析和评价，可行性研究成了"既定决策"的诠释，而不是论证项目的客观可行性；有时可行性研究受到主观因素影响，失去了实际的意义。同时，我国目前正处于变革时期，社会主义市场经济体制还在建设之中，各个方面的情况变化较大，这使得建设项目投资的不确定性因素增多,评价难度增大,具体反映在对项目影响区域宏观经济发展趋势难以准确把握,项目成本及远期效果预测难度加大,有关参数的不稳定性增加等。

鉴于此,在我国积极开展公路建设项目后评价工作具有十分重要的作用。建立完善的项目后评价制度和科学的理论方法体系,一方面,可以对项目前期工作进行较全面、客观的检测和衡量,并辅之以相应的奖惩制度,增强前期工作人员的责任感,促使他们努力做好可行性研究工作,提高项目预测的准确性,同时减少甚至杜绝人为干预前期工作的现象,确保可行性研究的客观性和公正性;另一方面,可以通过项目后评价的反馈信息,及时纠正项目决策中存在的问题,从而提高未来项目决策的科学化水平。

通过对具体建设项目的后评价工作,可以分析实际效果与可行性研究等前期工作中的预期效果存在偏差的原因。通常包括以下几个方面:不可预测的因素(如战争、自然灾害、国家重大经济政策的变化等)影响了项目的效果;调查、预测手段不科学、数据不可靠导致可行性研究结论有偏差;可行性研究方法不正确,决策分析不全面,忽视了某个对项目效果有重大影响的因素;可行性研究工作受到外界干扰,缺乏公正性;在项目施工组织和物资、设备供应等方面存在问题。通过项目后评价可以总结项目可行性研究和项目管理(如施工组织方式,设备、物资供应方式,招、投标、承、发包和监理)等方面的经验及教训,并反馈到之后的项目可行性研究和项目管理中去,不断提高项目可行性研究和项目管理工作的水平。

通过项目后评价,能够发现宏观投资管理中的不足,及时修正某些不适应经济发展的技术经济政策,修订某些已经过时的指标参数。同时,还可以根据项目后评价所反馈的信息,合理确定投资规模和投资流向,协调各产业、各部门之间及其内部的各种关系。此外,国家还可以充分地运用法律、经济、行政手段,制定法令、法规、制度和建立必要的机构,促进公路建设项目投资管理良性循环。

通过项目后评价,还可以对公路建设项目的运营管理进行诊断,及时发现问题、解决问题,保证项目能够在良好的工作状态下正常运营。项目后评价是在项目运营阶段进行的,因而可以分析和研究公路通车初期与交通量达到正常时期的实际情况,比较实际状况与预测状况的偏离程度,以及各种交通设施设备的配套完善程度与其技术性能的优劣,探索产生偏差的原因,提出切实可行的改进措施,促使项目运营管理在科学有序的状态下正常进行,提高项目的经济效益和社会效益。

3. 国内外项目后评价工作概况

国外于 20 世纪 70 年代开始普遍开展建设项目后评价工作。当时世界银行在许多发展中国家大量投入开发性项目基金。在这个过程中世界银行逐步总结经验,建立起一套比较完整的管理体制和科学的项目管理程序。这套程序除了严格把控项目决策和监督实施,还包括"项目的总结评价制度"。其做法一般是由项目的银行主管人员准备"项目完成报告",然后由该行的"业务评议局"对项目的成果进行比较全面的总结评价。"项目后评价报告"是根据项目完成后的实际资料,分析、研究项目前评估阶段所做的财务、经济、预测分析和判断是否正确,应从中吸取哪些经验及教训,为以后改进项目可行性研究、评估、监督和管理创造条件。世界银行依靠对项目卓有成效的管理,保证了其贷款项目的成功率不断提高,这不仅为世界银行自身的发展提供了动力,而且对世界各国技术项目的后评价工作产生了深远的影响。

除世界银行以外,一些发达国家及发展中国家也相继开展建设项目后评价工作,其中法国等欧洲国家对包括公路在内的公共设施投资项目后评价工作进行了规范化管理,并以政府法令形式予以规范,同时,加强了项目后评价审查与管理工作的透明度,接受社会公众的监督。法国对公路建设项目评价的指标及评价方法进行了具体规范,其中,在进行后评价时对社会公众的利益及生态环境保护等给予了高度的重视。

我国的项目后评价工作是从 20 世纪 80 年代末期随着在一批基建项目中引进世界银行等国际金融机构贷款而开始的。为了推动项目后评价工作,建立后评价管理机制,世界银行、亚洲开发银行等国际金融机构先后与原国家计委、原中国国际工程咨询公司(现中国国际工程咨询有限公司)合作进行后评价相关专题研究,并举行了若干期培训班,培养了一大批后评价人才。1988 年底和 1989 年 8 月,国家计委先后下发文件,要求在外资贷款项目中进行后评价工作,并分两批在十几个项目中开展试点。

1990 年 1 月,交通部根据国家计委"今后重大项目都要做后评价工作"的精神,在北京召开了"公路建设项目后评价座谈会",并确定沪嘉、广佛、西三、沈大 4 条高速公路为国内首批公路建设后评价项目。1990 年 3 月,交通部下发了《公路建设项目后评价报告编制办法(试行)》,对后评价工作内容的规范化进行了阐述。至 1993 年,上海、广东、陕西、辽宁 4 省市先后完成了沪嘉、广佛、西三、沈大 4 条高速公路后评价报告编制(成果于 1994 年汇总发布),对公路项目后评价工作全面开展进行了有益的探索,并取得了初步的经验和一系列富有开拓性的成果。

在总结经验成果的基础上,原交通部正式印发了《公路建设项目后评价工作管理办法》和《公路建设项目后评价报告编制办法》,详细规定了公路项目后评价工作的重点、必备条件和组织管理方式,同时也进一步明确了后评价报告的文本格式及内容要求,这标志着我国公路建设项目的后评价工作已经开始迈入程序化、规范化的轨道。在此之后,按照相关管理办法及制度,一批高速公路建设项目陆续完成了后评价,取得了可喜的成果,培养了一大批从事后评价工作的人才,提高了项目决策及管理的能力,使得我国公路建设项目后评价迈上了一个新台阶。

4.3.2 项目后评价的内容、程序和方法

由于建设项目的类型、规模、复杂程度以及项目后评价的目的等不同,每个项目后评价的内容、程序和方法不完全一致。但国内外的实践经验表明,要成功地推广项目后评价,发挥项目后评价的作用,必须有相对稳定的项目后评价内容、程序和方法。目前尚不存在由联合国、世界银行或其他国际经济组织向世界各国推荐的比较成熟的方法体系。世界各国、各种经济组织在项目后评价的内容、程序、方法等方面各有侧重,自成体系。其中世界银行的体系比较完善,其项目后评价工作也开展得比较成功。我国在总结国内外经验的基础上,提出了自己的后评价体系,此处以最新的《公路建设项目后评价报告编制办法》为基本依据,介绍公路项目后评价的内容、程序和方法。

1. 项目后评价的内容

从实现项目后评价的目的和发挥其作用出发,按项目运行及管理过程的先后顺序划分,项目后评价的主要内容应包括以下几个方面:第一,对项目前期工作的后评价,主要评价内容包含对项目立项条件、决策程序和方法、勘察设计等环节的分析评价,以及对项目前期管理工作的评价等;第二,对项目建设实施阶段的后评价,主要评价内容包括对项目实施管理模式、施工准备工作、施工方式、施工组织管理、监理和工程质量控制的分析评价,以及对项目竣工验收和工程决算等管理程序的评价等;第三,对项目运营管理状况的后评价,主要评价内容包括对项目运营管理模式、服务设施配套情况、项目预期效果达标情况等的评价;第四,对项目经济效益的后评价,包括对项目国民经济和财务效益的分析评价;第五,对项目社会效益及环境影响的后评价;第六,对项目目标持续性的后评价;第七,评价结论及建议。

按照《公路建设项目后评价报告编制办法》等的规定,公路项目后评价报告的主要内容由以下 6 个部分组成。

(1)建设项目概述。

简述项目的起讫点(位置),项目立项、决策、设计、开工、竣工、通车时间等,突出项目特点;简述项目的建设标准、规模和主要技术经济指标,以及建设项目立项、决策、设计、施工准备阶段主要指标的变化情况,建设资金来源及使用情况,建设项目后评价的主要结论等。此外,还应包括项目背景、建设必要性及政策依据等内容。

(2)建设项目的过程评价。

依据国家现行的有关法令、制度和规定,通过对项目实施全过程的调查研究、总结、回顾,分析和评价项目前期工作、建设实施、运营管理等各阶段执行过程及其效果,从中找出前期工作(可行性研究)及初步设计阶段所确定的各项预期目标和技术经济指标变化的原因,总结经验、教训。过程评价应注重对项目实施阶段具体问题的分析,如施工图设计变更、工程质量和投资控制等方面的问题。

(3)建设项目的效益评价。

在对项目实施过程中所产生的费用和实际运行效果进行全面、深入调查的基础上,按照交通运输部发布的有关公路建设项目经济评价办法和规范,根据实际数据和国家颁布的参数,计算各项效益、费用指标,进行国民经济效益评价和财务效益评价,并与前期工作阶段按预测数据计算得出的效益指标和评价结论相比较,分析差别和成因。效益评价应采用定量与定性相结合的方法,注重对项目经济效益的长期跟踪和评估。

(4)建设项目的影响评价。

根据公路建设项目实施过程中以及建成通车后项目影响区域的社会经济调查数据资料,运用有无对比法全面分析、评价建设项目对国家和区域的经济、社会、文化以及自然环境等方面所产生的影响。具体评价内容一般可分为社会经济影响评价和生态环境影响评价。社会经济影响评价可根据具体对象采用定性与定量相结合的方法;生态环境影响评价应以环保专业部门或机构的实际环境监测报告为依据进行评价。

(5)建设项目目标持续性评价。

根据对建设项目所处的公路网状况、配套设施建设完善程度、管理体制、行业法规及方针政策等外部条件,以及项目运行机制、机构(或企业)内部管理水平、运营状况、公路收费、服务情况等内部条件的分析,评价项目目标(运输功能、交通吸引量、社会经济效益、财务效益、环境保护等)的持续性。目标持续性评价应注重对项目未来发展的预测和可持续性分析。

(6)结论。

根据前面几部分的分析结果,得出关于建设项目前期工作质量、有关指标变化的合理程度、管理水平、经济效益、社会环境影响、可持续发展等方面的评价结论,指出存在的问题,总结经验、教训,提出相应的改进措施与建议。结论部分提出具体的改进建议并指出未来发展方向。

需要注意的是,《公路建设项目后评价工作管理办法》强调了后评价工作的科学性和规范性,并要求后评价报告由具有甲级工程咨询资质的机构编制,确保评价的独立性和客观性。此外,后评价工作应采用现代信息技术,如地理信息系统(geographic information system,GIS)等,提高数据的准确性和可视化水平。

2．项目后评价的程序

项目后评价是一项涉及面较广的技术经济分析工作,不仅需要科学的方法,而且需要严密的程序。尽管随着建设项目规模大小、复杂程度的不同,每个项目后评价的具体工作程序会有一定的差异,但从总体来看,项目的后评价都遵循客观、循序渐进的基本程序。这个程序一般包括 6 个既有区别又有联系的阶段:提出问题,明确对象、组织机构和要求;筹划准备;深入调查,收集资料;分析研究;编制项目后评价报告;成果审查与验收。具体内容如下。

(1) 提出问题,明确对象、组织机构和要求。

纳入交通运输部后评价工作管理的公路建设项目,由交通运输部根据国家规划和项目实际,会同各省(区、市)交通运输主管部门研究确定,重点选择国家公路网规划中的重大建设项目或对行业发展具有重大指导意义的项目,并以后评价工作计划形式下达;进行后评价的项目应已建成通车运营 2～3 年并通过竣工验收。

项目后评价的组织单位可以是国家计划部门、交通运输主管部门,也可以是项目法人或建设单位。无论由哪个单位组织项目后评价,在组织机构上都应满足客观性、公正性的要求,同时应具有反馈检查功能,这样才能保证项目后评价的客观、公正,并把后评价的有关信息迅速地反馈到计划决策部门。从这个角度考虑,项目原可行性研究单位或实施过程中的项目管理机构都不宜作为项目后评价的组织单位。

具体从事项目后评价的机构可以是项目后评价的组织单位,也可以是接受委托的外部机构,如投资咨询公司、专职的项目后评价机构等。由项目后评价的组织单位进行项目后评价的优点是:组织单位对后评价项目了解较全面,工作难度较小;费用较为节省;信息反馈迅速。但也有其缺点,主要是:人力配置难度大,缺乏既懂投资又懂管理、既懂技术又懂经济的人员;可能存在片面性和主观因素干扰,影响到项目后评价结论的客观性、公正性。由外部机构进行项目后评价的优点是:有利于保证项目后评价的客观性和公正性;可以保障知识结构的完整。但也有其局限性,主要是:了解项目实施的外界环境存在困难,与项目实施单位、管理单位等的合作可能会受阻;费用较高;如果外部单位责任心不强,不利于发掘项目实施过程中存在的问题和总结项目投资的经验、教训。具体选择谁来进行项目后评价,要根据项目性质、复杂程度、后评价的时间要求、工作难度以及经费情况等来确定。一般来讲,将两种方式结合起来比较有利,组织单位负责后评价的组织工作,协调项目可行性研究、设计、施工、监理、运营、管理等部门、单位的关系,多数分析研究工作由外部机构来承担。但组织单位要尽力为外部机构进行具体后评价工作创造条件。

(2) 筹划准备。

落实项目后评价的组织机构后,项目后评价的承担单位就进入筹划准备阶段。筹划准备阶段的主要任务是组建人员结构合理的工作班子,并按委托单位的要求制定周详的项目后评价计划。后评价计划的内容包括项目评价人员的配备、建立组织机构的设想、时间进度的安排、内容范围与深度的确定、预算安排、评价方法的选定等。

(3) 深入调查,收集资料。

项目后评价必须以项目各阶段的正式文件和项目建成通车一定时期内进行的各种调查及重要运行参数为依据。本阶段的主要任务是制定详细的调查提纲,确定调查对象和调查方法,并开展实际调查工作,收集后评价所需要的各种资料和数据。这些资料和数据主要包括以下 6 项。

①项目建设资料,如项目建议书,可行性研究报告,初步设计、施工图设计及其审查意见和批复文

件,工程概算、预算、决算报告,项目竣工验收报告及有关合同文件等。

②国家经济政策资料,如与项目有关的国家宏观经济政策、产业政策、金融政策、价格政策、投资政策、税收政策及其他有关政策法规等资料。

③项目运营状况的有关资料,如通车后历年的交通量及通行费收入情况,各项设施、设备配套及利用情况,工程质量情况,维修及养护管理费用情况,车速、行车密度、交通事故率等运行参数的变化情况,偿还投资贷款本息情况等,这些可在一系列有关报表上反映出来,必要时,还需做一些相应的补充调查。

④反映项目实施和运营实际影响的有关资料,如环境监测报告,对周围地区经济发展和行业的影响等有关调查和统计资料。

⑤本行业有关的资料,如国内外同类行业、同类项目的有关资料。

⑥与后评价有关的技术资料及其他资料。

(4)分析研究。

围绕项目后评价内容,采用定量分析和定性分析方法,发现问题,提出改进措施。项目后评价所采用的定量研究方法较多,如有无对比法、指标计算法、指标对比法、统计分析法、回归分析法等。还有既包含定量分析元素,也包含定性分析元素的逻辑框架法(logical framework approach,LFA)。这些方法将在下面分别予以介绍。

(5)编制项目后评价报告。

汇总分析研究成果,编制出项目后评价报告,并提交给委托单位和被评价单位。项目后评价报告是项目后评价工作的最终成果,应该按照有关文件规定的文本格式和内容要求认真编写,既要全面系统,又要突出重点、简明扼要。后评价报告编制必须客观、公正、科学,不应受项目各阶段文件结论的束缚。

(6)成果审查与验收。

公路建设项目后评价报告编制完成后,应按管理办法的规定上报省(市)交通运输主管部门进行初步审查,国家重点项目还需上报国家部委(如交通运输部)进行审核,并及时反馈后评价成果及审查意见。建设项目的各有关部门和单位要认真对待后评价成果,从中吸取经验、教训,并采取相应的对策、措施,进一步完善已建项目,改进在建项目,指导待建项目。

3. 项目后评价的方法

公路建设项目后评价一般采用综合比较法,即根据项目各阶段的预定目标,从项目作用与影响、效果与效益、实施与管理、运营与服务等方面追踪对比,分析评价。由于项目后评价是对项目前期工作、项目管理及运营状况的再评价,所以在综合比较时,尤其要注重定性分析与定量分析相结合,定性分析应该有定量分析作补充,定量分析必须由定性分析来说明。常用的项目后评价方法有以下几种。

(1)有无对比法。

在一般情况下,投资活动的"前后对比"是指将项目实施之前与项目完成之后的情况加以对比,以确定项目效益的一种方法。在项目后评价中则是指将项目前期可行性研究和评估中的预测结论与项目的实际运行结果相比较,以发现变化和分析原因。

而"有无对比"是指将项目实施的情况与若无项目可能发生的情况进行对比,以度量项目的真实效益、影响和作用。这种对比用于项目的效益评价和影响评价,是项目后评价的常用方法,具体对比项目实施所付出的资源代价与项目实施后产生的效果来评价项目。由于无项目时可能发生的情况往往无法确定地描述,项目后评价中只能用一些方法近似度量项目的作用。理想的做法是在受益地区之外,找一个类似项目区的对照区进行比较和评价。

通常项目的效益和影响评价要分析的数据和资料包括项目实施前的情况、项目实施前的预测效果、项目的实际效果、无项目时可能的效果、无项目时的实际效果等。

（2）指标计算法。

指标计算法是通过反映项目准备、项目决策、项目实施和项目运营各阶段实际效果的指标，来衡量和分析项目建设所取得的实际效果。反映项目实际绩效的指标较多，如项目实际投资的效益成本比、实际内部收益率等。

（3）指标对比法。

指标对比法指通过对比实际数据或根据实际情况重新预测的数据计算得到各种项目后评价指标，与预测指标或国内外同类项目的相关指标，来衡量项目实际效果同预测效果或其他同类项目效果间的偏差，进而分析原因，寻求解决问题的方案。如通过计算项目实际投资效益成本比的变化率就可以在一定程度上反映项目实际投资效益与预测投资效益间的偏差程度，为进行进一步的分析打下基础。

（4）统计分析法。

这是一种数学分析方法，其基本思路是在项目实施前就某个分析目标分别选择两组考察对象，一个是试验组，一个是对照组，并记录有关数据。试验组在项目所在地区，对照组应与试验组有类似特征且不在项目所在地区。然后在项目后评价时，分别调查试验组和对照组的有关数据资料，运用统计检验的方法来判断项目的实施给分析目标带来的实际影响是否有显著性。

这种试验方法在实际项目后评价中很难操作，因为其前提条件无法满足，如试验组、对照组完全按抽样方式选择，两组考察对象在项目实施前后完全不发生变化、不受其他因素影响等。在实际运用时，对这种方法可以进行适当调整，即称"准试验方法"。准试验方法中也可进行统计检验，但其前提条件没有那么苛刻，它允许用同一试验组的事前、事后两组数据来进行统计检验，同时也允许考察对象发生一定程度的变化。

（5）回归分析法。

上述统计分析法很可能存在这样的问题，即在项目实施前试验组与对照组之间存在差异，如在对照组中，居民的家庭成员年龄大于试验组，受教育程度低于试验组，当用相关系数 r 进行相关性检验，以比较项目实施前与项目实施后的收入时，从统计数据上看试验组的收入增加比对照组明显。表面上看来项目对收入水平有影响，想得知是由两个组在项目前就存在的家庭构成、受教育程度等差别引起的，还是由项目的实施带来的，就需要运用回归分析法。

项目后评价的方法是定量和定性相结合的方法，与前评估相同。然而，项目后评价因其在评价时段、评价目的上的特点，在具体操作时还涉及有无对比、逻辑框架等原理和方法。

（6）逻辑框架法。

逻辑框架法最初由咨询公司 Practical Concepts Incorporated（PCI，实用概念公司）于 1969 年基于美国国际开发署（United States Agency for International Development，USAID）的资助开发，是一种设计、计划和评价工具。目前很多国际组织把 LFA 作为援助项目计划管理和后评价的主要方法。逻辑框架法不是一种机械的方法程序，而是一种综合和系统分析问题的思维框架。在项目后评价中采用逻辑框架法有助于对关键因素和问题作出系统的合乎逻辑的分析。

　　逻辑框架法是一种概念化论述项目的方法,即用一张简单的框图来清晰地分析复杂项目的内涵和关系。它将几个内容相关、必须同步考虑的动态因素组合起来,分析其间的关系,并从设计、策划到目标等方面来进行评价。它为项目计划者和评价者提供了一种分析框架,通过对项目目标和达到目标所需手段间逻辑关系的分析,确定工作的范围和任务。

　　逻辑框架法的核心概念是事物层次间的因果逻辑关系,即"如果"提供了某种条件,"那么"就会产生某种结果。这些条件包括事物内在的因素和事物所需要的外部条件。它的基本模式是一个 4×4 的矩阵,见表 4.34。

表 4.34　逻辑框架的模式

层 次 描 述	客观验证指标	验 证 方 法	重要外部条件
目标/影响	目标指标	监测和监督手段及方法	实现目标的主要条件
目的/作用	目的指标	监测和监督手段及方法	实现目的的主要条件
产出/结果	产出物定量指标	监测和监督手段及方法	实现产出的主要条件
投入/措施	投入物定量指标	监测和监督手段及方法	落实投入的主要条件

　　在建设项目中,逻辑框架法清晰描述项目层次,使借贷双方和受益者更清楚地了解项目目的和内容,以改进和完善项目的决策立项、项目准备和评估程序。这种方法立足于项目的发展和变化,因为要获取理想的成果,必须立足以较小成本获取最大效果的分析进行多方案比较。逻辑框架法把项目管理的诸多方面组合起来,进行综合分析。

　　①逻辑框架法在投资项目评估中的应用。

　　项目可行性研究及其评估,是项目前期准备阶段的主要工作之一,是管理者进行项目决策的主要依据。项目的可行性研究和评估应该向投资决策者重点说明以下 3 类问题。

　　a. 项目的目的和预期目标:为什么要实施这个项目? 要解决什么问题? 各层次的目标是什么? 怎样实现?

　　b. 项目预期的效益和效果:项目预期的最终结果是什么? 经济、环境和社会效益如何? 项目会产生什么效果?

　　c. 项目的风险:项目有多大风险? 主要风险是什么? 如何处理?

　　由此可见,项目可行性研究和评估需要解决的主要问题正是逻辑框架法可以分析推断的内容。在项目准备阶段,采用逻辑框架法可以明确项目目标,确定考核项目实施结果的主要指标,分析项目实施和运营中的主要风险,从而加强项目的实施和监督管理。国际上已将逻辑框架法普遍应用到项目决策阶段的评估中。

　　②逻辑框架法在项目后评价中的应用。

　　项目后评价和项目评估都为投资决策提供依据。项目后评价主要需解决 3 类问题:一是项目的原定目标是否可能达到,是否需要调整;二是项目的原定效益是否可能实现(以及实现程度);三是项目下一步会有什么风险、有多大的风险。因而,项目后评价也要回答 3 类问题:一是项目的原定目标是否已经达到(以及达到的程度),原定的项目目标是否合理;二是项目原定的效益是否已经实现(以及实现程度),项目有哪些经验、教训;三是项目是否具有可持续性。

　　项目后评价的逻辑框架基本格式见表 4.35。

表 4.35　项目后评价的逻辑框架

目 标 层 次	验证对比指标			原 因 分 析		可持续性(风险)
	项目原定指标	实际实现指标	差别或变化	主要内部原因	主要外部条件	
宏观目标(作用)						
项目目的(作用)						
项目产出(实施结果)						
项目投入(建设条件)						

③逻辑框架法的优点与局限性。

逻辑框架法的优点如下。

a. 能确保提出主要的问题、分析主要的缺陷,为决策者提供更为客观、科学的信息。

b. 能系统且符合逻辑地全面分析事物的各个方面,形成良好的项目实施方案。

c. 通过推理技巧,强调环境作用,提高规划设计水平。

d. 是项目决策、管理和其他方面的重要联络手段,可增进各方面的相互理解,提升项目管理水平。

e. 通过连续系统的日常监测,做到在管理人员变更后,延续管理方法和程序。

f. 方便政府与项目多个投资方的联络。

g. 有利于行业部门的对比和研究,进行高层次和全方位的总结。

相应地,这种方法也有以下局限性。

a. 如果在项目开始时过分强调目标和外部因素,可能造成管理的僵化,应该通过对关键指标和因素的定期检查、总结,重新评价和进行必要调整。

b. 作为总体分析的工具,逻辑框架法对政策问题只能做一般分析,如收入分配、就业机会、资源途径、地方参与、成本和策略可行性以及项目因素与外部条件的关系等。

c. 逻辑框架法是项目准备、实施和评价过程中的一种思维模式,不能代替效益分析、进度计划、经济和财务分析、成本与效益分析、环境影响评价等具体方法。

4. 项目后评价指标体系

对于公路建设项目而言,要进行项目后评价工作,需要有一些能够科学地、全面地描述投资项目从准备、决策、设计、施工到通车运营全过程实际状况以及反映实际状况与预测情况偏离程度的参数或物理量,这些物理量就构成了项目后评价的指标体系。根据项目后评价的性质和特点,其指标体系的设置应遵循以下基本原则。

(1) 全面性。

项目后评价是对项目从提出到建成通车、运营全过程的再评价,因此,项目后评价的指标要能全面地反映建设项目从准备阶段到正常运营阶段全过程的状况。不仅要有反映项目运营阶段成本效益的指标,还要有反映项目可行性研究、委托设计、招投标等前期工作和项目实施过程的指标。如果没有项目运营阶段的后评价指标,就无法判断项目建成后的实际情况与前评估时的预测情况究竟有无差别;若没有反映项目前期工作和项目实施状况的后评价指标,就无法衡量项目管理的实绩,不利于总结项目管理的经验、教训,同时也会给分析项目运营效果及问题产生的原因带来困难。

（2）代表性。

反映项目从准备到通车运营全过程的指标很多，从经济效益、组织管理、技术水平、工程质量、运营状态、项目影响等方面可以提炼出一系列的指标。虽然要求指标涵盖全面，但并不是越多越好。指标要围绕项目后评价的目的有针对性地加以选择，每个指标的含义应科学、明确，代表特征要清楚，且相互之间不应有交叉和重叠。在满足全面性的前提下，指标体系应尽可能简洁、明晰，富有代表性，这样才不至于给项目后评价造成困难和混乱。

（3）可比性。

项目投资实绩的好坏，在相当程度上取决于比较标准的选择。为使项目后评价能够客观真实地反映投资项目的实绩，应保证项目后评价指标与前评估和项目实施过程中的有关指标基本一致。例如，前评估时采用内部收益率指标，后评价时也应计算项目的实际内部收益率，这样才能与预测内部收益率进行比较，确定其差距，分析其原因。项目后评价指标设置还要求与国内外同类项目的有关指标具有可比性，这样才有利于进行横向的对比分析。

（4）适用性。

设置指标的目的，是服务于分析评价，因此所选的指标不仅应有明确的含义，而且要有一定的外在表达形式，是能够计算或观察、感受到的，这样才能在实际工作中应用，具有可操作性。不论指标在理论上如何科学合理，如果不能测度，也就没有实际的意义。所以项目后评价指标的设置，还应考虑能够尽可能利用已有的或常规的统计数据和调查方法加以确定，从而保证指标的适用性和有效性。

（5）经济指标与技术指标相结合。

经济指标是反映建设项目功能、效益、工期、投资等经济效果的指标，如投资总额、收益总额、投资回收期等，它能够全面地、综合地反映建设项目的整体经济效益，在项目后评价中起主导作用。技术指标也称"单项指标"，是从某一方面或某一角度反映项目实际效果的指标，它说明项目实施中某种资源的利用程度、工程质量、生产技术水平等。如评价设计方案时所用的工程量、道路占地面积和评价工程质量时所用的工程优良品率等都属于技术指标。

经济指标与技术指标是互相结合和互为补充的。由于经济指标所含内容繁杂，并受到很多因素的影响，使用时有可能掩盖某些不利因素和薄弱环节，不利于对投资项目实绩作出公正、客观的评价，因此还需要用一些技术指标来弥补经济指标的不足。同时，经济指标也可以弥补技术指标反映问题时存在的片面性缺陷。

（6）经济效益指标与社会效益指标相结合。

交通是国民经济的基础，公路建设是公益性事业，其社会意义和对国民经济的间接效益往往远大于经济效益。公路建设项目的后评价不同于一般工业项目的后评价，必须充分注意到这一特点。需要在项目后评价中注重对项目实际社会经济影响和环境影响进行分析，合理解决微观投资效益与宏观投资效果之间可能存在的矛盾。例如，边远落后地区的公路投资项目，无论是在建设工期，还是在造价、经济效益等方面都可能比发达地区的公路投资项目差，就项目本身来说，投资效益可能不是很好，但它从长远上有利于逐步改变生产力布局不合理的状况，有利于充分开发利用当地资源，提高地区经济发展水平等，往往有较好的宏观投资效果。因此在设置项目后评价指标体系时，既要有考核和分析项目实际微观投资效益的指标，又要有考核和分析项目实际宏观社会经济影响的指标。

项目后评价指标从作用上看可分为两种类型：一类是描述性指标，其作用是反映项目建设阶段各项具体内容的状态特征,按照是否能够直接计算出数值,又可将描述性指标分为定量指标和定性指标。实际工作中,为便于分析比较,应尽可能使评价指标定量化,实在难以直接量化的定性指标,可通过间接的方法(如专家打分法等)加以量化。另一类是对比性指标,其作用是反映项目实际结果与预测结果的偏离程度。对比性指标常用变化率来表示,其含义是预测结果与实际结果(或后评价中重新预测的结果)的相对误差。

从项目运行的全过程看,后评价指标又可分为项目前期工作后评价指标、项目实施过程后评价指标和项目运营阶段后评价指标三大类。每一类指标中都既有描述性指标,又有对比性指标;既有定量指标,又有定性指标。各项指标的具体内容和计算方法在后续各节中分别介绍。

4.3.3　公路建设项目的过程评价

公路建设项目的过程评价,是对项目立项决策、建设实施及运营管理全过程的系统总结与回顾,其任务是全面评价项目前期工作及实施过程中各主要环节的工作实绩,总结预测决策和建设管理中的经验、教训,分析实际情况变化的原因,鉴别实际结果偏离预期结果的合理程度,以便为之后加强前期工作和进一步改进项目管理工作积累经验。同时,通过对项目建成通车后的有关实际数据的观测调查,对比项目实际运营情况与预测情况的差距,并分析其产生的原因,为改善运营状况提出切实可行的对策与措施。

1. 公路建设项目过程评价的基本内容

过程评价应涵盖项目建设的各个阶段,并能反映各阶段主要环节的特征。一般过程评价的基本内容应包括以下几个方面。

(1)前期工作情况和评价。

前期工作后评价要全面反映前期工作的基本情况,重新论述项目建设的必要性。同时还要结合各阶段审批文件的主要内容,分析前期工作各阶段主要指标的变化情况。具体包括以下几点。

①项目筹备工作的评价。主要分析和评价项目筹建机构及其领导班子是否健全;各项工作制度和岗位责任是否明确、落实;项目筹建机构的设立是否符合基本建设管理体制改革的方向等。项目筹备工作评价是从分析项目筹建计划入手,重点考核和评价项目筹备工作效率,并总结其经验、教训。

②项目决策的评价。主要分析和评价项目可行性研究的依据是否可靠;可行性研究的内容和深度是否符合国家的有关规定,是否符合建设单位的要求;项目决策程序是否符合规定;项目决策效率如何;项目决策质量如何;等等。

③方案选择的评价。主要分析和评价方案的选择是否符合国家宏观经济政策的要求,是否满足区域建设布局和城镇建设规划的需要,是否有利于节约土地和投资,是否有利于环境保护和维护生态平衡;同时,还要详细分析与评价在可行性研究阶段、初步设计阶段及施工图设计阶段方案变化的原因和各项主要指标变化的幅度及其合理性。

④可行性研究水平的评价。主要分析和评价可行性研究的内容与深度,如:项目实施过程的实际情况与预测情况的偏差;项目预测因素的实际变化与预测情况的偏离程度,主要包括投资费用、交通量、运营成本、收费收入、影子价格、国家参数和各项费率等的偏差;可行性研究中各假设条件与实际情况的偏差,包括通货膨胀率、贷款利率等的偏差;实际投资效益指标与预测投资效益指标的偏离程度;实际敏感性因素和敏感性水平;等等。

对可行性研究水平的总体评价,是通过对上述各项指标的考察,综合计算预测情况与实际情况的偏差幅度,然后根据设定的标准来进行的。根据国外项目后评价情况,并结合我国的实际,可行性研究深度的评价标准应该是:当偏离程度小于15%时,可行性研究深度符合要求,合格;当偏离程度为15%～25%时,可行性研究深度相当于预测可行性研究水平;当偏离程度为25%～35%时,可行性研究深度相当于编制项目建议书阶段的预测水平;当偏离程度超过35%时,可行性研究的深度不合格。在评价过程中,要具体研究和分析项目实际可行性研究水平表现低下的原因,是预测依据不可靠,还是预测方法不科学;是预测人员素质不满足需求,还是人为干预所致;是预测结果失真所致,还是由客观外界环境突变造成的……以便为之后提高项目可行性研究水平总结经验、教训。

(2)项目实施情况和评价。

项目实施阶段是项目财力、物力集中投放和耗用过程,也是固定资产逐步形成的过程,对项目发挥投资效益有着十分重要的意义。实施阶段的项目后评价,要系统总结项目施工图设计和实施过程的全部情况,包括施工图设计单位及施工单位的选择、建设环境及施工条件、施工监理和施工质量检验、施工计划与实际进度的比较分析等;还要根据项目开工、竣工、验收等文件的内容,分析工程验收的主要结论以及实施阶段主要指标的变化情况,包括变更设计的原因、施工难易程度、投资增减情况、工程质量与工期进度的影响等。

①勘察设计工作的评价。主要分析和评价承担勘察设计任务的单位的资质、信誉和技术力量与建设项目工程技术的要求是否相适应,是否采用了设计招标;设计效率如何,给建设项目带来了多大影响;设计质量如何,其依据的标准、规范、定额等是否符合国家规定,是否存在实际设计标准超过国家规定标准的情况;设计方案在技术上的可行性和经济上的合理性如何;等等。

②委托施工的评价。主要分析和评价委托施工是否体现了基本建设管理体制改革的精神,根据工程的不同情况,分别采取单独招标、分批招标或整体招标等多种方法;施工队伍的资格审查情况,是否选择了信誉好、工期短、造价低且能保证工程质量的施工单位;工程项目招标投标过程中是否存在行政干预或其他不正常情况,其结果如何;等等。

③建设环境的评价。主要分析和评价征地拆迁工作进度是否按计划完成,能否适应项目开工建设的需要;征用土地的标准是否符合国家有关规定,是否贯彻了节约土地资源的方针;"三通一平"(道路通、水通、电通和平整场地)工作是否按计划完成,若未能完成则其原因何在;费用开支是否体现了勤俭节约的方针,是否符合国家的有关规定;监理及施工、试验设备是否如期进场等。

④项目开工的评价。主要分析和评价项目开工条件是否具备,手续是否齐全;项目实际开工时间与计划的开工时间是否相符,提前或延迟的原因是什么,对整个项目建设乃至投资效益发挥的影响如何;等等。

⑤项目变更情况的评价。主要分析和评价项目范围变更与否,变更的原因是什么;项目设计变更与否,变更的原因是由设计质量造成的,还是由其他原因造成的,怎样处理;项目范围变更、设计变更对项目建设工期、建设成本、投资总额的实际影响如何;等等。

⑥施工组织与管理的评价。主要分析和评价施工组织方式是否科学合理;施工进度控制方法是否科学;实际施工进度与计划施工进度比较,提前或延误的原因;在实际施工进度延误的情况下采取了何种补救措施,其成效如何;费用控制方法是否科学合理,实际成本高出或低于目标(计划)成本的原因何在;施工技术与方案有何独到之处,对施工项目进度和费用有何影响,有何主要经验;等等。

⑦建设工期的评价。分析和评价的主要内容有核实各单位工程实际开、竣工日期,查明实际开、竣工日期提前或推迟的原因并计算实际建设工期;计算实际建设工期变化率,并具体分析实际建设工期与计划工期或其他同类项目实际工期产生偏差的原因。

⑧工程质量和安全情况的评价。分析和评价的内容是计算实际工程质量合格品率、实际工程质量优良品率;将实际工程质量指标与合同文件规定的、设计规定的、其他同类项目的工程质量状况进行比较,工程质量较好或较差的原因何在;有无重大质量事故,产生事故的原因是什么;计算和分析工程质量事故的经济损失,包括返工损失率,因质量事故拖延建设工期所造成的实际损失;以及无法补救的工程质量事故对项目投资效益的影响程度;工程有无重大安全事故发生,其原因及所带来的实际影响如何;等等。

⑨项目竣工验收的评价。主要分析和评价项目竣工验收组织工作及其效率,竣工验收的程序是否符合国家有关规定;竣工验收是否遵循有关部门规定的验收标准;各项技术资料是否齐备,是否按有关规定对各项技术资料进行了系统整理,由建设单位分类立档,并在竣工验收后交使用单位统一保存;项目投资、招标投标等有关合同执行情况如何,具体形式有何特色,对今后改进项目管理有何借鉴意义;收尾工程和遗留问题的处理情况,处理方案实际执行情况;等等。

(3)投资执行情况和评价。

投资执行情况后评价主要分析资金来源是否正当、可靠,资金总额是否符合项目开工建设的要求,资金供应是否适时、适度,资金使用情况是否合理等。具体包括以下几点:如建设资金筹措有变化,分析其变化的原因及影响;施工期各年度资金到位情况及投资完成情况(内资、外资数额及其当年利率或汇率);工程竣工决算与初步设计概算、立项决策估算的比较分析(按单项工程,以及内资和外资分别计算);工程投资节余或超支的原因分析。

(4)运营情况和评价。

项目运营阶段是指项目建成并交付使用直至报废的整个过程。如果说前期工作和实施阶段是财力、物力、人力的投入和消耗过程,那么运营阶段则是项目为社会提供服务和创造效益的过程。运营阶段后评价的目的,就是根据项目通车后实际调查的有关资料或重新预测的数据,衡量项目的实际运营情况和实际投资效益,比较项目实际运营情况与预测情况或其他同类项目运营情况的偏离程度并分析其原因,以系统总结经验、教训,为进一步提高项目投资效益提出切实可行的建议。所以,运营阶段后评价具有十分重要的意义。由于公路建设项目后评价的时机一般选择在项目建成通车 2~3 年后,离项目生命期末尚有一段较长的时间,项目的实际投资效益还不能充分体现出来,所以项目运营阶段后评价除了对项目实际运营状况进行分析和评价外,还需要根据通车后的实际数据资料来推测未来发展状况,需要对项目未来交通量的发展趋势重新进行科学的预测。

运营阶段后评价的任务,包括运营情况的调查,如运营交通量(含路段及各互通立交出入交通量)、车速等运行参数的调查;运营状况的评价,如评价建设项目是否达到预期的效果,分析实际交通量与预测交通量的差别及其原因,并对项目达到预期目标的情况进行分析等。项目达标情况的分析重在交通量达标年限的分析,即从项目通车运营起到实际交通量达到设计交通量为止所经历的全部时间,一般以年来表示。项目达标年限短,意味着项目投资建设及时,效益良好;如果达标年限长,则势必拖长投资回收期,降低项目的投资效益。

由于受各种因素的影响,难免出现建设项目设计交通量年限与实际交通量达标年限不一致的情况,实际交通量达标年限有可能比设计交通量年限短,也可能比设计交通量年限长。从我国公路建设项目投资的实际情况看,实际交通量达标年限一般都比设计交通量年限长,而且不少项目建成后长时期达不到设计交通量。所以在项目后评价时,有必要对项目实际交通量达标年限进行单独评价。项目交通量达标年限评价的任务是计算项目的实际交通量达标年限,衡量和研究实际交通量达标年限与设计交通量年限的偏差及其产生的原因,分析项目实际交通量达标年限的变化给项目实际投资效益的发挥所带来的影响等,并为今后的交通量预测提供经验。

(5)管理、配套及服务设施情况和评价。

管理情况和评价,主要分析项目前期至实施全过程各阶段各项制度、规定和程序的管理情况,各种管理机构的设置及其功能、组织形式和作用,并对管理效果进行评价;配套及服务设施情况和评价,主要分析建设项目配套及服务设施(包括通信、收费、管理所、服务区、停车场、安全防护设施、标志标线、监控系统等)的设计、方案比选及其实施情况,对配套及服务设施设置的必要性和适宜性进行分析评价。

2. 公路建设项目过程评价的主要指标

过程评价除需对项目建设的各主要环节作大量的总结和定性分析外,还需借助一系列评价指标,对各个阶段的工作实绩做深入的定量分析。过程评价的主要指标可按项目前期工作、项目实施过程和运营使用阶段 3 个阶段进行划分,具体内容如下。

(1)项目前期工作的后评价指标。

①实际项目决策周期,指公路建设项目从提出项目建议书到项目工程可行性研究报告被批准实际所经历的时间,一般以月来计算。它反映公路建设项目的决策效率。

②项目决策周期变化率,指实际项目决策周期与预计决策周期对比的变化程度,当该指标大于 0 时,表示实际决策周期长于预计决策周期;反之,则短于预计决策周期。

③实际设计周期,指从公路建设单位与设计单位签订的委托设计合同生效起至设计完毕并提交给建设单位设计图纸止所实际经历的时间,一般以月来计算。

④设计周期变化率,表示实际设计周期与合同规定设计周期的偏离程度,当该项指标大于 0 时,说明实际设计周期长于合同规定设计周期;反之,则短于合同规定设计周期。

(2)项目实施过程的后评价指标。

①实际建设工期,指公路建设项目从开工之日起至竣工验收合格止所实际经历的有效日历天数(不包括开工后停建、缓建所间隔的时间)。它反映公路项目实际建设速度。

②竣工项目定额工期率,指项目实际建设工期与国家统一制定的定额工期,或与设计确定的、计划安排的计划工期的偏离程度。当竣工项目定额工期率大于 1 时,说明项目实际建设工期比定额工期或计划工期长;反之,则比定额工期或计划工期短。

③实际建设成本,指竣工公路建设项目包括物化劳动和活劳动消耗在内的实际劳动总消耗,是以价值形式表现的竣工公路项目的总投入。

④实际建设成本变化率,指项目实际建设成本与批准的(概)预算确定的建设成本的偏离程度,它反映了项目概预算的实际执行情况。当实际建设成本变化率大于 0 时,说明项目实际建设成本高于预计或计划成本,正值越大,高出预计或计划成本越多;反之,说明实际建设成本低于预计或计划成本,负值越大,节约投资越多。

⑤实际单位工程造价,指竣工项目每千米公路实际消耗的以货币表现的物化劳动和活劳动之和。

⑥实际单位工程造价变化率,指实际单位工程造价与批准的(概)预算确定的单位工程造价的偏离程度。当实际单位工程造价变化率大于 0 时,说明实际单位工程造价高于预计单位工程造价;反之,则低于预计单位工程造价。

⑦实际投资总额,指公路建设项目竣工投入使用后重新核定的实际完成投资额(包括前期工程费、建筑安装工程费、设备与工器具购置费及其他基本建设费用)。实际投资总额可静态不贴现计算,也可动态贴现计算。

⑧实际投资总额变化率,指实际投资总额与项目前评估中确定的预计投资总额的偏离程度,可用动态或静态两种投资总额指标计算。当实际投资总额变化率大于 0 时,说明项目的实际投资总额超过预计或估算的投资总额;反之,则低于预计或估算的投资总额。

⑨实际工程合格率,指实际工程质量达到国家(或合同)规定的质量标准的公路里程占验收公路里程的百分比。它反映公路工程项目建设质量的好坏程度。

⑩实际返工损失率,是反映项目建设中因质量事故而造成的实际损失大小的相对指标。

(3)运营使用阶段的后评价指标。

①实际交通量达标年限,指竣工的公路建设项目从投入运营之日起到实际交通量达到设计规定的日交通量标准止所经历的全部时间,它是衡量和考核已投入使用项目运营效果的一项重要指标。若进行项目后评价时,交通量尚未达到设计文件规定的交通量标准,那么,可按式(4.2)求出实际交通量达标年限。

$$n = \frac{(Q_d - Q_0) \cdot T}{Q_T - Q_0} \tag{4.2}$$

式中:n——实际交通量达标年限(年);Q_d——设计规定的日交通量标准(辆/d);Q_0——项目运营首年的实际交通量(辆/d);Q_T——后评价时(第 T 年)的实际交通量(辆/d);T——后评价时点距运营起始日的年数。

②实际交通量达标年限变化率,指实际交通量达到设计交通量标准时的年限与项目前评估中预测的交通量达到设计交通量标准时的年限的偏离程度。当指标大于 0 时,说明实际交通量并没有预测交通量增长得那么快;反之,则说明实际交通量增长较快,比预测年限提前达到设计交通量标准。用公式表示如式(4.3)所示。

$$实际交通量达标年限变化率 = \frac{实际交通量达标年限 - 预测交通量达标年限}{预测交通量达标年限} \times 100\% \tag{4.3}$$

③拖延达标年限损失,指建设项目未按预计的年限达到设计规定的日交通量水平造成的实际经济损失。拖延达标的年限越长,损失就会越大,并反映前评估中交通量预测有误。计算公式见式(4.4)。

$$拖延达标年限损失 = \sum (设计交通量 - 实际交通量) \times 车辆平均收费标准 \times 365 \tag{4.4}$$

④实际行车速度变化率,指竣工项目投入运营后的实测平均行车速度与设计平均行车速度的偏离程度。这一指标反映公路项目的实际服务水平,表示公式如式(4.5)所示。

$$实际行车速度变化率 = \frac{实测平均行车速度 - 设计平均行车速度}{设计平均行车速度} \times 100\% \tag{4.5}$$

⑤实际年营运收入额,指公路项目通车后,以实际交通量与收费标准测算的项目年收入总和,计算

式见式(4.6)。

$$实际年营运收入额 = 实际日交通量 \times 收费标准 \times 365 \qquad (4.6)$$

⑥实际年营运收入变化率,指实际年营运收入额与预测年营运收入额的偏离程度。若该项指标大于 0,说明项目实际营运经济效益比预测的要好;反之,则没有预测的好。这一指标可以通过营运以来多年的平均营运收入额计算,计算式见式(4.7)。

$$实际年营运收入变化率 = \frac{实际年营运收入额 - 预测年营运收入额}{预测年营运收入额} \times 100\% \qquad (4.7)$$

4.3.4 公路建设项目的效益评价

项目后评价中的效益评价,是以项目建成通车后的实际数据为基础而进行的经济再评价,其任务是计算项目的实际经济效益指标,比较实际指标与预测指标的偏差情况并分析原因,以便吸取经验、教训,为改进投资决策服务。

项目后评价是在项目建成通车后进行的,其所依据的数据大部分都是项目准备、建设、通车运营等过程中的实际数据,但这些数据对于项目后评价来说还是不够。为了与项目前评估进行对比分析,项目后评价需要根据实际情况对项目运营全过程进行重新预测。例如,要与项目前评估中确定的内部收益率指标进行对比,以分析产生偏差的原因,就需要重新预测项目后评价时点以后至项目使用期止各年份的交通量和效益等。原则上,前期工作的预测方法和评价技术均可用于项目后评价,当然也可适当补充和完善。

1. 公路建设项目国民经济效益后评价

建设项目的国民经济效益后评价,可以参照《建设项目经济评价方法与参数(第三版)》,根据通车运营后的实际交通量、车速、经济成本等各项数据,计算项目的实际经济费用与效益,得出对项目实际状况的经济评价结论,并与决策阶段预测的结论比较,分析其差别及原因。

(1) 国民经济效益后评价的指标。

根据可比性原则,建设项目后评价的指标应尽可能与前评估时所采用的指标保持一致。公路项目常用的国民经济效益后评价指标有经济内部收益率(economic internal rate of return,EIRR)、经济净现值(economic net present value,ENPV)、经济效益费用比(economic benefit cost ratio,EBCR)及经济投资回收期(economic payback period,EPP)。根据后评价的实际经济指标及前评估的预计经济指标,就可进一步算得上述 4 项指标的变化率,从而明确实际经济效益与预计经济效益的差距及性质。

(2) 国民经济效益后评价的影子价格和国家参数。

进行国民经济效益后评价时,项目投入物和产出物的影子价格应按照以下方法确定。

①货物分类与定价方法。

所有货物必须严格划分为外贸货物、非外贸货物和特殊投入物(如土地、劳动力、自然资源等)三类。

a. 外贸货物:采用评价时点的边境价格[进口货物按到岸价 CIF(cost,insurance and freight),出口货物按离岸价 FOB(free on board)],并扣除国内流通费用。

b. 非外贸货物:优先采用《建设项目经济评价方法与参数(第三版)》公布的影子价格。若因市场变化,或根据行业发展趋势等因素综合判断原数据过时(如数据基准年超过一定年限且市场情况发生较大变化),应按成本分解法重新测算。

c.特殊投入物:采用省级政府部门最新发布的标准或通过机会成本测算等方法确定价格。

②动态调整机制。

当出现以下情形时,必须重新核定货物分类和价格。

a.国家进出口政策重大调整导致货物贸易属性变化。

b.国际市场供需格局发生结构性改变,可能对货物价格和贸易情况产生重大影响。

c.项目实际采购渠道与前期评估假设存在实质性差异(如采购渠道的变化导致货物成本波动超过一定比例)。

③国家参数应用。

项目后评价采用的国家参数应以最新有效版本为准。

a.社会折现率:按国家相关部门最新规定取值(目前《建设项目经济评价方法与参数(第三版)》标准值为 8%,但需关注最新调整情况)。

b.影子汇率:按评价时点外汇牌价乘以国家规定的最新换算系数(目前可参考乘以 1.04 的换算系数,但需以最新规定为准)计算。

c.其他参数:参照项目所属行业主管部门发布的最新文件、标准等确定。

(3)国民经济效益后评价的基本程序。

总结上述内容,可将公路建设项目国民经济效益后评价的基本步骤总结如下。

①根据项目实际投入物的品种、数量以及影子价格和国家参数,计算项目的实际经济费用。

②根据项目运营后实际发生的或根据实际情况重新预测的交通量、车速及运输成本等,计算项目的实际经济效益。

③计算项目国民经济效益后评价的指标。

④计算项目国民经济效益后评价指标与国民经济效益前评估指标的偏离程度,即 4 项经济指标的变化率。

⑤分析产生偏离的原因。

⑥得出项目国民经济效益后评价的结论,总结经验、教训,并进一步提出提高项目国民经济效益的对策与建议。

2. 公路建设项目财务效益后评价

公路建设项目财务效益后评价,主要是对收费公路(包括独立大桥、隧道)根据实际财务成本和实际收费收入,进行财务效益分析,并与决策阶段预测的结论比较,分析其差别和原因。同时,要进一步作出收费分析,明确贷款偿还能力,并分析物价上涨、汇率变化及收费标准变化对财务效益的影响。

财务效益后评价同样应采用与前评估一致的指标,分财务分析和清偿能力分析两类。财务分析的后评价指标一般有 4 项,分别为实际财务内部收益率、实际财务净现值、实际财务效益成本比和实际财务投资回收期。清偿能力分析的后评价指标则包括实际资产负债率及实际借款偿还期等。

在财务效益分析和贷款偿还能力分析的基础上,还应根据建设资金来源、投资执行情况及财务效益后评价结论,进一步对项目现有的资金筹措方式进行全面的总结与评价,分析利率变化及汇率风险的影响,总结筹资经验、教训,寻求最优资金结构。

4.3.5 公路建设项目的影响评价

建设项目对区域社会经济及环境的直接或间接作用,统称为项目的"外部影响"或"外部效果"。项目后评价中外部影响的衡量和计算尤为重要,因为前评估时对外部影响的估算和描述比较粗略,间接效益和间接费用的许多内容可能被忽略。而且,与建设项目前评估相比,后评价对外部影响的衡量更为方便,因为这些外部影响都已实际发生,因而具有客观的计算或估算依据。评价时,通常分社会经济影响和环境影响两个方面进行。

1. 公路建设项目社会经济影响评价

公路建设项目社会经济影响评价,重在分析项目实施之后对所在地区社会经济发展所产生的影响,涉及土地及矿产资源开发利用、就业、产业结构、地方发展、生产力布局、城镇化发展、技术进步等方面。

公路作为一种现代化的交通基础设施,在交通运输体系中具有十分重要的地位和作用。公路建设与社会进步、国民经济的发展有着密切的联系,两者之间在一定程度上存在相互依存、相互促进的关系,尤其是在改革开放以来,我国经济建设全面腾飞,对于交通运输的需求极其旺盛。由于基础落后,发展缓慢,包括公路运输在内的交通运输曾在很长一段时期内制约着国民经济的发展。改革开放之后,我国公路建设事业取得了举世瞩目的成就,公路建设对国家和地区经济的发展作出了重要的贡献,对社会进步也产生了深远的影响。这些现象都是公路建设项目社会经济影响评价的重要前提和背景。

(1) 公路项目的社会经济影响。

公路建设,尤其是高等级公路建设对区域社会经济的影响巨大。例如公路通车运营后,能够极大改善沿线城市交通运输环境,使地区之间、城市之间经济、技术、市场信息传递及时,交流加快,很快形成一批新兴产业,并使产业结构、工厂布局趋于合理,经济发展速度远远超过其他地区,形成公路沿线产业带。

公路运输安全、舒适、经济、方便的特性使生产与流通、生产与消费周期缩短、速度加快,城市消费圈与供应圈扩大,产地靠近市场,运输费用减少,市场价格降低,有利于促进城乡经济繁荣,提高城乡消费水平,缩小城乡差别。公路连接大城市与沿线小城镇,极利于发挥中心城市的经济辐射作用,促进卫星城市与小城镇资源的开发利用,并使大城市人口密集、工厂集中、居住拥挤、交通阻塞、供应困难等弊病逐步消除。随着交通运输业的兴旺,与交通运输业密切相关的第三产业(如旅游业、餐饮业、文化娱乐业等)都将迅速兴起,扩大了就业门路,增加了国家、集体、个人收入。

高速公路是公路运输网络中的主骨架,它与普通公路联网,能使整个区域或地区的综合交通运输体系布局结构更加合理、优化,并且能够完善路网结构,形成干支相连、城乡相通、四通八达的公路网;它与铁路、水路开展联运,能够发挥站场、港口、码头、仓库等的大批量客货流转运作用,形成较完整的国家综合运输体系,促进运输结构合理化;高速公路通过能力大、速度高,有利于公路运输实现大吨位、大牵引、列车化、集装箱运输,使公路运输组织方式发生变革,车辆使用效率提高,有力促进公路运输业的完善和发展。

公路运输快速机动,是实施战时运输和城市紧急疏散的有力手段,部分高等级公路还能为战斗机、运输机提供起降场所,对巩固国防有重大作用。

公路的社会经济影响具有宏观性、间接性、区域性和长期性的特点,只有在深入调查研究的基础上,站在全局的高度,将定性描述和定量分析结合起来,综合运用多种方法,才能作出符合实际的科学评价。

（2）社会经济影响评价指标。

公路建设项目对社会经济的影响涉及诸多方面,概括起来可以归纳为促进社会进步、促进地区经济发展和提高公路部门管理水平等。这些指标都从不同角度反映出建设项目的社会经济影响。当然,根据实际需要还可以另行增减。

（3）社会经济影响的评价方法。

目前缺乏统一、规范的评价方法,数据信息采集的工作量和难度较大,因此,社会经济影响指标大多难于直接定量计算,使得社会经济影响评价常限于定性描述与总结。为了提供直观而深刻的评价结果,需要进行相应的定量计算,在实际工作中应注意当前的理论研究发展动态,探寻切实可行的定量计算方法。近年来,公路建设项目社会经济影响评价引起广泛关注。在一些项目后评价报告当中,研究人员尝试运用投入产出模型、系统动力学模型等理论方法进行公路建设项目的社会经济效益分析、计算和评价,并且有些报告中还运用了系统工程理论当中的层次分析法进行综合评价。这些探索是十分积极的和有益的,并且都取得了比较令人满意的效果。

2. 公路建设项目环境影响评价

环境影响评价旨在对照项目前评估阶段批准的"环境影响报告书",重点从区域生态平衡、环境质量变化及自然资源的利用和文物保护等方面评估项目建设所带来的环境影响。具体内容和方法可参阅原交通部发布的《公路建设项目环境影响评价规范》(JTG B03—2006)。

4.3.6　公路建设项目目标持续性评价

公路建设项目的目标,就是为过往车辆提供便捷、畅通、安全、高效的通行条件,降低运输成本,并通过改善交通运输条件促进沿线地区经济发展。目标的持续性,则是指在项目建成通车之后的一段时期内,项目运营管理能够朝着原定目标继续保持良性发展态势。公路项目后评价阶段的目标持续性评价,就是对该项目在其运营使用年限内维持较高服务水平能力的评价。

影响目标持续性的因素很多,包括社会经济发展、管理体制、公路网状况、配套设施建设、政策法规等外部条件,以及运行机制、内部管理、服务情况、公路收费、运营状况等内部条件。公路建设项目目标持续性评价,要重点研究这些条件的变化情况及其对目标持续性的影响,提出切实有效的措施改革管理体制、提高技术水平、降低运营成本,不断提高经济效益和服务能力。

1. 公路建设项目目标持续性评价要点

（1）确立项目目标、产出和投入与相关"持续性因素"之间的真实关系(即因果联系)。

（2）区别在无控制条件下可能产生影响的因素,即行为因素,与需执行者调整的结构因素。需要注意,某个因素对某些方面来说是结构因素而对其他方面来说则可能是行为因素。比如中央政府可能调整宏观经济政策;投资者和行业部门可能调整产业政策;项目所在地的地方政府和项目执行单位则对项目的计划和投资影响很小,但在项目实施方面的影响却是举足轻重的。

（3）区分各种因素在项目立项、计划和投资(决策)、项目运作和维持中的区别。对于项目各方面的了解是很重要的,因为不同的方面(如投资者、政府部门、银行、项目组织实施单位和当地社区)对同一项目的看法可能是不一致的,并有不同理解与目的、倾向采取不同的措施等。

2. 公路建设项目目标持续性评价方法

在项目(或计划)投资完成时,进行目标持续性评价,主要应采用预测的方法,即以项目实施过程中所取得的经验、知识和能力为基础,预测项目未来的情况。比较实用的分析手段是设计一个逻辑框架,用以说明未来的长远目标、效益、产出、措施投入及其相关条件和风险。这种分析的前提是项目外部的投资已经结束(尽管有的项目经过评价分析还可能追加部分投资)。

设计和建立新的逻辑框架时,有必要对项目原定的逻辑框架进行调整和分析,以验证与其相关的投入、产出和条件、风险。作为项目后评价的持续性分析,应按照逻辑框架的"反方向"顺序,以项目的影响和相关原因的关系为主线来进行分析。评价的顺序见表4.36,实施评价的步骤如下。

步骤1:建立全部时间的实际利润流量。

步骤2:建立全部时间的实际产出流量。

步骤3:建立措施计划,应包括项目周期各个方面已采取或正在采取的措施和目前所提措施的实际采纳情况。

步骤4:确定按照项目计划投入的情况。

步骤5~10:按照目标持续性评价的关键因素(各方面的问题、需要、目的,部门政策,机构能力,技术含量,财务状况和环境影响等),重新评价项目的条件和风险,以明确在项目立项、设计阶段所确定的持续性因素与效益间可能存在的因果关系。

表4.36 目标持续性验证模型的逻辑框架

指　　　标	验 证 指 标	条件的重新评价	风险的重新评价
问题和需要		5	
长远目标		6	6
效益	1	7	7
产出	2	8	8
措施	3	9	9
投入	4	10	10

分析应注重突出项目的持续性因素,其中有些是项目不得不采取措施应对的(如外部因素、环境和生态因素等);有些是必须考虑的项目所在地的条件(如社会文化因素等);有些是项目设计方面的因素(如机构、技术和财务因素)。

持续性分析逻辑框架的创新在于,在分析不同问题和目的时增加了对分歧因素的分析。分歧研讨在确定的目标组中增加了一些内容,提出"问题树"和"目的树"。通过新建的"目的树"与原定的"目的树"的对比,构成了"分歧树",从而明确项目相关行为之间的主要分歧。

分歧树的分析可分三步来进行。

(1)机构分析,确定主要行为者及其能力、资源和权限。

(2)问题分析,确定各行为者对项目中问题的观点和出发点。

(3)措施和目的分析,确定各行为者在特定项目中的利益,进而明确其中的分歧并归纳总结。

这样,通过分析可以揭示上述持续性评价涉及的诸多因素,从而找出结构因素(即管理系统内在因素)和行为因素(即行为者在此结构内所负有的决策和执行责任)的不同点,以及由其他行为者所产生的连锁影响。

第 5 章　公路项目工地与施工标准化

5.1 工地建设标准化

5.1.1 工地建设标准化的内容与作用

1. 工地建设标准化的内容

工地建设要达到标准化的要求,充分体现以人为本的理念,营造舒适、有序、安全、和谐的工作环境和生活环境,提高工作效率和工程质量及安全、环保、管理水平,这对提升从业人员的责任感和归属感、强化现场规范化管理,提高工程质量有重要作用。拌和站、预制场、钢筋加工场、小型构件预制场严格按标准化要求建设,推行"三个集中",即混合料(混凝土)集中拌制、钢筋集中加工、混凝土构件集中预制,实现施工现场的集约化管理,做到工厂化生产、专业化施工,最大限度地减少露天施工等因素对公路工程施工质量的不利影响。

施工场地的建设往往是传统工程项目管理中容易忽视的环节,然而许多工程项目的管理经验和教训表明:工地建设的标准化对于提升项目管理水平具有十分重要的作用,工地建设标准化的核心和灵魂,以及工地建设标准化管理的重点,就是混合料(混凝土)集中拌制、钢筋集中加工、混凝土构件集中预制,并且"三个集中"有助于提高生产效率和工程质量。工地建设涵盖驻地建设、工地试验室建设、便道建设、工点施工平台建设、混凝土搅拌站建设、预制场建设、钢筋加工场建设等内容。

2. 工地建设标准化的作用

(1)传统的施工场地往往采用多点分散的管理模式,工地建设存在的随意性和非标准化等问题往往容易导致项目管理成本增加、质量控制难度加大、风险因素增多、施工形象弱化等。而工地建设标准化的提出,尤其是"集中生产"原则的贯彻,能够化繁为简,降低项目的管理成本及潜在风险。

(2)工地建设标准化推行的集中生产实现了传统分散生产向集中式流水作业转变。一方面,能够改善施工人员的工作环境,提升员工工作积极性和工作效率;另一方面,通过集中的机械化生产能够极大地提高施工效率。

(3)标准化工地环境改变了以往点多面广的分散监控模式,更有利于质量控制,可以减少管理中的不确定性因素。首先,通过集中采购管理及进场检验更有利于原材料质量控制,可充分保障原材料的质量;其次,生产过程中的工艺规范化、标准化,能及时地实现过程控制信息收集、处理和优化;最后,集中生产使得产品的生产条件、检验标准处于一种更加可控的状态,从而可以更好地保证构件的质量。

5.1.2 驻地建设标准化

1. 驻地选址

(1)项目部驻地房屋可采用活动板房,也可租用沿线合适的单位或民用房屋,但必须坚固、安全、耐用,并满足工作、生活要求。宿舍不得建在尚未竣工的建筑物内,项目部驻地建设应包括工人营地的建设。

(2)自建用房时,驻地应避免设在可能发生塌方、泥石流、水淹等地质灾害的区域及高压线下面(与高压线的水平距离不小于8 m),避开取土、弃土场地,离集中爆破区500 m以外,同时确保有便利的交通条件和通电、通水、通信条件。

2.驻地建设标准

(1)项目部办公区、生活区、车辆停放区、机具存放区等设置应科学合理,必须分区设置。驻地内场地及主要道路应做硬化处理,整平、无坑洼和凹凸不平,雨季不积水。

(2)土建、路面等主体工程项目部的办公、生活用房建筑面积一般不宜小于 3000 m²;若租用房屋,场地面积可适当减小,但必须对房屋外墙和室内进行适当装修,体现企业文化。其他附属工程项目部的驻地房屋建筑面积和场地占地面积应满足办公和生活需要。对于山区高速公路项目,项目部驻地面积可结合选址实际适当减小。

(3)如条件允许,项目部生活饮用水尽可能使用自来水;如自建饮水源,应由专门机构对水源进行化验鉴定,符合饮用水标准后方能使用。

(4)项目部生活、生产污水应做处理,符合排放标准后才能排入相邻水系,生活、生产垃圾要定点堆放,严禁乱扔乱弃。要求排水设施完善,庭院适当绿化,环境优美整洁。项目部公共场所应设置功能分区平面示意图、导向牌及宣传牌。

3.办公室、生活用房标准

(1)项目部办公用房面积和办公家具应满足办公规范化的要求,人均办公用房面积不小于 8 m²,人均生活用房面积不小于 6 m²;每个项目部须设一间不小于 80 m² 的会议室,能满足不少于 60 人同时开会的要求。

(2)生活用房一般应设宿舍、食堂、浴室、厕所等,具备条件的要设文体活动室或活动场地。

(3)办公区和生活区内必须配置必要的消防安全器具和消防安全标识(志),建立安全、卫生管理制度,落实专人维护和保洁。

(4)项目部驻地应当选择在通风、干燥的位置建设,防止雨水、污水流入。

(5)建筑采用阻燃材料,每组最多不超过 12 栋,栋与栋之间的距离,城市不小于 5 m,农村不小于 7 m。

(6)每栋用房长度以 36 m、层高以 2.5 m 左右为宜。

(7)食堂等公共活动场所的门宽度不应小于 1.4 m。

(8)建筑面积每达 800 m²,要在中心地点设手动(或电动)消防水泵一台及不小于 20 m³ 的消防水池一个;每栋用房均应配备 6～8 具灭火器,设置 2 m³ 的消防(兼生活)水池一个。

(9)宿舍用房应保证室内有足够的空间,每栋居住人数不超过 100 人,每间居住人数不超过 16 人,门窗要向外开,门口及室内通道宽度不小于 1.2 m。

(10)宿舍内的单人铺不得超过 2 层,严禁使用通铺,床铺应高于地面 0.3 m,人均床铺面积不得小于 1.9 m×0.9 m,床铺间距不得小于 0.3 m。

(11)宿舍内应设置生活用品专柜,个人物品摆放整齐,洗过的衣物不得随意晾晒,要有专门的晾衣处。宿舍地面应用水泥砂浆找平、硬化,有条件的可铺砌瓷砖。

(12)宿舍区与食堂严禁连成整体,食堂与宿舍的间距不得小于 15 m,宿舍内严禁有易燃、易爆物品,严禁在宿舍内生火做饭和使用大功率电气设备。

(13)食堂必须符合要求,设置在距离厕所、垃圾站等污染源 20 m 以外的地方。食堂应设置独立的制作间、储藏间,地面应做硬化和防滑处理,配备纱门、纱窗、纱罩等。

（14）厕所应设计为通风良好的可冲洗式厕所,并设有符合抗渗要求的带盖化粪池,男女厕所必须分设,蹲位不得少于现场职工人数的 5%。

5.1.3 工地试验室建设标准化

（1）工地试验室是指公路工程建设从业单位在工程现场为满足质量控制和检验工作需要而设立的临时试验室。工地试验室建设应满足有关规定,由取得等级证书的试验检测机构(母体试验检测机构)授权设立,且授权的试验检测项目和参数不得超过其等级证书核定的业务范围。母体试验检测机构对工地试验室的试验检测行为及结果负责。

（2）施工、监理单位应该在工程正式开工前,根据合同承诺,经授权在工程现场设立与工程内容相适应的工地试验室,不具备设立工地试验室条件的施工监理单位和有需要设立工地试验室的建设单位,可委托取得等级证书和计量认证合格证书的第三方试验检测机构在工程现场设立工地试验室。

（3）工地试验室应经有关单位或组织认定合格,获得批准后方可正式展开试验检测工作,工地试验室若设置在施工单位项目部或总监办驻地,可不另设会议室。此外,若场地允许,可考虑增设如烘箱、沸煮箱等大功率加热设备专用室。

（4）设备配置应符合投标文件中的承诺,并能够适应工程内容及规模等相关要求。设备精度、量程等技术指标应满足试验规程相关要求。试验室应配备必要的试验辅助器具、工具及试验物资,且应根据试验项目工作量的大小配备充足的交通工具及办公设施,至少配备 1 辆专用汽车。试验室通风、照明良好,并配有防暑、降温、取暖设备。各功能室面积及设施配置应满足试验检测需要。

（5）试验仪器、设备安装应按照设备使用说明书或试验规程相关要求进行。若设备需要安设固定基座,应在试验室建设时根据布局设计基座,基座顶面应保持水平,待设备就位调平后采用地脚螺栓进行固定。对基座有隔震要求的,应设立不与其他建筑物直接相连的独立混凝土台座,周围存在震源时,应在地面与台座间设 5 mm 厚橡胶垫。压力机、万能材料试验机等力学设备应设置金属防护罩或安全防护网,使用的防护网(罩)应安全、美观、方便操作。各功能室电源插头宜整齐且高出地面 1.3 m 以上,操作台高度宜控制在 70~90 cm,台面宽度宜为 60~80 cm,台面为混凝土材质或铺设瓷砖等,表面应平整,操作台下设置带有柜门的储物隔柜。

（6）试验与检测。试验室应当严格遵循独立、客观、及时、准确的工作原则,按照现行的国家或行业标准、规范和规程展开工地试验检测工作,试验检测数量应达到规定的要求。开展的试验检测项目不得超出其等级证书核定的范围,对超出范围的试验检测项目及参数应经建设单位认可后,委托具有相应等级证书的试验检测机构进行试验检测。特殊材料的取样和送检工作,可由建设单位组织施工单位和监理单位联合进行,并送到具有相应资质的试验检测机构进行检验。

（7）仪器设备安装完成,需由地方计量认证部门对各类检测设备进行标定。应建立健全各项工作制度和管理制度,如试验检测工作程序,试验检测人员岗位责任制度,仪器设备、档案资料、样品管理、安全、环保、卫生制度等。各项规章制度和主要设备的操作规程应上墙。工程项目开工前,应由建设单位组织监理、施工单位收集齐全本工程项目所需的现场验收试验规程、规范和相关标准,编写目录清单、下发相关文件并明确要求执行。试验人员作业前应按设备的操作规程进行检查,作业中应严格遵守劳动纪律、操作规程和有关安全管理制度,作业后应及时做好设备的使用、维护、保养记录。对要求在特定环境下储存的样品,应严格控制环境条件。易燃、易潮和有毒的危险样品应隔离存放,作明显标记。应保持试验室环境整洁卫生。试验废弃原材料的回收或存放应符合环保要求。对电磁干扰、灰尘、振动、电源电压等应严格控制,对产生较大噪声的检测项目,应在装有隔音设施的功能室进行检测。应配备发电机组,保证试验检测工作正常、连续。试验室电路应为独立专用线,在总闸及力学室、标准养护室应安装漏电保护器。混凝土试块堆放场地容量应满足储存 3 个月内所有混凝土试块的要求。

5.1.4　混凝土搅拌站建设标准化

1. 场地选址

混凝土搅拌站选址主要考虑构筑物分布,通电、通水、运输条件,靠近主体工程,远离居民生活区,设在居民区、生活区的下风口。混凝土搅拌站需集中布置,封闭式管理,四周设置围墙,场地硬化,入口设置值班室。根据场地划分为拌和区、作业区、材料计量区、材料库、运输车辆停放区、试验区、集料堆放区,内设洗车设备、污水沉淀池、排水系统。搅拌站尽量靠近主体工程施工部位,减少混凝土运输距离。混凝土搅拌站周围必须有满足施工需要的水源,避开有崩塌、滑坡、水淹等危险的不良地质区域。

2. 场地布置

(1)混凝土搅拌站面积根据搅拌站规模确定,且必须满足材料存放和阶段性备料的需要。

(2)合理布置混凝土搅拌站搅拌机组、砂石料场、水泥库房、试验室(含标养室)、办公室以及职工宿舍等的平面位置。混凝土搅拌机组所在的区域应同其他区域用砖墙等隔离开。

(3)混凝土搅拌站必须设避雷针,数量满足覆盖整个搅拌站的需要;同时设置安全标语,且不少于 1处,搅拌主机立柱粘贴反光纸。

3. 场地建设

(1)混凝土搅拌站须修建围墙封闭;场地必须使用 C20 及以上强度等级的混凝土硬化,厚度不小于20 cm;进、出搅拌站的便道采用 20 cm 厚 C25 混凝土硬化。

(2)混凝土搅拌站场地内设排水系统及污水处理池,严禁场地积水。

(3)水泥罐基础宜采用桩基础或扩大基础,并设专用接地网,保证与楼体、粉料仓的电气连接可靠;计算机控制系统应设有独立的接地网。

(4)若混凝土搅拌站为单个水泥罐,则罐体的地面固定拉线不少于 3 根;在罐体绘制“××公路”以及施工单位简称,两者竖向平行绘制,字体醒目,便于识别。

(5)设置信号管理系统,保障混凝土搅拌运输车、搅拌系统与控制室的联系。

(6)作业平台、给料仓、骨料仓、水泥仓等涉及人身安全的部位均应设置安全防护装置;传动系统裸露的部位应有防护装置和安全检修保护装置。

(7)混凝土搅拌站与办公区及生活区或周围其他建筑物的距离不得小于单个水泥罐的高度且不小于 20 m。

4. 搅拌机及部件

(1)搅拌机配置应根据混凝土搅拌站规模确定。

(2)搅拌主机为封闭式强制型;料仓不少于 3 个,需设防雨棚,且料仓间挡板具有足够的高度,防止串料;配料机应用支腿加固。

(3)搅拌控制室安装 1 台分体式空调,保证电气元件正常工作。

(4)混凝土搅拌站的拌和设备应具备自动计量功能,水、减水剂必须采用全自动电子称量法计量,禁止采用流量或人工计量方式,保证工作的连续性、自动性,计算机控制系统具备打印功能。

(5)在拌和设备操作房前的醒目位置应悬挂混凝土配合比标志牌,标志牌采用镀锌钢板制作,尺寸为 0.6 m×0.8 m,油漆喷涂,确保不褪色,数字采用彩笔填写,字迹工整清晰。标志牌应包括以下内容:混凝土设计与施工配合比(含外加剂),粗细骨料的实测含水量及各种材料的每盘使用量等。

(6)水泥罐应设置冷却设备,确保水泥搅拌温度,经检验合格后再用。水泥罐应配备必要的除尘装置。

5.材料存放

(1)砂石料场必须设防雨棚,高度满足机械设备操作要求;料场采用 50 cm 厚的混凝土隔墙分隔,高度不低于 2.5 m,必须确保各个料仓间不串料,并设置相应的质量状态标志。标志内容包括材料名称、产地、规格、数量、进料时间、检验状态、试验报告号、检验批次等。

(2)袋装水泥、减水剂等集中存放在库房内,库房采用彩钢板搭设,高度、面积必须满足堆放数量的要求,下部铺设木板,离地面高度为 30 cm。

6.混凝土搅拌运输车

(1)混凝土搅拌运输车数量不少于 3 辆,且满足混凝土连续浇筑的需要。

(2)混凝土搅拌运输车的储料罐必须密封、不漏浆,容量不小于 6 m³。

5.1.5 预制场建设标准化

1.预制场建设标准化总体要求

预制场建设标准化的实施步骤为:第一,确定建设的总体要求;第二,根据项目实际情况进行综合分析、选址;第三,依据构件预制工程量、预制工期确定台座、模板数量,进而明确预制场的建设规模和数量。为满足施工标准化技术及业主要求,结合项目所在区域的特点,按照"技术领先、施工科学、组织合理、措施得力"的指导思想,遵循下列要求对预制场进行总体规划:场地建设前,施工单位将预制场布置方案报监理工程师审批,方案内容应包含各类型构件的台座数量、模板数量、生产能力、存放区布置及最大存放能力等。按工期要求,合理计划预制场建设与桥梁下部结构施工工期,基本做到墩、梁同步,避免出现"梁等墩"及"墩等梁"。

2.预制场选址及布置

(1)预制场选址。

预制场选址应遵循方便、合理、安全、经济等原则,满足工程量、工期要求,并综合考虑预制梁板的尺寸、数量、架设要求、运输条件等。

(2)预制场布置。

①预制场一般设置办公区、生活区、钢筋加工区、混凝土拌制区、预制、存梁区、仓储区等。各施工区域布置应合理,场地占地面积应满足施工需要。②在进入预制场路口处的明显位置设指路牌 1 块;在场地内相应位置设场地平面图、工艺流程图(分预制、张拉、压浆等)、质量检验标志牌(分预制、钢筋、张拉等)、安全警示牌、安全操作规程牌(门式起重机、张拉机具等)、文明施工牌等各 1 块;在机械设备的醒目位置悬挂机械操作安全规定公示牌。③在吊装作业区、安全通道应设置禁止标志;门式起重机与高压线保持安全距离,随机挂设司机岗位职责、岗位安全操作规程牌(0.8 m×0.55 m);"施工重地,注意安全"警示牌(0.6 m×0.4 m)置于门式起重机下;预制场的预制区、存梁区、构件加工区等各生产区域应

设置明显标志;在钢筋绑扎区的明显位置设置标志牌;张拉台座两端应设置指令标志,并设置防护板,台座两端设防护网和安全警示标志。④应结合预制梁的数量和预制工期等参数来确定预制场规模和相关设备配备数量。

(3)预制场建设标准化总体布局。

在确定预制场选址后,参照项目施工组织设计、施工进度计划,结合项目的梁板预制数量与预制工期要求,精准计算并确定所需的台座数量和模板数量,最后根据梁板分布位置、运距进行总体布局。

(4)预制场建设标准化总体平面布置。

①为满足施工的实际需要,按照"因地制宜"原则对项目预制场进行总体布置。②预制场宜采用封闭式管理,场地内宜按办公区、生活区、制梁区、存梁区、构件加工区、废料处理区等科学合理布置,预制场宜设置视频监控系统。生活区应与其他区隔开。③当场地条件满足工程需要时,可按相关要求建设标准化预制场;当场地受限时,预制场部分功能区另选场地按照标准化要求建设。

3. 预制场标准化建设

(1)场地准备。

预制场设置在挖方段时,应清理边坡危石,修复破损边坡,最好在挖方边坡防护、支挡工程完成以后再修建预制场,确保预制期间的施工安全;预制场设置在填方路堤或线外填方场地时,为防止产生不均匀沉降、变形而影响构件预制的质量,应对场地分层碾压密实并对台座基础进行加固,以机械方式为主辅以人工平整场地并碾压密实,按设计施工路基纵、横坡,开挖临时排水沟,保证场内路基不积水、不浸泡。

(2)办公及生活区建设。

工人驻地应满足以下要求:依据预制场工程量大小编制人工使用计划,计划应明确不同时期的工人数量。工人驻地必须满足消防、卫生、保温、通风、防洪、防灾等要求;明确划分施工区和生活区且设施配备齐全;人均面积不小于 2.5 m²,禁止使用通铺、地铺;场地规划及建设时要按不同的使用功能隔离,不能连接成整体,须预留安全通道;必须远离炸药库、油库等易燃、易爆危险品存放地;防火、配电设施必须满足要求;租用民宅作为施工驻地的,同样需要满足以上要求,严禁租用危房。

(3)预制区建设。

预制区建设主要包括台座建设,门式起重机基础及轨道建设,临时用电、用水预埋管道布设,场地硬化等,此外还需在进入预制场路口处的明显位置设"五牌一图"(工程概况牌、管理人员名单及监督电话牌、消防保卫牌、安全生产牌、文明施工牌和施工现场总平面图)及危险源公示牌,在场内相应位置设工艺流程图(分预制、张拉、压浆等)、质量检验标志牌(分预制、钢筋、张拉等)、安全操作规程牌(门式起重机、张拉机具)等。

①台座建设。

依据预制场建设平面布置图,进行施工放样,标出预制场各生产、辅助生产、生活等区域的具体位置,对场地进行总体布置。

a. T 梁与小箱梁台座建设。

台座制作工艺流程:测量放样—基础开挖—基础混凝土浇筑—台身钢筋制作与安装—台身混凝土浇筑—养护—铺设底模钢板。预制梁板的台座尽量设置于地质条件较好的地基上,地基承载力必须满足要求(经计算确定),并采用扩大基础有效防止台座产生不均匀沉降、开裂,避免影响梁板的质量。

台座的布置：台座之间的预留宽度应根据预制梁体单边最长悬臂端长度考虑，即台座之间预留最小宽度＝3倍侧模宽度＋富余工作宽度50 cm；边沿台座与门式起重机轨道的间距除了考虑侧模宽度及富余工作宽度外，还应考虑台座与门式起重机的安全距离及门式起重机设备占用的净宽；轨道与路基边沿净宽应考虑门式起重机电动机组及线缆收集设备所占用的宽度，同时考虑排水沟的占地宽度；场内道路宽度必须满足大型车辆（运梁车、混凝土搅拌运输车）通行需求，并考虑与邻近台座之间的安全距离；台座基础、台身高度通过力学计算确定。

台座基础应采用强度不低于C20的素混凝土或片石混凝土构筑，台身应采用强度不低于C30的混凝土构筑。为满足张拉强度要求，同时考虑预制T梁的最小长度和最大长度，梁端基础应进行扩大、加宽处理。

用电及喷淋养护用水设施设置时，应避免乱拉、乱接造成场地电路线、水管道混乱，在台座制作前预埋临时用电及用水管道。分别在梁端设置用水预埋管道，在1/4梁长处设置临时用电预埋管道并穿线，布设要合理，水管尺寸、用电线路必须满足施工要求。

b. 空心板张拉台座建设。

空心板张拉台座支撑梁应具有足够的强度、刚度和稳定性，避免支撑梁承受全部预应力筋的拉力，造成台座变形、倾覆和滑移而引起预应力损失。张拉台座由压杆、横向连续梁、端部重力墩、底板及端部横梁构成。

对预制梁场地面进行平整压实，为防止地基沉降引发质量事故，压实度应满足要求，一般在93％以上。开挖基坑，要求压柱顶面与地面同高，使台座中的配重、压柱、重力墩下部均埋置于地基中，增加框架式台座的结构受力合理性。台座钢筋绑扎施工时重力墩是关键部位，钢筋要求布置准确，重力墩受力面处预埋钢板要求位置准确，钢板面平整。重力墩、配重、压柱采用C30混凝土浇筑，尤其注意重力墩预埋件处混凝土应振捣密实。台座板及台座面施工时，台座板置于压实的地基上，厚30 cm，台座面精确平整，四周边缘角钢锚固于混凝土中，再在其上面铺设5 mm厚钢板，钢板和边缘角钢焊接为整体。张拉台座分段浇筑，由台座中部向两端施工。先进行压柱和横向连续梁的施工，再进行两端重力墩的施工和端部横梁安装，最后进行台座底板施工。钢横梁（张拉用临时承力横梁）由40b工字钢和20 mm厚钢绞线限位钢板组焊而成，钢横梁安装、钢绞线限位钢板穿线定位孔位置与台座面高差要准确，以控制好钢绞线保护层。钢横梁、砂箱安装要水平，且轴心在同一水平面，以确保钢绞线位置准确，最后进行调试。

②门式起重机基础及轨道建设。

开挖门式起重机轨道基础，基底承载力必须满足要求（通过计算），浇筑轨道基础混凝土、预埋固定螺栓并铺设钢轨。

③临时用电、用水预埋管道布设。

临时用电预埋管道布设应充分考虑施工设备功率与用电负荷。依据不同施工区域设备分布及用电需求，划分用电片区。按照各片区最大用电量，合理选择电缆规格并预埋相应管道，确保电缆敷设安全有序。同时，在各片区设置配电箱，实现分级配电与控制，保障用电稳定可靠，且要做好管道防护，避免在施工过程中受到破坏。施工、养护用水预埋管道应满足最大需求量要求，依据每个增压泵能满足的用水量需求分片区（块）对预埋水管进行整合。分别采用不同增压泵满足不同片区的用水需求，保证水压稳定，满足施工要求。

④场地硬化。

台座、门式起重机轨道施工完成后,对预制场区域进行硬化,硬化前完成现场临时用电、养护用水预埋管道及场内纵、横向排水沟设置。施工场地内道路硬化宜采用 10 cm 厚碎石垫层＋25 cm 厚 C25 混凝土,施工区域硬化宜采用 10 cm 厚碎石垫层＋20 cm 厚 C20 混凝土,存梁区地面压实后铺设 10 cm 厚石屑并设置 2‰～3‰坡度,以利于排水。场内纵、横向排水沟宜采用 15 号目标槽钢铺设,保证水沟顺直,并为水沟边角混凝土包边,避免破损。

(4) 钢筋加工区标准化建设。

钢筋加工区建设前应进行区域划分,原材料堆放区、加工区、半成品堆放区应划分合理。场地硬化前,对临时用电预埋管线进行合理布置。原材料进场方便的预制场可考虑将加工棚设置在预制场中间,减少半成品钢筋的搬运距离。

(5) 仓储区建设。

仓储区建设必须满足消防、防潮、防洪、防灾等要求,同时需邻近作业区,方便存取。锚具及夹片、水泥及膨胀剂、机具设备、杂物应分开保存。

4. 临时用电及消防设施标准化

(1) 临时用电设施。

预制场所有的供电线路布置、电气设备安装必须满足相关要求。横穿、纵跨施工区域的供电线路从硬化地面下预埋的管路穿过或架空穿越。根据现场用电总功率设置变电站,供电线路架设须满足三相五线制要求,变压器设置的安全距离、场外供电线路架设、配电箱等设置要符合相关规范规定。

(2) 消防设施。

应根据有关规定,配置相应的消防安全标志和消防安全器材,并经常检查、维护、保养。对储存材料和设备的库房或堆放点,施工人员生活区,特别注意防火安全,配备足够数量的消防器具、消防水管,以备应急。

5. 机具设备选用标准化

(1) 机具设备选用基本要求。

①配置 1～2 台 150～250 kW 的柴油发电机作为备用电源;常用的附着式振动器、插入式振动棒等小型器具配备数量应满足施工要求,并配置备用器具。②根据设计要求配置相应的智能张拉及压浆设备,推荐使用大循环压浆机,施工前必须经过法定检验机构鉴定合格后方可投入使用。③根据提升吨位及预制场设计宽度,合理选择场内主门式起重机型号、跨径,安全系数按最大荷载的 1.5 倍考虑。为满足施工要求,提高生产效率,除主门式起重机以外,还需配备行走速度快、最大载重小(一般为 5 t 以内)的工作门式起重机,方便混凝土浇筑、模板吊装及一些小型机具、器具移动。为保证门式起重机的使用安全,还应设置限位系统,防止门式起重机脱轨。门式起重机必须由当地质量技术监督部门鉴定合格后方能投入使用。④门式起重机配电线路采用卷扬机收放,防止电线磨损、破坏。⑤预制 T 梁模板必须使用配套钢模,钢模厚度不小于 5 mm,其强度、刚度必须满足施工要求。模板拼缝必须严密,端头拼接顺直,在模板使用前必须试拼,满足设计要求,清理干净、涂刷脱模剂后方能拼装。⑥在冬季受低温影响的区域,考虑采取适应冬季施工的混凝土养护措施。

(2) 机具设备的安装与调试。

临时性用电插头、自动喷淋养护系统安装完毕后应及时调试,以检验施工预埋电路、管道是否有效;对现场拼装的设备、机具进行调试、试运行和载重试运行,检查是否满足规范和施工要求,确保使用安全。

5.1.6 钢筋加工场建设标准化

1. 场地选址

（1）结合标段钢材尺寸、数量和存放要求等选址。

（2）除用地困难并经业主批准外，钢筋加工场一般不应设在主线上，以方便、合理、安全、经济和满足工期要求为原则。

（3）选址应便于钢材的进场和成型构件的出场运输，考虑所服务对象的分布范围，可采用综合运距法进行选址。

2. 场地布置

（1）钢筋加工场一般设置办公区、生活区、材料堆放区、钢筋加工区、计量称重区、特殊构件组装区等，各施工区域布置应合理，场地占地面积应满足施工需要。

（2）在进入场地路口处的明显位置设指路牌 1 块；在场地相应位置设场地平面图、工艺流程图、质量检验标志牌、安全警示牌、安全操作规程牌、文明施工牌等各 1 块，在机械设备的醒目位置悬挂机械操作安全规定公示牌。

（3）在吊装作业区、安全通道应设置禁止标志；注意门式起重机与周边的安全距离，随机挂设司机岗位职责、岗位安全操作规程牌（0.8 m×0.55 m），在门式起重机下方设置"施工重地，注意安全"警示牌（0.6 m×0.4 m）；在钢筋绑扎区的明显位置应设置标志牌；加工场的其他区域等应设置明显标志。

（4）应结合钢材加工数量和工期等参数来确定场地建设规模和相关设备配备数量。

3. 场地建设

（1）场地设置在填方路堤或线外填方场地时，为防止产生不均匀沉降、变形而影响加工区的基座稳定性，应对场地分层碾压密实并进行加固。

（2）钢筋加工场场地使用 20 cm 厚 C20 混凝土硬化。场地地面压实后铺设 10 cm 厚石屑并设置 2%～3% 坡度，以利于排水。运输便道采用 20 cm 厚 C25 混凝土硬化。

（3）场区应设 50 cm×50 cm 砖砌排水沟排放施工废水、养护水、雨水并汇入沉淀池，沉淀池规格为长 4 m、宽 3 m、高 1 m，污水处理达标后方能排放。

（4）钢筋加工区、集料存放区设防雨棚，高度满足施工需要。

（5）场地内所有的电气设备按安全生产的要求进行标准化安装，所有穿过施工便道的供电线路从硬化地面下预埋的管路穿过或架空穿越。由满足施工机械设备最大负荷要求的变电站供电，供电线路架设须满足三相五线制要求，同时设置 150～250 kW 的柴油发电机作为备用电源。变压器设置时要符合相关规范中有关安全距离的规定。

5.2 文明施工标准化

5.2.1 作业区设置与管理

（1）现场作业区应进行有效的隔离，并满足《公路养护安全作业规程》（JTG H30—2015）的相关要求。隔离的目的是不妨碍人们通行和防止无关人员进入。隔离的形式根据现场实际情况可采用彩钢板、水马、铁马、隔离栅栏等,确保设施稳定、顺直、干净、美观。

(2)应在主要路口、重点部位、关键节点,以及对周边社会环境影响大的区域安装自动喷淋设施。

(3)密目网设置要求。

①鼓励对未硬化的裸露土地、堆积土方采取临时绿化或环保结壳型抑尘剂等新材料、新技术进行扬尘污染防治;不具备条件的应采取固化措施或使用绿色密目网(不低于 2000 目/100 cm²)进行全覆盖。

②施工、监理单位应不定期对施工现场的覆盖情况进行检查,发现破损应及时更换。废弃、破损的密目网应及时回收入库,严禁随意丢弃、现场填埋或焚烧,以免造成二次污染。

(4)现场根据施工工人聚集情况,设置移动式工人休息处,配备必要的座椅和防暑降温设施、物品。

(5)作业区宜设置厕所、分类垃圾桶等生活设施。厕所应采用固定式或移动式厕所,宜绿色、生态、环保,厕所地面应硬化,门窗应齐全。

(6)可在大型桥梁、隧道等重要部位设置安全体验区,进行事故模拟,加大对一线作业人员的安全教育力度,提升应急处置能力。

5.2.2　交通组织

1. 作业控制区设置要求

(1)普通国道、省道改建、扩建、养护等需在老路上进行扩建、挖补、罩面,且需保证老路通行的施工作业,应制定专项交通组织设计。应根据《公路养护安全作业规程》(JTG H30—2015)规定,设置作业控制区,并按警告区、上游过渡区、纵向缓冲区、工作区、下游过渡区和终止区的顺序依次布置。

(2)改建、扩建工程和长期、短期养护作业应布置警告区、上游过渡区、纵向缓冲区、工作区、下游过渡区、终止区等区域;临时养护作业控制区可在长期、短期养护作业控制区基础上减小区段长度,有移动式标志车时也可不布置上游过渡区;移动养护作业控制区可仅布置警告区和工作区,警告区长度可减小。

2. 作业控制区内的限速要求

(1)限速过程应在警告区内完成。

(2)限速应采用逐级限速或重复提示限速方法。逐级限速宜为每 100 m 降低 10 km/h。相邻限速标志间距不宜小于 200 m。

(3)限速值不应大于表 5.1 的规定值。当限速值对应的预留行车道宽度不符合要求时,应降低限速值。

表 5.1　作业控制区内的限速要求

设计速度/(km/h)	限速值/(km/h)	预留行车道宽度/m
120	80	3.75
100	60	3.50
80	40	3.50
60	30	3.25
40	30	3.25

续表

设计速度/(km/h)	限速值/(km/h)	预留行车道宽度/m
30	20	3.00
20	20	3.00

（4）在高速公路及一级公路上实施路肩养护作业，可在表 5.1 中规定的限速值的基础上提高 10 km/h 或 20 km/h。

（5）实施隧道养护作业，可在表 5.1 中规定的限速值的基础上降低 10 km/h 或 20 km/h，但不宜小于 20 km/h。

3. 交通安全设施

（1）临时标志（包括施工标志、限速标志等）。施工标志宜布设在警告区起点；限速标志宜布设在警告区的不同断面处；解除限速标志宜布设在终止区末端；"重车靠右停靠区"标志应用于控制大型载重汽车在特大、大桥和特殊结构桥梁上通行。

（2）临时标线。开展老路加宽、长期养护作业应在通行路段施画临时标线，包括渠化交通标线和导向交通标线，应为易清除的临时反光标线。渠化交通标线应为醒目的橙色虚、实线；导向交通标线应为醒目的橙色实线。

（3）车道渠化设施包括交通锥、防撞桶、水马、附设警示灯的路栏等，其使用应符合表 5.2 的规定。

表 5.2　交通设施规定

设 施 名 称	使 用 要 求
交通锥	形状、颜色和尺寸应符合现行系列规范《道路交通标志和标线》(GB 5768)的有关规定，布设在上游过渡区、纵向缓冲区、工作区和下游过渡区。布设间距不宜大于 10 m，其中在上游过渡区和工作区布设间距不宜大于 4 m
防撞桶	颜色应为黄黑相间，顶部可附设警示灯，宜布设在工作区或上游过渡区与纵向缓冲区之间。使用前应灌水，灌水量不应小于其内部容积的 90%。在冰冻季节，可采用灌砂的方法，灌砂量不应小于其内部容积的 90%。宜与施工隔离墩组合使用
水马	颜色应为橙色或红色，高度不得小于 40 cm，宜布设在工作区或上游过渡区与纵向缓冲区之间。使用前应灌水，灌水量不应小于其内部容积的 90%。在冰冻季节，可采用灌砂的方法，灌砂量不应小于其内部容积的 90%
附设警示灯的路栏	颜色应为黄黑相间，宜布设在工作区或上游过渡区与纵向缓冲区之间

（4）照明设施和语音提示设施可用于夜间施工作业。照明设施应布设在工作区侧面，照明方向应背对非封闭车道。语音提示设施宜根据需要布设在远离居民生活区的养护作业控制区内。

（5）闪光设施包括闪光箭头、警示频闪灯和车辆闪光灯。闪光箭头宜布设在上游过渡区；警示频闪灯宜布设在需加强警示的区域，宜为黄蓝相间的警示频闪灯；车辆闪光灯应为 360°旋转黄闪灯，可用于养护作业车辆或移动式标志车。

（6）临时交通控制信号设施应采用红、绿两种颜色的灯光交替指示，用于养护作业时控制道路双向交替通行,宜布设在上游过渡区和下游过渡区。

(7)移动式标志车的颜色应为黄色,顶部应安装黄色警示灯,后部应安装标志灯,可用于临时养护作业或移动养护作业。

(8)移动式护栏应符合《公路交通安全设施设计规范》(JTG D81—2017)中有关防护等级的规定。

4. 交通分流

交通分流布控应按照"提前预告、重点分流、逐级设防、现场处置"的方针进行。

(1)提前预告。提前 7 d 通过报纸、广播及网络等新闻媒体发布施工公告和绕行方案,加大宣传力度,提前告知社会公众。在可以分流的相关路网的互通立交、收费站等交通枢纽位置,提前设置大型指示牌,提示车辆绕行,提前疏导交通压力。

(2)重点分流。节假日、重大活动期间,应在互通立交、收费站等重要分流地点设专人指挥交通,确保车辆安全顺利通过。

(3)逐级设防。应在每个分流点前设置指示牌对过往车辆进行多次提示,避免驾驶人员错过提示标志。

(4)现场处置。应在施工现场安排专职安全人员,对个别驶入控制路段的大型车辆及时进行疏导,使其顺利驶离施工区域。当有车辆在施工区域出现故障时,及时进行处置。

提示标志设置地点、内容,应经过交警、路政部门的审批。在夜晚、雨天视线不好时,配以电子提示牌或安装灯光照射指示牌,以指示分流。应组织专门人员及队伍负责对绕行指示牌进行维护和更换。需要更换时,提前告知交警、路政部门,做到快速、准确。

在正式封路施工前,做好每一施工路段的应急预案,并上报交警、路政部门。通过媒体发布的施工公告、绕行提示,均需要通过交警、路政部门的审批。应制定保障交通畅通的应急预案,所需应急物资定点存放,一旦发生交通拥堵,及时疏导。

5.2.3　施工现场出入口及其附属设施设置

1. 路口彩钢板安装要求

(1)主要路口的彩钢板围挡高度不低于 2.5 m,应符合上文"5.2.1 作业区设置与管理"的相关要求,安装自动喷淋设备并保持顶面平整,围挡顺直,板面洁净。

(2)彩钢板正面统一设置关于安全、文明施工的宣传语。

2. 路口大门设置要求

(1)出入口应安装大门,大门门框尺寸应大于 6 m×6 m,上部设置 LED 屏显示施工单位简称和标志,横梁设施工单位全名,两侧立柱张贴宣传语。大门建议采用非通透式铁质大门,并贴"××公路"标志,两侧应设置广角镜、警示桩等安全设施。

(2)大门旁边设门禁设施及门卫室,落实施工人员及车辆出入登记制度,严禁无关人员进入施工现场。场站、大型桥梁、隧道出入口应安装智能门禁系统,并应符合以下要求。

①智能门禁系统应具备人员信息采集、考勤管理、人员定位跟踪等功能。

②具备人员基本信息采集、查询、变更功能,可实现门禁卡、人员信息卡等多卡合一。

③设置门禁考勤设备,支持不少于一种自动识别方式(人脸、指纹、虹膜等),覆盖作业区所有出入口。

④在门禁刷卡位设置摄像装备,具备刷卡实时影像备份功能。

⑤具备考勤信息与作业区出入通道闸机联动功能,能即时显示人员身份信息。

⑥隧道工程应采用施工人员定位系统,其他超过一定规模的危险性较大的工程宜采用施工人员定位系统。

(3)施工现场大门处的醒目位置应设置工程概况牌、安全生产牌、消防制度牌、文明施工牌、危险源告知牌、质量监督牌、廉政监督牌、工人工资公示牌及施工平面图等。

(4)驻地、工地试验室及场站宜采用封闭式管理,四周设置围墙,入口设置自动伸缩门和值班室,建立出入人员登记制度,严格对出入车辆、人员进行管控。场地及主要道路应做硬化处理,排水设施完善,场院内适当绿化,环境优美整洁,生活、生产污水和垃圾应集中收集、处理。

(5)驻地及场站门口的自动伸缩门,宽度不小于 6 m(墙高不低 185 cm,基础高不低于 25 cm)。门牌设置在驻地大门右侧高度适宜处,材料采用不锈钢,项目名称及标段名称应正确,字号适宜。在门口处合适位置悬挂工程公示牌,应包含工程内容、施工工期、管理人员、监督电话等。

3. 定型化车辆冲洗设备

施工现场主要出入口、场站大门内侧应设置定型化车辆冲洗设备,设专人进行管理,并应符合以下要求。

(1)定型化车辆冲洗设备应距离出入口 30 m,长 9 m,宽 4 m。冲洗设备两侧应各设置 2 排共 10 个喷水嘴和高度不小于 1.3 m 的挡水板,底板设不少于 100 个直径 4 mm 的喷水孔,喷水时能相互交叉、多方位、多角度清洗工程车辆轮胎、车体。

(2)应设置沉淀池,实现重复循环用水,排水坡度应大于 5%。沉淀池采用砖砌筑,砂浆抹面,底板应使用商品混凝土硬化。沉淀池容积应满足储水量需要。沉淀池四周应设置隔离设施或其他防护设施,沉淀池表面应罩带骨架的金属网片。沉淀池内的污泥等废物必须经沉淀、干燥处理后,方可外运。

(3)施工现场使用高压水枪等其他冲洗装置的,大门处必须设置排水沟,确保出入口无积水、积泥,污水不外溢,以免污染道路。

4. 平交路口

(1)平交路口或临时出入口两侧设置长度不小于 20 m 的通透式网状隔离,避免遮挡交通视线,并设专人指挥交通。

(2)在施工现场附近道路的前行方向,距路口 50 m、40 m 处的围挡上分别设置安全提示语、图形提示牌。

5. 其他要求

(1)出入口两侧 100 m 范围内的平交路口两侧间隔 10 m 安装施工单位的彩旗,悬挂安全生产、文明施工标语。

(2)加强对出入口路段的卫生管理,重要路口配备专人清扫,每天采用洗扫车洗扫不少于 2 次,洒水车全断面洒水、冲洗不少于 4 次。

(3)如交通量较大的平交路口无照明设施,应在路口前后各 200 m 范围内间隔 30 m 设置不低于 150 W 的高亮度太阳能路灯,灯杆高度不低于 5 m。

5.2.4 施工临时标志牌及安全文明设施设置

1. 合同段情况简介牌

(1)设置位置。应设置在合同段起、终点,便道外侧 1 m 范围内,正面面向来车方向。

（2）简介牌材质及规格要求。标牌为双柱式结构,面板采用铝合金板或玻璃钢板制作,保证坚固,表面光滑、整洁,尺寸为 3 m(长)×2 m(高),立柱采用镀锌钢管。

（3）简介牌版面内容。简介牌应为蓝底白字,包含项目名称、合同段编号、起讫桩号、建设单位及责任人名称、设计单位及责任人名称、监理单位及责任人名称、施工单位及责任人名称、监督单位及其联系方式(电话等)等信息。简介牌版式及版面内容见表 5.3。

表 5.3 简介牌版式及版面内容

项目名称：	
合同段编号及起讫桩号：	
标段简介：	
建设单位：	责任人：
设计单位：	责任人：
监理单位：	责任人：
施工单位：	责任人：
监督单位：	电话：

2. 分部工程现场标志牌

（1）设置位置。应设置在路基、基层、沥青、涵洞通道、桥梁、隧道等施工现场的醒目位置。

（2）标志牌材质及规格要求。标志牌为双柱式结构,面板采用铝合金板或玻璃钢板制作,保证坚固,表面光滑、整洁,尺寸为 1 m(长)×0.6 m(高),立柱采用镀锌钢管。

（3）标志牌版式及内容。标志牌版面应为蓝底白字。具体示例如图 5.1～图 5.4 所示。

填筑平整区段		
K ＋ ～K ＋		
机械组合：		
自卸车： 型号	推土机： 型号	平地机： 型号
数量	数量	数量
技术负责人：	质量负责人：	监理负责人：

图 5.1 填筑平整区段标志牌

碾压区段		
K ＋ ～K ＋		
设备：		
压路机型号：	数量：	
累计层数： 层	虚铺厚度： cm	压实厚度： cm
土类： 最佳含水量： %	最大干密度：	
承载比(CBR)： %	压实度分区：	
技术负责人： 质量负责人：	监理负责人：	

图 5.2 碾压区段标志牌

基层养生区段		
K + ~K +		
养生办法:		
养生龄期:		

图 5.3　基层养生区段标志牌

台背回填区段	
台背回填位置:	
填料类型:	
压实方法:	
累计层数:	
层厚:	
压实度:	

图 5.4　台背回填区段标志牌

其他各分部工程的标志牌可参照以上标志牌制作。如采用活动标志牌,在开始施工时设置标志牌,该部位完工时应将标志牌收回。

5.2.5　施工便道、便桥设置

(1)施工便道、便桥尽量不占用农田、少开挖山体,节约资源、保护环境。

(2)便道、便桥的断面要求。

①施工主便道及钢筋加工场、拌和站施工便道路基宽度不小于 7.5 m,路面宽度不小于 6.5 m;其他施工道路路基宽度不小于 4.5 m,路面宽度不小于 3.5 m;曲线或地形复杂地段应适当加宽。视地形条件和视距要求,在适当位置设置长度不小于 20 m、路面宽度不小于 5.5 m 的错车道。

②便桥结构按照实际情况专门设计,同时应满足行洪要求,人行便桥宽度不小于 2.5 m,人车混行便桥宽度不小于 4.5 m。

(3)便道路面最低标准为采用泥结碎石或级配碎石铺筑。在条件允许的情况下,便道路面可采用隧道洞渣或矿渣铺筑。对进出特大桥、隧道洞口、拌和站和预制场等大型作业区的便道,距作业区 200 m 范围的路面宜采用不小于 20 cm 厚的 C20 混凝土硬化。

(4)便道两侧设置排水系统,在汇水面积较大的低凹处设置涵洞,以满足排水、泄洪要求。

(5)便桥高度不低于上年度最高洪水位。桥头设置限高、限重、限速标牌,桥面设立栏杆防护,并在适当位置设置醒目的警示反光标志。

(6)施工期间应指定专人(队)负责施工便道、便桥的日常检查和养护,及时修复路面坑槽,清理排水沟和涵洞的淤泥、杂物,保障便道、便桥畅通。

(7)便道路口应设置限速标志,在建筑物、路口转角及视线不良地段应设置明显标志;跨越(邻近)道路施工应设置警告标志;道路危险段应设置防护及警告标志;途经小桥,应设置限载、限宽标志;途经通道,应设置限宽、限高警告标志;路线明显变化处、便道平面交叉处,应设置指路和警告标志。

5.2.6　临时用电施工

（1）施工现场、驻地、试验室及场地内临时用电应符合《建筑与市政工程施工现场临时用电安全技术标准》（JGJ/T 46—2024）的有关规定。

（2）临时用电设备在 5 台以上或设备总容量在 50 kW 及以上者，应编制临时用电施工组织设计。

（3）临时用电设施、电线电缆、绝缘设备、变压器等宜采用带有"中国环保产品认证"标志的产品。施工现场用电宜接入国家电网，减少柴油发电机的使用，如需使用柴油发电机，应使用国 Ⅳ 标准柴油作燃料。

（4）施工现场临时用电工程专用的电源中性点直接接地的 220 V/380 V 三相四线制低压电力系统，必须符合以下规定。

①采用三级配电系统。

②采用 TN-S 接零保护系统。

③采用二级保护系统。

（5）电线架设应符合下列规定。

①架空线路宜避开施工作业面、作业棚，以及生活设施与器材堆放场地。

②架空线路边线无法避开在建工程（含脚手架）时，其安全距离应符合表 5.4 的规定。

表 5.4　外电架空线路边线与在建工程（含脚手架）外侧边缘间的安全距离

外电线路电压等级/kV	安全距离/m
<1	4
1~10	6
35~110	8
220	10
330~500	15

③施工现场的机动车道与外电架空线路交叉时，架空线路的最低点与路面的垂直安全距离应符合表 5.5 的规定。

表 5.5　施工现场的机动车道与外电架空线路交叉时的垂直安全距离

外电线路电压等级/kV	安全距离/m
<1	6
1~10	7
35	8

（6）铺设电缆线时应符合下列规定。

①施工现场开挖沟槽边缘与埋设电缆沟槽边缘的安全距离不得小于 0.5 m。

②地下埋设电缆应设防护管。

③架空铺设电缆应沿墙或电杆做绝缘固定。

④通往水上的岸电应用绝缘物架设，电缆线应留有余量。在作业过程中不得挤压、拉拽电缆线。

（7）水上或潮湿地带的电缆线必须绝缘良好并具有防水功能，电缆线接头必须经防水处理。

（8）每台用电设备必须独立设置开关箱。开关箱必须装设隔离开关、短路保护装置，以及过载、漏电保护器，严禁设置分路开关。配电箱、开关箱的电源进线端严禁用插头和插座做活动连接。

（9）配电箱及开关箱设置应符合下列规定。

①总配电箱应设在靠近电源的区域；分配电箱应设在用电设备或负荷相对集中的区域。开关箱与分配电箱的距离不得大于 30 m。开关箱应靠近用电设备，与其控制的固定式用电设备的水平距离不宜大于 3 m。

②动力配电箱与照明配电箱宜分别设置。合并设置的配电箱，其动力线路和照明线路应分路设置。

③配电箱、开关箱应装设在干燥、通风及常温场所，不得装设在存在瓦斯、烟气、潮气及其他有害介质的场所。

④配电箱、开关箱应选用专业厂家生产的定型、合格产品。

⑤固定式配电箱、开关箱应装设端正、牢固。移动式配电箱、开关箱应装设在坚固、稳定的支架上。

⑥配电箱、开关箱均编号配锁，标明负责人姓名、联系电话、使用部位，张贴安全警示标志牌，设专人负责管理。配电房（室）、变压器等固定电力设备均设安全防护屏障或网栅围栏，高度不低于 2.5 m，应设置明显的禁止、警告标志。

（10）遇临时停电、停工、检修或移动电气设备时，应关闭电源。

5.2.7　特种作业及特种设备

1. 电焊与气焊

（1）电工、焊接与热切割作业人员应按照有关规定经专业机构培训，并应取得相应的从业资格证书。

（2）电工、焊接与热切割作业人员应按规定正确佩戴、使用劳动防护用品。

（3）储存、搬运、使用氧气瓶、乙炔瓶除应符合《焊接与切割安全》（GB 9448—1999）的有关规定外，还应符合下列规定。

①气瓶、阀门、焊具、胶管等均不得沾染油脂，作业人员不得使用沾有油污的手套操作。

②压力表、安全阀、橡胶软管和回火防止器等均应定期校验或试验，标志应清晰。

③气瓶应稳固竖立或装在专用车（架）、固定装置上。

④气瓶与实际焊接或切割作业点的距离应大于 10 m，无法实现的应设置耐火屏障。

⑤在进行气割作业时，氧气瓶与乙炔瓶之间的距离不得小于 5 m，可参照图 5.5 实施。

⑥电、气焊作业点和气瓶存放点应按规定配备灭火器材。

（4）电焊机进出线处应设置防护罩。

（5）电焊钳的绝缘和隔热性能应满足要求，钳柄与导线应连接牢固，电缆芯线不得外露。

（6）电焊机应置于干燥、通风的位置；露天使用电焊机应设防雨、防潮装置；移动电焊机时应切断电源。

（7）不宜使用交流电焊机。使用交流电焊机时，除应在开关箱内装设一次侧漏电保护器外，还应安装二次侧空载降压触电保护器。

（8）储存过危险化学品的容器、设备、桶槽、管道、舱室等，动火前必须清洗，并经测爆合格。

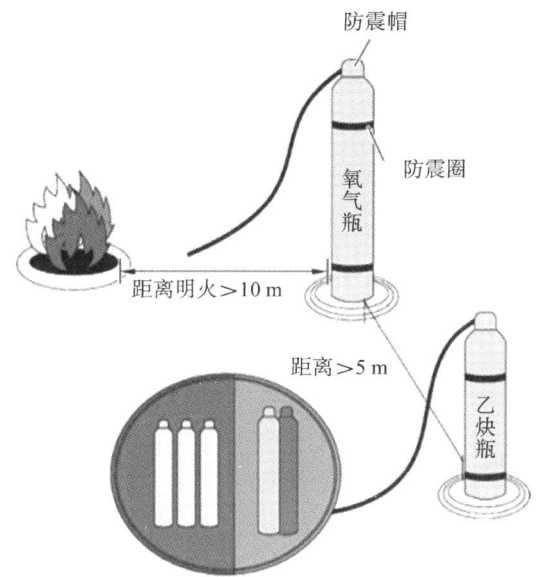

防震帽

氧气瓶

防震圈

距离明火＞10 m

距离＞5 m

乙炔瓶

图 5.5　氧气瓶与乙炔瓶放置示例

（9）在密闭空间内实施焊接及切割,相关电源应置于密闭空间外。

（10）在密闭空间进行焊接作业应设专人监护,并按照要求设置通风、绝缘、照明装置和应急救援装备。

（11）进行高处电焊、气割作业,作业区周围和下方应采取防火措施,按要求配备消防器材,并应设专人巡视。

（12）雨天严禁露天进行电焊作业。在潮湿区域,作业人员必须在干燥绝缘物体上进行焊接作业。

2. 起重吊装

（1）起重吊装应符合《建筑施工起重吊装工程安全技术规范》(JGJ 276—2012)、《起重机械安全规程　第 1 部分:总则》(GB/T 6067.1—2010)及《公路工程施工安全技术规范》(JTG F90—2015)的有关规定。

（2）起重机械司机、起重信号司索工、起重机械安装拆卸工应按照有关规定经专业机构培训,并应取得相应的从业资格证书。

（3）起重作业人员应穿防滑鞋、戴安全帽,高处作业时应按规定佩挂安全带。

（4）吊装作业应设警戒区,警戒区不得小于起吊物坠落影响范围。

（5）作业前应检查起重设备安全装置、钢丝绳、滑轮、吊索、卡环、地锚等。

（6）流动式起重设备通行的道路、作业场地应平整坚实,吊装前支腿应全部打开,并应按要求铺设垫木。

（7）高空吊装梁等大型构件应在构件两端设溜绳。

（8）吊装大、重、新结构构件和采用新的吊装工艺应先进行试吊。

（9）起重机与架空输电线的安全距离应满足本书"5.2.6 临时用电施工"的相关规定。当需要在小于规定的安全距离范围内进行作业时,必须采取严格的安全保护措施,并应按照相关规定经有关部门批准。

（10）双机抬吊宜选用同类型或性能相近的起重机，负载分配应合理，单机载荷不得超过额定起重量的80%。两机应协调起吊和就位，起吊应平稳、缓慢。

（11）缆索吊机系统施工应符合下列规定。

①吊塔、扣塔及相应索具、风缆、锚碇均应进行稳定性验算，安全系数应满足最不利工况要求。

②缆索吊机所用材料、设备等进场前，应进行验收，材料应无损伤、变形，强度、刚度应满足设计要求。主缆宜采用钢丝绳，安全系数不得小于3。

③吊塔、扣塔塔架前后及侧向应设置缆风索，缆风索安全系数应大于2。

④缆索吊机正式吊装前应分别按1.25倍设计荷载的静荷和1.1倍设计荷载的动荷进行起吊试验。

⑤塔架顶部应设置可靠的避雷装置；人员上下塔架应配备符合要求的电梯或爬梯，不得徒手攀爬。

（12）起重机严禁吊人；严禁斜拉、斜吊；严禁超载吊装；严禁吊装重量不明、埋于地下或黏结在地面的构件；吊起的构件上不得堆放或悬挂零星物件。

（13）作业人员严禁在已吊起的构件下或起重臂旋转范围内作业或通行。

（14）吊装作业临时固定工具应在永久固定连接稳固后拆除。

（15）雨、雪天气后，吊装前，应清理积水、积雪，并应采取防滑和防漏电措施，作业前应先试吊。

3. 高处作业

（1）高处作业应符合《建筑施工高处作业安全技术规范》（JGJ 80—2016）及《公路工程施工安全技术规范》（JTG F90—2015）的有关规定。

（2）高处作业不得同时上下交叉进行。

（3）高处作业下方警戒区设置应符合《高处作业分级》（GB/T 3608—2008）的有关规定。

（4）严禁将安全绳用作悬吊绳。严禁安全绳与悬吊绳共用连接器。新更换安全绳的规格及力学性能必须符合规定，并加设绳套。

（5）人行塔梯宜采用专业厂家生产的定型产品。人行塔梯安装应符合下列规定。

①顶部和各节平台应满铺防滑面板并牢固固定，四周应设置安全护栏。

②人行塔梯基础应稳固，四脚应垫平，并应与基础固定。

③塔梯连接螺栓应紧固，并应采取防退扣措施。

④人行塔梯高度超过5 m时应设连墙件。

⑤用电线路不宜装设在塔梯上，必须装设时，线路与塔体间应绝缘。

⑥人行塔梯通往作业面通道的两侧宜用钢丝网封闭。

（6）高处作业吊篮安装拆卸工应按照有关规定经专业机构培训，并应取得相应的从业资格证书。

（7）登高梯上端应固定，吊篮和临时工作台应绑扎牢靠，吊篮和工作台的脚手板必须铺平绑牢，严禁出现探头板。

（8）脚手架应设排水设施，遇洪水或大雨浸泡后，应重新检验脚手架基础。冻胀土基础应采取防冻胀措施。

（9）架子工应按照有关规定经专业机构培训，并应取得相应的从业资格证书。作业时应戴安全帽、穿防滑鞋、系安全带。

（10）高处作业现场所有可能坠落的物件均应预先撤除或固定。所存物料应堆放平稳，作业人员随身工具应装入工具袋,不得向下抛掷拆卸的物料。

4. 机械设备

(1) 工程建设中使用的非道路移动机械,必须满足相应排放标准的要求,达不到标准的必须采取污染控制措施,按规定应淘汰的机械要坚决淘汰,禁止进入工程现场。应按照相关要求,配合完成非道路移动机械环保编码登记工作。

(2) 现场各类机械设备应符合施工组织设计(方案)要求,证件齐全、状态良好。现场各类机械设备停放位置应合理规划、分区布置。非施工机械、车辆严禁放置于施工作业区域内。施工机械设备应安全可靠,运转正常,严禁带病作业。施工单位应定期对施工机械(具)设备进行检查维修、保养、清洗,及时清理油渍。

(3) 大型机械施工现场应严格执行一机一人专职防护制度,做到"五个一",即一机、一人(专职防护)、一本(机械施工日志)、一牌(机械设备标志牌)、一证(机械操作证)。每台机械都应悬挂机械设备标志牌。

①正在使用的机械设备应在醒目位置悬挂机械操作安全规定公示牌(即安全操作规程)。易发生机械伤害的场所、施工现场出入口应设置禁止和警示标志。

②机械作业人员进入施工现场作业前,应按设备操作规程进行检查。作业中严格遵守劳动纪律,不得酒后上岗或连续疲劳作业,应严格执行操作规程和相关安全规章制度,并做好设备使用、维护、保养记录。

③施工现场各类机具设备应定期检查。线缆接头应绑扎牢固,确保不漏油、不透水、不漏电。

④如挖掘机、装载机、吊车等机械作业范围内有高压线、管线等,应尽可能避免机械化作业或派专人指挥作业。挖掘机、装载机作业时,铲斗内、臂杆、履带和机棚上严禁载人,其回转范围内不得有人或机械通过。

⑤运输车辆防护应符合当地的相关规定。运输车辆不得超速、超载、超限,不得人货混载,驾驶室不得超定员搭乘。自卸式汽车翻斗内严禁载人。

⑥施工场地狭小,行人和机械作业繁忙地段应设临时交通指挥员。

⑦大型施工机械施工现场应做到"四严禁",即严禁使用没有制造资质的企业生产的设备;严禁由没有经过专业培训的人员进行大型机械操作;严禁施工现场大型机械违章施工作业;严禁大型机械带故障作业。

(4) 机械、车辆场地尽量选在荒地或植被稀少的地带,并不妨碍天然水系,场内不能积水。

(5) 机械、车辆维修保养在机械保养台进行,并回收废油,尽量减少油污对环境的影响。维修保养宜集中进行,所产生的含油污水集中处理。对固态浸油废物,施工过程中产生的废弃机具配件、包装物应单独收集、封装,运到垃圾场处理。

(6) 机械在不作业时应减少发动时间,并定期检查和更换尾气处理设施,减少空气污染。

5. 渣土物料运输车辆

(1) 各参建单位应依据合同和政府监管部门关于渣土物料运输车辆的相关要求,签订渣土物料运输车辆管理责任书,明确管理责任及管理目标。施工单位应对所使用的车辆建立动态管理台账,严禁使用手续、证照不全等不符合要求的车辆。

(2) 渣土物料运输车辆应严格落实施工现场车辆冲洗要求,出入工地现场应冲洗干净后方可上路行驶。渣土物料运输车辆确保100％密闭覆盖,防止抛撒遗漏物料污染路面,严禁超载、超速。运输作业按规定的路线和规定时段行驶,利用信息手段实现进出工地全程监控。

（3）运输车辆应安装倒车雷达（或倒车影像系统）和定位系统,实时监测及记录装料时间、到达现场时间、具体使用部位等信息。

（4）渣土物料运输企业应符合下列要求。

①具有合法的道路运输经营许可证、车辆行驶证。

②运输车辆具备厢体密闭功能,安装具有卫星定位功能的行驶记录仪等电子装置。

③拥有适度规模的自有运输车辆。

④具备符合条件的驾驶人员。

⑤具备健全的运输车辆营运、安全、质量、保养、管理制度。

（5）施工单位应与当地交警、渣土大队等部门建立针对本项目所使用的渣土物料运输车辆的联席检查制度,定期或不定期地对运输车辆手续、驾驶人员证照、行驶路线及时段等进行专项检查,确保渣土物料运输车辆的作业合法合规。

第6章　公路项目精细化施工与建设管理

6.1 公路项目精细化施工

6.1.1 路基工程

1. 基本要求

（1）路基工程开工前，应在全面理解设计要求和设计交底的基础上，进行现场调查和核对。项目建设管理单位组织设计单位、监理单位、施工单位和沿线的地方政府相关管理部门，对沿线厂矿企业、村镇及农业生产通行的跨线桥、通道、涵洞等进行核查，主要核查排水系统设计是否完善、合理，以及排水结构物的基础高程和走向，使全线的构造物满足功能要求，确保工程完工后不影响工程沿线地区的生产、生活。

（2）除图纸设计允许，在服务区、停车区、养护工区、收费站、互通立交、分离式路基两幅之间等范围内，严禁施工单位进行挖掘取土、弃料工作。

（3）路基施工应保证清表、上土、整平、压实等工序紧凑，施工过程中易扬尘作业区需配置足够数量的水车、雾炮车，采用湿法作业，确保现场无扬尘。

（4）路基施工应及时完善临时排水设施，修筑临时急流槽和排水沟，保证水路畅通，做到路基表面不积水，边坡不冲刷。路基排水应合理设置路线排水系统，及时排泄路基、路面水，不污染农田。道路边沟、桥梁、涵洞与原有水系有机结合，以优化天然水流，化弊为利。

（5）边坡防护未施工时，应采取临时绿化或覆盖措施，防止路基边坡渣土扬尘。

2. 清表作业

（1）路基用地范围内的树木、灌木丛等应在清表前砍伐或移植，砍伐的树木应堆放在路基用地之外，并妥善处理。路堑边坡开挖线至截水沟范围内的原生植被应予以保留。

（2）路基用地范围内及取土场的垃圾、有机物残渣、草皮、农作物的根系和表土应予以清除，并且有序集中地堆放在指定场地内。其中，表层耕植土应集中封存，供土地复耕和绿化使用。场地清理完成后，应全面进行填前碾压，使其压实度达到规定要求。

3. 拆除与挖掘

（1）所有指定为可利用的材料，有序堆置于指定区域。对于废弃材料，施工单位应按监理工程师的指示妥善处理。

（2）对于因拆除施工造成的坑穴，应回填并夯实，并达到规定的压实度。

4. 取土场施工

（1）取土场原地面属于耕地的，应先将种植土挖出堆置一边备用，工程完工后，用于恢复植被。

（2）取土时应做到边开采、边平整、边绿化，有计划取土，及时还耕，杜绝随意取土。

（3）由专人负责取（弃）土场管理，取土后的裸露地面应采取防护措施，取土场、复耕土存放处宜满足有关部门要求。

（4）取土场配置洒水车、雾炮车（湿法作业），每天定时给路面洒水；在车辆运输高峰期，视周边路面扬尘情况，随时增加洒水次数；雾炮车喷雾高度和距离要满足施工机械作业范围要求。

（5）取（弃）土场出口应参照本书"5.2.3 施工现场出入口及其附属设施设置"中"3.定型化车辆冲洗设备"的相关规定，安装定型化车辆冲洗设备，及时冲洗运输车辆，防止运输车辆轮胎将淤泥及其他污染物带到场地以外。

5．弃土场施工

（1）弃土场应符合设计要求并及时完成防护工程。

（2）路基弃土应堆放规则,按要求进行整平碾压,禁止随意堆放。弃土场应做好排水设施和场地清理工作,防止水土流失,并做好防护和绿化施工。

（3）弃土场的位置与高度应保证路堑边坡、山体和自身的稳定,不得影响附近建筑物、农田、水利设施、河道、交通和环境等。必要时应加设挡护和排水设施。

（4）弃土场应全部进行覆盖,有条件时采用绿植降尘,如能利用弃土,可用于绿化。及时对取(弃)土场内的装运散落物进行清理,控制场地内的运输车辆车速,避免车辆在行驶过程中产生扬尘。

6．路堑施工

（1）土质路堑根据现场实际情况,合理安排运土通道与开挖工作面的位置及施工次序,做到运土、排水、挖掘、防护互不干扰,以确保开挖顺利进行。严格按设计图纸进行施工,应开挖一级防护一级,避免开挖暴露时间过长,造成新病害。

（2）石方路堑应禁止使用大爆破施工方法,石方爆破开挖路基应以光面爆破、预裂爆破技术为主。软弱松散岩质路堑,宜采用分层开挖、分层防护和坡脚预加固技术。

（3）应确保所有爆破施工技术人员和现场操作人员均已完成岗前培训,并取得相应的资格证书后,方可进行爆破作业。

（4）施工中可以采用孔口覆盖沙袋或炮被的方式控制飞石。

（5）在爆破前要检查起爆网络、周边环境以及安全警戒设置情况,无问题后方可爆破。

（6）每次爆破完毕后,组织人员和机械进行爆破石方的清运,测量标高,高出设计标高的进行铲除,直到符合设计要求为止。

（7）边坡表面的破碎岩石要全部清除掉,按设计要求进行刷坡,开挖排水沟。

（8）不使用的爆破石渣应运至指定地点,按规定处理。如将石渣作为石方用于填筑路基,应设立二次破解区,在装车运输前应对不符合要求的石料进行二次或多次解小,达到填石路基对材料的要求后,方可运到填筑现场,严禁在路基填筑现场破解。石料破解时,应采用湿法作业。

7．路基填筑

（1）路基填筑应按照三阶段、四区段、八流程施工工艺进行。

三阶段:准备阶段、施工阶段、整修阶段。

四区段:填土区段、整平区段、碾压区段、检验区段。

八流程:测量放线、地基处理、分层填筑、摊铺平整、洒水晾晒、碾压密实、检查验收、路基整修。

（2）路基填方取料应根据设计要求,结合路基排水和当地土地规划、环境保护要求进行,不得任意挖取。对取料造成的裸露面,应采取临时绿化或覆盖措施。

（3）路堤填土压实宽度不得小于设计宽度,以保证修整路基边坡后的路基边缘有足够的压实度,提高边坡稳定性及防冲刷能力。

（4）填方作业应分层平行摊铺。严格实行划格上土、挂线施工、平地机整平工艺,每层填筑完成后,应设置分层牌进行标记。

8. 冲击碾压

(1) 冲击碾压时应及时洒水,防止扬尘,当土的含水量较低时,宜于前一天洒水湿润,可参照图 6.1 实施。

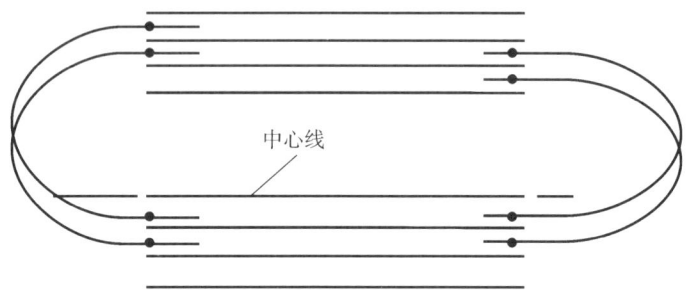

图 6.1 冲击碾压路线示例图

(2) 大面积施工时,每冲击 5 遍,应进行整平,用压路机静压一遍,改变冲压方向再行冲压。冲压时应注意冲击波峰,错峰压实。冲击碾压合格后应整平路基基底,以消除冲击碾压后路基基底形成的凸凹不平,用振动压路机微振使路基基底表面土层与下部土层紧密结合。检测压实度、沉降量及其他施工参数。

9. 结构物回填

(1) 大型机械设备碾压不到位的地方应用小型夯实机械压实,宜采用高速液压夯实机进行台背补强,桥头段路基填筑必须使用高速液压夯实机。

(2) 结构物回填前应在台背用油漆画好每一层的厚度标记线,分层回填压实。采用红白相间油漆,用数字标记层数(图 6.2),在台背回填完成后,每层应留有影像资料存档备查。

图 6.2 台背回填标记示例

10. 强夯

严禁在高压线下进行强夯作业,并加强安全生产防护措施。应采取隔振、防振措施消除强夯对邻近建筑物的有害影响。

11．道路加宽段路基施工

（1）加宽段拆除的隔离栅可重复利用的,应将拆除的隔离栅移至施工便道以外,在结构物的位置预留开口。根据便道设计宽度和临时排水设计要求确定隔离栅外移位置,如图6.3所示。

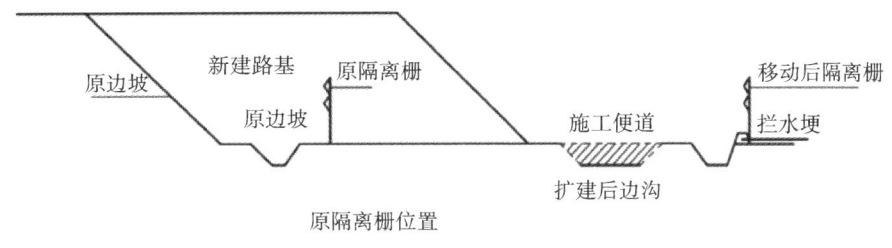

图 6.3　隔离栅外移示意图

（2）施工前对原路基边坡的防护预制块、坡脚广告牌、检查井、沿线标牌等需要拆移的设施,与相关单位协商办理相关拆除手续,经批复后即可大面积动工。

（3）填方路基拼接施工。

①土质路基应开挖台阶,开挖时要注意行车安全。设置导向设施,引导车辆尽量不靠近紧急停车带行驶,以免影响边坡稳定。

②避免老路基边坡开挖面长时间暴露,受到雨水冲刷。在雨季时对暴露地段进行覆盖。

③新旧路基结合部位,应参照台背回填施工工艺,采用高速液压夯实机进行补强。

（4）石方挖方路基加宽。

①应在需爆破的路堑上靠行车道一侧设置爆破防护墙,并加设双排脚手架和安全网进行防护,防止大量飞石滚入公路。

②在爆破开始和爆破位置邻近设施时,加强爆破振动监测,并及时将监测结果提供给现场工程技术人员,以便严格控制装药量,确保周围建（构）筑物的安全。

③爆破施工前应对周围环境进行调查,尽量不干扰主线交通,可以短时间封闭交通（30 min 以内）,不能对周围建（构）筑物产生破坏效应。

④加强防护、加固措施,将飞石控制在安全范围内,确保公路行车和人员安全、电力通信设施安全等。

12．边沟、排水沟、截水沟施工

（1）施工期间,永久性排水设施应与临时排水设施相结合,防止雨水冲刷。

（2）排水设施要求纵坡顺适,沟底平整,排水畅通。外观要求线形美观、顺适、圆滑。基础伸缩缝应与墙身伸缩缝对齐。砌体抹面应平整、压光、直顺,不得有裂缝、空鼓现象,可参照图6.4实施。

13．临时排水施工

（1）按照设计图纸,结合现场实际情况和沿线地方的意见与要求,对沟渠进行实地勘察,做好临时沟渠开挖及疏通,确保与原有沟渠相衔接。

（2）对已施工完成的圆管涵及过水箱涵与便道衔接的部位,在便道下方埋设混凝土管,与原有沟渠相结合,防止施工便道堵塞排水通道。

（3）路基顶面两侧设置挡水埂,同时在边坡用砖砌筑临时泄水槽,防止雨水冲刷路基及边坡,疏通

图 6.4　预制砌块排水沟示例

路基两侧临时排水沟,确保雨水能顺利流入既有河沟。

14．路肩施工

（1）公路路肩应保持线形平整、坚实,横坡适顺,排水顺畅。

（2）培土路肩应采用高速液压设备进行压实,确保压实度达到设计要求。施工时应采取措施避免渣土污染路面。施工完成后应及时采取绿化措施。

15．防护与支挡工程施工

（1）浆砌片石坡面防护。

①坡面应平整密实、线形顺适,局部有凹陷处,应挖台阶后用与墙身相同的圬工找平,不可回填土石或干砌片石。施工时,应立杆挂线或用样板控制水平与高程,并经常复核,以保持线形顺适、砌体平整。

②砌筑石料表面应干净,无风化、裂缝和其他缺陷。砌筑时应平铺卧砌,石料的大面朝下,坡脚、坡顶等外露面应选用较大的石块砌筑,并加以修整。

（2）预制块坡面防护。

①开挖预制块护坡基础时,要挂线施工,保证开挖沟槽底部平顺、线形顺直。底部夯实后,按设计要求铺设垫层。预制块搬运时不得沿边坡滚落,防止损坏已完成的沟槽及其他已施工完毕的防护工程。预制块安装时,自下而上进行,保证曲线圆顺,边棱整齐,排列有序,四周回填密实。

②预制块基槽底部和后背填料应夯实,安装时注意线形和高程的调整,做到安砌稳固、顶面平整、缝宽均匀、线条直顺、曲线圆滑美观,完工后及时做好现场清理工作。空心预制块安装完成后应及时进行回填土、绿化及美化等工作。

（3）喷播植草防护。

①喷植前应修好天沟等排水设施,修整坡面,嵌补凹槽、坑洼,准备好喷混材料等。喷混材料由黏土、谷壳、锯末及复合肥等拌和,应随拌随喷。黏土要先放在搅拌机中预拌,粉碎成粉状,达到要求后,再加草籽和复合肥,拌和均匀。

②护坡喷植后,进行不少于 20 d 的喷（洒）水养护,使喷植护坡始终保持湿润,促使草籽发芽、生长。

16．路基整修

（1）应撒白灰标示出路堤两侧超填宽度,路基顶面纵横向高程可采用设置厚度控制墩法控制,可参照图 6.5 实施。

（2）为有效提高边坡的压实度,稳定边坡,宜采用高速液压振动平板夯实机对边坡进行夯实,可参照图 6.6 实施。

（3）边沟整修应挂线进行,各种水沟的纵坡、断面尺寸应用仪器、工具控制,按设计图纸要求对各种边沟的纵坡进行检查,采用人工进行整修,使沟底平整、排水通畅,不得随意用土填补沟面缺损或坑洼。

（4）进行涵洞洞内清理,涵洞进出水口施工应完善、排水顺畅。

（5）路堑边沟施工完成后,应对碎落台进行填土整平,按设计要求进行绿化。

图 6.5　路基整修厚度控制墩示例

图 6.6　边坡夯实施工示例

（6）路基整修完毕后,对路基范围内的废土料应予以清除。

6.1.2　路面工程

1. 基本要求

（1）推行沥青面层"零污染"施工理念,科学安排附属工程与路面工程的交叉施工顺序,禁止在已铺设的沥青面层上拌和砂浆,直接堆放建筑材料、倾倒泥土、修理机械设备等。沥青摊铺时,应对路侧护栏、路缘石、标志立柱等设施采取防护措施,避免造成污染。

（2）科学的施工组织和工期安排是确保路面施工质量的重要保障。路面工程工期必须服从于质量、施工环境温度、材料准备等相关要求,不得随意提前。

（3）路面结构层施工前应采用人工或机械对下承层浮浆及杂物进行清理,边清理边洒水降尘。必要时用水冲刷,对于被水泥等污染冲刷不掉的局部区域,应用人工将表面水泥砂浆凿除。下承层经检查验收合格后,方可进行该结构层施工。

2. 混合料运输要求

（1）运输车辆在每天使用前后,要检验其完好性,装料前应将车厢清洗干净。运输沥青混合料的车辆应涂抹适量的隔离剂。

（2）运料车进入摊铺现场时,应按照本书"5.2.7 特种作业及特种设备"中"5.渣土物料运输车辆"的相关要求,由定型化车辆冲洗设备进行冲洗,不得污染路面。

（3）水泥稳定碎石混合料运料车应采取覆盖措施防止洒漏;沥青混合料运料车应采用厚棉毯或棉被覆盖严密,车厢板两侧也应全部包裹保温材料,卸料过程中宜继续覆盖直到卸料结束;运料车车厢侧面应加装保温层,确保混合料温度稳定。

（4）运输到摊铺现场的沥青混合料,如温度不符合要求或遭雨淋,应进行废弃处理。

（5）运输车辆应按照本书"5.2.7 特种作业及特种设备"中"5.渣土物料运输车辆"的相关要求,安装倒车雷达（或倒车影像系统）和定位系统,实时监测和记录装料时间、到达现场时间、使用部位等信息,加强混合料管理。

3. 水泥稳定碎石基层(底基层)施工

(1)水泥稳定碎石碾压段必须层次分明,设置"初压""复压""终压"等明显的分界标志。

(2)水泥稳定碎石混合料摊铺时,应连续作业,如因故中断时间超过2 h,则应设横缝。当天已施工部分与第二天开工处的接头断面也要设置横缝。

(3)在养护期间应封闭交通。用洒水车洒水养护时,洒水车的喷头要用喷雾式,不得用高压式,以免破坏基层结构。每天洒水次数应视天气而定,整个养护期间应始终保持水泥稳定碎石基层表面湿润。

4. 透层、封层、黏层施工

(1)透层、封层、黏层施工应采用智能型沥青洒布车均匀洒布。

(2)结构物与沥青层接触部位,必须注意保护结构物不受污染。

(3)喷洒透层、封层、黏层后,应严格封闭交通,防止层间污染。

5. 热拌沥青混合料面层施工

(1)桥头处中面层和下面层摊铺前,中央分隔带、路肩外侧直线段宜每10 m设一个边桩,平曲线段宜每5 m设一个边桩。在中央分隔带、路肩外边缘设置中、上面层指示标志,明显标记施工桩号,用白灰标出各结构层的边缘线。

(2)中央分隔带路缘石应在摊铺面层前完工,并覆盖塑料薄膜等保护,防止沥青污染。铺筑时应在靠近路缘石位置适量多铺混合料,并确保该处沥青混合料的压实度。

(3)在当天碾压完成的沥青面层上,不得停放压路机及其他施工设备,并防止矿料、油料和杂物散落在沥青面层上。

(4)碾压现场应设专岗对碾压温度、碾压工艺进行管理和检查,做到不漏压、不超压。初压、复压、终压段应设置明显标志。

6. 路缘石施工

(1)严格路缘石原材料进场检验工作,尺寸大小不一、色泽不统一、偏差较大的路缘石严禁进场使用。

(2)路缘石施工所用材料应分类摆放整齐,砂石材料在路面上堆积前应采用防水土工布进行铺垫,并且铺垫面积不小于材料堆积面积的2倍,对散落在路面上的零星砂、土等污染物,及时采用高压清洗车冲洗清理。

(3)路缘石安装前,应按设计测设路缘石边线,并在直线部分撒布灰线。用开槽机沿撒布灰线开槽,开槽时由专人指挥,开槽产生的废料及时清理。

7. 路缘石安装规定

(1)路缘石安装时分别在边部至少铺设横向4 m宽、纵向满铺的防水土工布,避免砂浆或混凝土直接污染路面。

(2)安装时先确定好泄水槽开口位置,以泄水槽开口处为起点向一侧安装,避免出现路缘石断头现象。先安装端头异形路缘石,确定好位置,以端头为起点向另一侧安装,便于调整线形,用施工线控制路缘石的顺直度,再用水平尺进行检查。路缘石砌筑应平顺,相邻花岗岩路缘石缝用2 mm厚的塑料板控制,相邻路缘石的缝隙应均匀一致,路缘石与路面之间无缝隙、不漏水。

(3)路缘石安装后必须再挂线调整顺直、圆滑、平整,对路缘石进行平面及高程检测,每20 m检测一点,当平面及高程超过标准时应进行调整。

（4）混凝土浇筑前,清理基底表面杂物,并适当洒水,采用人工振捣密实。

（5）路缘石安装完毕后,安排专人及时清理施工产生的废料。

6.1.3　桥梁工程

1. 基本要求

（1）桥梁施工现场应统一规划、合理布局,并绘制桥梁分段（孔）平面布置图。

（2）应在施工现场的醒目位置布置统一制作的标牌、标语。具体来说,驻地、场站、重要段落、桥梁、隧道等施工区域宜采用封闭式管理,应在适宜位置采用宣传栏的形式,设置工程简介、扬尘污染防治、文明施工、安全管理、质量管理、廉政建设等专题宣传栏。

（3）桥梁工程交工前,应及时对临时辅助设施、临时用地和弃土等进行处理,做到工完场清,符合环保要求。

2. 基础工程施工

（1）基础工程施工前应调查地面、地下建（构）筑物及各种管线,确定其位置并设置明显标志,必要时应拆移或采取相应保护措施,并应保证施工作业不危及各种设施及地下管线的安全。

（2）桩基机械作业区域应平整坚实,水上作业平台搭设应牢固,设备应安装稳固。施工前应划定作业区并设立警示标志,非工作人员未经批准不得入内。操作人员登高检查或维修设备时应配齐安全防护设施。

（3）钻机运行中作业人员必须位于安全位置,严禁靠近或触摸钻杆。钻具悬空时下方严禁站人。施工过程中严禁人员进入孔内作业。发生塌孔和护筒周围冒浆等事故时应立即停钻。钻机有倒塌危险时必须立即将人员撤至安全位置,经技术处理并确认安全后方可重新作业。

（4）制浆池、储浆池和沉淀池周围应采用安全防护栏杆围挡并悬挂安全标志。

（5）基础施工期间,在挖土、吊运、绑扎钢筋、浇筑混凝土等施工作业中,严禁碰撞支撑、任意拆除支撑、任意在支撑上进行电焊及切割作业、在支撑上搁置重物。

（6）钻孔泥浆的原料宜选用性能合格的黏土或其他符合环保要求的材料,水上钻孔施工应配备专用的泥浆船或泥浆输送管泵,应采取有效措施防止泥浆外溢污染环境,钻渣应外运到指定弃土区域存放,不得随意排放。

（7）制浆池、泥浆池、沉淀池废弃后应及时处理,恢复地表原样。水中围堰内的开挖土方应外运至指定区域,不得随意排入水体。基础施工完成后,应尽快将周边的泥浆、渣土清除干净,恢复河床原貌。

3. 下部构造施工

（1）施工单位应在施工现场桥墩（台）的周围设立警戒线,禁止非施工人员未经批准进入施工区域。专职安全人员应在施工现场进行巡查,防止发生安全事故。

（2）墩柱、台身编号。每个墩、台施工完成后应及时进行编号,并在靠便道一侧的墩、台身上进行标注。沿路线里程增长方向自起点桥台、墩身到终点桥台、墩身,按照 0、1、2、3……的顺序进行编号。墩、台身上编号的外圈直径应为 400 mm,中文字体为宋体,规格为 100 mm×150 mm,白底蓝字。如采用反光贴纸,一般粘贴在离地面 2.5 m 处（可根据桥梁高度适当调整）。

4. 上部构造施工

（1）预制梁板张拉台座两端头应设置防护挡墙,防止张拉滑丝造成伤人。张拉时严禁施工人员及闲杂人员横穿台座,严禁施工操作人员站在千斤顶前面。

(2)采用固定格式将梁板编号、浇筑日期等信息喷绘于每片梁板表面的合适位置。

(3)在堆放预制梁板时应将垫木放在支座位置处,一般可堆放2~3层,多层堆放时应将垫木放置平稳,每层均放置在支座位置处,可参照图6.7实施。

图6.7 预制梁堆放示例

5.桥梁附属工程施工

(1)混凝土防撞护栏外观质量应符合下列要求。

①防撞护栏的顶面和接缝处不得有开裂现象,对错台、平整度、外观质量等问题应及时处理,并应保证色泽一致。

②防撞护栏的线形,直线段应顺直,曲线段弧形应圆顺,无折线与死弯。顶面应平顺美观、高度一致。

(2)混凝土防撞护栏施工外观质量应符合下列要求。

①放样时对于直线段,宜不超过10 m测1个护栏内边缘点,曲线段应根据实际计算确定,并应根据放样点弹出护栏内边线,立模时可根据该线进行微调,保证护栏线形顺畅。

②护栏的高程如以桥面调平层作为控制基准面,在护栏施工之前,应对桥面调平层进行检验,在保证护栏竖直度的同时,保证其顶面高程准确。

③应经常复核放样基准点,防止其移位、消失。

(3)模板安装应符合下列要求。

①模板安装应符合下文"6.支架及模板工程施工"的相关规定。

②应采用整体式钢模,具有足够的强度和刚度。模板交角处宜进行倒圆角处理,使其线形平顺。单片模板长度设计应综合考虑桥面竖曲线及梁体上拱等因素,使施工缝间距均匀、一致、美观,并有利于断缝的设置,以保证纵向线形顺适。

③护栏模板的安装应按模板试拼的编号进行,模板之间的接缝宜采用双面胶粘贴,模板与桥面之间的接缝宜采用橡胶条等材料进行填缝。

④应按照设计位置设置断缝。断缝宜采用易于拆除的夹板断开。

⑤混凝土浇筑。混凝土浇筑至顶面时,应派专人按控制高程准确抹平,并做二次压平收光处理,保证护栏成型后,顶面光洁、线形顺畅。

⑥防撞护栏施工时应注意是否需要预留横向泄水孔,并应控制好泄水孔、进水孔高程,既保证桥面排水,又保证路面结构内部排水通畅。

(4) 伸缩缝施工应符合下列要求。

①梁端间隙过大时,必须采取有效补救措施进行处理,避免伸缩装置架空;梁端间隙过小时,应凿除多余混凝土,保证伸缩装置受力正常。

②每道伸缩缝安装前,施工单位应将伸缩缝内的垃圾清理干净,并经监理工程师验收。施工完成后,监理工程师应组织检查每条伸缩缝是否彻底清理干净,并留存检查记录及影像资料。

6. 支架及模板工程施工

(1) 支架支撑体系施工应符合下列规定。

①支架基础应根据所受荷载、搭设高度、搭设场地地质条件等情况进行设计及验算。

②支架基础的场地应设排水设施,遇洪水或大雨浸泡后,应重新检验支架基础、验算支架受力情况。冻胀土基础应有防冻胀措施。

③支架基础施工后、支架安装完成后均应检查验收。

④支架使用前应预压。预压荷载应为支架需承受的全部荷载的 $1.05 \sim 1.10$ 倍。

⑤预压加载、卸载应按预压方案要求实施,使用沙(土)袋预压时应采取防雨措施。

⑥支架应设置可靠的接地装置。

(2) 桩、柱、梁式支架施工应符合下列规定。

①钢管桩的承载力应满足要求。

②纵梁之间应设置安全可靠的横向连接。

③搭设完成后应检查验收。

④跨通行道路时,应按照现行《道路交通标志和标线》(GB 5768)系列标准的要求设置交通标志。

⑤跨通航水域时,应设置号灯、号型。

⑥跨通行道路、通航水域的支架应根据道路、水域通行情况设置防撞设施。

(3) 模板加工制作应符合下列规定。

①模板应进行专门设计,并应具有足够的强度和刚度。外露混凝土面的模板应表面光洁、平整。模板板面之间应平整,接缝严密,不漏浆,保证结构物外露面平整美观,线条顺直。

②预制梁板施工宜采用钢制定型模板。钢模板进场前应进行试拼装,验收合格后用油漆标记拼装序号。安装前应抛光打磨,清除污垢,涂刷脱模剂。应采用专用脱模剂或经试验验证效果较好的脱模剂,同一结构宜采用同一品种的脱模剂,不得使用废机油及其混合物,不得污染钢筋及混凝土的施工缝。

③模板所用材料应堆放稳固,模板堆放高度不宜超过 2 m。

④模板应按设计方案设置纵、横、斜向支撑和水平拉杆,拉杆不得焊接。

⑤大型钢模板应设置工作平台和爬梯。工作平台应设置防护栏杆,挡脚板和限载标志。

(4) 模板安装应符合下列规定。

①吊装模板前应检查模板和吊点。吊装应设专人指挥,模板未固定前,不得实施下道工序。

②模板安装使用的对拉杆应外套 PVC 管,便于对拉杆拆卸和重复使用。模板开孔时应采用机械钻孔且应布置规则、整齐,不得采用焊割或氧割。有条件时宜采用锥形螺母对拉杆。

③墩柱、桥台、盖梁、预制梁板、护栏等外露混凝土构件,宜在其模板表面粘贴混凝土透水模板布,以

减少混凝土表面气泡、砂线、砂斑,同时提高混凝土的表面强度和耐磨性。

④模板安装就位后,应立即支撑和固定。支撑和固定未完成前,不得升降或移动吊钩。

⑤模板应按设计要求准确就位,且不宜与脚手架连接。

⑥模板安装完成后节点联系应牢固。

⑦在基准面以上 2 m 安装模板应搭设脚手架或施工平台。

(5)模板、支架拆除应符合下列规定。

①模板、支架的拆除期限和拆除程序等应按施工组织设计和施工方案的要求进行,危险性较大的工程的模板、支架拆除尚应遵守专项施工方案的要求。

②模板、支架的拆除应遵循先拆非承重模板后拆承重模板、自上而下、分层分段拆除的顺序和原则。

③承重模板应横向同时、纵向对称均衡卸落。

④简支梁、连续梁结构模板宜从跨中向支座方向依次循环卸落;悬臂梁结构模板宜从悬臂端开始顺序卸落。

⑤承重模板、支架,应在混凝土强度达到设计要求后拆除。

⑥模板、支架的拆除应设立警戒区,非作业人员不得进入。

⑦拆除人员应使用稳固的登高工具及防护用品。

(6)模板存放应符合下列规定。

①模板存放场地应坚实平整。

②大型模板应存放在专用模板架内或卧倒平放,不得直接靠在其他模板或构件上。特型模板应存放在专用模板架内。

③突风频发区或台风到来前,存放的大型模板应采取加固措施。

④清理模板或刷脱模剂时,模板应支撑牢固,两片模板间应留有空间足够的人行通道。

7.钢筋工程施工

(1)钢筋加工机械所有转动部件应有防护罩。

(2)钢筋冷弯作业时,弯曲钢筋的作业半径内和机身不设固定销的一侧不得站人或通行。

(3)钢筋冷拉作业区两端应装设防护挡板,冷拉钢筋卷扬机置于视线良好的位置,并应设置地锚。钢筋或牵引钢丝两侧 3 m 内及冷拉线两端不得站人或通行。

(4)钢筋对焊机应安装在室内或防雨棚内,并应设可靠的接地、接零装置。多台并列安装的对焊机的间距不得小于 3 m。对焊作业闪光区四周应设置挡板。

(5)钢筋骨架的作业高度超过 2 m 应设置脚手架或作业平台,钢筋骨架应有足够的稳定性。

(6)吊运预绑钢筋骨架或成捆钢筋应确定吊点的数量、位置和捆绑方法,不得单点起吊。

(7)在作业平台等临时设施上存放钢筋时不得超载。

(8)钢筋统一制作、机械化加工,提高钢筋安装质量,重视钢筋保护层控制,以保证结构的安全性和耐久性。

8.混凝土工程施工

(1)混凝土浇筑的顺序、速度应符合施工方案的要求,不得随意更改。

(2)采用吊斗灌注混凝土,应设专人指挥起吊、运送、卸料,人员、车辆不得在吊斗下停留或通行,不得攀爬吊斗。

（3）泵送混凝土应符合下列规定。

①混凝土输送泵应安装稳固，管道布设应平顺，安装应固定牢靠，接头和卡箍应密封、紧固。

②泵送前应检查泵送和布料系统。首次泵送前应进行管道耐压试验。泵送混凝土时，操作人员应随时监视各种仪表和指示灯，发现异常应立即停机检查。

③输送泵出料软管应设专人牵引、移动，布料臂下不得站人。

④混凝土输送管道接头拆卸前，应释放输送管道内剩余压力。

⑤清理管道时应设警戒区，管道出口端前方 10 m 内不得站人。

⑥混凝土浇筑过程中应检查模板、支架、钢筋骨架的稳定、变形情况，发现异常，应立即停止作业，并应整修加固。

（4）混凝土振捣应符合下列规定。

①检修或作业停止，应切断电源。

②不得用电缆线、软管拖拉或吊挂振捣器。

③装置振捣器的构件模板应坚固牢靠。

（5）混凝土养护应符合下列规定。

①覆盖养护时，预留孔洞周围应设置安全护栏或盖板，并应设置安全警示标志，不得随意挪动。

②洒水养护时，应避开配电箱和周围电气设备。

③蒸汽、电热养护时，应设围栏和安全警示标志，并应配置足够、适用的消防器材，非作业人员不得进入养护区域。

④桥台、墩柱、盖梁等下部结构拆模后应立即采用塑料薄膜将立柱包裹，并采取墩顶滴灌或自动化喷淋等方式进行养护。

9．新旧结构物衔接施工

（1）如需再利用拼宽桥梁的原结构构件，在拆除原有结构护墙（栏）、外侧边板翼缘及植筋时，应采取可靠措施确保原有结构的完好性与受力性能。

（2）在施工中应采取措施减少加宽部分桥梁桩基的沉降，桩基沉淀层厚度不应太大。对于沉淀层厚度偏大，超出设计范围的桩基，可采用桩底后压浆技术进行桩底补强，以减少结构的沉降。

（3）拼宽桥梁加宽部分建成后，应暂时放置，待新桥收缩、徐变基本完成后，再进行新、旧桥连接处湿接缝的浇筑，以减小新桥沉降、温度收缩等对原桥的影响。在条件允许的情况下，可以在新旧梁体钢筋焊接前，对新桥结构进行荷载预压，以减少非弹性变形对拼接部分的影响。

（4）除严格控制桩基桩底沉渣厚度和上部拼接时间外，还应注重施工过程中的沉降观测。

（5）新、旧桥湿接缝连接处，原桥外侧梁板植筋和拼接处，梁板预埋钢筋的外露部分需做好防锈处理，以防止由于施工周期过长，钢筋锈蚀，影响结构的耐久性。

（6）用于湿接缝浇筑的补偿收缩钢纤维混凝土，施工前应做配合比试验，控制掺量及膨胀率，以保证桥梁在施工、运营状态下结合面不出现收缩裂缝。

（7）如加宽桥面拼接处的钢筋较密，施工时应适当调整混凝土配合比。粗集料最大粒径不宜过大，并改进振捣措施，保证混凝土浇筑质量。混凝土浇筑完成后，要加强混凝土的日常养护，防止混凝土因养护不当产生收缩开裂。

（8）拼接施工完成后，待湿接缝达到强度后需二次观测新桥的沉降，并检查拼接部位有无异常情况,应特别注意监控裂缝出现的情况。

6.1.4 隧道工程

1. 施工准备

(1)在隧道施工准备阶段应重点进行施工调查、设计文件现场核对、施工方案选择及资源配置、施工作业指导书编制、施工技术交底、工地建设等相关工作。积极应用BIM、大数据等现代信息技术,落实全生命周期理念,提升公路隧道设计、建设和运维水平,推动建设管理智能化进程。

(2)对于长大隧道,地质或水文地质条件复杂、结构受力以及施工环境复杂的隧道,施工单位应根据交通运输部相关要求开展隧道施工安全风险评估工作,并制定各项应急保障预案。

(3)工程开工前,应委托有资质的单位开展超前地质预报。执行"第三方"预报的隧道不能免除施工单位应承担的责任。

2. 施工场地布置

(1)施工单位应根据施工规模、技术标准和有关要求进行施工场地规划、驻地建设、拌和站和工地试验室建设,并通过项目建设管理单位组织的专项验收。隧道临建场地布置一般要求见表6.1。

表 6.1 隧道临建场地布置一般要求

序号		布 置 要 求
1	总体布置	隧道临建场地上的房屋不得侵入行车道,方向尽量与线路方向平行或垂直
2	隧道临建场地处理	采用的混凝土等级不低于 C20,硬化厚度不小于 20 cm,确保施工期间不翻浆、冒泥
3	空压机房及配电房	空压机的数量根据施工需要确定,摆放间距为 1.0～1.2 m,采用半开放式房屋,顶部设弧形雨棚。高压、低压电力线路及配电房、变压器和通信线路应统一布置、及早建成,并结合运营期相关要求尽量做到永临结合
4	隧道临建材料库房及试验室	隧道临建场地如需设置材料库房、试验室,尽量靠近钢材存放及加工房和混凝土运输路线,便于及时抽检材料和取样
5	钢材存放及加工房	钢材存放与加工房设置在一处,并做好分区管理,采用封闭式房屋,其长、高、宽尺寸满足施工及钢材存放需要
6	现场会议室	隧道洞口离项目部较远时,在施工现场设会议室;会议室的面积不小于 40 m²,具有良好的隔音效果
7	洞口值班室	洞口值班室设在隧道洞口,采用集装箱式房屋、彩钢板房或砖混结构房屋,面积不小于 10 m²,只作值班使用,不可住人
8	洞口宣传	设置洞口宣传设施,如进洞须知、工程简介、施工总平面布置图、安全保证体系、质量保证体系、施工环保水土保持体系、隧道形象进度图(可在室内布置)、三方建设理念、质监举报电话牌、工程创优牌、文明施工牌、政务公开牌、现场责任人及职责公示牌等,可根据需要独立或连排设置。若连排设置,其长度和高度需结合现场条件确定,应美观大方。洞顶及洞口间宣传设施视情况设置

（2）施工场地布置必须编制专项规划方案,上报监理工程师和项目建设管理单位审批,批复后实施,建成后应通过监理工程师组织的专项验收。

（3）在隧道洞口靠近值班室一侧应设置电动升降栏杆和入场人员专用通道。隧道洞口外设置可360°旋转拍摄的摄像机。隧道平台处设置电子显示屏,实时反映隧道内工作状态。

（4）建立进洞人员登记制度。施工单位应采用先进的隧道施工人员门禁、考勤、定位和视频监控系统等,并在洞口设专人负责进出人员登记,材料、设备与爆破器材进出隧道记录和安全监控等工作。

（5）隧道施工应建立洞内外通信联络系统。

（6）隧道洞口应设置专门的应急救援设施材料库房。隧道开挖掘进后,应按照要求安装逃生通道,并配备紧急逃生物资。

3. 通风要求

（1）隧道通风设备应纳入正常工序管理,设专人负责管理。

（2）压风站应在洞口旁边选址修建,并宜靠近变电站,应有防水、降温、保温和防雷击等设施。

（3）压风站供风能力须满足隧道正常施工需要,供风管路布置应尽量避免压力损失,保证工作面使用风压满足要求。

（4）通风机应装有保险装置,发生故障时应自动停机。

（5）通风管沿线应每 50～100 m 设立警示标志或色灯。

（6）通风管安装作业台架应稳定牢固,并经验收合格。

（7）主风机停止运转时,受影响的工作面应停止工作。

4. 供水要求

（1）隧道供水设备应纳入正常工序管理,设专人负责管理。

（2）施工单位在施工期间,应按施工和生活用水的有关标准,确保施工和生活用水设施的提供、安装、保养,保障供水满足施工与生活需要。

5. 供电要求

隧道供电设备应纳入正常工序管理,设专人负责管理。隧道施工临时用电除应符合本书"5.2.6 临时用电施工"的相关要求外,还应满足以下要求。

（1）对于短隧道应采用"高压至洞口,再低压进洞"方式敷设供电线路;长隧道及特长隧道应考虑将高、中压线路敷设至洞内,以满足施工需要。施工过程中应保证用电的可靠性,应有备用发电系统,以满足停电等应急情况下的施工用电需求。

（2）洞内变电站应设置在干燥的紧急停车带或施工时较少使用的横通道内,变压器与周围及上下洞壁的最小距离不得小于 300 mm,同时应按规定设置灯光、轮廓标等安全防护设施。洞内高压变电站的布局间距宜为 1000 m,采用由变电站分别向相反两个方向供电的方式,每一方向的供电距离宜控制在 500 m 以内,以优化供电可靠性并降低线路损耗。洞内高压变电站应采用井下高压配电装置或相同电压等级的油开关柜,不应使用跌落式熔断器,并应有防尘措施。

（3）成洞地段的固定供电线路应采用绝缘良好的胶皮线架设;施工地段的临时供电线应采用橡套电缆;有瓦斯地段的输电线必须使用密封电缆,不得使用胶皮线;存在涌水的隧道的电动排水设备应采用双回路输电,并有可靠的切换装置;动力干线上每一分支线必须装设开关及保险装置;严禁在动力线路上加挂照明设施。

6. 排水及污水处理

（1）应在隧道洞口两侧设置混凝土或浆砌排水沟排出隧道内污水，尺寸满足排水需要（必须考虑雨季降水的影响）。排水沟内的污水经涵管横穿路基汇于集水井后排入污水处理池。

（2）污水处理不少于3级沉淀，污水处理池采用混凝土、浆砌或砖混结构，施工期间应不倒塌、不渗漏。污水沉淀达标后方可排放。

7. 监控量测

（1）采用复合式衬砌的隧道，必须将现场监控量测项目列入施工组织设计，在施工中认真实施。施工单位、设计单位、监理单位必须紧密配合，分析各项监控量测信息，确认或修正设计参数。

（2）隧道开工前，应根据设计要求，并结合隧道规模、地形地质条件、施工方法、支护类型和参数、工期安排，以及所确定的量测目的等制订施工全过程量测方案。

（3）施工单位应具有实施监控量测的工作能力，对地质条件和周边环境复杂的隧道、长大隧道，可委托有经验的专业化队伍实施监控量测。执行"第三方"监测的隧道不能免除施工单位应承担的责任。

8. 洞口及明洞工程施工

（1）积极推广"零开挖"进洞理念，遵循"早进洞、晚出洞"施工原则。尽量避免对山体大挖大刷，可适当延长明洞和隧道的长度；禁止砍伐、破坏隧道洞顶截水沟以内植被，尽可能保护分离式隧道中间山体和连拱隧道中导洞开挖时两侧山体，维护原有的生态地貌，洞门应力求与自然环境、人文景观相协调。

（2）洞口施工应减少仰坡开挖高度，保护生态环境，减少植被破坏。

（3）洞口土石方施工宜避开降雨期。如确需在雨季施工，应制订严密的施工方案和防护措施。同时应加强对山坡稳定情况的监测和检查。

（4）洞口边坡、仰坡土石方的开挖应减少对岩、土体的扰动，严禁采用大爆破方式；要清除或加固边坡和仰坡上可能滑塌的表土、灌木以及边坡和仰坡上的浮石、危石，坡面凹凸不平的应整修平顺。

（5）应在进洞前按设计要求对地表及仰坡进行加固、防护；在松软地层开挖边坡和仰坡时，宜随挖随支护，随时监测、检查山坡的稳定情况。当洞口可能出现地层滑坡、崩塌时，应采取地表砂浆锚杆、地表注浆、预应力锚杆（索）等措施稳定边坡，确保施工安全。

（6）偏压洞口施工应在做好支挡、反压回填等工作后再开挖；开挖方法应结合偏压地形情况选定，不得因人为因素加剧偏压。

（7）隧道洞口邻近建（构）筑物时，应采取微振控制爆破方式施工，应对建筑物下沉、倾斜、裂缝以及振动等情况做必要的监测。

（8）洞口边坡、仰坡的排水系统应及时完成。隧道排水应与洞外排水系统合理连接，避免水流侵蚀软化隧道和明洞基础，以及冲刷洞口前路基边坡、桥涵锥坡等设施。

（9）洞口仰坡上方洞身范围内禁止修建施工用水池，边坡、仰坡上方不得堆置弃土、石方。

（10）洞口段初期支护应全周尽早闭合，尽量抑制围岩松动。

（11）洞口邻近交通道路时，应采取确保道路通行安全的防护和加固措施，并应对道路沉降、边坡稳定等进行监测。

9. 排水工程施工

（1）洞外排水工程包括边坡和仰坡外的截水沟、排水沟和洞口排水沟、涵管等。

（2）边坡、仰坡外的截水沟或排水沟应于洞口土石方开挖前完成，防止地面水冲刷，导致边坡、仰坡落石、塌方。截水沟及排水沟的上游进水口应与原地面衔接紧密或略低于原地面，下游出水口应妥善地引入排水系统。

（3）边坡、仰坡以外的山体表面如有坑洼积水，应按设计要求予以处理；但不得用土石方填筑，以免土石方流失堵塞排水沟渠，影响洞口安全。

（4）路堑两侧边沟应与排水设施妥善连接，保障排水畅通。

10. 洞口工程

（1）隧道洞口设计应尽可能减弱人工痕迹，洞口应与自然景观相协调。可适当在洞口种植高大树木，降低洞口亮度，使洞内外光线明暗过渡自然。

（2）洞门基础开挖应注意基坑的支护，基础必须置于稳固的地基上，地基承载力满足设计要求。应做好防水、排水工作，防止基底被水浸泡。基坑废渣、杂物等必须清除干净。

（3）洞门建筑完成后，洞门以上仰坡坡脚如有损坏，应及时修补，确保坡顶以上的截水沟、墙顶排水沟及路堑排水系统的完好、连通。

（4）隧道明洞回填和洞门施工完成后，应及时做好洞口边坡及仰坡的地表恢复，符合环境保护要求，做好水土保持。

11. 洞门砌筑

（1）应结合现场自然景观及地质情况，对隧道洞口设计进行复核。

（2）洞门采用料石砌筑时应分层砌筑。精选优质料石，表面修凿的纹路整齐统一，外形方正且色泽一致；条石和丁石的尺寸要一致，边线要直顺，棱角要分明，缺边掉角的料石不得使用。墙背浆砌片石部分与面层咬合砌筑，避免出现"两层皮"的现象，砌缝砂浆应插捣密实。

（3）隧道洞门严禁粘贴石质板材或人造板材。

12. 初期支护与辅助工程施工

（1）在软弱围岩地段施工必须坚持"先支护（强支护）、后开挖（短进尺、弱爆破）、快封闭、勤量测"的施工原则，初期支护紧跟掌子面。必须保证Ⅳ～Ⅵ级围岩的初期支护尽早封闭成环。

（2）宜根据现场监控量测结果，分析施工中的各种信息，及时调整隧道支护措施和支护参数。

（3）在施工中应做好地质描述、超前地质预报。应根据围岩条件的变化，因地制宜，提前采取相应措施，做到安全可靠、经济合理。

（4）隧道施工作业人员安全防护用品应按照国家相关规定配备；作业人员的皮肤应避免与速凝剂、树脂胶泥等化学制剂直接接触；作业区粉尘浓度必须符合相应规范的要求。

（5）喷射混凝土不得采用干喷工艺，应采用湿喷工艺。在特殊地质条件下不能湿喷时需另行设计施工方案。液体速凝剂应采用环保无碱速凝剂。

（6）应经常检查钢架，如发现破裂、倾斜、弯扭、变形以及接头松脱、填塞漏空等异状，必须立即加固。

（7）钢架的抽换、拆除应遵循"先顶后拆"的原则，防止围岩松动坍塌。

13. 仰拱与铺底施工

（1）仰拱施工时应采用栈桥，栈桥两侧应设防护栏，安装警示标志及照明设施等，确保洞内行车安全。

（2）铺底施工紧随仰拱施工工序,需确保仰拱混凝土强度达到设计要求后方可开始。铺底材料的选择、铺设方法及质量控制均应符合相关规范和设计要求,以保证隧道底部结构的稳定性和耐久性。

14. 装渣及运输

（1）运渣车辆应符合本书"5.2.7 特种作业及特种设备"中"5.渣土物料运输车辆"的规定,状态完好、制动有效,不得载人,不得超载、超宽、超高运输。

（2）装渣、卸渣及运输作业场地的照明应满足保障作业人员安全的需要,隧道内停电或无照明时,不得作业。

15. 防水与排水施工

（1）隧道施工防排水设施应与营运防排水工程相结合,按设计做好防水混凝土、防水隔离层及施工缝、变形缝、诱导缝防水,盲沟、排水管（沟）应排水通畅。防排水材料应符合国家、行业标准,满足设计要求,并有出厂合格证明,不得使用有毒、污染环境的材料。隧道防排水不得污染环境,隧道排水不得直接排入饮用水源。

（2）隧道防排水施工应遵循"防、堵、截、排相结合,因地制宜,综合治理"原则,保证隧道结构物和运营设备的正常使用和行车安全,并妥善处理地表水、地下水,形成一个完整通畅的防排水系统。

（3）要加强衬砌背后的防排水,强调结构自身防水,对可能的漏水点及渗水点进行封堵及引排。衬砌背后的防排水工程应根据隧道的渗水部位和开挖情况适当选择排水设施位置,并配合衬砌施工。隧道侧沟、横向盲沟等排水设施也应配合衬砌等进行施工。如图纸无特殊要求,衬砌背后的流水均应排入隧道内侧排水沟。压浆时,不得堵塞排水设施。

16. 支护施工

（1）应随时观察支护各部位,支护变形或损坏时,作业人员应及时撤离现场。

（2）喷射混凝土、锚杆钢筋网、超前小导管、管棚支护施工应符合《公路隧道施工技术规范》（JTG/T 3660—2020）的有关规定。焊接作业区域内不得有易燃易爆物品,下方不得有人员站立或通行。

（3）钢架施工应符合《公路隧道施工技术规范》（JTG/T 3660—2020）的有关规定。

（4）钢架底脚基础应坚实、牢固,相邻的钢架应连接成整体。

（5）已安装的钢架发生扭曲变形时,应及时逐榀更换,不得同时更换相邻的钢架。

（6）下部开挖后,钢架应及时接长、落底,钢架底脚不得左右同时开挖。

（7）拱脚不得脱空,不得有积水浸泡。

（8）临时钢架支护应在隧道钢架支撑封闭成环并满足设计要求后拆除。

17. 衬砌施工

（1）隧道内不得加工钢筋。

（2）衬砌钢筋安装应设临时支撑,临时支撑应牢固可靠并有醒目的安全警示标志。

（3）进行钢筋焊接作业时,应在靠近防水板一侧设阻燃挡板。

（4）隧道二衬台车执行准入制度,台车车身应悬挂警示标志、照明设施,台车两侧安装防坠落护栏。

（5）二次衬砌施工（含加宽段）应采用全液压自动行走的整体式衬砌台车,衬砌台车应结构尺寸准确,各种伸缩构件、液压系统、电气控制系统运行良好,合理设置各支承机构;应满足自动行走要求,并有闭锁装置,保证定位准确。

（6）台车整体模板所承受荷载较大时,支撑骨架应制成桁架结构,并尽量减少板块接缝数量。模板及支架应具有足够的强度、刚度、稳定性和抗上浮能力,能安全地承受所浇筑混凝土的重力、侧压力以及在施工中可能承受的各项荷载。应保证模板不凹凸,支架不偏移、不扭曲,多次重复使用不变形。台车设计应便于整体移动、准确就位。

(7)台车模板支撑桁架的净空应满足隧道衬砌前方施工所用大型设备的通行要求;桁架各层平台的高度要满足混凝土施工要求,有利于工人进行安管、混凝土捣固等施工作业,必须要有上下行的爬梯。

(8)当混凝土浇至作业窗下 50 cm,作业窗关闭前,应将窗口附近的混凝土浆液、残渣及其他杂物清理干净,涂刷脱模剂,将其关紧,防止窗口部位混凝土表面出现凹凸不平的补丁甚至漏浆现象。

(9)隧道衬砌起拱线以下的反弧部位是混凝土浇筑作业的难点部位,应对混凝土性能、坍落度及捣固方法进行有效控制,以减少反弧部位气泡,有效提升衬砌混凝土表面质量。

18.逃生与救援措施

(1)隧道施工时应配备应急救援机械设备、监测仪器、堵漏和清洗消毒材料、交通工具、个体防护设备、医疗设备、药品、生活保障和救援物资等,应进行定期检查、维护和更新。不得挪用救援物资及救援设备。

(2)隧道施工应建立兼职救援队伍。

(3)在施工过程中应加强通风效果检测,供水管道、供电线路应通畅,同时应设置备用设备和备用电源。

(4)隧道内的交通道路及开挖作业等重要场所应设置安全应急照明和应急逃生标志,应急照明应有备用电源并保证照度符合要求。

(5)对软弱围岩隧道,在掌子面至二次衬砌之间应设置逃生通道,随开挖进尺不断前移。逃生通道距离掌子面不得大于 20 m。逃生通道的刚度、强度及抗冲击性能应满足安全要求,逃生通道内径不宜小于 0.8 m。

6.1.5　交通安全设施

1.基本要求

(1)公路工程交通安全设施必须与主体工程同时设计、同时施工、同时投入生产和使用。

(2)交通安全设施施工应按照《公路养护安全作业规程》(JTG H30—2015)的规定,设置施工作业控制区域。

(3)交通安全设施与路面交叉施工时,应采取措施防止交叉污染。

2.波形梁护栏施工

(1)波形梁护栏应具有较好的视线诱导功能,能与道路线形相协调,外形美观,护栏任何部分不得侵入公路建筑限界。

(2)在施工过程中,为防止打桩机泄漏柴油,应采取在打桩机下方铺设覆盖物的措施,并定期清理覆盖物及周围区域,以避免柴油泄漏污染已完成的路面。同时,在铺设盖板时,应确保盖板规格统一,以便互换使用,且盖板铺设应稳固,不得晃动或吊空。

(3)波形梁调整时,梁板及立柱不得在现场焊割或钻孔,也不得通过使防阻块明显变形来调整。

(4)在中央分隔带护栏施工时,应注意与通信管道及人孔等的配合,护栏立柱应避开人孔。中央分隔带护栏施工应在通信管道施工完成后再进行。

（5）为防止卸护栏板时砸坏拦水带或排水槽，由两人在车下接板，并尽可能地轻拿轻放。

（6）护栏钻孔施工产生的渣土应及时清理，护栏底部的裸露地面应采取临时覆盖措施。

3．交通标志施工

（1）标志反光膜必须按照生产厂家的贴膜要求进行粘贴，为保证颜色的一致性，同一块标志牌采用同一卷反光膜；如反光膜有方向性，粘贴时应注意方向正确；字符笔画不允许拼接；反光膜的粘贴应注意防雨、防尘，粘贴时应由下而上粘贴，即粘贴口始终向上，中间不得有气泡、杂质等。

（2）浇筑标志基础混凝土时，为防止混凝土撒落在边坡及三维植被网上，采用溜槽浇筑混凝土，并在下面铺土工布或塑料布，将撒落的及多余的混凝土集中统一处理。

（3）在进行高处标志施工作业时，施工人员必须按照本书"5.2.7 特种作业及特种设备"中"3.高处作业"的规定，系好安全保险带或保险绳，宜采用升降车作业。

（4）采用吊车配合高处作业时，必须严格管理作业现场，并设专人指挥交通，确保安全。

（5）施工中设置的绕行标志牌应符合《道路交通标志和标线　第 4 部分：作业区》（GB 5768.4—2017）中的相关规定。

4．交通标线施工

（1）施工前应封闭交通，认真检查施工路段，彻底清理，保证施工区域干燥、清洁、无杂物，用放样水线车沿基准线进行放样。

（2）喷涂标线时，应有交通安全保障措施，设置适当的警告标志，阻止车辆及行人在作业区内通行，防止将涂料带出或形成车辙，直至标线充分干燥。

（3）喷涂标线时应匀速、连续，确保涂膜厚度均匀、整齐。施工时，标线起终点应粘贴胶带纸。

（4）标线施工应及时去除溢出和垂落的涂膜，对不符合要求的标线进行修整，检查厚度、尺寸、玻璃珠的撒布情况，收集四处散落的玻璃珠。

（5）标线线形应流畅，与道路线形相协调。曲线圆滑，不允许出现折线。

5．防眩设施施工

（1）按照施工设计要求的间距放样，定出标记，用电钻打孔，施工时不得破坏通信管道、混凝土护栏等其他设施。

（2）安装防眩板时必须挂线、戴手套，以保证顶面平整、平齐及清洁。

（3）按设计要求处理好路段与桥梁上的防眩设施的位置及高度，不得出现高低不平甚至扭曲的现象。

（4）防眩板或防眩网安装后，不得削弱混凝土护栏的原有性能。

6．隔离栅和桥梁防护网施工

（1）施工前应先对安装线附近的地面进行清理、整平，清除宽度为安装线两侧各 1 m。当地形出现变化时，应予修整，保证隔离栅顶面线形圆滑平顺。

（2）隔离栅刺铁丝采用低碳冷拉钢丝，并符合国标的规定，刺间距要求均匀、美观。

（3）桥梁防护网网片应尽早安排施工，安装牢固，网片应平整、紧绷。

7．声屏障施工

（1）声屏障施工所用钢地脚螺栓下部为标准弯钩，应进行热镀锌防腐处理；螺纹须上油防锈，并采取防磕碰损伤的措施。

（2）声屏障基础外观平整美观，施工时不得造成路面污染及构筑物破损。

6.1.6　房建工程

1. 基本要求

（1）房建工程施工前，应对施工现场、机具设备及安全防护设施等进行全面检查，并经有关部门检查认证，确认符合安全要求后方可施工。

（2）施工现场临时设施、临时道路的设置应科学合理，并应符合安全、消防、节能、环保等有关规定。施工区、材料加工及存放区、办公区、生活区应划分清楚，并应设置相应的隔离设施。

（3）施工现场应实行封闭管理。参照本书"5.2.1 作业区设置与管理"中"（1）现场作业区应进行有效的隔离……"的规定，采用硬质围挡封闭，围挡高度不应低于 2.5 m。

（4）施工现场入口处应参照本书"5.2.3 施工现场出入口及其附属设施设置"中"3.定型化车辆冲洗设备"的相关规定设置大门及定型化车辆冲洗设备。

（5）施工场地内道路、仓库、材料加工及存放区、办公区、生活区的地面必须 100% 硬化。材料加工及存放区地面应高于周围地面。场区内设置临时排水管网，确保无积水。

（6）应提升绿化覆盖率，最大限度减少防尘网的使用。未硬化的裸露土地，具备条件的必须 100% 绿化；不具备绿化条件的，采取固化或覆盖措施，确保不起尘。

（7）建筑废料、建筑垃圾要及时清理到固定存放点，分类堆放，日产日清，散状垃圾密闭运输，无法及时清运的应集中存放、严密覆盖。

（8）楼层内工完场清，楼层地面定时洒水，应整洁、不起尘。

（9）建筑物内施工垃圾的清运必须采用相应容器或管道，严禁凌空抛撒。

（10）外脚手架用密目安全网封闭严密，架体操作层内的建筑垃圾及时清理。

（11）安装环保监测设备与视频监控系统，具体应符合以下要求。

①环保监测设备应能够采集 $PM_{2.5}$（指大气中空气动力学当量直径≤2.5 μm 的颗粒物）、PM_{10}（指大气中空气动力学当量直径≤10 μm 的颗粒物，也称为"可吸入颗粒物"）、噪声、温度、湿度、风速、风向等监测数据，终端设备的监测数据不能人为干预调整，并应符合下列规定。

a. 监测设备应设置在道路、桥梁、隧道、场站等工程部位的主要进出口（洞口）、材料加工及存放区、工地制高点，不得随意移动。

b. 应具有中华人民共和国制造计量器具许可证（China Metrology Certification，CMC），并取得省级及以上第三方测试或校准证书。

c. 技术指标要求。支持远程连接监管平台，数据上传频率可调；现场需配备 LED 显示屏，显示实时监测数据；监测数据支持断点续传；具备扬尘数据统计、分析、查询功能，可实现扬尘超标判断报警、设备故障报警，支持现场声光报警与远程报警；具备噪声实时监测、本地显示、在线传输、离线传输等功能。

d. 安装要求。扬尘监测设备顶端距离地面不低于 3 m 并高出围挡 1 m，设备安装位置与道路施工面的水平距离不大于 10 m。每一处监测点需同时安装一台扬尘监测设备和一台视频监控摄像机，摄像机监控范围应覆盖扬尘监测设备。

②视频监控系统应具备视频数据采集、视频数据查看、监测控制、数据存储、夜视等功能，并应符合

下列规定。

a. 功能使用要求。监控位置应覆盖工地出入口、重点作业面、危险区域、禁入区域、各场站等;监控设备具备在线传输功能;具备作业区视频数据实时查看功能;具备回放功能,能通过 IP、时间、报警类型等方式进行录像检索,支持多路同步回放、全屏回放、视频摘要等功能;具备摄像头设备分组布局、多画面同时预览功能;具备视频轮巡功能,通过设置轮巡时间间隔、多个摄像头显示顺序等参数,实现多个摄像头画面的顺序轮回播放;具备视频备份功能,应支持本地或异地录像备份和日志备份功能;符合接入全市统一监控平台的技术要求。

b. 视频监控系统实施监控的主要内容包括:项目管理人员到岗履职情况;作业人员、机械及设备投入情况;各场站及工程作业区出入口渣土运输车辆进出管理情况、现场土方覆盖情况、隔离设施管理情况;超过一定规模的危险性较大的分部分项工程实施情况;工程关键部位的施工进度、施工质量以及安全管理情况。

(12)应配备足够的喷雾设备,满足场地内土石方施工湿法作业需求。

2. 洞口及临边防护施工

(1)基坑边、通道口、预留洞口、楼梯口、电梯井口等洞口部位,以及阳台、楼板、屋面等临边部位必须设置安全防护围栏或盖板。

(2)水平洞口长边大于或等于 1.5 m 的,四周设置安全防护围栏,挂密目安全网;长边小于 1.5 m 的,洞口设置盖板。进行垂直洞口和高处作业施工时,在临边处设置围栏。所有防护围栏高度不得小于 1.2 m,屋面层临边防护围栏高度不得小于 1.5 m。围栏应连续、稳固,不得使用木、竹材料制作。警示带、活动围板、铁马等不得用于临边防护。电梯井道内每隔两层且不大于 10 m 设置安全平网,可参照图 6.8 实施。

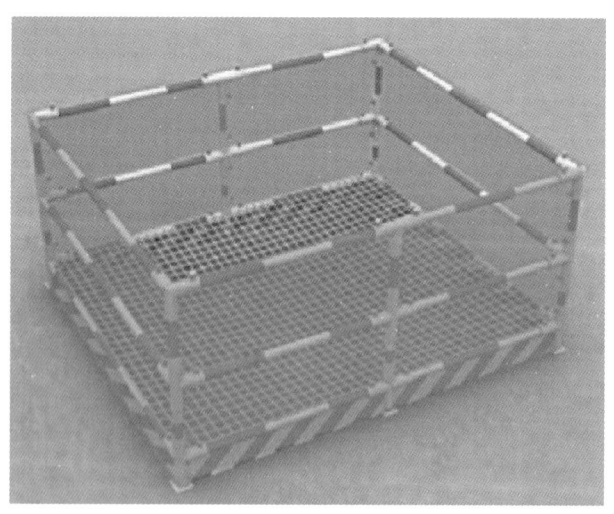

图 6.8 洞口防护示例

(3)基坑边不得堆载,防护栏外侧设置截水沟,防护栏上挂安全警示标志和夜间警示灯。深基坑设置不少于 2 处上下通道。通道防护要求与脚手架通道一致。

3．卸料平台施工

（1）卸料平台侧面防护高度不小于 1.2 m，平台周边防护严密。卸料平台不得与脚手架有任何连接。

（2）卸料平台必须经验收合格后方能投入使用，并应在内侧醒目位置张贴验收合格牌，标明限载值。

4．安全通道施工

（1）入口防护。楼栋首层出入口处必须搭设防护棚，两侧用密目安全网封闭，在醒目位置设置安全警示标志。

（2）安全通道。人行通道必须设置防护棚，防护棚用木板或钢板铺设密实，不得采用铁皮或竹桥板。高层建筑的防护棚长度不小于 6 m，多层结构的防护棚长度不小于 3 m。当建筑物高度超过 30 m 时，棚顶采用双层防护。防护棚不得附着于脚手架。通道应保持畅通、整洁，不得堆放材料、杂物，可参照图 6.9 实施。

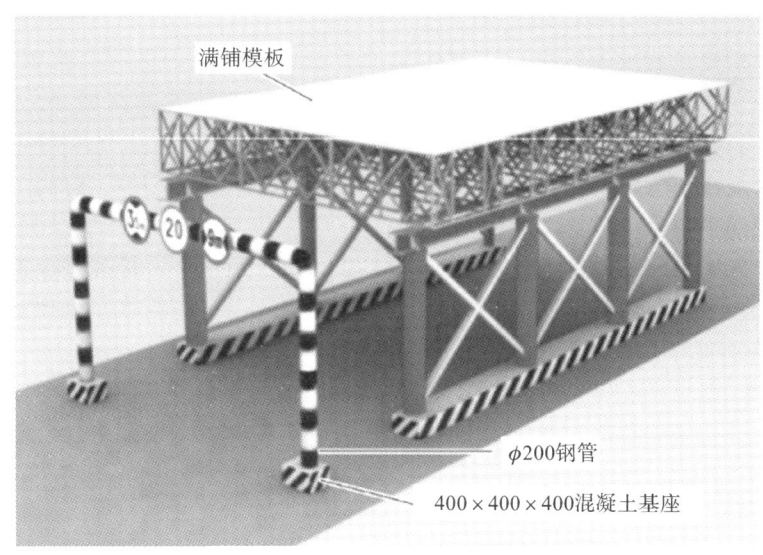

满铺模板

φ200钢管

400×400×400混凝土基座

图 6.9　安全通道示例（单位：mm）

5．集中加工区与材料堆放

（1）钢筋加工场独立设置，有安全防护棚（宜采用工具式），钢筋原材料架空堆放，钢筋半成品分类堆放，钢筋挂设标牌（标明其钢材产地、规格、进场日期、检验状态、编号、使用部位等）。

（2）砂浆搅拌场集中设置，搅拌场应封闭且防护到位，砂、石分池储存，有封闭水泥仓库。项目所在地禁止使用袋装水泥或禁止现场自拌混凝土与砂浆的应严格执行，现场不得人工拌和砂浆或混凝土。

（3）集中设置模板配置与加工车间、门窗（铝合金）加工制作车间等。模板加工场应配置灭火器，及时清理木屑、废料。

（4）处于塔式起重机覆盖范围内的防护棚应采用双层防护。

（5）所有建筑材料按总平面布置图分类集中堆放整齐，设标牌标明名称、规格、状态等，有必要的防火、防雨、防锈蚀等措施。堆放方式和高度满足建筑材料品质与安全要求。

6.1.7 公路养护工程

1. 基本要求

（1）公路养护应贯彻"预防为主，防治结合"的方针，加强预防性养护，保持公路及其沿线设施的技术状况良好。

（2）公路养护工作应切实贯彻"科技兴交，科学养路"的方针，大力推广和应用先进的养护技术、机械装备和科学的管理方法，提升文明施工水平。

（3）公路养护工作应重视资源节约和环境保护，注重养护生产作业安全及减少对通行车辆的影响。

（4）公路养护维修作业必须保障养护维修作业人员和设备的安全，以及车辆的运行安全。在进行养护维修作业前，应制订交通组织设计及安全专项施工方案。

（5）养护维修作业中设置的安全设施在未完成养护维修作业之前应保持完好，任何人不得随意撤除或改变安全设施的位置，扩大或缩小控制区范围，以保证养护维修作业控制区的安全。

（6）凡在公路上进行养护维修作业和管理的人员必须穿带有反光标志的橘红色工作服装。

（7）公路路面养护维修作业应按作业控制区交通控制标准设置相关的渠化装置和标志，必要时应指派专人负责控制交通。在可能发生山体滑坡、塌方、泥石流的路段及高路堤、陡边坡路段开展养护维修作业，必要时应设专人观察险情，严防安全事故发生。

（8）严禁在能见度差（如夜间无照明设施、大雾天气）的条件下进行人工清扫。

（9）路面应采用路面清扫车清扫。

（10）凡需占用车道进行绿化作业的，必须按作业控制区布置要求设置有关标志。

（11）进行高速公路、一级公路中央分隔带、边坡绿化浇水作业时，浇水车辆尾部应安装反光可变标志或按移动养护维修作业布置控制区。

（12）道路检测车、路面清扫车、护栏清洗车等在高速公路、一级公路进行道路性能检测和作业，行进速度低于 50 km/h 时，应按临时定点或移动养护维修作业布置控制区，或在设备尾部安装反光可变标志。

（13）养护维修作业控制区应根据《公路养护安全作业规程》（JTG H30—2015）的要求布置。

2. 路基养护

（1）土路肩可种植草皮或利用天然草加固。种植草皮应选择适宜于当地土质、易于成活和生长的草类。铺草皮或利用天然草加固土路肩时，草皮或天然草应定期修剪，草高不宜超过 150 mm，以利于排水，并保持路容美观。

（2）路基边坡应尽可能与周边自然景观相协调，在有条件的路段应优先采取植物防护坡面技术，如种植灌木、铺草皮等，也可采用液压喷播、客土喷播和岩质坡面喷混植生技术等技术措施。

（3）原有排水设施不能满足使用要求时，应适时增设和完善。新增排水设施应满足相关规范要求。

3. 路面养护

（1）经常清扫路面，及时清除杂物，清理积雪、积冰，保持路面整洁，做好路面排水。清扫时，应防止产生扬尘而污染环境，并及时清除和处理路面油类或化工类沾污物等。

（2）雨后应及时排除路面积水。在春融期，特别是汛期，应对排水设施进行全面检查并疏通。冬季遇降雪天气，应及时除雪、除冰，并采取必要的路面防滑措施。

（3）严禁履带车和铁轮车在沥青路面上直接行驶，如必须行驶，应采取相应保护措施。

（4）病害维修。应做好材料准备，保证工序之间的衔接，对坑槽、沉陷、车辙等，需将原路面面层挖除后进行机械修补，病害宜当日开挖当日修补，并设置警示标志，保障行车安全。

（5）路面翻修应尽可能对旧沥青面层、旧水泥混凝土面层予以再生利用。

（6）应加强水泥混凝土路面接缝的施工质量，确保其密实、饱满、黏结良好。接缝料局部脱落、缺损、老化时应及时灌缝或更换接缝料，延长水泥混凝土路面的使用寿命，保持路容美观。

（7）路缘石应保持状态良好，若出现松动、缺损，应及时进行修整或更换。

4．涵洞养护

（1）保持洞口清洁、无杂物，洞内排水畅通，发现淤塞或积雪、积冰应及时疏通和清除。对于经常积雪或积雪较深的涵洞，入冬前可在洞口外加设栅栏；易发生积冰的涵洞，宜用柴草封住洞口，融雪时及时拆除。

（2）涵底铺砌、洞口上下游路基护坡、引水沟、泄水槽、沉砂井出现变形或缺口，应及时修理或封塞填平。

（3）对因局部损坏而承载力不足的涵洞应及时维修、加固或改建，保障通行安全。

5．桥梁养护

（1）钢筋混凝土及预应力钢筋混凝土梁桥梁（板）端头、梁体底面、隔板表面应适时清扫，排除积土，保持清洁。

（2）应及时清除伸缩缝内的积土、垃圾等杂物，使其发挥正常作用，若伸缩缝损坏或失效应及时修复或更换。

（3）当桥面出现病害，面积较小时，应局部修补；面积较大时，有条件的可将整跨铺装层凿除，重铺新的铺装层。一般不应在原桥面上直接加铺，以免增加桥梁恒载，影响桥梁结构安全。

（4）桥梁两端的警示柱、防撞护栏、涂有警示标志的，应定期涂刷，保持油漆颜色鲜明。

（5）应加强检查，维护桥下设置的防撞、导航、警示标志等附属设施，使其保持良好的技术状况，确保通行或通航安全。

6．隧道养护

（1）隧道养护要求。应保持隧道外观整洁；隧道内路面平整，衬砌完整，无明显开裂和剥落；标志、标线清晰醒目；排水系统良好。对结构物及其附属设施（照明、通风、监控等）进行预防性维护和修复，保持良好的技术状况。

（2）洞口养护。应及时清除洞口边坡危石、浮石，冬季应清除积雪和挂冰，保持洞口、边坡和仰坡上截（排）水沟的良好、畅通，修复洞口轻微损坏的挡土墙、护坡、排水设施和减光设施等结构物，维护洞口附近花草树木。

（3）洞身养护。对无衬砌隧道出现的碎裂、松动岩石和危石，应遵循"少清除、多稳固"的原则进行处治；对围岩的渗漏水，应开设泄水孔接引水管，将水导入边沟排出；冬季应及时清除洞顶挂冰。对有衬砌隧道出现的衬砌起层或剥离，应及时清除和加固；对衬砌的渗漏水，可将水流引入边沟排出；冬季应及时清除洞顶挂冰等。

（4）路面养护。及时清除隧道内外路面上的塌（散）落物，及时修复、更换损坏的窨井盖或其他设施的盖板；当路面出现渗漏水时，应及时处治，将水引入边沟，防止路面积水或结冰；冬季应及时清除洞口处积雪。

(5)人行和车行横洞养护。人行和车行横洞内严禁存放任何非救援用物品,及时清除散落杂物,修复轻微破损结构,定期保养横洞门,保持横洞清洁、畅通。

(6)吊顶和内装养护。吊顶和内装应保持良好状态,整洁美观,如有破损、缺失,应及时修补、恢复,不能修复的应及时更新。

(7)人行道或检修道养护。维护人行道或检修道的良好状态,保持畅通,道板如有破损或缺失,应及时进行修复和补充;定期保养人行道或检修道护栏,防止其锈蚀、损坏。

(8)排水设施养护。及时维护隧道内外排水设施,发现破损及时修复;排水管堵塞时,可用高压水或压缩空气疏通。

(9)通风设施养护。隧道应保持良好的通风状态,保持 CO(一氧化碳)、烟雾浓度小于规定的容许值;及时清理送(排)风口的网罩,清除堵塞网眼的杂物;定期保养风道板吊杆,防止其锈蚀;及时修复破损的风口或风道,更换损坏的风道板。

(10)照明设施养护。隧道内照明亮度应满足设计要求。高速公路隧道内照明设施的完好率应不低于 95%,其他公路隧道内照明设施的完好率应不低于 90%。当照明光源达到其额定寿命的 90%时,应进行成批更换,并选用节能光源。中间段灯具连续损坏 2 盏以上、洞口加强段灯具连续损坏 3 盏以上时,应及时进行更换或维修。

(11)监控和消防设施养护。施工单位应按照设计要求完善监控设施,相应线路及布设路径应符合设计及安全使用要求,监理单位应加强安装过程检查。监控设施安装完成后,经监理工程师检查验收合格方可进入下一步工序。隧道消防器材洞室应设置明显标志,对存放的消防器材应定期进行补充、更换。各种消防与救援设施的标志应保持完好、醒目。隧道内不准存放汽油、柴油等易燃易爆物品。隧道内严禁明火作业与取暖。隧道内的紧急停车带、行车(人)横洞、避车洞或错车道不准堆放杂物。

(12)消音设施养护。高速公路的长隧道和特长隧道、其他公路的特长隧道原未设置消音设施的,随着交通量增长、噪声增大,影响正常通行管理时,可根据实测的噪声值,增设消音设施。增设的消音设施不得侵入隧道建筑限界。消音设施应每月清洁一次,如有损坏应及时修复或更换。

7. 交通安全设施养护

(1)交通安全设施设置应遵循"保障安全、提供服务、利于管理"的原则,保持完整、齐全和良好的工作状态。

(2)交通标志养护。应保持完整、清晰、醒目,保持位置、高度和角度适当,交通信息无误;及时清洗标志板面的脏污,清除遮挡标志的障碍;及时修补变形、破损的标志,修复弯曲、倾斜的支柱,紧固松动的连接构件;对锈蚀损坏、老化失效的标志应及时更换,对缺失的应及时补充。

(3)交通标线养护。应保持完整、清洁和醒目;及时清洗脏污的标线,对破损严重和脱落的标线应及时补画;清除突起路标上的脏污和杂物,及时紧固松动的路标,发现损坏或丢失的,应及时修复或补换。

(4)护栏养护。波形梁钢护栏应保持结构合理、安全可靠;各部件应完整、无缺损;防腐层应无明显脱落;护栏板搭接方向正确,螺栓紧固;护栏线形顺畅,无明显变形、扭转、倾斜。水泥混凝土护栏应保持线形顺畅、结构合理;无明显裂缝、掉角、破损等缺陷。

(5)轮廓标养护。应保持表面清洁、无缺损、无明显褪色;光度性能符合要求,保持其在夜间良好的视认性。

（6）隔离栅养护。应保持完整无缺,功能正常;无明显倾斜、变形;各部件连接稳固;防腐涂层无明显脱落、锈蚀。

（7）防眩设施养护。应保持完整、清洁,具有良好的防眩效果;应安装牢固,无缺损;无明显变形、褪色或锈蚀。

6.1.8　成品保护

1. 基本要求

（1）施工单位应针对施工完成的外露部位,制定成品保护措施,确保各部位外露面完整、洁净。监理单位应监督检查成品保护措施落实情况,确保落实到位。

（2）以保证充分交叉施工、不相互干扰为前提条件,制定多工种交叉施工作业计划和措施。合理安排施工顺序,避免或减少工序间的损伤和污染,凡下道工序会对上道工序产生损伤和污染的,须先采取有效措施保护已完工程,否则不许开工。

（3）在施工中视不同情况,分别对已完工程进行保护,可以采取包裹塑料布或塑料纸、覆盖土工布或对已完工部位进行局部封闭等措施。

（4）混凝土结构施工时必须设计可靠的混凝土模板、作业平台、支架等设施,拆模时不得用大锤、撬棍硬砸、硬撬,以免混凝土结构外形或内部受到损伤。

（5）必须严格按照高性能混凝土的施工要求进行操作,通过工艺试验来制定合理的混凝土养护措施。养护工作须按照验收标准严格执行。在成品混凝土的强度未达到设计要求的强度标准之前,养护措施不得中断。

（6）严禁将已成型的路基用作施工便道,雨天严禁车辆在已成型的路基上行驶。

（7）对竣工交付前的产品可进行标志防护,并根据工程合同或业主的要求,进行特殊防护。

2. 路基成品保护措施

（1）路基整形以后,在经允许进入下道工序之前应进行封闭,不得停靠大型车辆。

（2）在雨天过后,路面干燥之前,成型路基应防止车辆、行人和牲畜在其上通行。

（3）路基边坡在进行防护之前,应做好防雨措施,避免暴雨冲刷引起路基边坡垮塌。

（4）改良土填筑、碾压完成后,应进行养护,雨前应采用塑料薄膜覆盖;养护期间,严禁车辆、重型机械在其上行驶。

（5）在砌筑高挡墙时,应注意避免因砂浆脱落污染墙面。浆砌及混凝土工程在砂浆及混凝土达到设计强度前,不得承重并应采取防止行人践踏措施。

3. 路面成品保护措施

（1）钻取芯样前,至少配备 2 个水桶,其中 1 个用于存放取芯时产生的污水;取芯时要准备足够的棉纱和海绵块,用于围挡和清除取芯产生的污水;在上、中、下面层施工时配备水车,随时将取芯污水对路面产生的污染冲刷干净;取芯后及时清理洞内污水和散流污水,避免对取芯部位和周围路面造成污染;及时擦洗干净取芯孔孔壁,在用沥青混凝土填塞前要用热沥青涂刷孔壁,填塞的沥青混凝土要夯实,建议使用手动重型击实仪夯实。渗水试验时采用肥皂或橡皮泥作密封材料,严禁使用黄油密封。

（2）在水泥稳定碎石基层施工完成后,立即进行边沟、排水沟、泄水槽、路缘石、平交道口施工,避免施工过程中混凝土污染沥青层。

（3）加快安装预制块、路缘石等，保证附属工程施工与水泥稳定碎石基层施工同步进行。防止各工序交叉污染，确保防污染目标实现。

（4）在进行边部排水、路缘石、预制块等施工时，分别采取如下处理措施：砂、石材料在路面上堆积前应采用防水土工布进行铺垫，并且铺垫面积不小于材料堆积面积的 2 倍，对散落在路面上的零星砂、土等污染物，及时采用高压清洗车冲洗清理；路缘石安装时分别在边部至少铺设横向 4 m 宽、纵向满铺的防水土工布，避免砂浆或混凝土直接污染路面。附属工程所用混凝土、砂浆集中拌和，砂浆采用移动式存放车集中存放。

（5）及时统一收集、处理施工现场的废渣（运到弃土场），不得随意将施工废料抛撒在边坡或便道上。

（6）水泥稳定碎石基层施工完成后应及时喷洒透层油，防止表面污染。养护期间，不得开放交通。

（7）在进行中央绿化带的填土作业时，应采用装载机来搬运土壤，并辅以人工进行填补和整平工作。对于在作业过程中不慎撒落到路面的土壤，应及时使用扫把清扫或水车冲洗，以保持路面整洁。

（8）对已完成的沥青路面，禁止携带污染物的车辆在其上行驶。

（9）混凝土边沟、泄水槽施工时，为防止混凝土撒落污染地面，必须在水泥罐车卸料口下方铺垫面积不小于 5 m² 的防护材料，及时清除撒落的混凝土，并用水冲洗或用钢丝刷清理干净。

4. 路缘石成品保护措施

（1）在路缘石外露面实施包裹防护措施，防止黏层油或面层沥青污染路缘石。

（2）在路缘石施工完后的路肩回填等施工过程中，严禁用机械碰触路缘石，以免造成路缘石移位或损伤。

（3）及时调整或更换损伤、移位或污染的路缘石。

5. 混凝土工程成品保护措施

（1）模板拆除后应及时铺盖毡布保护混凝土工程，覆盖时不得损伤或污染混凝土表面，同时洒水养护，满足养护湿度及时间要求。

（2）新浇筑混凝土在强度达到要求前，不得承受行人、运输工具、模板、支架等额外荷载。

（3）油漆、酸类物质等在混凝土表面放置时，应用桶等盛放，并对混凝土表面采取覆盖保护措施。

（4）安装桥梁支座时，要避免灌浆料洒落在墩顶及顺墩身流淌，一旦出现应及时清理，避免污染墩身混凝土。

（5）梁板张拉所用的液压千斤顶、空压机下应铺设垫板，并做好覆盖措施，防止漏油污染混凝土表面。张拉注浆时，应防止压浆料污染桥面。

（6）桥面施工时，施工材料应分散均匀放置，禁止集中堆放，避免应力集中造成偏载。在桥面吊装重物时，应轻吊、轻放，严禁重物、重锤击打桥面，并且要避免磕碰、损伤混凝土棱角。

（7）严禁在混凝土成品构件上随意开槽、打洞，应按照设计要求预留孔洞。

（8）混凝土达到规定的强度后方可凿毛。凿毛后，应及时清理残渣，确保混凝土表面干净、平整。

6. 交通安全设施成品保护措施

（1）标线保护措施。标线施画完成后，对标线施工区域进行安全围封，安排专人对现场施工车辆进行疏导,避免过往车辆碾压标线。因交叉施工现场车辆较多,履带车辆在挖土过程中易损坏标线,应与路面施工单位沟通在标线上覆盖木板、轮胎,防止履带车辆与标线直接接触。

(2)波形梁护栏保护措施。波形梁护栏施工时,应采用自动护栏装卸设备进行材料装卸,避免出现划痕、涂层破坏现象。护栏施工完成后,安排专人进行线形调整、螺栓紧固,确保美观、牢固。

6.2　公路项目建设精细化管理

公路项目建设管理工作具体涉及公路项目的投资控制、进度管理、招标组织、设计变更处理以及竣工验收等环节。具体而言:一是健全和完善建设管理各项规章制度,进一步加强对建设项目的宏观指导力度,使项目建设管理工作有章可循、有章可依、规范运作;二是认真分析、研究在建项目和通车项目竣工验收面临的形势和任务,积极采取切实可行的措施,及时组织召开有关方面的会议,安排部署专项工作,狠抓跟踪落实,加强精细化管理工作,全面推进,加快项目建设和竣工验收工作。建设管理工作坚持监督、协调、指导、服务相结合的宗旨。

公路项目建设精细化管理工作涉及所有工作岗位的职责、工作流程(程序)、工作标准和工作检查的描述。下文以 X 交通集团有限公司的高速公路项目管理实践为例,通过通俗易懂、直观醒目的方式全面反映建设管理的整体工作,具有针对性、实用性、指导性和可操作性。

6.2.1　建设管理工作概述

1. 建设管理组织机构

X 交通集团有限公司(后文简称"交通集团")总部设立 16 个部室,包括党委办公室、办公室、建设管理部、科技质量安全部、财务部、审计室、养护部、收费部、房建办公室、路政支队、服务区管理中心、人力资源部、监察室、计划经营部、工会、后勤管理中心。相关部室按各自职责对建设管理工作进行业务归口管理和指导。

具体项目设立建设管理处,其下一般设立工程管理科、财务科、征迁与环境保障科、综合办公室、质量安全管理科等机构。建设管理处结合工程项目的具体特点,制定工程技术管理、计划与财务管理、征迁与建设环境保障管理、行政后勤管理和工作纪律等方面的管理制度。建设管理处的人员数量由交通集团相关职能部门视建设项目规模和管理工作复杂程度等因素核定。

(1)X 交通集团有限公司的职责与权限。

①贯彻落实国家和上级交通行政主管部门有关公路建设的法律、法规、政策和行业标准。

②负责拟定交通集团公路建设管理制度。

③负责公路基本建设项目前期工作和招投标管理工作。

④负责公路基本建设项目设计文件、设计变更、价格调差的申报、审核、审批工作。

⑤主持或参与工程建设中重大、复杂工程技术方案的研究和技术指导。

⑥负责建设项目投资控制、工程进度管理工作。

⑦协调处理建设项目征地拆迁和建设环境保障工作。

⑧负责组织建设项目的交工、竣工验收工作。

⑨负责各建设单位的目标责任考核工作。

（2）建设管理处的职责与权限。

①根据交通集团下达的项目总体计划和年度计划,制定详细的阶段性实施计划,并对计划任务的按期完成负责。

②具体组织建设项目的招标工作。

③配合办理项目施工许可、质量监督手续等相关工作。

④按照合同文件的规定,对施工单位和监理单位在工程质量、进度、投资、安全生产和环境保护等方面的工作进行监督管理,使工程处于受控状态。

⑤审批承包人的施工组织设计、重要施工工艺;按管理权限审批工程变更及工程分包有关事宜。

⑥完成征地拆迁与建设环境保障总协议中的事务性工作,履行征迁及建设环境保障工作的监督及协调职责。

⑦按合同规定负责工程建设各项合同费用的报表审查及财务支付工作。

⑧及时向交通集团汇报工程质量、工程进度、投资控制及建设环境保障等方面的工作情况。按要求报送工程月报、年报,客观真实地反映项目执行中存在的主要问题。接受交通运输主管部门、工程质量监督部门和集团相关部室的工作检查。

⑨建立工地生产调度会、建设环境协调会等会议制度,及时对工程质量、进度、费用支付、建设环境保障等方面的最新情况进行分析研究和工作部署。

⑩严格执行国家工程档案管理规定,随项目进展分阶段完成工程档案的整理归档工作。

⑪负责项目交工验收、竣工验收的各项准备工作。

⑫严格执行廉政合同,做好项目管理过程中的廉政工作。

⑬办理经交通集团批准、授权和交办的其他事项。

2. 建设管理标准

建设管理总体标准:建设安全舒适、生态环保的精品典范工程。具体执行标准如下。

（1）人本设计。以人为本,以车为本,动态设计,核查优化,消除隐患,加大深度,保障运营安全和行车安全。

（2）文明征迁。合理补偿,保护环境,便民利民,阳光操作,文明征迁,打造和谐的交通环境。

（3）规范招标。完善制度,规范程序,创新机制,阳光操作,创造公平、公正、公开的市场环境。

（4）精细管理。优质高效廉洁,营造良好环境,加快工程进度;加强工艺指导,破解技术难题,提升建设品质;加快计量支付,控制投资费用,为社会提供安全舒适的高速公路产品。

3. 建设管理模式

X 交通集团有限公司成立高速公路建设管理处,作为项目建设管理的派出执行机构,代表交通集团对所管项目履行建设期的现场管理职责,承担项目建设管理的第一责任。交通集团建设管理工作的归口业务部门为建设管理部。建设管理处的负责人是该建设项目质量、进度、投资、安全、廉政建设等方面的第一责任人。

（1）为建立目标明确、责任清晰、奖罚分明的项目管理机制,交通集团与建设管理处签订年度管理目标责任书,对项目管理机构工作质量、工程进度、工程质量、投资控制、安全生产、廉政建设、征地拆迁和文明工地建设情况进行考核、评比,奖优罚劣。

（2）交通集团以年度管理目标责任书的形式向建设管理处下达年度计划目标任务，建设管理处据此提出各标段全年施工进度计划的指导性意见，由各标段施工单位依据指导意见制定本标段实施性工程进度的旬计划、月计划和年计划，报监理工程师批准后严格执行。建设管理处按月对施工单位、监理单位进行综合业绩考评。

（3）建设管理处按工程质量终身责任制的要求，建立工程质量责任卡制度。定期检查、监督施工单位、监理单位的质量保证体系，以及试验、检测机构的运转情况，对工地现场发现的质量问题按有关规定迅速解决处理。

（4）建设管理处按交通集团批准的建设管理费年度预算行使项目建设管理费的使用权。建设管理处严格执行工程计量支付程序和各项财务管理制度，使建设项目的费用控制在批复的概算以内。

（5）建设管理处建立详细、规范的计量支付、工程变更台账，全面掌握项目建设费用的支付情况。凡超出合同内容和设计文件规定数量的任何支付、因变更引起的费用增减、按合同补偿的灾害损失、索赔补偿等费用，均应按规定实行多层审核会签或联席会议审核制度。建设管理处对工程支付的真实性、准确性、合法性负责。

（6）建设管理处对所辖项目的施工单位、监理单位的履约能力定期进行考核，依据省交通运输厅、交通集团的有关要求进行信誉评价，并报交通集团核备。

4. 精细化管理目标

精细化管理是一种管理理念，贯穿工程建设的各个阶段和各个环节。它体现在工程质量、进度、投资控制等各个方面。精细化管理活动的开展，有助于建立标准化管理、精细化施工的长效机制。

（1）前期及设计目标。

完成项目前期各项手续的办理，加强工程设计现场核查、中间审查及验收工作，从多环节避免设计缺陷，确保建设程序的完善和设计精细化。

（2）质量目标。

通过精细化管理，使质量一次性抽查合格率达到 95% 以上，关键指标合格率达到 98% 以上，弱项指标要通过专项检查活动的检查，合格率达到 80% 以上，消除质量通病和质量隐患，全面提升重点项目建设品质，形成一批成熟的工艺和工法。

（3）进度目标。

确保年度目标全面完成，确保省交通运输厅要求通车的项目按期建成通车。

（4）投资控制目标。

确保工程建设总费用不超概算，建设管理费与工程监理费之和不超批复的概算。

（5）管理目标。

总结精细化管理的成功经验和好的做法，全面指导建设项目的精细化施工。

5. 招标管理

（1）交通集团成立招标领导小组，下设建设项目招标分组。招标领导小组由交通集团主要领导任组长，其成员包括建设、养护、计划、监察、财务、审计、办公室、收费、路政、工会等相关职能部门负责人。建设项目招标分组下设招标办公室，办公室设在建设管理部，负责具体招标管理工作。

（2）交通集团所有的招标工作均在招标领导小组的统一领导下进行。招标领导小组主要负责：监督、指导招标工作，确定招标工作思路、方法；审定招标工作中须研究的重要问题；审定招标（资格审查）

文件、审查评标办法;审定评标结果。招标办公室作为招标领导小组的办事机构,主要负责招标的日常管理工作,负责贯彻落实有关招标法律、法规和省交通运输厅、交通集团关于招标工作的指导意见;负责审核执行机构制定的招标计划、招标方案;负责审核(查)招标(资格审查)文件;负责组织开标会议;负责组织资格预审、评标工作;负责招标工作的组织、协调、指导工作。

(3)建设工程招标工作的具体执行机构为各项目建设管理处,各项目建设管理处处长为招标工作责任人,分管处长为招标工作直接责任人。工程建设项目招标前,执行机构根据工程实际,以文件的形式提出招标计划及方案,经招标办公室审查,报经建设项目招标分组和招标领导小组审批后,按照规定的程序办理具体的招标工作。主要负责编制各项目的招标方案和计划,办理招标公告等手续;在招标办公室的指导下编制招标文件,编制限价;负责现场考察、开标、清标等具体事务性工作。

(4)招标工作的监督部门为交通集团监察室。监察室遵循公开、公平、公正和诚实信用的原则,落实廉政建设的有关规定,按照招标投标的法定工作程序,对招标工作进行全程监督。

6. 设计变更管理

建设项目要严格按照批准的设计文件组织施工,维护设计文件的严肃性。必要的工程变更,严格按照集团各项规定执行,及时履行工程变更手续,做好工程变更的管理工作。公路工程设计变更实行审批制。重大及较大设计变更由建设管理处提出书面申请,交通集团组织勘察设计、施工、监理等单位及有关专家进行技术、经济论证,必要时邀请省交通运输厅有关领导和人员参加。建设管理处根据论证结果组织相关材料,经交通集团审查后上报省交通运输厅审批。

(1)交通集团总部的主要职责和权限。

①审批建设管理处上报的费用变化小于300万元的一次性设计变更。

②对纳入施工图批复的优化设计引起的新增工程细目单价进行审查批复,对费用变化大于100万元的予以审批。

③组织超出建设管理处权限的设计变更方案的论证、审查和上报工作。

④负责印发省交通运输厅或交通集团提出的自上而下的设计变更。

⑤根据各项目每月上报的设计变更动态情况汇总及台账,不定期对建设项目设计变更执行情况进行督查检查。

⑥交通集团总部对各建设管理处上报的正式设计变更文件,从程序的完善性、资料的完整性及费用的合理性等方面提出具体审查意见,并随机抽查工程数量增减准确性,经交通集团相关部室审查会签后,报送分管领导审查,由相应领导审签后予以批复。

(2)建设管理处的主要职责和权限。

①审查或审批监理部门上报的设计变更方案及工程数量,并对所有设计变更引起的工程数量增减的准确性负责。

②在设计变更过程中,建设管理处可对一次性费用变化不大于100万元的设计变更予以批复,费用变化大于50万元的报交通集团核备。

③对纳入施工图批复的优化设计引起的新增工程细目单价进行审查,对费用变化不大于100万元的予以审批。

④对边坡、桥梁、隧道等施工中的大型不良地质整治工程、特大桥、大桥桥型、路面结构类型、大型滑坡治理,附属设施中的服务区、房建、收费站、机电、交通安全设施等设计变更,一些重要项目的绿化、隧

道洞门,以及隧道、跨线桥装修等设计变更,无论单项变更费用多少,建设管理处均须负责组织材料上报交通集团。

⑤对设计变更施工图预算或新增单价预算中的原材料单价、运距、施工工艺及现场特殊情况进行调查确认。

7. 竣工验收管理

(1)交通集团成立通车项目竣工验收协调工作领导小组,负责通车项目竣工验收工作的协调、管理与组织工作;负责对外联络,沟通协调有关上级单位;负责竣工条件的审查和把关。竣工验收协调工作领导小组下设办公室,办公室设在建设管理部,由建设管理部、财务部、审计室、办公室、科技质量安全部等部门的相关人员组成。竣工验收协调工作领导小组下设竣工验收总体协调工程组、档案验收组、会务组、工程质量检测组、财务决算组及审计组 6 个专业小组。各分组的管理业务工作,由业务归口部门负责检查。

(2)竣工验收总体协调工程组主要职责:由建设管理部牵头,负责通车项目竣工验收工作的总体协调;负责协助省交通运输厅的竣工验收组织工作;负责协调环保、水保单项验收以及施工许可、土地证办理工作;负责竣工验收条件的审查及审定竣工验收会议资料。

(3)各运营分公司、各建设管理处主要职责:负责对交工验收提出的工程质量缺陷等遗留问题进行处理;按照交通运输部规定的办法编制工程决算,并配合审计部门接受审计;按照竣工验收办法的规定编制竣工文件;负责组织档案、环保、水保等单项验收工作;负责土地证的办理;配合质量监督部门的竣工质量检测工作;负责竣工验收会议的各类基础资料准备工作。

(4)工程交工验收第一责任部门为建设管理处;竣工验收第一责任部门为运营分公司。各运营分公司成立竣工验收项目领导小组,组长由各运营分公司领导担任,成员为各项目建设管理处和运营分公司相关部门有关人员,全面负责通车项目竣工验收工作。

(5)交通集团严格按照目标责任分解表对各运营分公司进行月、季度考核。

6.2.2　工作岗位职责

交通集团建设管理工作的归口业务部门为建设管理部,其负责交通集团所辖高速公路项目的建设管理工作,对各建设管理处的前期工作、工程进度、投资控制、招标等工作进行宏观管理,检查、指导、考核建设管理处的工作,岗位设置如图 6.10 所示。建设管理部下设部长、副部长,以及设计及前期工作管理、工程设计变更管理、征地拆迁及建设环境保障协调管理、项目建设管理、项目招标及合同审查管理、机电工程及内务管理等部门。

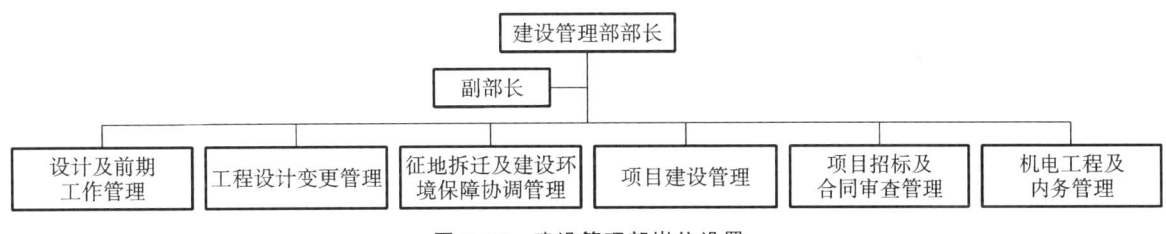

图 6.10　建设管理部岗位设置

1. 工作职责

建设管理部工作职责如图 6.11 所示。

部门简介	部门名称：建设管理部	隶属：集团公司	岗位：10

工作概括：负责交通集团建设项目的前期、设计、招投标、设计变更、投资控制、工程进度、环境保护、征地拆迁、交竣工验收、目标考核等方面的管理工作。监督、指导各建设项目的各项建设管理工作，确保各建设项目又好又快推进

职责内容：
1. 贯彻落实国家和上级交通行政主管部门有关公路建设的法律、法规、政策和行业标准；
2. 负责拟定交通集团公路建设管理制度；负责公路基本建设项目前期工作、招投标管理、投资控制、工程进度管理工作；
3. 负责公路基本建设项目设计文件、设计变更、价格调差的申报、审核、审批工作；
4. 主持或参与工程建设中重大、复杂工程技术方案的研究和技术指导；
5. 处理建设项目征地拆迁和建设环境保障协调工作；
6. 负责组织建设项目的交（竣）工验收以及目标责任考核工作；
7. 完成交通集团交办的其他工作

工作权限：
1. 有权对交通集团建设项目的建设管理工作以及竣工项目的竣工验收工作进行监督、检查和考评；
2. 有权要求各建设项目提供工程数据和工作资料

工作关系	内部关系	1. 监督管理（部长、副部长、业务主管）； 2. 请示上报（集团领导）
	外部关系	1. 上级主管部门、兄弟单位； 2. 集团总部各部室及所属各建设管理处和运营分公司

图 6.11　建设管理部工作职责

2.岗位职责

（1）建设管理部部长职责。

建设管理部部长职责如图 6.12 所示。

工作概括　　全面负责建设管理部工作

职责内容
1.负责拟定交通集团公路建设管理制度；
2.根据上级单位和交通集团的年度目标责任书，组织拟定年度工作计划、制定工作方案并组织实施；
3.围绕交通集团高速公路建设的中心工作，负责高速公路的投资控制、进度、招标、设计变更、竣工验收等方面的建设管理工作；
4.认真分析研究建设项目面临的形势和任务，积极采取切实可行的措施，及时组织召开有关方面会议，安排部署专项工作；
5.完成交通集团交办的其他工作

工作权限与工作关系

工作权限		工作关系
1.有权对交通集团建设项目的建设管理工作以及竣工项目的竣工验收工作进行监督、检查和考评； 2.有权要求各建设项目提供工程数据、工作资料和设计图纸	内部关系	1.监督管理（副部长、业务主管）； 2.请示上报（分管领导及集团主要领导）
	外部关系	1.上级主管部门、兄弟单位； 2.集团机关各部室及所属各建设管理处和运营分公司

岗位要求
1.公路工程及相关专业毕业，有高级专业职称（高级工程师）；
2.有五年以上高速公路工程管理工作经历，熟悉工程项目管理工作；
3.有较高的业务水平；
4.有较强的语言表达和文字处理能力；
5.熟悉办公自动化软件及流程

图 6.12　建设管理部部长职责

（2）建设管理部副部长职责。

建设管理部副部长职责如图 6.13 所示。

工作概括	配合建设管理部部长做好高速公路建设管理和竣工验收等建设管理部的分管工作

职责内容	1.在建设管理部部长领导下，完成分管领导及部长分配的工作，并协助部长做好部内有关业务和日常管理工作； 2.协助部长认真贯彻执行国家有关工程建设的政策、法规，全面落实交通集团党委、行政的各项决议决定，尤其是建设管理工作方面的指示和任务； 3.按照分工负责分管范围内建设项目和竣工验收项目的具体组织实施和检查监督，指导、督促业主主管人员按照规章制度、工作程序按时完成建设管理工作任务； 4.抓好分管建设管理工作的工作质量，对建设管理中发现的问题及时向部长报告，待研究后再给出处理意见； 5.协助部长做好临时工作，认真完成交通集团交办的其他事项

工作权限与工作关系	工作权限 1.有权对交通集团建设项目的建设管理工作以及竣工项目的竣工验收工作进行监督、检查和考评； 2.有权要求各建设项目提供工程数据、工作资料和设计图纸		工作关系	
		内部关系	1.监督管理（副部长、业务主管）； 2.请示上报（部长）	
		外部关系	1.上级主管部门、兄弟单位； 2.集团机关各部室及所属各建设管理处和运营分公司	

岗位要求	1.公路工程及相关专业毕业，有中级及以上专业职称（工程师）； 2.有五年以上高速公路征地拆迁及建设环境保障协调管理工作经历，熟悉征地拆迁及建设环境保障协调工作程序和相关法律、政策； 3.有较高的业务水平； 4.有一定的语言表达和文字处理能力

图 6.13　建设管理部副部长职责

（3）设计及前期工作主管职责。

设计及前期工作主管职责如图 6.14 所示。

工作概括 ▷ 负责工程项目前期各项建设程序的报批、协调工作，办理工程项目开工手续，负责工程可行性研究报告、初步设计、施工图设计的审查、报批工作

职责内容 ▷
1. 在部长领导下按照建设管理部职责开展工作，并向部长汇报工作；
2. 认真贯彻执行国家和上级业务主管部门关于工程建设等方面的法律、法规、政策和交通集团有关制度、规定，负责监督检查建设项目的各项工作执行情况及目标考核情况；
3. 根据行业规范及集团有关质量要点、技术要求，负责设计审查、施工过程监督、方案审批、交工验收等工作；
4. 根据省级交通运输主管部门和交通集团有关文件要求，定期组织实体工程现场观摩会；
5. 完成交通集团交办的其他工作

工作权限与工作关系 ▷

工作权限	工作关系	
严格根据省级交通运输主管部门有关文件精神及交通集团《公路工程设计变更管理办法实施细则》的要求，及时处理设计变更、材料调差、合同索赔等工作，要求各相关建设管理处积极配合，做好有关报审资料的完善工作	内部关系	1. 监督管理； 2. 请示上报（部长、副部长）
	外部关系	1. 上级主管部门、兄弟单位； 2. 集团机关各部室及所属各建设管理处和运营分公司

岗位要求 ▷
1. 公路工程及相关专业毕业；
2. 有中级及以上专业职称（工程师）；
3. 有五年以上高速公路工程管理工作经历，熟悉公路工程设计变更管理办法及国家有关规定；
4. 有较高的业务水平

图 6.14　设计及前期工作主管职责

（4）项目建设（路基、路面）主管职责。

项目建设（路基、路面）主管职责如图 6.15 所示。

工作概括

在部长的领导下，配合部长、副部长处理好交通集团所属项目在路基、路面建设过程中遇到的各类技术问题以及做好现场管理工作

职责内容

1. 在部长领导下针对建设管理部职责范围内的具体内容开展工作，并向部长汇报工作；
2. 负责督促设计单位及时提交施工图，完成施工图的审查、报批工作；负责完成变更设计方案的审查、报批工作；
3. 协助各项目解决工程建设现场的技术难题；协助各项目统筹安排形象进度计划并督促落实；
4. 协助、督促设计单位及时提交工程可行性研究报告和初步设计，协助完成工程可行性研究报告和初步设计的审查、报批工作；协助完成设计招标工作；
5. 完成交通集团交办的其他工作

工作权限与工作关系

工作权限

有权要求所属各单位提供高速公路设计文件以及前期工作的相关资料和批复文件

工作关系	
内部关系	1. 监督管理； 2. 请示上报（部长、副部长）
外部关系	1. 上级主管部门、兄弟单位； 2. 集团机关各部室及所属各建设管理处和运营分公司

岗位要求

1. 本科及以上学历；
2. 具有较强的组织能力、表达能力以及沟通协调能力；
3. 有五年以上高速公路工程管理工作经验，熟悉工程项目前期工作和设计工作；
4. 具有开拓进取精神，工作认真负责

图 6.15 项目建设（路基、路面）主管职责

（5）项目建设（桥梁、隧道）主管职责。

项目建设（桥梁、隧道）主管职责如图 6.16 所示。

工作概括	在部长的领导下，配合部长、副部长处理好交通集团所属项目在桥梁、隧道建设过程中遇到的各类技术问题以及做好现场管理工作，负责建设项目计划、统计工作，协助建设项目完成竣工验收的组织与协调工作及信用评价工作
职责内容	1. 在部长领导下针对建设管理部职责范围内的具体内容开展工作，并向部长汇报工作； 2. 认真贯彻执行国家和上级业务主管部门关于工程建设等方面的法律、法规、政策和交通集团有关制度、规定，负责监督检查建设项目的各项工作执行情况及目标考核情况； 3. 根据行业规范及交通集团有关质量要点、技术要求，负责桥梁、隧道的技术管理工作； 4. 根据年度工作计划，依据竣工验收工作程序，负责建设项目竣工验收的组织、协调工作； 5. 根据省交通运输厅及交通集团信用评价工作要求，负责建设项目信用评价工作

工作权限与工作关系	工作权限 在职责范围内要求所属各单位提供高速公路建设中桥梁、隧道的各项技术资料以及计划、进度、信用评价等相关资料	工作关系	
		内部关系	1. 监督管理； 2. 请示上报（部长、副部长）
		外部关系	1. 上级主管部门、兄弟单位； 2. 集团机关各部室及所属各建设管理处和运营分公司

岗位要求	1. 本科及以上学历； 2. 具有较强的组织能力、表达能力以及沟通协调能力； 3. 具有高速公路桥梁、隧道建设管理的相关业务知识； 4. 具有开拓进取精神，工作认真负责

图 6.16　项目建设（桥梁、隧道）主管职责

（6）征地拆迁及建设环境保障协调主管职责。

征地拆迁及建设环境保障协调主管职责如图 6.17 所示。

工作概括 ▷ 负责监督检查各项目征地拆迁及建设环境保障协调工作的进展情况，协助各项目解决征地拆迁难点问题。负责项目前期各单项评估手续的办理，拟定各项目征地拆迁标准及协议

职责内容 ▷
1. 在部长的领导下开展围绕工程的征地拆迁及建设环境保障协调管理工作，对建设管理部职责范围内的工程进行协调管理，并向部长汇报工作；
2. 认真贯彻执行国家和上级业务主管部门关于工程征地拆迁及建设环境保障协调等方面的法律、法规、政策和集团有关制度、规定；
3. 负责制定各拟建项目前期工作目标任务、阶段计划，负责完成工程可行性研究报告、初步设计、项目选址以及各单项评估工作；
4. 负责拟定各项目征地拆迁标准及框架协议；负责监督检查各项目征地拆迁及建设环境保障协调工作的进展情况，协助各项目解决征地拆迁难点问题；
5. 完成交通集团交办的其他工作

工作权限与工作关系 ▷

工作权限	工作关系	
有权要求所属各单位提供有关高速公路项目征地拆迁情况的各项资料	内部关系	1. 监督管理； 2. 请示上报（部长、副部长）
	外部关系	1.上级主管部门、兄弟单位； 2.集团机关各部室及所属各建设管理处和运营分公司

岗位要求 ▷
1. 公路工程及相关专业毕业；
2. 有中级及以上专业职称（工程师）；
3. 有五年以上高速公路征地拆迁及建设环境保障协调管理工作经验，熟悉征地拆迁及建设环境保障协调工作程序和相关法律、政策；
4. 有较高的业务水平

图 6.17　征地拆迁及建设环境保障协调主管职责

（7）机电工程及内务主管职责。

机电工程及内务主管职责如图 6.18 所示。

工作概括	在部长的领导下，配合部长、副部长负责工程项目机电工程的设计审查、施工过程监督、交工验收工作，负责文件的登记、传递、督办工作以及内业资料的整理、保管工作
职责内容	1. 在部长的领导下围绕建设管理部职责范围开展工作，并向部长汇报工作； 2. 根据行业规范及交通集团有关质量要点和技术要求，负责机电工程的设计审查、施工过程监督、方案审批、变更批复、交工验收等工作； 3. 按照上级单位的要求，及时上报机电工程相关图纸和文件，负责与上级审批单位协调，取得机电工程相关批复文件； 4. 根据交通集团有关档案文件的要求，负责工程档案资料的立卷归档，建设管理部日常收发文件的登记、管理及考勤等内务工作； 5. 完成交通集团交办的其他工作

工作权限与工作关系

工作权限
有权要求所属各单位提供高速公路建设中机电工程的各项技术资料和工程图纸，审查机电施工图纸和批复机电工程设计变更

	工作关系	
内部关系	1. 监督管理； 2. 请示上报（部长、副部长）	
外部关系	1. 上级主管部门、兄弟单位； 2. 集团机关各部室及所属各建设管理处和运营分公司	

岗位要求	1. 公路工程及相关专业毕业； 2. 有中级及以上专业职称（工程师）； 3. 有五年以上高速公路工程管理工作经验，熟悉机电工程施工招标和施工管理工作； 4. 有较高的业务水平

图 6.18　机电工程及内务主管职责

（8）项目招标及合同审查主管职责。

项目招标及合同审查主管职责如图 6.19 所示。

工作概括 ▷ 负责在建及新开工项目所有工程的资格预审、招标文件、评标细则及评标报告的审定，负责投标限价的审定，组织召开招标领导小组会议及合同审查工作

职责内容 ▷
1. 在部长的领导下围绕建设管理部职责范围开展工作，并向部长汇报工作；

2. 负责在建及新开工项目所有工程的资格预审、招标交件、评标细则及评标报告的审定；

3. 负责投标限价的审定，并组织召开相关招标领导小组会议；

4. 负责监督、协调各建设项目的评标工作，负责建设项目合同文件的审定；

5. 在招标过程中严格遵守相关保密规定，做到依法招标、忠于职守、廉洁奉公、保守投标单位的商业秘密；

6. 按照有关规定做好招标档案资料的立卷归档工作；

7. 完成交通集团交办的其他工作

工作权限与工作关系 ▷

工作权限 有权指导所属各建设单位的招标管理工作，并要求其提供各类招标数据和招标资料	工作关系	
	内部关系	1. 监督管理； 2. 请示上报（部长、副部长）
	外部关系	1. 上级主管部门、兄弟单位； 2. 集团机关各部室及所属各建设管理处和运营分公司

岗位要求 ▷
1. 公路工程及相关专业毕业；

2. 有中级及以上专业职称（工程师）；

3. 有五年以上高速公路工程管理工作经验，熟悉施工招标和施工管理工作；

4. 有较高的业务水平

图 6.19　项目招标及合同审查主管职责

（9）工程设计变更主管职责。

工程设计变更主管职责如图 6.20 所示。

工作概括 ▷ 负责设计变更的审查、现场论证及审批等工作，督查、指导各建设项目处理计量支付、设计变更、材料调差、指令分包、工程索赔等方面的问题

职责内容 ▷
1. 负责上报或组织现场查看、审查及论证设计变更；
2. 负责上报或审核设计变更费用变化情况；
3. 负责审核高速公路建设项目施工图工程量清单；
4. 负责审核高速公路建设项目各类工程材料调差；
5. 负责审核高速公路建设项目合同索赔；
6. 负责上报高速公路建设项目概算调整申请；
7. 负责指导与督查各高速公路建设项目的设计变更管理工作；
8. 负责交通集团《公路工程设计变更管理办法实施细则》的修订；
9. 负责高速公路建设项目概算投资控制管理；
10. 完成交通集团交办的其他工作

工作权限与工作关系 ▷

工作权限	工作关系	
严格根据省交通运输厅有关文件精神及交通集团《公路工程设计变更管理办法实施细则》的要求，及时处理设计变更、材料调差、合同索赔等工作，要求各相关建设管理处积极配合，做好有关报审资料的完善工作	内部关系	1. 监督管理； 2. 请示上报（部长、副部长）
	外部关系	1. 上级主管部门、兄弟单位； 2. 集团机关各部室及所属各建设管理处和运营分公司

岗位要求 ▷
1. 公路工程及相关专业毕业；
2. 有中级及以上专业职称（工程师）；
3. 有五年以上高速公路工程管理工作经验，熟悉公路工程设计变更管理办法及国家有关规定；
4. 有较高的业务水平

图 6.20　工程设计变更主管职责

6.2.3　工作流程(程序)

1. 建设管理部工作程序

建设管理部工作程序如图 6.21 所示。

拟定工作计划	紧紧围绕省交通运输厅与集团公司、集团公司与建设管理部签订的年度目标责任书的要求,制定年度工作目标,拟定年、月工作计划,经各部室商讨,报集团公司领导
确定实施方案,领导审核	制定工作方案和编写工作计划,通过书面形式和口头汇报形式报集团公司领导,必要时开会研究讨论,最终确定具体工作实施方案,准备相关资料
编撰文件,下发文件,具体开展工作	经集团领导同意,确定实施日期,形成正式文件,文件下发到相关单位
指导、监督、服务各建设项目开展建设管理工作	保证本部门正常工作;指导、监督各建设管理处的建设管理工作;组织各项工程技术的培训;每月对各建设管理处进行目标考核
监督、检查、汇报、反馈	对计划执行情况进行阶段性检查,发现问题及时沟通、汇报、解决。每月和年终进行工作总结,结果汇报上级并反馈给下属单位

图 6.21　建设管理部工作程序

2. 建设管理部日常工作流程

建设管理部日常工作流程如图 6.22 所示。

1.进行工作准备	按时到岗后,首先进行卫生清洁,然后听取领导有关当日工作的指示,结合日常例行工作,安排当日工作内容和进展
2.开展工作	按照领导指示和工作职责,有步骤、有秩序地开展各项工作,遇到问题及时采取措施或汇报,保证当日工作当日完成
3.监督、检查工作进展	部室领导监督检查,部门成员之间相互监督、配合,及时纠正错误,解决有关问题,保证工作顺利进行
4.总结工作,反馈结果及问题	圆满完成当日工作任务,及时汇报工作进展和结果,对当日工作及时总结、反馈,做好记录

图 6.22　建设管理部日常工作流程

3. 建设项目前期手续流程

建设项目前期手续流程如图 6.23 所示。

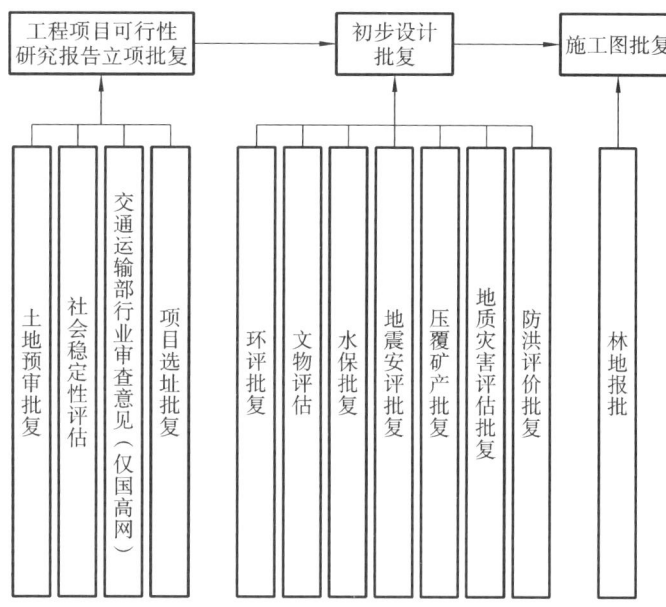

图 6.23　建设项目前期手续流程

4. 建设项目征地拆迁流程

建设项目征地拆迁流程如图 6.24 所示。

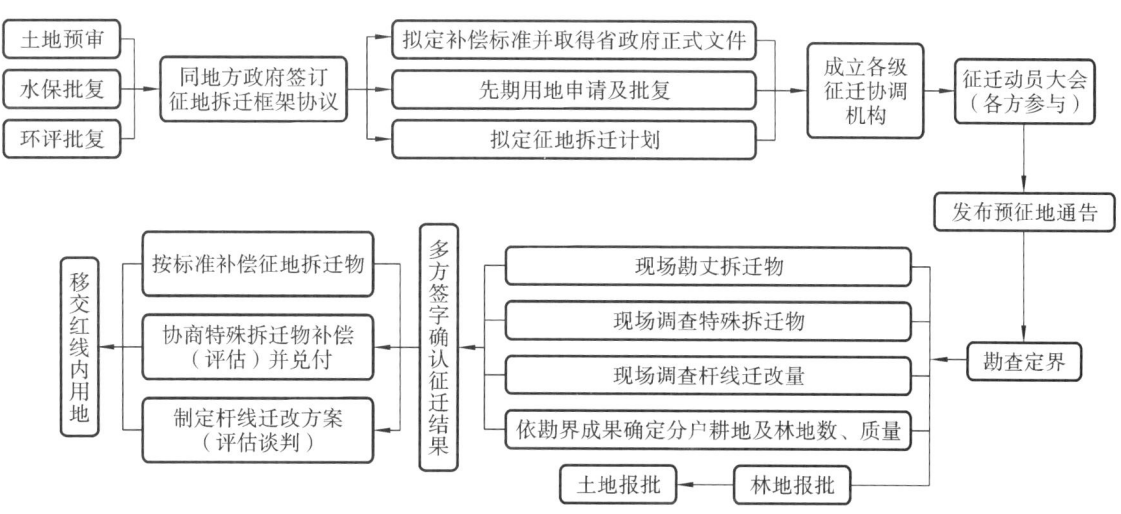

图 6.24　建设项目征地拆迁流程

5. 建设项目竣工验收流程

建设项目竣工验收流程如图 6.25 所示。

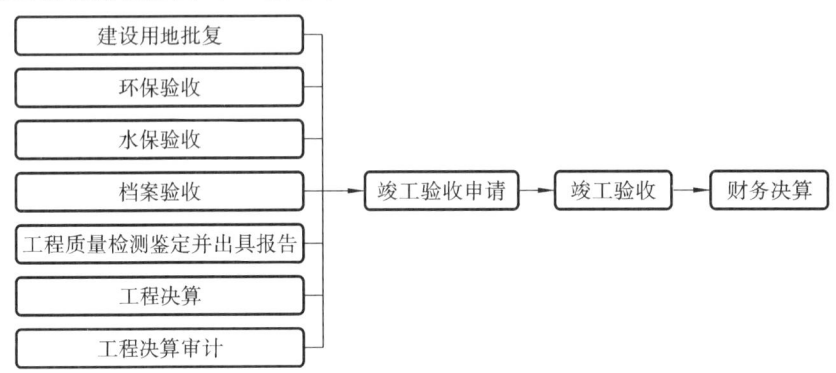

图 6.25　建设项目竣工验收流程

6. 设计变更工作程序

设计变更工作程序如图 6.26 所示。

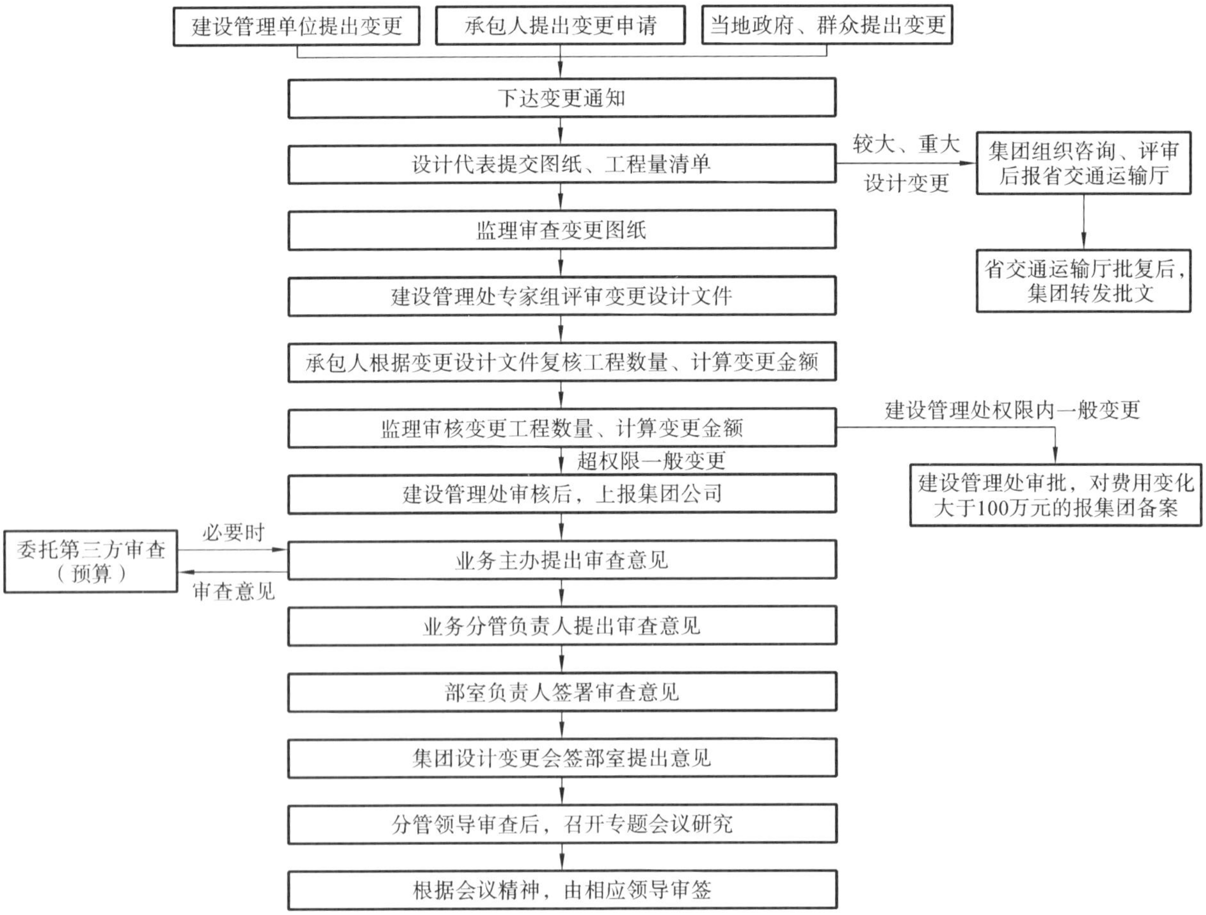

图 6.26　设计变更工作程序

7．招标工作程序

招标工作程序如图 6.27 所示。

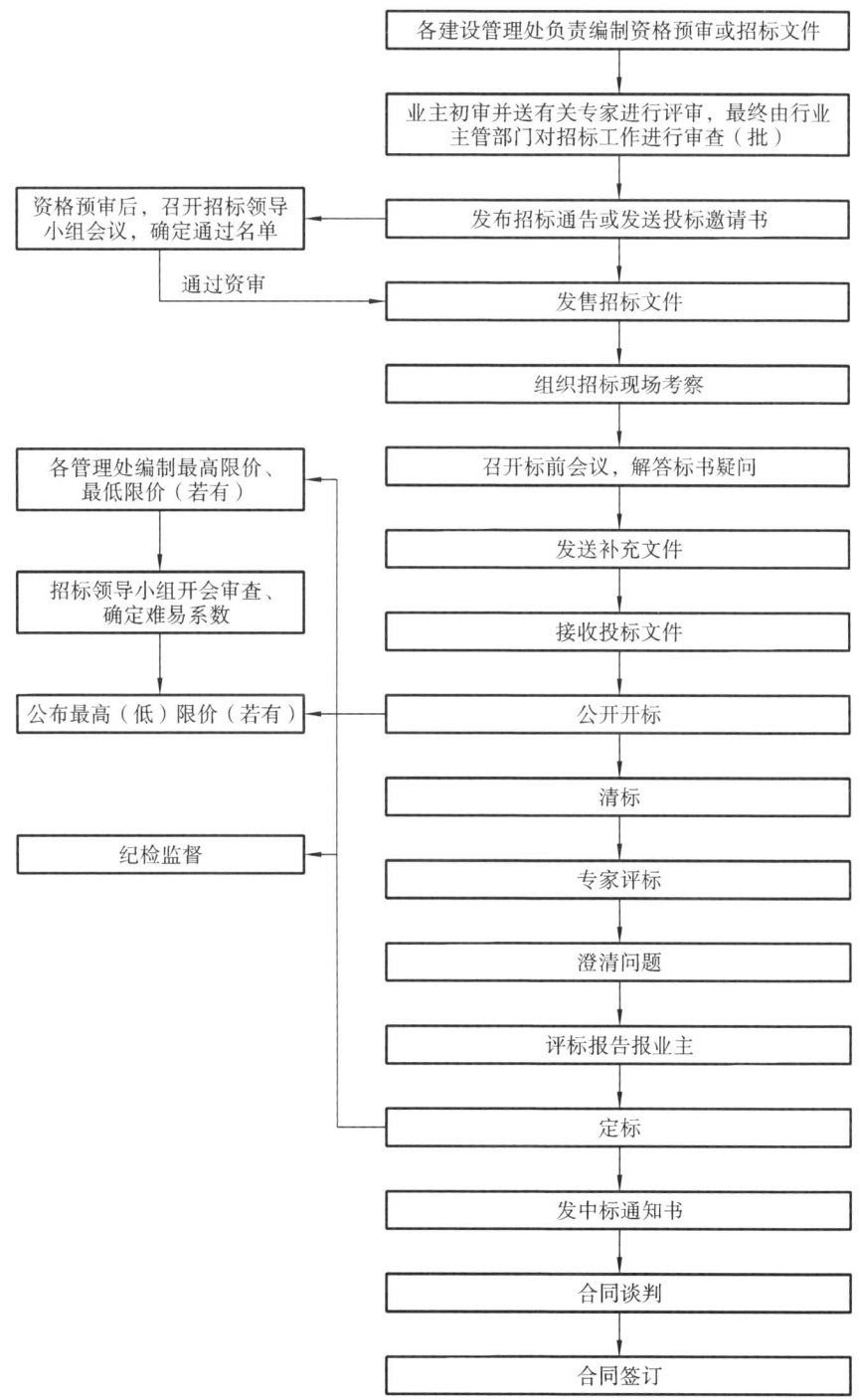

图 6.27　招标工作程序

（1）招标文件审查程序。

招标文件审查程序如图 6.28 所示。

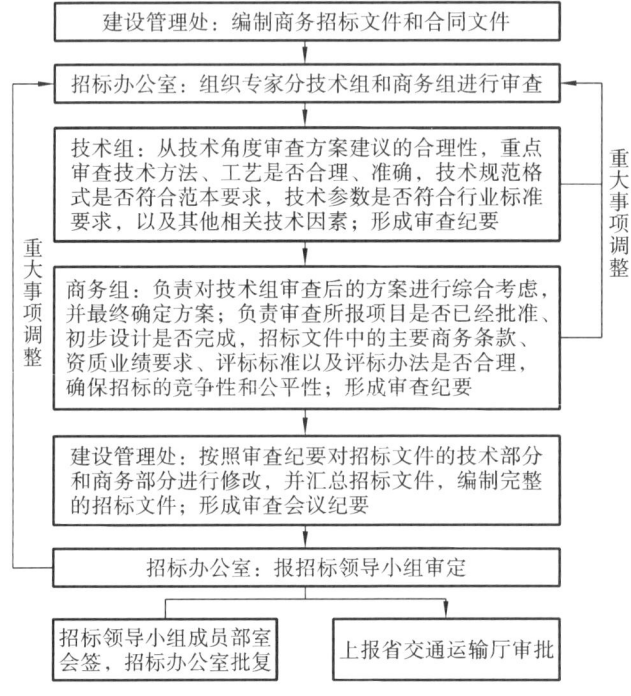

图 6.28 招标文件审查程序

（2）投标限价审查程序。

投标限价审查程序如图 6.29 所示。

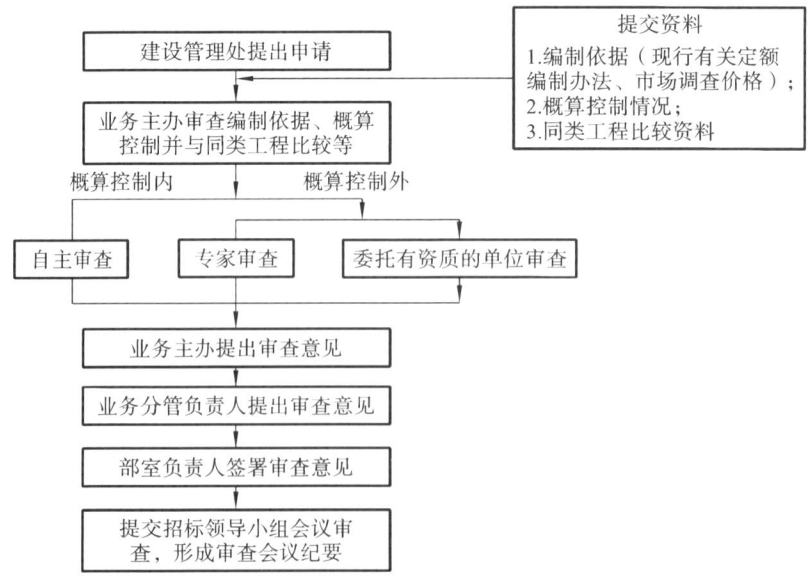

图 6.29 投标限价审查程序

（3）招标难易系数审查程序。

招标难易系数审查程序如图 6.30 所示。

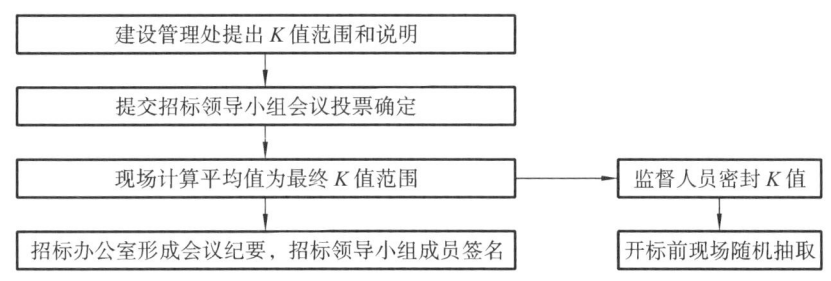

图 6.30　招标难易系数审查程序

注:K—招标调整系数

6.2.4　工作标准

1. 建设管理部工作标准

建设管理部工作标准见表 6.2。

表 6.2　建设管理部工作标准

项　　目	工　作　标　准
业务工作	1. 制定交通集团公路建设管理制度,并监督执行;负责高速公路的投资控制、进度、招标、设计变更、竣工验收等各项建设管理工作; 2. 制定本部门各项日常工作计划,下达各建设项目的工作计划和工作要求; 3. 每周召开一次工作例会,对上周工作进行考核,对当前工作进行安排部署; 4. 认真分析研究建设项目面临的形势和任务,积极采取切实可行的措施,及时组织召开有关方面的会议,安排部署专项工作;主持或参与工程建设中重大、复杂工程技术方案的研究和技术指导; 5. 及时填报各类工程数据,全面、细致反映工程实际
文明服务	1. 建立健全行为规范、岗位操作规范和职业道德规范; 2. 杜绝"脸难看、门难进、事难办"和服务态度"冷、横、硬、顶"现象
工作纪律	1. 加强劳动纪律,建立健全相应的规章制度,弥补管理中的不足; 2. 员工在工作时间不擅自离岗,不从事与工作无关的事情
环境卫生	1. 保持部门门窗清洁,无垃圾、无杂物、无异味; 2. 办公室物品陈列整齐、清洁,有秩序; 3. 地面清洁,无污渍、无卫生死角
安全	1. 建立安全管理制度,制定突发事件应急预案; 2. 无重大安全责任事故发生

2. 建设管理部部长工作标准

建设管理部部长工作标准见表 6.3。

表 6.3　建设管理部部长工作标准

项　　目	工　作　标　准
业务工作	1. 部门日常工作符合交通集团有关机关工作的标准和要求； 2. 每月至少两次深入基层,掌握真实资料、情况和建设动态,做好年度业务工作安排； 3. 认真执行发展规划、管理标准与实施办法,做到有组织、有落实、有检查、有考核； 4. 根据交通集团的考核要求,组织开展定期、不定期抽检考核； 5. 设计变更批复、图纸审查、招标文件以及合同审核在 15 个工作日内完成； 6. 按要求完成上级领导交办的其他任务
文明服务	1. 规范各岗位人员使用文明用语,待人谦和有礼； 2. 规范各岗位人员的仪容仪表,保证员工着装整洁、精神面貌良好,保持饱满的工作状态； 3. 精通本职业务,热情周到,语言文明,举止庄重
工作纪律	1. 制定建设管理部相关规章制度,明确各岗位人员的文明规范、操作规范； 2. 按时上班,不得迟到早退； 3. 检查每日各岗位人员的到岗情况
环境及个人卫生	1. 对各办公室卫生情况进行监督,发现问题及时找相关人处理； 2. 保持个人卫生清洁
安全	1. 做好建设管理部的各项安全工作； 2. 消除各种安全隐患

3. 建设管理部副部长工作标准

建设管理部副部长工作标准见表 6.4。

表 6.4　建设管理部副部长工作标准

项　　目	工　作　标　准
业务工作	1. 分管工作符合交通集团有关机关工作的标准和要求； 2. 分管工作做到有组织、有落实、有检查、有考核； 3. 按照要求,对建设项目进行定期、不定期检查、监督工作； 4. 按照分管内容及时完成设计变更批复、图纸审查、招标文件以及合同审核工作； 5. 按要求完成上级领导交办的其他任务
文明服务	1. 协助部长规范各岗位人员使用文明用语,待人谦和有礼； 2. 协助部长规范各岗位人员的仪容仪表,保证员工着装整洁、精神面貌良好； 3. 精通本职业务,热情周到,语言文明,举止庄重
工作纪律	1. 协助部长制定建设管理部相关规章制度,明确规定各岗位人员的文明规范、操作规范； 2. 按时上班,不得迟到早退； 3. 协助部长检查每日各岗位人员的到岗情况

项　　目	工 作 标 准
环境及个人卫生	1. 协助部长对各办公室卫生状况进行监督,发现问题及时找相关人处理; 2. 着装整洁,保持个人卫生清洁
安全	协助部长做好建设管理部的各项安全工作

4. 设计及前期工作主管工作标准

设计及前期工作主管工作标准见表 6.5。

表 6.5　设计及前期工作主管工作标准

项　　目	工 作 标 准
业务工作	1. 严格按照岗位职责与规章制度履行职责; 2. 及时完成工程可行性研究报告、初步设计、施工图设计的审查、报批工作;按时完成工程项目前期各项建设程序的报批、协调工作,按时办理工程项目开工手续; 3. 及时完成设计变更方案的审查、报批工作;及时解决各工程建设现场技术难题; 4. 完成好领导交办的其他工作
文明服务	1. 上岗着装整洁,注重仪容仪表; 2. 待人礼貌,讲普通话,经常使用"你好""谢谢"等文明礼貌用语; 3. 汇报工作时吐字清晰、条理清楚
工作纪律	1. 遵守建设管理部相关规章制度; 2. 按时到岗,不得迟到早退; 3. 在工作期间保持高度的工作热情,上班期间不得擅自离岗,不得做与工作无关的事情
环境及个人卫生	1. 要经常清理办公室的卫生,做到办公室地面清洁、无杂物; 2. 办公室无灰尘,物品摆放整齐; 3. 保持个人卫生整洁
安全	1. 保管好办公室内的资料及相关财物; 2. 配合安保人员做好建设管理部的安全工作

5. 项目建设(路基、路面)主管工作标准

项目建设(路基、路面)主管工作标准见表 6.6。

表 6.6　项目建设(路基、路面)主管工作标准

项　　目	工 作 标 准
业务工作	1. 严格按照岗位职责与规章制度履行职责; 2. 根据行业规范及集团有关质量要点、技术要求,及时完成路基、路面工程的设计审查、施工过程监督、方案审批、交工验收等工作; 3. 定期组织现场观摩会;每月监督检查建设项目的各项工作执行情况及目标考核情况; 4. 完成好领导交办的其他工作

项　　目	工　作　标　准
文明服务	与"表 6.5　设计及前期工作主管工作标准"的相关内容一致
工作纪律	
环境及个人卫生	
安全	

6. 项目建设(桥梁、隧道)主管工作标准

项目建设(桥梁、隧道)主管工作标准见表 6.7。

表 6.7　项目建设(桥梁、隧道)主管工作标准

项　　目	工　作　标　准
业务工作	1. 严格按照岗位职责与规章制度履行职责; 2. 根据行业规范及集团有关质量要点、技术要求,及时完成桥梁、隧道工程的施工过程监督工作,定期组织现场观摩会; 3. 依据竣工验收工作程序,按时完成建设项目的竣工验收工作; 4. 完成好领导交办的其他工作
文明服务	与"表 6.5　设计及前期工作主管工作标准"的相关内容一致
工作纪律	
环境及个人卫生	
安全	

7. 征地拆迁及建设环境保障协调主管工作标准

征地拆迁及建设环境保障协调主管工作标准见表 6.8。

表 6.8　征地拆迁及建设环境保障协调主管工作标准

项　　目	工　作　标　准
业务工作	1. 严格按照岗位职责与规章制度履行职责; 2. 认真贯彻执行国家和上级业务主管部门关于工程征地拆迁及建设环境保障协调等方面的法律、法规、政策和集团有关制度、规定,按时完成征地拆迁及建设环境保障协调工作; 3. 负责监督检查各项目征地拆迁及建设环境保障协调工作的进展情况,协助各项目解决征地拆迁难点问题; 4. 完成好领导交办的其他工作
文明服务	与"表 6.5　设计及前期工作主管工作标准"的相关内容一致
工作纪律	
环境及个人卫生	
安全	

8. 机电工程及内务主管工作标准

机电工程及内务主管工作标准见表 6.9。

表 6.9　机电工程及内务主管工作标准

项　　目	工　作　标　准
业务工作	1. 严格按照岗位职责与规章制度履行职责； 2. 根据行业规范及交通集团有关质量要点和技术要求,负责机电工程的设计审查、施工过程监督、方案审批、变更批复、交工验收等工作； 3. 按照上级主管单位的要求,及时上报机电工程相关图纸和文件,负责与上级审批单位协调,取得机电工程相关批复文件； 4. 根据交通集团有关档案文件的要求,负责工程档案资料的立卷归档,建设管理部日常收发文件的登记、管理及考勤等内务工作； 5. 完成好领导交办的其他工作
文明服务	与"表 6.5　设计及前期工作主管工作标准"的相关内容一致
工作纪律	
环境及个人卫生	
安全	

9. 项目招标及合同审查主管工作标准

项目招标及合同审查主管工作标准见表 6.10。

表 6.10　项目招标及合同审查主管工作标准

项　　目	工　作　标　准
业务工作	1. 严格按照岗位职责与规章制度履行职责； 2. 及时完成在建及新开工项目所有工程的资格预审、招标文件、评标细则、评标报告、投标限价和合同文件的审定,并组织召开相关招标领导小组会议； 3. 不断创新招标工作机制,针对招标中出现的新问题,及时分析、总结并提交招标领导小组会议.完善相关招标文件； 4. 完成好领导交办的其他工作
文明服务	与"表 6.5　设计及前期工作主管工作标准"的相关内容一致
工作纪律	
环境及个人卫生	
安全	

10. 工程设计变更主管工作标准

工程设计变更主管工作标准见表 6.11。

表 6.11　工程设计变更主管工作标准

项　　目	工　作　标　准
业务工作	1. 严格按照岗位职责与规章制度履行职责; 2. 及时上报或组织现场查看、审查及论证设计变更方案,按照时效以及权限要求进行批复;负责与上级审批单位协调,取得相关批复文件; 3. 负责对各高速公路建设项目的设计变更管理工作进行指导与督查;负责高速公路建设项目的概算投资控制管理工作; 4. 完成好领导交办的其他工作
文明服务	与"表 6.5　设计及前期工作主管工作标准"的相关内容一致
工作纪律	
环境及个人卫生	
安全	

6.2.5　工作检查

建设管理部每周组织召开一次工作例会,对当前以及近期重点工作进行认真部署和详细安排,对上一周的工作进行总结和考核,并进行跟踪处理,落实相关责任人和完成时限,填写工作检查表(表6.12),以此为依据,强力推动各项工作按期完成。

表 6.12　工作检查表

序号	工　作　内　容	完　成　时　限	责　任　人	分管副部长	检查执行情况

参 考 文 献

[1] 陈传德.公路项目建设管理手册[M].北京:人民交通出版社,2002.

[2] 单建飞.浅析公路工程项目中业主应如何加强建设管理[J].城市周刊,2022(25):31-33.

[3] 伏永祥.公路工程项目业主加强项目建设管理的措施分析[J].林业科技情报,2023,55(4):132-134.

[4] 高军.公路路政管理信息化路径探讨[J].经济论坛,2022(7):30-36.

[5] 黄琛杰,谢荣怡.新时代高速公路服务区物业管理提质增效探究[J].沿海企业与科技,2024,29(6):124-130.

[6] 贾元华,董平如.高速公路建设与管理[M].北京:北方交通大学出版社,2002.

[7] 交通部公路科学研究所.公路沥青路面施工技术规范:JTG F40—2004[S].北京:人民交通出版社,2004.

[8] 交通部公路科学研究院,长安大学.公路建设项目环境影响评价规范:JTG B03—2006[S].北京:中国标准出版社,2006.

[9] 交通运输部工程质量监督局.公路工程工地试验室标准化指南[M].北京:人民交通出版社,2013.

[10] 交通运输部公路局,中交第一公路勘察设计研究院有限公司.公路工程技术标准:JTG B01—2014[S].北京:人民交通出版社,2014.

[11] 交通运输部公路科学研究院.公路工程集料试验规程:JTG 3432—2024[S].北京:人民交通出版社,2024.

[12] 交通运输部公路科学研究院.公路工程沥青及沥青混合料试验规程:JTG E20—2011[S].北京:人民交通出版社,2011.

[13] 交通运输部公路科学研究院.公路技术状况评定标准:JTG 5210—2018[S].北京:人民交通出版社,2019.

[14] 交通运输部公路科学研究院.公路交通安全设施设计规范:JTG D81—2017[S].北京:人民交通出版社,2017.

[15] 交通运输部公路科学研究院.公路沥青路面预防养护技术规范:JTG/T 5142-01—2021[S].北京:人民交通出版社,2021.

[16] 交通运输部公路科学研究院.公路路基路面现场测试规程:JTG 3450—2019[S].北京:人民交通出版社,2019.

[17] 交通运输部公路科学研究院.公路养护安全作业规程:JTG H30—2015[S].北京:人民交通出版社,2015.

[18] 李东辰,崔永成,刘茂灯.高速公路项目建设管理[M].长春:吉林科学技术出版社,2022.

[19] 李建兴.高速公路建设项目工程质量管理分析[J].工程建设与设计,2022(7):206-208.

[20] 林锐,肖壮,赵晓飞.项目管理[M].成都:电子科技大学出版社,2020.

[21] 卢利群,高翔.公路工程文明施工指南[M].成都:西南交通大学出版社,2020.

[22] 卢世昌,金诗洁.业主管理提升公路养护大中修品质[J].中国公路,2020(17):64-66.

[23] 梅赟超.公路工程计量支付中的业主控制策略[J].工程建设与设计,2020(10):259-260.

[24] 曲婷婷.高速公路建设施工标准化管理措施探讨[J].工程建设与设计,2022(15):265-267.

[25] 全国安全生产标准化技术委员会.高处作业分级:GB/T 3608—2008[S].北京:中国标准出版社,2009.

[26] 全国焊接标准化技术委员会.焊接与切割安全:GB 9448—1999[S].北京:中国标准出版社,1999.

[27] 全国交通工程设施(公路)标准化技术委员会.道路交通标志和标线　第4部分:作业区:GB 5768.4—2017[S].北京:中国标准出版社,2017.

[28] 上海市建工设计研究院有限公司,南通市达欣工程股份有限公司.建筑施工高处作业安全技术规范:JGJ 80—2016[S].北京:中国建筑工业出版社,2016.

[29] 沈阳建筑大学,东北金城建设股份有限公司.建筑施工起重吊装工程安全技术规范:JGJ 276—2012[S].北京:中国建筑工业出版社,2012.

[30] 时文博.大数据技术在智慧高速公路交通运营管理中的应用[J].运输经理世界,2024(29):55-57.

[31] 苏泽正.河北省高速公路路政管理数字化建设研究[D].保定:河北大学,2023.

[32] 王建勇.中国道路交通和交通管理[M].北京:警官教育出版社,1995.

[33] 王欣.高速公路建设的精细化管理探讨[J].工程建设与设计,2024(11):231-233.

[34] 吴留星,王卫,涂远明.公路桥梁与维修养护[M].北京:中国纺织出版社,2020.

[35] 于江霞.政府在公路建设过程中的定位与作用研究[D].西安:长安大学,2003.

[36] 袁江.高速公路工程施工与管理[M].长春:吉林科学技术出版社,2022.

[37] 詹剑.加强建筑工程业主方建设管理措施及创新的研究[J].中国建筑金属结构,2021(11):36-37.

[38] 张京.最新路桥工程建设实用手册[M].北京:长征出版社,2003.

[39] 张生学.公路工程项目业主应如何加强项目建设管理研究[J].名城绘,2019(12):72.

[40] 赵晓艳.论公路工程设计招投标管理[J].黑龙江交通科技,2010,33(9):181.

[41] 中国公路工程咨询集团有限公司.公路养护技术标准:JTG 5110—2023[S].北京:人民交通出版社,2023.

[42] 中国建筑第五工程局有限公司,中国建筑股份有限公司.建设工程施工现场消防安全技术规范:GB 50720—2011[S].北京:中国计划出版社,2011.

[43] 中国交通建设股份有限公司,中交第四公路工程局有限公司.公路工程施工安全技术规范:JTG F90—2015[S].北京:人民交通出版社,2015.

[44] 北京市道路工程质量监督站.公路工程施工监理规范:JTG G10—2016[S].北京:人民交通出版社,2016.

[45] 交通运输部公路科学研究院.公路工程质量检验评定标准　第一册　土建工程:JTG F80/1—2017[S].北京:人民交通出版社,2018.

[46] 中冶京诚工程技术有限公司.钢结构设计标准:GB 50017—2017[S].北京:中国建筑工业出版社,2017.

[47] 中交第一公路勘察设计研究院有限公司.公路路线设计规范:JTG D20—2017[S].北京:人民交通出版社,2017.

[48] 中交公路规划设计院有限公司.公路钢筋混凝土及预应力混凝土桥涵设计规范:JTG 3362—2018[S].北京:人民交通出版社,2018.

[49] 周爱成,马运朝.公路养护与管理[M].重庆:重庆大学出版社,2022.